圖1 考古學不斷更新我們對古代的認識。這是埃加迪群島外海的一個撞角，它重塑了我們對羅馬和迦太基之間第一次戰爭中海軍衝突的理解。

圖2 在帕埃斯圖姆羅馬風格廣場上的羅馬風格元老院，遠望希臘雅典娜神廟的景色。

圖3 塔爾奎尼亞的浮雕描繪了當地軍隊和高盧人之間的戰鬥。這個西元前三世紀戰士的形象凸顯了將伊特魯里亞諸邦與羅馬綁在一起的共同利益。

圖5 這枚錢幣鑄造於西元前一一〇至一〇九年間，是紀念西元前一九九年通過的《波爾基烏斯法》（*Lex Porcia*），通過該法者是鑄幣者的祖先。《波爾基烏斯法》擴充行省羅馬公民提起上訴（provocatio）的權利。錢幣上有個士兵行使上訴權，控告站在左邊帶著隨扈的官員，動詞的provoco（我要上訴）出現在士兵腳邊。上訴權在西元前二至一世紀是政治上重要的討論議題。

圖4 羅馬女神觀看著羅馬的建國。城市女神的肖像望著羅穆盧斯和雷穆斯，以及伴隨城市肇建的神話。這枚錢幣似乎呼應了恩尼烏斯關於羅馬建城的描述。

圖6 斯塔提烏斯．克拉魯斯在皮耶特拉邦丹泰（Pietrabondante）所建造的劇場。

圖7 在普里尼斯特的幸運女神神廟（Fortuna Primigenia），神廟被併入科隆納巴里尼宮（Palazzo Colonna Barbarini），照片中可見附在該地點的集會區。

圖8 龐貝的法翁之家（House of the Faun）花園。描繪亞歷山大大帝的馬賽克（現在在那不勒斯考古博物館）原本鑲嵌在畫中間的結構中。

圖9 龐貝的米南德之家（House of Menander）往外望向圍牆式圍欄與花園。

圖10　格奈烏斯．龐培。

圖11　尤利烏斯．凱撒。

圖12 描繪亞克興戰役的浮雕殘片，來自建於阿維利諾的紀念碑。

圖13 奧古斯都寶石浮雕（The gemma Augustea）最上層描繪奧古斯都在眾神環視下加冕即位（坐在奧古斯都旁邊的人有可能是莉維亞）。下層描繪的是為慶祝戰勝北方民族而豎立紀念碑。

圖14　龐貝城內廣場北端的朱比特神廟，象徵著在羅馬影響下城市空間的轉型和同質化。維蘇威火山就潛伏在背後。

圖15　龐貝城的圓形劇場，仿效圓形競技場，取代了最早的圓形劇場（當年角鬥士斯巴達克斯曾在此競技）。它以圓形競技場為藍本而建，具有西元一至二世紀建築物特色。

圖17　在奧古斯都統治期間創作的肖像，形象青春永駐。

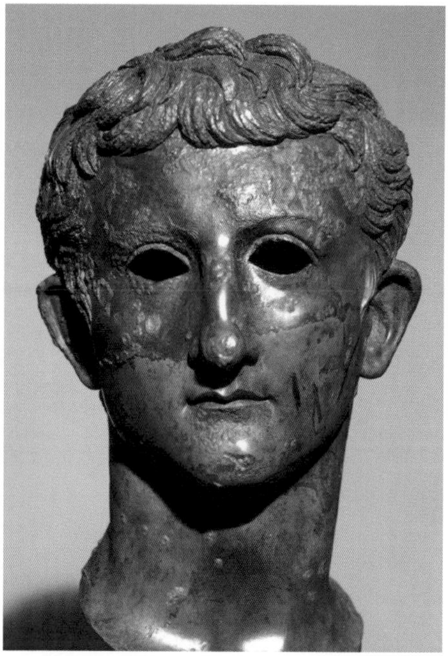

圖16　日耳曼尼庫斯．凱撒，德魯蘇斯之子，提庇留的姪兒。

圖19　莉維亞，奧古斯都的妻子，本身就是影響力甚大的一個人物。

圖18　提庇留肖像，和奧古斯都一樣，形象青春永駐。蘇埃托尼烏斯曾記載提庇留不是長這樣，他的頭頂完全禿了。

圖20 提庇留在西元前二七年離開羅馬後的主要居所，位於卡布里的朱比特別墅。此地壯觀的天然美景掩蓋不了別墅太小難以容納治理帝國所需的官僚。

圖21 斯珀隆加（Sperlonga）的別墅是提庇留最喜歡的另一個去處，但它太小無法安置帝國政府（相較於蒂沃利的哈德良別宮的皇家接待區）。

圖22 兩位皇室成員，很像是尼祿與不列顛尼庫斯，來自阿芙蘿黛蒂西亞城的塞巴斯蒂安神廟。

圖23 克勞狄烏斯的浮雕肖像。這幅圖像呼應了他兄弟日耳曼尼庫斯的形象（參見彩圖十六）。

圖24 小阿格里皮娜，日耳曼尼庫斯的女兒，克勞狄烏斯的妻子，尼祿的母親。

圖25 尼祿，這幅肖像非常突出，強調他與克勞狄烏斯的差異。

圖27 圖密善。和提庇留一樣，他的肖像上頭髮比老年時多。尤維納說他是「禿頭的尼祿」。這幅肖像也使他有別於父親跟兄弟，她父兄的形象很相似。

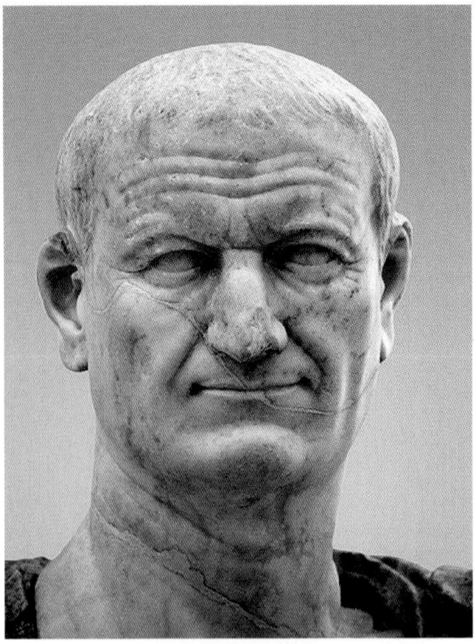

圖26 維斯帕先。強調他的老成持重，有別於尼祿。

圖28 維斯帕先開始重建巴拉丁諾山的宮殿，改建的規模大很多，此處的景象是宮殿裡的競技場。

圖29 圖拉真之柱，描繪圖拉真在達契亞的軍事行動。除了屠殺達契亞人，這根圖拉真之柱顯示了藉由強調羅馬發展計畫，將新的區域併入帝國的過程。

圖30 卡諾普斯，蒂沃利哈德良別宮的一部分，名稱源自尼羅河三角洲最西端的亞歷山卓西岸著名郊區。

名家談古代世界史系列③

從共和時代到哈德良的羅馬

帝國的誕生

THE ORIGIN OF EMPIRE

ROME FROM
THE REPUBLIC TO HADRIAN

264 BC - AD 138

大衛·波特◎著　王約◎譯　翁嘉聲◎審定

DAVID
POTTER

目次

第二部　帝國（西元前二〇〇至一四六年）

第三部　革命（西元前一四六至八八年）

第四部　獨裁統治（西元前八八至三六年）

第五部　君主政治（西元前三六至西元一三八年）

從共和到帝國的祕密，《帝國的誕生》導讀

成功大學歷史學系教授　翁嘉聲

大衛・波特的《帝國的誕生：從共和時代到哈德良的羅馬》是Profile Books出版的五冊希臘羅馬史系列中，繼凱瑟琳・洛馬斯《羅馬的崛起：從鐵器時代到布匿戰爭》的第二冊羅馬史。《羅馬的崛起》敘述羅馬人如何從西元前一千年左右成立小型聚落，逐步發展成統一、控制整個義大利半島的強大共和國。《帝國的誕生》則是敘述羅馬如何以這成果為基礎，從西元前二六四年到西元一三八年為止的四百多年，建立一個西方的典範帝國，以及如何治理這帝國。

當羅馬於西元前二六四年在百般猶豫後，決定跨出義大利，最後在西地中海擊敗迦太基海洋帝國。從西元前二〇〇年起轉向東地中海，她以更短時間征服亞歷山大「繼業者」（*diadochi*）的希臘化王國。[1]羅馬總共以約百年時間將整個地中海這「偉大的海」，變成羅馬帝國內海，然後繼續增添

---

1 本文作者樂意推薦馬可孛羅文化出版的安傑羅・查尼歐提斯《征服的時代：從亞歷山大到哈德良的希臘世界》，清楚地介紹希臘化時代這段複雜的歷史。

高盧、不列顛、巴爾幹以及東方更多領土到帝國裡，直到哈德良決定停止擴張，為帝國劃出明確疆界，固守已有的可觀成就，並修築如橫跨北英格蘭的哈德良長牆，象徵性地區隔文明與野蠻世界。哈德良在位也是羅馬帝國的黃金時代。在這將近四百年的帝國發展中，羅馬不斷摸索如何治理眾多人口以及廣闊疆域。她先以共和貴族集體領導來面對，但真正的成功是要等到奧古斯都建立「元首政治」（Principate）。波特對這段複雜的歷史以編年順序，做了詳盡的交代。以下的導讀無法重述波特的精采故事，而是針對「元首政治」進行比較深度的分析，因為它的出現是共和轉變為帝國的關鍵所在。

政治秩序的失調

《羅馬的崛起》重點是羅馬統一義大利的祕訣。羅馬共和從西元前五〇九年起，貴族與平民歷經數百年的「階層鬥爭」，直到西元前二八七年羅馬通過《霍騰西烏斯法》（*Lex Hortensia*），承認平民護民官主持的會議能通過法律（*lex*），而世家貴族則成功吸納平民中最優秀的家族，活化成新的統治階級，繼續領導羅馬。這內部改革的成功凝聚極高的社會共識，提供進一步的對外擴張的量能，使羅馬在西元二七五年得以擊敗入侵的希臘化國王皮洛士，完成統一義大利。羅馬內部改革與對外擴張交替發生的歷史節奏感是穩定、正向以及互相加強的，使得每次對外擴張成功以及戰利品流入所帶來的社會衝擊，都能透過貴族與平民之間的互相妥協及和平改革來消化吸收、強化體質，而這內部改革所凝聚的社會共識又成為進一步擴張的基礎。

但從西元前二六四年起，當羅馬跨出義大利，朝向更廣大世界擴張，擴張的幅度變得如此之大，平民必須付出極高的代價來進行大規模及長時段的戰爭，而整個社會也因此必須承受更大的軍事勝負及戰利品流入的衝擊。這使得原先對外擴張及對內改革相互進行的節奏感突然變調。第一次布匿戰爭延續了筋疲力竭的二十三年（西元前二六四至二四一年），但帶來海外領土西西里、薩丁尼亞及豐富的貢賦；羅馬在第二次布匿（漢尼拔）戰爭（西元前二一八至二〇二年）幾乎覆亡，幸虧「阿非利加征服者」大西庇阿力挽狂瀾，終於勝利，其結果是羅馬掌控了整個浩瀚的西地中海，包括礦產豐富的伊比利半島。這些戰爭的規模以及戰後衝擊，已經完全超過原先的共和體制所能負荷，而原先內部調整的機制幾乎無法運作。

在這些危機中出現的天縱英才，如二十五歲的大西庇阿，雖只有資淺的市政官資歷，但在平民擁戴下，直接越過貴族領導機制，組織私人自願軍，前往西班牙執行征服任務。他在西班牙因為功業彪炳，被人奉上「王」（*rex*）的頭銜。回國後，他三十歲時再次受到平民支持，破格當選執政官，入侵北非迦太基，擊敗漢尼拔，結束戰爭。他的超凡經歷（和自視與神明之間特殊的連結）以及平民干預共和常規體制，一再凸顯出共和元老集體領導已經不濟。平民對貴族的不滿則是透過支持破壞體制的英雄來表現。

大西庇阿在西元前一九二至一八八年又再次擊潰東方強權塞琉古王國，聲勢更聳入雲天。類似情形也發生在第二次馬其頓戰爭青年英雄弗拉米努斯身上。當有如此超凡規格的大人物出現在羅馬政治舞台，共和貴族那種輪流分享政治榮耀、集體統治的平衡政治生態，立即面臨失衡的威脅。羅馬貴族（以老卡圖為首）以集體杯葛、冷落這些大人物，同時強化貴族們在爭取、分享官職時，必須遵守遊戲規則的內部紀律，來回應這種異常現象。這些大人物雖然訴諸平民群眾，但整體而言，這些大人物最後都鬱鬱不得志，淡出政治舞台，因為平民的力量仍無法凝聚，對政局帶來足夠的衝擊。

另方面，龐大戰利品流入挑起如何分配，以及因戰爭而起的社會失序如何復原等敏感問題。當第二次布匿戰爭結束後，貴族立即連續發動前進希臘世界的第二次馬其頓戰爭（西元前二〇〇至一九七年）、塞琉古戰爭（西元前一九二至一八八年），以及第三次馬其頓戰爭（西元前一七一至一六八年），將難以想像的大量東方財富（包括奴隸）帶到羅馬世界，使得問題更形嚴重。現在的戰爭是更長期及更遙遠的海外服役，而羅馬戰鬥主力的小農們因長期離鄉背井後，面臨自己的家園被豪強霸占，妻離子散，改由因戰勝而大量進口的奴隸來耕種。最後小農紛紛湧向羅馬，淪為普羅無產階級，因為在人口財產普查上，他們對國家現在只能貢獻孩子（*proles*）或清點的人頭（*capite censi*），別無恆產，也因此失去服役的資格。[2]

另方面，海外戰利品集中在少數貴族手上，而這些最後投資在競選上，因為海外戰爭提供羅馬貴族榮耀及致富的機會，勝負的籌碼愈押愈大。結果成功者一躍龍門，失敗者粉身碎骨。但帶來這些勝利的小農士兵則確定是徹底輸家。羅馬人愈來愈無產階級化，造成兵員短缺，戰力急速下滑。貴族的回應只是不斷降低士兵招募的財產資格，但拒服兵役及逃兵現象仍屢見不鮮。護民官經常必須出面制止官員強徵拉夫的暴行，

因此西元前二六四年後的百年雖是羅馬這段擴張最神速的時期，但那種之前內部改革與對外擴張宛如雙人探戈的穩定、均衡、配合的政治節奏，完全消失。海外征戰勝利變得極為頻繁，但好處都由貴族全拿，因此這統治集團變得更加排外，平民更一無所有。羅馬戰力不斷下滑的最好例證是

被大西庇阿征服、但後繼者難以綏靖的西班牙。規模太大的軍隊在那裡挨餓，而太小的軍隊則被殲滅；加上沒太多戰利品，元老貴族避之唯恐不及，士兵更拒絕出戰。西班牙的問題充分暴露出羅馬海外征服勝利後落入的窘境。

「承包團體」與騎士階層的崛起

這些貴族官員是政客，絕非公僕，因為羅馬政治是純然權力及決策的遊戲。羅馬這時貴族爭取、擔任各級官職，不是要服務民眾，而是累積政治資本，最後要爭取那每年僅有兩位執政官位置。但在帝國迅速擴張期間，日益複雜的政府機能雖可以以卸任官員繼續「延任」（*prorogatio*），[3] 來分擔領導任務，但政府基本結構並沒隨之改變。羅馬人的做法是把軍需供應（如武器製造、被服生產及軍糧供應等）、各項稅捐徵收、公共工程建設以及其他國家功能性業務，以外包方式交給一群稱為 *publicani*（可譯為「承包團體」或「承包商」，功能不只是「包稅」而已）的人來競標、執行。「承包團體」的財富來源主要是競爭監察官每五年發包一次的各項國家契約，而這些契約金額都極為龐大、獲利豐富，且與日俱增。羅馬軍旗到哪裡，他們就會到那裡。羅馬當時外包政府業務

2 羅馬人服役是要保護國家，而沒有資產的人無需保護，也沒動機保護，因此兵役責任與財產多寡有關。類似民兵（militia）制概念也發生在希臘世界。

3 相關討論如後。

的規模及程度，應毫不遜色於現今任何最熱衷將公共服務私營化的國家。

「承包團體」必須細心經營政商關係，但同時與政治風險保持一臂之距。他們是所謂的 moneymen，時常在競選費用開支愈來愈大的貴族扮演幕後金主的角色，藉此來間接影響政治。他們在身分上似乎與百人團會議中的十八個「騎士」百人團有關，因此在這段擴張期間逐漸再次浮現的羅馬傳統政治鬥爭要角（貴族及平民階層）之外，所形成的第三階層：「騎士階層」。隨著他們不可或缺的公共服務功能、累積的龐大財富，以及逐漸發揮的政治影響，騎士階層開始在羅馬政治占有一席之地。波特在《帝國的誕生》中，極為強調「承包團體」在羅馬擴張時扮演的功能，以及能發揮的影響力。這提醒我們在討論羅馬史時，切不可忽略這私人企業的面向。

羅馬革命：打開政治潘朵拉的瓶子

在西元前一四〇年間及一三〇年間羅馬繼續強力碾壓、兼併地中海各地，先消滅迦太基，然後解散希臘最後政治勢力亞該亞聯盟，並平定西班牙暴動中心努曼西亞，但卻也面臨這些擴張的大輸家——「平民」更激烈的反撲。但是這股躁動不安的能量終於找到代言人：格拉古兄弟。

大格拉古運用《霍騰西烏斯法》提供的憲政武器（護民官在主持的會議中通過法律），來反轉在這段百年海外擴張中，以犧牲平民來成就貴族的趨勢。之前護民官在立法前，會先聆聽元老院院會辯論，然後才到平民會議中提出已經有某種共識的法案。但這種政治諒解卻在大格拉古所提出的土地改革法案中消失，因為這需要既得利益的元老們回吐侵占的公地，重新分配給無產的羅馬人。

這次改革所涉及的憲政關鍵點是：到目前為止，元老院的統治基礎是因為這機構整體所擁有的社會地位、政治資歷及道德權威，這些籠統地稱為 *auctoritas*。[4]這 *auctoritas* 使得他們能領導羅馬好幾世紀，而且非常成功，但其實未曾擁有真正的立法權。強硬的護民官現在可以強行立法，來強迫元老院就範。[5]

西元前一三三年的大格拉古因此啟動英國學者賽姆（Ronald Syme）所稱的「羅馬革命」（Roman Revolution），其背景是貴族在西元前二六四至一三三年期間，辜負了羅馬平民的自私自利自肥行為，耗損掉之前幾世紀累積的社會共識，讓已經被安撫沉睡的階層鬥爭鬼魅再度出現。只是這次不會再有任何各退讓一步的妥協及諒解精神，而是使勁地傷害對方，來極大化自己的利益。政治潘朵拉的瓶子已經打開。

大格拉古的土地法或許是想讓以小農為主的羅馬民兵制度再現，恢復羅馬戰力。整個改革的精神因此是回顧及保守的，藉此「再平衡」（rebalance）貴族與平民失衡的關係。但在元老貴族的眼中，這種援引平民力量的政治舉動，無異於煽動群眾的希臘僭主（*tyrannus*）或羅馬共和貴族最厭

4 中文可譯為「道德威望」，但顯然還是不足以顯示出拉丁文所具有的更廣泛含意，故本導讀以下不翻譯。

5 在第一次布匿戰爭結束不久，想必已經出現類似西元前一三三年格拉古兄弟想改正的社會及經濟脫序問題。在西元前年護民官弗拉米尼烏斯通過土地改革法案，但相關法律如何通過並不清楚，也顯然效果有限。他被主流元老視為民粹主義者。在第二次布匿戰爭的特拉西梅諾湖戰役，他以執政官身分率領的羅馬軍隊，結果被漢尼拔殲滅，這很容易被理解為是民粹主義者違反羅馬傳統後得到的報應。另外，在約西元前一四〇年小西庇阿好友蓋烏斯．雷利烏斯曾提出土地改革，但被其他元老勸阻，適時退出，而得到「智者」（Sapiens）的稱號。

惡的「王」，這令人遙想大西庇阿也曾在危機中多次訴諸群眾。

小格拉古則提出更廣泛、更深刻的改革計畫，將協助羅馬擴張、但同為受害人的義大利盟友列入考慮；他也設計糧食平準機制，來緩解羅馬普羅階級的困境等等，但最重要的是他在法庭引進騎士階層為陪審，審判貪瀆的元老，成為平民潛在的政治盟友，讓「再平衡」更偏向平民那方。

羅馬從這時起於是逐漸浮現出兩股政治勢力：元老院主導的「貴族派」（*Optimates*, the Best）以及由護民官領導平民的「群眾派」（*Populares*, the people）。雙方領導階層都常是貴族精英，但對政治意識形態以及（特別是）權力運作方式，有截然不同的看法。元老貴族面對兩兄弟挑戰他們數百年來的政治主導地位，除了驚訝憤怒外，其實是無計可施，只能透過政治暴力來殺害兩兄弟及他們的追隨者，但仍振振有詞地認為殺死這些企圖成為僭主或王的人，是合法、是共和的舉措。大格拉古遇害是羅馬改革史上第一次出現暴力流血。格拉古兄弟的土地改革其實在他們死後仍繼續由他人執行，因為這的確是要解決的問題，但這功勞必須算在領導國家的元老院整體身上，而非成為某位護民官的政治資本。但現在問題是：倘若護民官有武力護持，那元老貴族又將如何回應？

政治暴力是貴族無能的表現，而這無能在北非朱古達叛變及蠻族在西元前一〇〇年代入侵南高盧及北義大利時，更暴露無遺。「政治新人」（*novus homo*）馬略招募無產階級人民服役，給予專業訓練，並承諾在解甲後，授予土地安頓。[6]軍隊於是只效忠領導他們的將軍；而連年危機及馬略連任執政官（七年內六次），使得馬略成為人敬人畏的軍閥。當他回到元老院時，立即被同儕排擠，但護民官則伸手合作，透過土地法案，實踐馬略對軍隊的承諾。軍閥與護民官於是強強結合，讓已經處於防守態勢的元老貴族更為被動。貴族派和群眾派的對立變得更兩極化。

「最後的共和主義者」蘇拉

但羅馬擴張的受害人何止羅馬平民。貢獻將近三分之二軍隊的義大利盟友遭遇更不如羅馬公民，但完全被排除在格拉古式的土地紓困外。因此群眾派擴大陣線，支持授予盟友羅馬公民權。但提案的護民官遭到暗殺，這立即觸發一場徒然耗損人命及財產的「同盟戰爭」（Social War，西元前九一至八八年）。羅馬最後以授予公民權給願意和解的義大利盟友，來分化敵方，進而平定叛亂。但這後續引發了羅馬史的第一次內戰：蘇拉進軍羅馬。當他掌握大權，以獨裁官身分重修憲法，剝奪護民官立法權力，全面恢復以元老貴族主導的共和體制。基分尼（Arthur Keaveney）稱呼蘇拉是「最後的共和主義者」（The Last Republican），但貴族派在政治立場只是顯得變得更保守、更反動、更教條，以及更堅持自己的既得利益。蘇拉修法後裸退，相信復原的共和體制將自行正常運作，但卻忘記這復原的體制完全是依賴武力而做到的，所以暴力在他死後也立即推翻他的安排。護民官其實也是共和體制的一部分，而且實在太有用，隨即再度恢復運作。

蘇拉的復原共和透露出，統治對元老貴族而言是「天命」，有如自然法則般地理所當然。共和

6 波特在《帝國的誕生》認為馬略軍事改革在接受無產階級為軍人的重要性，可能不如軍隊「在地化」（localization，編按：參見本書頁二二六）。但這可能忽略了羅馬軍隊一直以來都有「單位」在地化的情形，如「揪團」服役。但我覺得馬略改革最重要的是開啟軍事服役可以成為職涯選項，特別是連年的動亂以及軍閥崛起，可能提供連續「就業」的機會，直到奧古斯都將軍隊國家化為止。服役相較之下是獲利大、風險高，且退役後有發展性的行業。

體制若有稍微創新，那或許是西塞羅曾倡議騎士階層與元老貴族階層聯手（這些他稱為「好人」〔*boni*〕的「階層和諧」〔*concordia ordinum*〕）來一起領導羅馬。這是好主意。但排外、傲慢的元老貴族完全忽略這政治新人的建議，及漠視騎士階級的潛在政治份量。所以政治動能及發展完全是在群眾派那邊，而貴族派只能拚命踩歷史煞車。

相較於其他羅馬史敘述，波特在《帝國的誕生》用更大比例來陳述、闡釋蘇拉內戰規模、復原的共和樣態，以及蘇拉政權的殘酷及後遺症。我想這是正確的，因為蘇拉體制讓人充分領教到所謂的共和，若無武力威嚇及政治整肅，其實已經無法走下去，但也透露出那種頑固、難以抹除的數百年集體統治的歷史記憶，不是可以用按鍵來立即取消。奧古斯都在建立他的元首政治體制時，必須耐心地面對這項事實。

但格拉古兄弟「羅馬革命」引起的政治連環爆，也炸向羅馬帝國主義更直接的受害人：義大利外的行省居民。這被黑海本都國王米特里達梯六世充分利用，以類似民族主義的口號，號召希臘人民反抗羅馬官員的貪瀆和「承包團體」的壓榨（西元前八八至六三年）。他選擇「溫泉關」這高度歷史象徵性的地點，來抵抗羅馬野蠻人的南侵，呼應西元前四八〇年斯巴達三百戰士的阻擋波斯大軍。[7]在希臘人四處響應起義的同時，流離失所的沿海居民淪為橫行東、西地中海的海盜，肆虐各地，並與東方的米特里達梯前後呼應，也與西方當時反蘇拉、占領西班牙的馬略手下塞多留互通聲氣。這些動亂之中還穿插著如奴隸叛變以及角鬥士起義等等。

如果羅馬征服觸角曾伸入地中海各角落，那反撲也如排山倒海地由各角落反向襲回。這些是羅馬在西元前二六四年後成功的苦果。這些動亂之間的關連性像是彈藥庫連環爆炸，共和體制完全失靈，必須依賴護民官提案，創造一個接著一個的特別指揮權，賦予如龐培這樣極具才能的人，那種跨地域及跨年份的權力，來解決泛地中海海盜橫行，和烽火遍布希臘世界的米特里達梯戰爭。

永久獨裁官凱撒

元老貴族對國家危機束手無策，但當龐培在西元前六〇年從東方勝利回國，他們發覺這位曾是「少年屠夫」龐培竟然不是另個「蘇拉」，不準備回國後大肆整肅清算政敵！反而在登陸義大利後，龐培竟然會立即解散軍隊，恭謹地要求元老院批准他對東方附庸國和疆界的安排，並要求安頓老兵。這善意被認為是示弱，元老貴族氣焰立即轉為囂張，極盡羞辱及杯葛能事。另方面，獲得亞細亞行省收稅標案的承包團體，因為出價過高，希望透過別號「富人」的強人克拉蘇來疏通降低，減少損失，但同樣被拒絕。

這些僵局提供當時政治新星凱撒一次機會，來整合這兩位強人，形成非正式、因此當時不為人知的盟約，以兩人支持凱撒競選西元前五九年執政官，來換取他為兩人通過必要的法律。結果便是「前三巨頭」（The First Triumvirate）的出現。[8] 三巨頭喬好未來幾年的政治發展，包括執政官選舉

---

7 但最後兩者都失敗，而且還以相同的理由失敗！

8 Triumviri 原意只是「三個人」，不只出現在此及之後屋大維等「後三巨頭」。格拉古兄弟的土地委員會及其它地方也有 triumviri，但只有如此的政治結盟才會被翻譯為「三巨頭」之屬。

及指派的行省及任務（provincia）。例如凱撒的岳父，因此成為次年執政官，自己得以出征高盧多年，而龐培留在羅馬監督，允許他派代表（*legati*）去經略西班牙。西元前五五年續約時，三巨頭結盟已經公開；兩百多位元老湧進三巨頭聚會的盧卡，探聽未來的政局發展。共和國由原先少數元老貴族掌控，現在變成三人來掌控。

在克拉蘇於西元前五三年遠征帕提亞失利身亡後，三巨頭明顯鬆動。元老貴族積極拉攏一直期望能被貴族派接納的龐培，分化他和凱撒的關係。任何人在讀這段歷史時，都會覺得一些核心元老貴族的立場已經變得極端不理性，例如龐培始終只被當作在軍事上唯一能對付凱撒的「工具人」，被輕蔑看待，而且對凱撒及龐培兩位強人在政治上任何和解的努力，都極盡破壞之能事。這種絕不妥協的立場逼得凱撒最後為求自保，不得不技術犯規，在西元前四九年跨過盧比孔河，發動內戰。四八年凱撒在內戰勝出，一方面繼續圍剿龐培黨人士外，也以終身獨裁官進行必要的改革。

凱撒自從西元前五九年擔任執政官以來，相信共和早已徒具虛名，也毫不遮掩他的看法。例如他曾批評蘇拉自願從權位裸退，放任共和體制自行運轉，但死後不久便發生當年執政官進軍羅馬的怪事。蘇拉其實無法解除掉自己必須以武力恢復及維持共和的榜樣，重複蘇拉當初發起內戰的行為。另外，凱撒在內戰勝利後對政敵的「寬恕包容」（*clementia*），正是種上對下施予的帝王品德，不是共和主義者所能接受，因此他的暗殺者很多是他「寬恕包容」的受惠者。對他而言，共和體制是靠暴力的葉克膜在續命，應該結束。另方面，凱撒毫不遮掩他輕視徒具虛名的共和，觸犯了那些無法擺脫超過四百年共和傳統歷史記憶、堅持既得利益的元老貴族，結果在西元前四四年遭到政治暗殺。政治暴力又再度證明是元老貴族唯一能想到的回應方式。蘇拉共和體制如一觸即倒的紙牌屋，但凱撒忽視共和傳統則遭到暗殺。這些是警惕屋大維的前例。他必須走出另條路。

凱撒繼承人屋大維

屋大維（西元前六三年至西元一四年）[9]在得知凱撒遺囑內容後，力排眾議，勇敢接受，開啟長達五十八年的政治生涯。那時他才十八歲多，是現在大一生的年紀。他從今天的阿爾巴尼亞出發，以凱撒魔法般的名字，沿途聚集凱撒老兵，組成兩個軍團，加入羅馬政治鬥爭。凱撒原先的左右手執政官安東尼，在復仇與妥協之間游移搖擺；元老院也是。最後他們決定既承認凱撒生前所有命令的合法性（包括遺囑中屋大維的繼承權），但又特赦暗殺凱撒的共和人士。屋大維堅持這兩個立場無法相容，於是共和人士逃亡東方。各擁大軍的屋大維、安東尼及雷比達則組成「後三巨頭」（The Second Triumvirate）。這次是由護民官立法成立的，而非密約。這特殊指揮權更廣泛及更長期，可以控制軍隊及官員配置，有權整肅政敵和勦滅在東方集結的共和軍隊。西塞羅是整肅的首位

9 屋大維原來的名字是Gaius Octavius，這兩個名字顯示出他出身騎士階級。他可能曾經另有一名Thurinus，但很少用。他後來被凱撒收養，成為Gaius Julius Caesar Octavianus。Octavianus是Octavius的形容詞，代表他被收養，正如「小非洲征服者」Aemilius（生父為第三次馬其頓戰爭的勝利者保盧斯）在被大西庇阿的兒子收養後，改為Aemilianus。Octavianus在英文化拼法簡化為Octavian。他在被收養後都以凱撒自稱，而這是羅馬史料的標準稱呼方式，但他的政敵會故意提及他原生家庭的名字，來激怒、嘲笑他。在羅馬史敘述時，大致會以在西元前二七年他獲頒「奧古斯都」之名以前，以「屋大維」稱呼他，但之後則是「奧古斯都」。

受害人。

「後三巨頭」在希臘擊敗共和人士之後，安東尼繼續前往東方經略，而屋大維則回到西方負責安頓龐大數量的老兵，勦滅「海賊王」小龐培及其他殘餘反叛勢力。這些是吃力不討好的工作。屋大維為安頓老兵，不惜藉整肅政敵、懲罰不忠社區以及沒收私人資產來應付，但也成功收編這些老兵。屋大維在此時使出的極端手段及凶狠勁道，比龐培更配得上「少年屠夫」的稱號。這和他在亞克興戰役後所營造出的親民和藹政治家形象是截然不同。

屋大維是典型的羅馬人，強調自己權力的「合法性」。在西元前四三年三巨頭政團成立前，他先以延任法務官、然後是執政官指揮權來執行任務；四三年之後則是兩次各為期五年的三巨頭特殊指揮權。到西元前三三年時，在東方的安東尼假裝第三期三巨頭權力仍然有效，但屋大維在《神聖奧古斯都功勛錄》（*Res Gestae Divi Augusti*）拒絕續約。他提及義大利及西方各階層人民「主動」向他宣誓效忠，成為自己領導西方、對抗東方安東尼的依據。這除了與共和晚期在混亂中通過的特殊立法形成對比外，也與羅馬安東尼被玩弄於埃及豔后股掌之中的東方君主政治，有強烈反差。

另外，他在逐漸逼近的大對決中，以鋪天蓋地的宣傳來強調自己代表羅馬傳統品德與價值，來抹黑安東尼，也為新政權建立道德合法性。這是屋大維重新思考權力的基礎，但這將是極為冗長緩慢的過程，因為要取代超過四百年的共和傳統，需要慢慢琢磨出方法，也要讓人慢慢適應。最後他在「最後共和主義者」蘇拉及「永久獨裁官」凱撒之間找出第三條路。這便是「元首政治」。

從屋大維到奧古斯都：第一次憲政安排

屋大維在西元前三一年擊敗安東尼，控制所有軍隊後，他與政治夥伴連續四年占有執政官職位，做為執政依據。但在西元前二七年，一位馬其頓總督馬庫斯・普里默斯在沒獲得授權下進行戰爭，在決鬥中手刃蠻族領袖，向元老院要求羅馬史上第三次的「最高戰利品」（*optima spoila*）的殊榮以及凱旋式，彷彿元老貴族在這內戰結束、由一人控制所有兵權的新時代中，仍然可以遂行宣戰、征服、爭奪榮耀等傳統共和政治遊戲。屋大維對這殘存的共和意識深深不以為然。所以他接著以共和既已恢復，自願交回給元老院所有權力，然後宣布退休。無論這是否經過事先排演，這是政治大攤牌！

元老們清楚意識到羅馬若沒有屋大維，會是哪種光景：內戰及殺戮。他們（無論真情或假意）紛紛抗議屋大維竟要拋棄他們。這攤牌強迫屋大維與元老院釐清彼此關係。結果是屋大維被要求以延任執政官指揮權，去治理那些仍有動亂以及邊防堪虞的行省。他並被授權派出代表代為治理；因為這些行省多有駐軍，形同屋大維控制所有羅馬的軍隊。另外，他在各省皇產有個人財務官（procurators）來管理，這些也經常變成治理該地的總督。[10]另方面，元老院則是負責和平（因此絕大多數沒有駐軍）的行省。屋大維也不再霸占執政官位置，開放元老可以重新競爭，卸任後派任外

---

10 最出名的便是以十字架處決耶穌的猶地亞總督彼拉多（Pontius Pilate）。

省總督，滿足傳統野心，只不過已經無法如之前那般任性。

屋大維也被給予「奧古斯都」（Augustus）名號。據說之前他曾考慮過羅穆盧斯的名號。但羅穆盧斯是羅馬第一位「王」，而「王」對共和貴族是他們憎恨的獨裁者，且羅穆盧斯據說是被暗殺身亡的。這令人立即想起凱撒的命運。屋大維當然聰明地沒選擇它。另外，奧古斯都除了「宏偉、崇高」字面意義外，還有濃厚宗教意味（augur，占卜官），和一切重新「開始」（*inauguratus*，英文的 inauguration）的象徵意義，是個絕佳選擇，而他也欣然接受。從現在起，屋大維的正式名稱是凱旋將軍・凱撒・奧古斯都（Imperator Caesar Augustus）。他以凱撒為名是因為他是凱撒繼承人，而這魔法般名字的魅力已經被充分證明過；「凱旋將軍」會成為名字，則透露出他真實的權力基礎仍是他掌握了軍隊。有時候他還會加上 Divi Filius，意思是「神之子」。

「元首政治」是雙頭馬車？

一些學者認為西元前二七年「第一次憲政安排」是奧古斯都與元老院協商出共同治理羅馬帝國，是權力分享或「雙頭權力」（dyarchy）。這表面看似如此，或許也滿足元老院受到尊重的想像，但實質不然，因為沒人會懷疑是誰主導這些安排，是誰拿了比較大塊的餅。何況經過內戰洗禮後，應該沒人會誤解刀槍出政權的硬道理：元老院只有阿非利加行省的一個軍團，而奧古斯都有其他二十七個軍團！奧古斯都的攤牌應該是對那些仍對共和存有幻想的人，做出正式的提醒或婉轉的警告。

此外，西元前二七年也一向被認為是羅馬帝國（*Imperia Romana*）的開始。但這是什麼意義呢？這次的憲政安排顯然是個好理由，但這是當時羅馬人的觀點嗎？我猜不是那麼明顯，何況這些憲政安排還會繼續發展。但不可否認的是西元前二七年的安排是初次嘗試釐清超級政治強人奧古斯都的地位，這本身即是相當有意義，因為正是從這點出發，逐漸發展出我們所謂的「皇帝」。這些當然是後見之明。我們可以想像：奧古斯都當時一定戒慎恐懼，擔心一步出錯、步步錯；他要在自己是軍事獨裁者的現實以及周圍其他元老精英仍舊緬懷、習慣那種共和想像，這兩者之間踏出細膩的第一步。所以他不可能大張旗鼓開個憲法討論大會，來討論他的地位，然後在西元前二七年「稱帝」，宣布帝國開始。

相反地，這年應該會見到許多人在幕後焦慮地穿梭、討論、討價還價、默許及無奈接受，而達成那需要的平衡。這裡必須強調：元首制度不是奧古斯都一個人能片面決定的，而是他與元老院整體以及元老院所代表的四百多年偉大羅馬政治傳統，甚至還有其他人或體制加入，所一起共同協商出來的結果，而且需要不斷地調整及修正。

他使用「元首」（*princeps*）這個字來指稱自己的地位，便可看出他的細膩。這個字原來是指元老院裡最資深的元老，在院會時常會優先被徵詢意見及發言。這是*auctoritas*的象徵，但現在卻被奧古斯都轉化為形容他政治權力的名稱。這既「共和」、但在新時代的脈絡中又不是那麼「共和」。當他使用這個字眼來指稱自己時，大家心知肚明其涵義為何；若其他人使用，則不可能有相同的意義。

所以在西元前二七年元老們又開始有機會、雖然有限地來競爭傳統官職，進而外放總督，或為奧古斯都效勞，但所有元老是在奧古斯都的監視下繼續這些「共和」的行為。但他們有其他選項嗎？他們會希望奧古斯都立即消失，然後活得更共和些嗎？還是只會付出更大代價，結果一無所有呢？

奧古斯都指派戰區、行省總督及軍團司令，這些人直接成為他的官僚部屬。但對他而言，仍有許多未及之處，如羅馬城治理、立法以及那些元老所管轄的行省。假如他沒擔任執政官，而羅馬發生如饑荒之事，人民可以向誰求助？執政官？不，人民只相信奧古斯都！這樣的事確實發生過；人民甚至集體杯葛執政官選舉，虛位以待奧古斯都！人民要能解決事情的人，不要那不屬於他們的共和。第一次憲政安排顯然不盡如人意。

元首權力的內容：第二次憲政安排

在西元前二三年奧古斯都生了一場大病，病情不樂觀；他已將印璽及國書交給親信；當時有耳語在討論他的後事。跟以前他所生過的大病一樣，結果痊癒，但辭職的劇碼再度上演。元老院對沒有奧古斯都的恐懼再度浮現，於是出現第二次憲政安排。如果第一次安排是建立在奧古斯都是軍事獨裁者的事實上，那第二次則是集中在奧古斯都身為「元首」憲法權力的澄清。

奧古斯都從元老院獲頒「較高延任執政官指揮權」（*imperium proconsulare maius*）以及「護民官權力」（*tribunicia potestas*）。前者適用於羅馬「城外」的帝國境內，在那裡他擁有比其他官員「更高」（*maius*）的指揮權，無論是在他的行省或在元老院管轄的。後者的權力則使他在羅馬「城內」擁有護民官的人身神聖權（*sacrosanctus*）、介入權（*ius intercessionis*）和協助權（*ius auxilii*），以及特別是立法權。這兩項權力定義了「元首」的權力，也成為他後來尋找接班人時，說服元老院頒贈給屬意人選的權力。

但這兩項權力嚴格來說都不是新的。例如「較高延任執政官指揮權」裡的「較高」指揮權可能源自於馬庫斯·安東尼烏斯[11]及龐培在西元前七〇及六〇年代時打海盜的法律授權[12]，跨地域及多年期的指揮權則更是常見。另外，要執行這項權力他勢必要指派代表代為執行指派任務，但這在前三巨頭時期，龐培曾被授權過。所以奧古斯都這「較高延任執政官指揮權」的各項內容皆有例可循，絕無「創新」，但未曾有人能如奧古斯都擁有在地域上如此遼闊（遍及整個帝國）、時間上不斷延長（直到他過世）、任務如此廣泛籠統，以及比「較高」高上不知多少的指揮權。個別權力或許不是創新，但加總起來則絕對是。在護民官權力上，奧古斯都出身尤利烏斯世家貴族，在法律上被禁止擔任「平民」護民官[13]，但他被授予這樣的「權力」，而非「職務」。所以雖是特殊，但仍符合規定。進一步來看，較高延任執政官指揮權和護民官權力兩兩相加，更是前所未見，但拆解開來的個個零件，卻又都是有例可循的。

這「元首」的位置／地位（*statio*）並非法定，完全是奧古斯都在政治圈內長期奮鬥爭取到的。

11 他就是後三巨頭安東尼的父親。
12 對波特這點看法我有所保留。詳後。
13 所以克洛狄烏斯（Publius Clodius Pulcher）這位世家貴族為了競選護民官，就請大祭司凱撒將他身分改為平民（pleb），氏族名Claudius也跟著改為Clodius。詳情可參見本書頁三二三。

這還包括其他面向。在宗教上，他是凱撒在西元前四二年封神後的「神之子」；他是羅馬所有國家祭司團（*collegia*）的首席祭司；在西元前一二年雷比達過世，他更繼任大祭司（*Pontifex Maximus*）。元老院在西元前二年致贈他「祖國之父」（*pater patriae*）頭銜，聽說他淚流滿面地接受；這頭銜與他在施政上強調家庭道德及婚姻重要性，不謀而合，完全反映出他現在的地位宛如所有羅馬人的父親一般。所以在討論他為「元首」的憲政地位時，我們切不可忽略羅馬人所會強調的那種比較不具體的 *auctoritas*，因為在共和時期元老院之所以可領導羅馬如此之久，正因為它那集體的 *auctoritas* 無與倫比，而非法律規定元老院可以單獨領導統治。但現在奧古斯都的 *auctoritas* 更高、更具政治實力。奧古斯都大概知道元老院因為沒有法律權力，如何被護民官攻擊，所以他取得「較高延任執政官指揮權」及「護民官權力」算是他從元老院遭遇所學得的教訓。另外，他恭謹親切地對待元老院，時時徵詢元老的意見，讓大家覺得受到尊敬，更能接受奧古斯都的元首新角色，迎接新時代的來臨。最後再加上他的長壽：從西元前三一年贏得內戰起，直到西元一四年過世，他掌控羅馬政局超過四十四年之久。這讓奧古斯都和元老院摸索出的制度能有生根茁壯的機會，也讓大家有時間去適應這新局面。在他過世時，恐怕沒太多人能記得共和的模樣。

所以「元首」的 *statio* 雖然有較高延任執政官指揮權及護民官權力的政治、軍事、立法、司法的法定權力，但他同時是國家宗教最高權威，是羅馬社會及家庭的家長和父親，也是道德典範及權威。這些加起來構成「元首」這複雜的實體及概念，是奧古斯都在他漫漫的生命歷史中逐漸累積、打造、協商出來的。但這些要如何轉化成為法律條文呢？要如何轉交另個不是奧古斯都的人呢？

元首政治的罩門：權力轉移

元首政治有個但書：這權力是由元老院以法令方式來頒給奧古斯都，為期五年；到期後，再次投票延長，「如果」元老院願意的話。奧古斯都顯然不太可能遇到「如果不願意」這樣的難題。但其他人呢？因為元老院理論上是可以不延長的。

這裡我們先強調奧古斯都那種以退為進的策略。他是政治強人，但將這些權力包裝成其實是元老貴族頒贈給他的，而且有期限，必須更新（正如那有些不幸的後三巨頭政團立下的前例），來符合共和的傳統。但元老院有其他的選擇嗎？另方面，奧古斯都有其他更好的選擇嗎？元首政治於是乎是以共和外衣（以元老院代表）來包裝奧古斯都的軍事獨裁，但這是雙方協商的結果。元首制度再次宛如雙人探戈，在舞步的前進後退迴旋之間，雙方逐漸磨合出心照不宣的默契。但若換成另個舞者來加入探戈呢？繼承將是這制度的罩門。

在實際運作上，奧古斯都開始時只屬意自己尤利烏斯家族血統的後代，如外甥馬可盧斯、收養的外孫蓋烏斯．凱撒及盧基烏斯．凱撒。這些人他可以栽培，他可以一再製造機會來提拔他們，他可以讓大家認識他們，他可以營造接班的「氛圍」，但就是不能公然宣布這些是他的繼承人！因為世襲是君主政治才會做的事，而這必將徹底破壞他細膩的安排，戳破元老院頒贈權力給他的共和假象，也必然引起羅馬統治精英的不滿。但老天也似乎注定奧古斯都無法如願：這些人都比他早過世。當他不得不收養莉維亞與前夫所生的提庇留為繼承人時，想必反而解決了「如果不願意」這樣的問題，因為提庇留已經有豐富歷練，且功業彪炳，加上生父克勞狄烏斯家族及生母李維烏斯家族的兩邊高貴的血統，外加奧古斯都收養入尤利烏斯家族，這些即使依照共和傳統的標準，是藍色中的藍色。換句話說，提庇留是最符合「元首」模樣的人。所以奧古斯都死後，提庇留在沒有明顯挑戰者下，順利繼承，建立尤利烏斯—克勞狄烏斯王朝。但即使如此，提庇留在繼位時是充滿遲疑憂慮。塔西陀認為這是惺惺作態，但這批評有些不公平。我們只要想到這是元首權力的第一次轉移，沒人知道如何進行，沒人知道會發生何事，提庇留能不如履薄冰嗎？

元首政治的考驗

元首政治制度的韌性在尤利烏斯—克勞狄烏斯王朝歷史中屢遭考驗，但都存活下來，只是共和的外表被逐漸磨掉，暴露出愈來愈多軍事獨裁的原貌，因為奧古斯都與元老的良好互動，或（用比喻說）跳好雙人探戈的意圖及努力，已經不復可見。另方面，共和貴族也逐漸習慣獨裁者主宰著他們政治生活的預設模式。在提庇留離群索居住於卡布里島時，羅馬依然運作良好，因為官員盡職、而軍隊仍然效忠王朝。第三任瘋狂的卡利古拉被一些學者認為幾乎是在測試元首制度的極限以及軍隊的耐心，但制度撐下來了。在他遭暗殺後，克勞狄烏斯利用自己的自由民開始建立類似中央政府機構的官僚制度，而皇帝有時甚至會在宮內審判叛國罪，更凸顯元首政治獨裁的發展方向。元老院最後甚至可以接受一個十七歲、沒有歷練的未成年人尼祿成為「元首」，頒贈給他奧古斯都等待三十年才獲得的「祖國之父」，遑論其他頭銜。

原來只玩權力遊戲、如狼如虎的共和貴族元老院，逐漸轉變為元首御用的溫馴公僕人才庫。元老院的權力政治逐漸被官僚政治所取代，以執行公僕角色為職志及榮耀。但皇帝戒心仍在，因此關鍵位置，如埃及總督、禁衛軍統領、警消部隊總監及艦隊司令等四大要職，奧古斯都最後規定都必須由騎士階層出身的人擔任，因為騎士被認為沒有爭奪皇位的身分及機會。但保護元首安全的禁衛軍在這段期間反而成為「國王製造者」（king-maker）。不過奧古斯都遺留下來的威望極大，使得後繼的元首無需時時祭出軍團的威嚇，來堅持自己的地位。但尼祿的垮台卻正是因為各地軍團開始質疑他的統治，因為他的荒唐耗盡了奧古斯都所遺留下來的任何光環。

尼祿自殺後，沒有適當的尤利烏斯—克勞狄烏斯王朝及其他人選可以繼任（因為都被尼祿殺死），地區軍團開始爭相擁戴自己的指揮官來競爭皇位。西元六九年出現四位爭奪皇位的競爭者，並發生各地軍團爭奪皇位的內戰。當第一位加爾巴即位時，塔西陀說出這句名言：「一個祕密被揭露了：皇帝可以在不是羅馬的地方被製造出來。」他這句話不僅是指羅馬，而是指加爾巴是第一位不屬於尤利烏斯—克勞狄烏斯王朝血統的人，卻能當上皇帝，而且是由羅馬之外的軍團（而非羅馬城內的禁衛軍或元老院）來決定誰當皇帝。這當然更加確認元首制度的軍事獨裁性質。因此在內戰勝出的維斯帕先在西元七〇年進入羅馬前，元老院便已先匆匆通過《有關皇帝維斯帕先的權力》（*lex de imperio Vespasiani*）的法令，一口氣將所有屬於元首的權力頒贈給他，確認軍事上最強者，當享有元首的地位、職務及權力。這道法令將皇帝的權力一一寫出，但省略掉那企圖保持共和門面的「較高延任執政官指揮權」或「護民官權力」，而直接了當地說皇帝不受法律約束，而凡法律允許其前行者所做的，他將被允許去做。這法令說皇帝不受法律（包括這元老院這道法令本身）約束，並非循環論證，而是元老院自己承認政治遊戲已經不是由他們可以主導的；他們是替還沒在羅馬現身的維斯帕先說出這個事實：軍事上最強大的人，可以做他想做的任何事。

另方面，五賢帝第一位涅爾瓦因為不熟悉軍隊，在即位之初即被禁衛軍要脅去感謝那些殺死前任皇帝的禁衛軍。所以他不久後便收養手握大軍的上日耳曼總督圖拉真為繼承人，並在錢幣上公告，來確保繼承順利。皇帝早已無需對指定繼承人一事遮遮掩掩。

相較於卡利古拉或尼祿對待元老院的輕蔑及霸凌，或圖密善要求被稱呼為*deus et dominus*（「神及主人」）的自大狂妄，五賢帝時期（西元九六至一八〇年）的皇帝與元老關係融洽和諧，溫良恭儉讓，但這基本上並未改變整個態勢。重要的是元老院在性質上除了已經由政治性的元老院，轉變為公僕官僚人才庫的元老院，但這人才庫也因為騎士階層以及帝國行省精英的加入，而變得更為廣闊且多元。這相形之下更凸顯出皇帝一人高高在上。所有的人馬都是皇帝的人馬，但現在皇帝的人馬則更多了。

因此隨著羅馬帝國進展，奧古斯都元首制度那種細膩的平衡，最後完全傾斜向皇帝事軍事獨裁者那邊，但他在治理國家時，仍須倚賴這群廣義的帝國元老來協助。

關於羅馬史一些名詞的翻譯

在常規的羅馬官秩（*cursus honorum*），只有執政官及法務官才有指揮權（*imperium*），這由他們分別配備的十二位及六位手執「法西斯」（*fasces*）前導的儀杖官（*lictor*）來象徵。後來帝國疆域不斷擴大，需要執行的任務愈來愈多，國家時常必須借重卸任官員的治理經驗，加以留任，稱為「延任」執政官／法務官（proconsuls/propraetor，pro-是*prorogatio*縮寫，意思為「延長」），擁有執行指派任務的指揮權，但不再擁有原先的職位。本書於是翻譯為「延任」官員。一些人翻譯pro-這字頭為「資深」，我認為這無助於理解，因為所有早些擔任官員的人在卸任後都比新任的「資深」，但並非所有「資深」官員都會、或立即會有留任的機會，去擔任「延任行政長官」（pro-magistrate）。

上述常規或延任官員在執行任務、行使指揮權的範圍被稱為*provincia*。*provincia*剛開始主要是指官員被指派的「任務範圍」；後來有的官員會獲派治理羅馬愈來愈多的海外行省，因此逐漸出現以地理範圍來定義指揮權的行使範圍，成為「行省」（province）的由來。*provincia*在本書譯為「任務範圍」或「行省」，則端視語境來決定。

*imperium*和*provincia*因此是綁在一起的。至於指揮權等級的問題。我的看法與波特稍稍不同。[14]羅馬共和時期，每位擁有*provincia*的官員會尊重彼此的*imperium*，這是共和體制裡榮耀由大家分享的原則。但有些任務比較麻煩。例如西元前七〇年時期羅馬終於決心打擊地中海猖獗的海盜，但海盜流竄整個地中海，難以明確限定*provincia*或行使*imperium*的範圍。當時最先受指派這打海盜任務的延任法務官馬庫斯．安東尼烏斯，因此獲授被西塞羅稱之為*imperium infinitum*的指揮權。這應非高人一等的「無限」指揮權，而是「難以明確定義」任務範圍的指揮權。畢竟安東尼烏

14　波特在本書頁二八一曾提到：「安東尼烏斯有權這麼做，可以被看作是指揮權的分級概念的延伸，也就是說一個人的指揮權高於另一人（下略）。」

斯延任法務官的資歷並不突出，元老院或立法者不可能給他「無限」指揮權。若他的*provincia*與其他人的*provincia*衝突時，立法者在授權時，經常會先界定要如何處理這衝突。在安東尼烏斯的例子我們並不清楚，但稍後龐培壓制海盜時的指揮權是規定在海上無限制（因為不會與其他官員發生衝突）、但在陸地則限於離海五十英里內。我想沒人敢說龐培會比安東尼烏斯小咖，無法獲得「無限」指揮權，若安東尼烏斯曾有的話。另外，共和貴族也應該無法容忍那種帶有「絕對」權力含意的*imperium infinitum*被頒給他們的同儕。

一般而言，執政官指揮權高於法務官的、現任官員指揮權高於延任官員，這反映出一般官秩。西元前八二年的《瓦萊里烏斯法》（*Lex Valeria*）指派蘇拉為獨裁官，他的指揮權當然會比一般任何常規及延任官員更大，因為他是獨裁官，由二十四位拿法西斯的儀仗官來象徵。加上當時蘇拉的地位已經何其強大，這獨裁官的任命無異如虎添翼，或只是錦上添花，滿足蘇拉對共和的想像。

除了上述一般狀況，可能會因為任務不同，所以指揮權內容可能不同，但我認為在共和國時期應該尚未有明確的等級之分。所有的指揮權等級，如上所述，基本上是源自於官秩，而其內容則與任務性質有關，但是有時還要看持有者的*auctoritas*。相形之下，當元老院授予奧古斯都的「較高延任執政官指揮權」時，這才是真正在法律上出現等級的指揮權。總而言之，前述*imperium infinitum*中的*infinitum*不是等級的概念，而是形容*provincia*（無法明確定義）的範圍，但*maius*是指等級。

但是當出現這新等級的「較高」指揮權時，其實這意味著原先持有指揮權者，可在自己的*provincia*自行作主的權力，已不再有任何意義：「較高」指揮權意味著奧古斯都隨時可以干預、否決其他人的指揮權。這是因為從現在起，所有的人馬都是奧古斯都的人馬，所有的決策都是奧古斯都的決策，所有的仗都是為奧古斯都家族打的仗，所有凱旋式都是皇家的凱旋式等等。「較高」指揮權的出現，意味著共和時期元老在自己的 *provincia* 裡獨立行使 *imperium* 的終結，因為共和貴族可以單獨行使權力的時代已經過去。*imperium maius* 的出現讓共和時期的 *imperium* 變得不再有意義。

奧古斯都之所以繼續使用 *imperium* 這概念，但加上 *maius* 這字眼，是因為羅馬人一向尊重「祖宗成法」（*mos maiorum*，「祖先的做法」或「多數人的做法」），強調奧古斯都他自己的 *imperium* 其實仍如共和時期的 *imperium*，只是「更高」而已。這就如他身為元老院最資深元老的「元首」，在地位理論上與其他元老貴族同儕平起平坐，只是他是「眾人之首」（*primus inter pares*），高人一等、或更「平等」而已。這些都是他企圖在共和及帝制之間擠出一個模糊地帶，用共和體制外衣來包裝他軍事獨裁的實質。元首制度與所有這些設計都顯示出奧古斯都細膩的心思及周全的思慮。他的元首政治因為這些巧思，讓共和過渡到帝國時能無縫接軌。

最後順道一提：奧古斯都在第一次憲政安排時指派代表（*legatus*，複數 *legati*），成為戰地行省的總督或軍團的司令時，因為奧古斯都是延任執政官，因此他的代表都只能以低一階的延任法務官，來執行奧古斯都指派的任務，即使他們之前可能已經擔任過執政官。波特的書裡會出現這情形，在此特別說明。

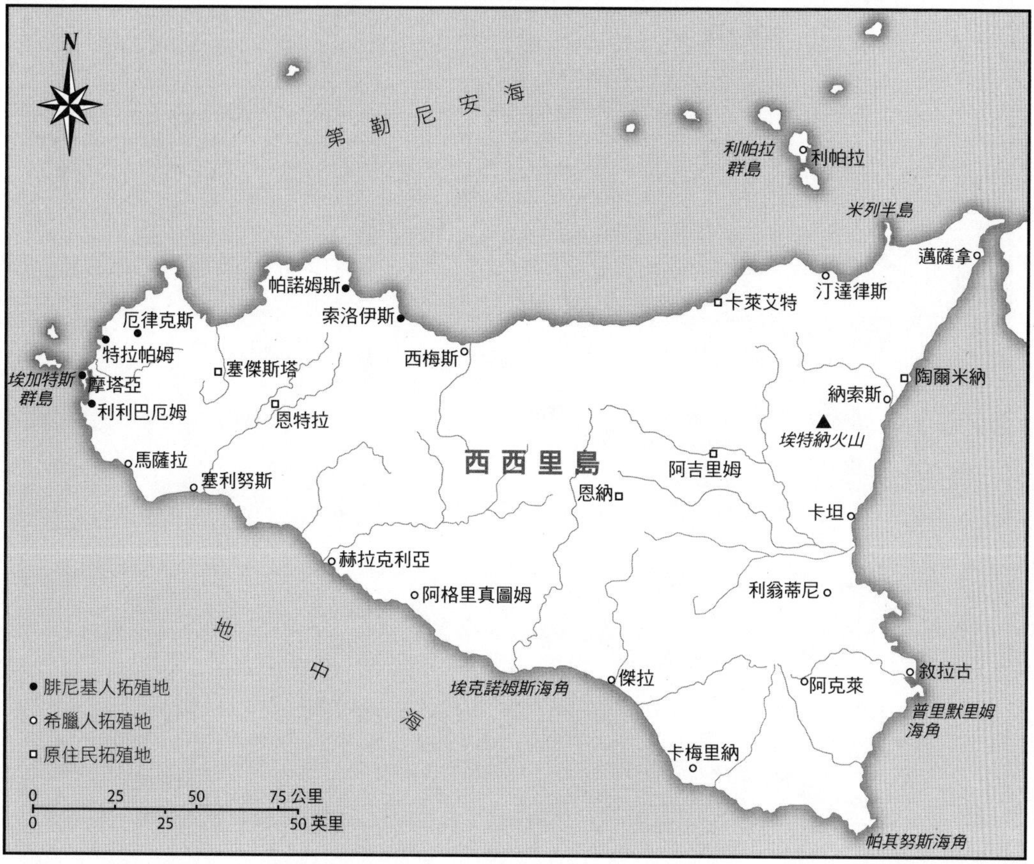

第一次布匿戰爭期間的西西里島（西元前264-241年）

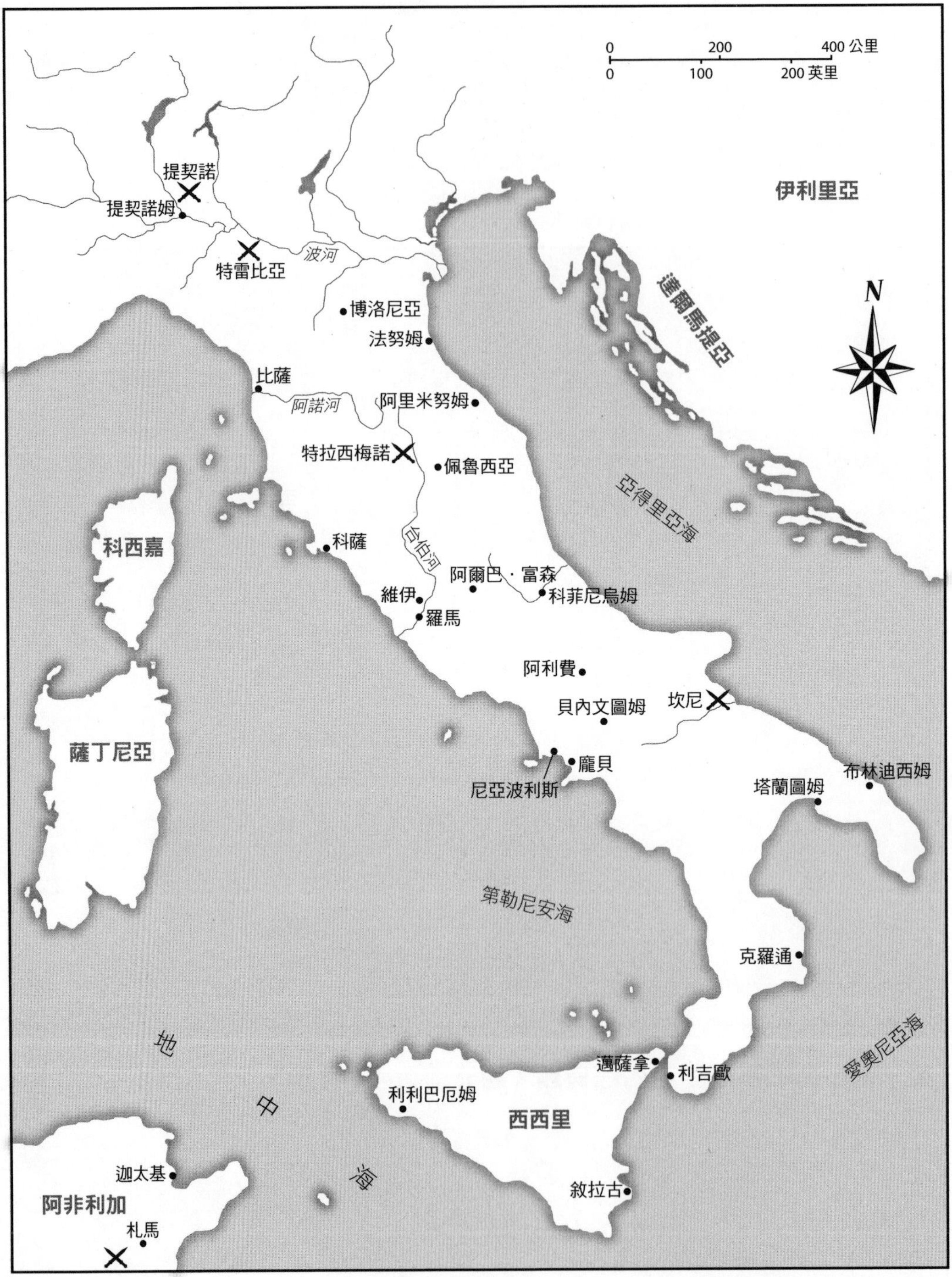
0 200 400 公里
0 100 200 英里
N
伊利里亞
提契諾
提契諾姆
特雷比亞
波河
博洛尼亞
法努姆
達爾馬提亞
比薩
阿諾河
阿里米努姆
特拉西梅諾
佩魯西亞
亞得里亞海
科西嘉
科薩
台伯河
阿爾巴・富森
維伊
科菲尼烏姆
羅馬
阿利費
坎尼
貝內文圖姆
薩丁尼亞
龐貝
尼亞波利斯
布林迪西姆
塔蘭圖姆
第勒尼安海
克羅通
地
中
海
邁薩拿
利吉歐
愛奧尼亞海
利利巴厄姆
西西里
迦太基
敘拉古
阿非利加
札馬

漢尼拔戰爭中的義大利

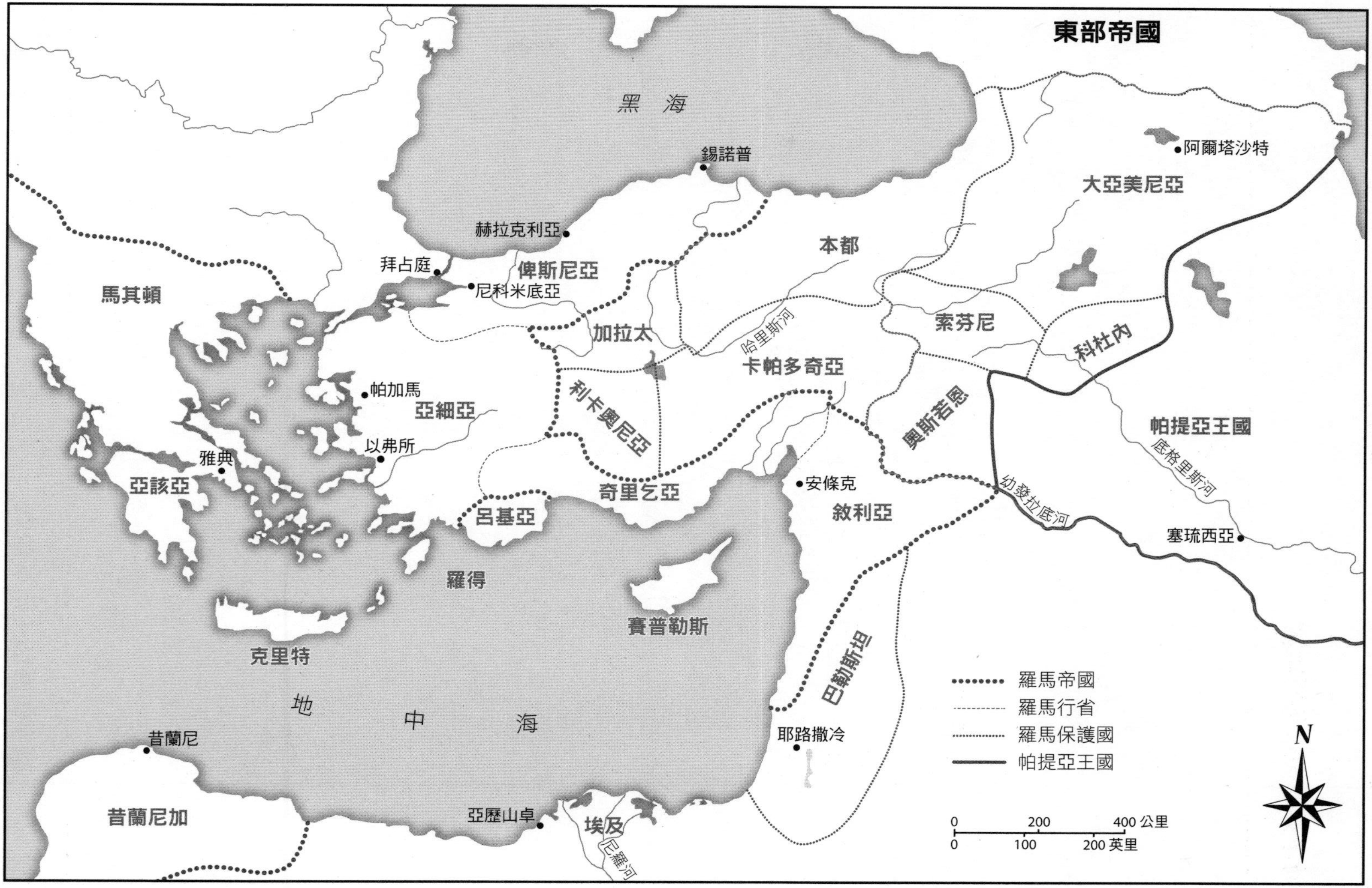
東部帝國
黑海
錫諾普
阿爾塔沙特
大亞美尼亞
赫拉克利亞
本都
拜占庭
俾斯尼亞
尼科米底亞
馬其頓
加拉太
哈里斯河
索芬尼
科杜內
卡帕多奇亞
帕加馬
亞細亞
利卡奧尼亞
奧斯若恩
帕提亞王國
以弗所
底格里斯河
雅典
亞該亞
奇里乞亞
安條克
幼發拉底河
呂基亞
敘利亞
塞琉西亞
羅得
賽普勒斯
克里特
巴勒斯坦
地中海
羅馬帝國
羅馬行省
羅馬保護國
帕提亞王國
昔蘭尼
耶路撒冷
N
昔蘭尼加
亞歷山卓
埃及
尼羅河
0 200 400 公里
0 100 200 英里

哈德良治下的羅馬帝國

鹹海
裏海
黑海
多瑙河
俾斯尼亞
亞美尼亞
帕提亞
拜占庭
帕加馬
士麥拿
雅典
以弗所
奇里乞亞
美索不達米亞
底格里斯河
安條克
帕邁拉
泰西封
敘利亞
幼發拉底河
邁森尼
埃邁沙
賽普勒斯
克里特
耶路撒冷
波斯灣
亞歷山卓
佩特拉
尼加
阿拉比亞
埃及
尼羅河
紅海

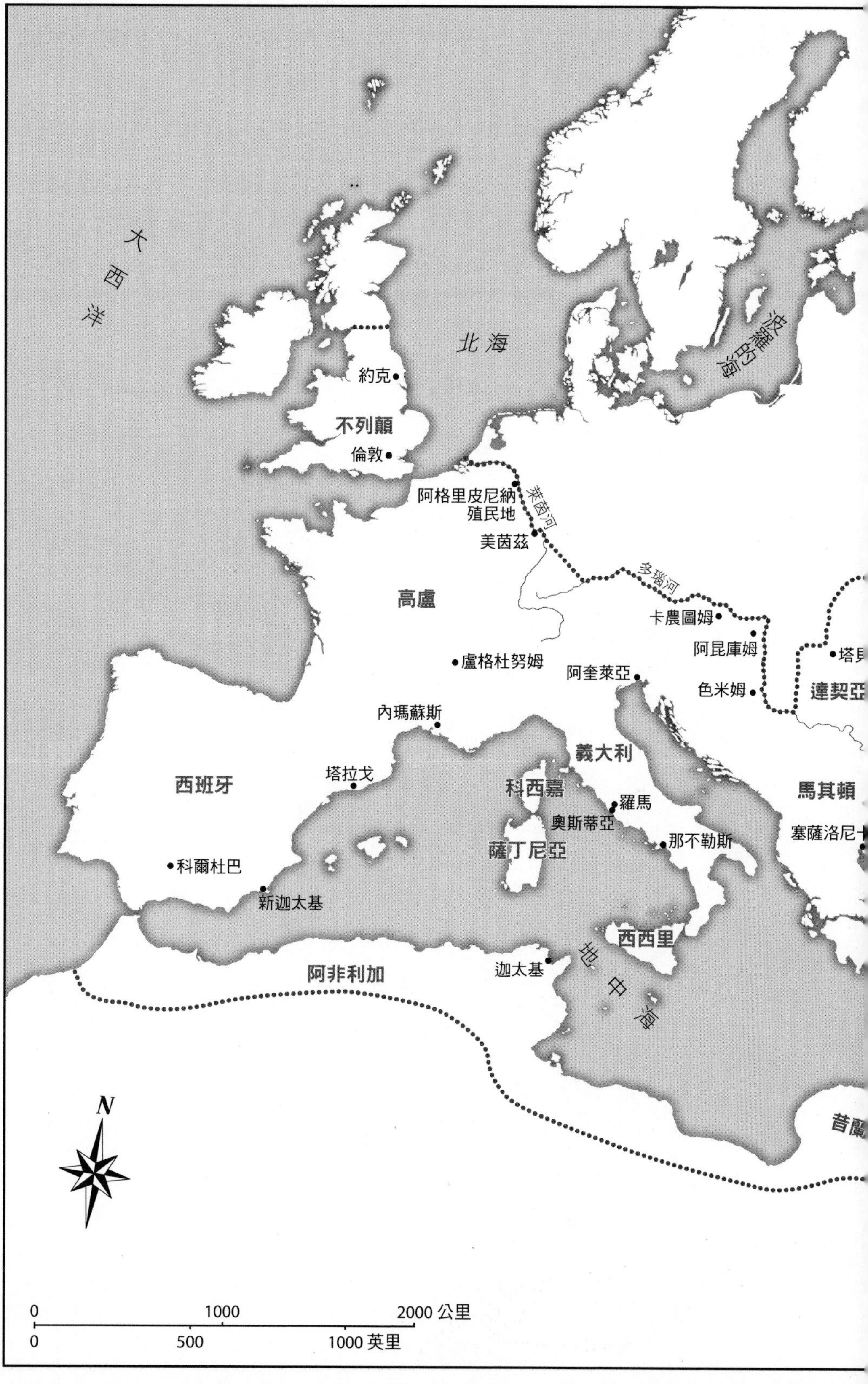
大西洋
北海
波羅的海
約克
不列顛
倫敦
阿格里皮尼納殖民地
萊茵河
美茵茲
多瑙河
高盧
卡農圖姆
阿昆庫姆
塔
達契亞
盧格杜努姆
阿奎萊亞
色米姆
內瑪蘇斯
義大利
西班牙
塔拉戈
科西嘉
羅馬
奧斯蒂亞
馬其頓
塞薩洛尼
那不勒斯
薩丁尼亞
科爾杜巴
新迦太基
西西里
迦太基
阿非利加
地中海
昔蘭
N
0
1000
2000 公里
0
500
1000 英里

縮寫說明

除了手稿流傳下來的文本之外，古代歷史學家還依賴各種各樣的證據做研究。我們認識很多作家的唯一途徑，就是透過日後的作家所做的引文。我們稱這些引文為「斷簡殘篇」（fragments），因此縮寫文字中顯示為Fr.。我們還使用保存在不易腐爛材料（例如銘文）或莎草紙上的收藏文獻。出現在本書中的著作縮寫，連同它們的解釋，羅列於下。

AE *L'Année épigraphique* (the annual publication of recent discoveries of inscriptions)

FGrH F. Jacoby *et al.*, *Die Fragmente der griechischen Historiker* (Leiden, 1926–9)

FRH T. Cornell, *Fragments of the Roman Historians* (Oxford, 2013)

GC J. H. Oliver, *Greek Constitutions of Early Roman Emperors from Inscriptions and Papyri*, Memoirs of the American Philosophical Society n. 178 (Philadelphia, 1989)

ILLRP A. Degrassi, *Inscriptiones Latinae Liberae Rei Publicae* (*Latin Inscriptions of the Free Republic*)

(Göttingen, 1957)

ILS H. Dessau, *Inscriptiones Latinae Selectae* (*Select Latin Inscriptions*) (Berlin, 1892–1916)

RDGE R. K. Sherk, *Roman Documents from the Greek East* (Baltimore, 1969)

RGDA *Res Gestae Divi Augusti* (The deeds of the divine Augustus) with A. E. Cooley, *Res Gestae Divi Augusti: Text, Translation, and Commentary* (Cambridge, 2009)

RS M. H. Crawford, 'Roman Statutes', *Bulletin of the Institute of Classical Studies Supplement 65* (London, 1996)

SCP *Senatus Consultum Pisonianum* (D.S. Potter and C. Damon, 'The Senatus Consultum de Cn. Pisone patre', *The American Journal of Philology* 120 (1999): 13–42)

SVA H. Bengston, ed., *Die Staatsverträge des Altertums* vol. 3 (Munich, 1975) (an invaluable compendium of evidence for treaties)

WT Writing tablet from R. S. O. Tomlin, ed., 'Roman London's First Voices: Writing Tablets from the Bloomberg Excavations, 2010–14', *Museum of London Archaeology Monograph Series 72* (London, 2016)

導論　帝國之路

故事要從西元前二六四年說起，當時有一支羅馬軍隊正準備從義大利南部渡過墨西拿海峽（Strait of Messina）進入西西里島。行動卻在現在的蒂沃利（Tivoli）古鎮外叫停，那裡大約在羅馬東邊二十英里處，羅馬皇帝哈德良（Hadrian）西元一三八年就駕崩於此。他的宮殿遺址直到今天都是旅遊勝地，提醒著世人他的豐功偉業。他的帝國疆域廣大，北抵英格蘭（他在那裡建造的長城就是帝國的北界），穿過日耳曼南部到土耳其，涵蓋地中海東緣，西至摩洛哥。羅馬帝國在當年，而且至今猶然，是歐洲與地中海史上最成功的多元民族、多元文化大國。然而，對於我們在本書中將會相遇的人來說，若聽聞事事皆光明美好，羅馬會有很多人感到詫異無比。對他們很多人而言，生活是萬般艱辛，而能應付多元化，是羅馬人視為自身獨有的一種特質。羅馬最偉大的詩人也以文字歌頌這樣的觀念，他寫下了「偉哉勞動人民肇建羅馬」。這既是他筆下所述及羅馬建城神話的真實寫照，也是羅馬帝國誕生的真實故事。

本書收場於哈德良駕崩，因為他體現在他治下完成帝國一統大局的過程。哈德良出身於一個義大利家族，這個家族曾經一度移民到西班牙居住了數百年，之後才又遷居重返義大利。在他的統治期間，同時也是羅馬最傑出的史學家塔西陀（Cornelius Tacitus，他在本書中的角色有如嚮導）撰寫歷史的期間，因此我們會看到他的世界如何形塑出他的史觀。

哈德良時代的羅馬人回顧歷史時，會將渡海登上西西里島，當作是他們建立帝國的第一步。他們也會在回顧過往時，將派遣軍隊登上西西里島的那個國家，和他們生活其中的國家，看作是兩個截然不同的國家。西元前二六四年，沒有羅馬皇帝。本書的兩大中心主題之一，就是轉型的過程，這個過程催生了皇室與整個帝國政府的誕生。另一個主題則是探討建立帝國的方式。這兩個主題密不可分。

要陳述羅馬建立帝國的故事，就不能不先劃一道底線，檢視一下西元前二六四年時羅馬如何運作，為了分析這一點，我們必須使用到一些拉丁詞彙。這些拉丁詞彙很多都是一般英文字的字根，只不過我們往往很難透過英文衍生字來充分了解特定拉丁文的字意。花點時間用羅馬人自己的詞彙來了解他們，將能讓我們輕易遊走於他們和我們之間的世界。

羅馬人的國家，正式名稱是res publica populi Romani，或「羅馬人民公共事務」。雖然，英文字的republic（共和）一詞是res publica的衍生字，但羅馬的「共和」與現代的國家截然不同；羅馬的共和一詞指的是完整的成員身分（而且只有男性能擁有完整的成員身分），並且對國土資產擁有實質的所有權。西元前二六四年，這份總體的資產包含了遍及整個義大利的土地。羅馬社區的成員透過公共集會表達他們的意志，每年選舉出行政長官（magistrates）來監督他們的事務。同樣的集會中，還會透過法規，規範行政長官應當有的作為。如此一來，人民雖然是統治主權方，但他們選出的行政長官組成政府，而政府的成員往往來自最高級的貴族。此外至關重要的是，法規也制訂了官員的權力，包括任期與解職。羅馬的民主形式，是選舉行政長官代表一群擁有主權的人來執行事務，由於長久以往人民無權參與政治，因此這樣的代表制頗能滿足他們。綜觀政治理論家從布丹（Jean Bodin）到霍布斯（Thomas Hobbes）的理論，羅馬的民主形式已形成了當前代議制民主政治的現代理論。

羅馬行政長官通常有同等級的同僚，羅馬人民以「指揮權」（imperium and/or potestas）方式做行政管理授權，以及宗教授權（auspicium，原意是占卜）。指揮權意指「絕對的軍事與行政權力」，是empire（帝國）一字的字源，以省為範圍施行。provincia也就是我們所熟悉的英文字province（省）。potestas一字是英文power（力量）的字源，擁有potestas的人有權力強制他人去做某些事。此外，auspicious（吉利的）在現代英文的用法裡隱含著預測想要的結果，但羅馬的auspicium卻比較不那麼純粹是正面的意思，這個字意指預測神蹟的權力（特別是但卻不僅止於那些透過鳥類舉動所透露的訊息）和天象。倘若占卜結果不吉祥，就不會執行任何公共事務。

西元前二六四年，provincia一字尚未用來指涉某個以地理為界的行政區，只指涉「行政長官應行使指揮權執行的任務」。這些任務是由羅馬人民派遣，執行範圍從羅馬城的神聖宗教疆界「聖界」（pomerium）向外擴及一英里方圓。在羅馬城內，行政長官會依據由定期集會制訂的法規，來執行權力。對任何權力的重要限制之一就是除非公民全體投票表決定罪，或是根據軍法，否則行政長官不能判處羅馬公民死刑。

＊

我們的故事一開始，羅馬的共和制度興起並支配義大利半島，這是西元前二九五至二七二年間才發生的事。羅馬的顯赫地位當時靠著三大因素打下根基：它與各個義大利社區的聯盟、它積極取得優良的地產，以及它那先進的軍事制度，就古代標準來說，羅馬可以使用龐大的人力資源庫以及一種相當穩定的財務運作方式。

羅馬貴族和義大利聯盟領導人的共同利益，就是羅馬聯盟制度的基礎。在建立聯盟制度時，羅馬人依靠兩種基本工具：foedus（條約）和 deditio in fidem（歸降，將「自己」託付給「羅馬人」的誠信）。在西元前四世紀這是很常見的狀況，一個國家若與鄰國發生衝突，他們會對羅馬人 deditio in fidem。假如羅馬人接受這份託付的關係，那麼他們兩造就建立了一份穩固的義務關係，在眾神的見證下，來保護這座城市。羅馬人很陶醉於被看作是「以誠信交易的人」，西元前二七〇年代在義大利南部洛克里（Locris，當時才取得沒多久的盟邦）鑄造的錢幣，就可以作為這件事的佐證。在錢幣上，誠信女神毗斯緹斯（Pistis，誠信）在為羅馬女神（Roma，羅馬社區的擬人化象徵）加冕。

羅馬人決心被視為在「做對的事」，深植於舉凡宣戰的方式、慶祝凱旋的方式。羅馬的宣戰要按照與宣戰祭司（fetial，字意表示經由一套程序完成的某些事）有關的法律或宗教程序所制訂的規範來進行。根據這個程序，羅馬國家的代表（一開始是宣戰祭司本人）會親自前往已經侵犯羅馬的地方，提出要求補償。如果沒有進一步回應，祭司就會返回羅馬城宣布開戰將會是結果，接下來幾日後就會正式宣戰。若羅馬贏得戰爭，祭司會在眾神面前見證羅馬所主張的正義。如果羅馬贏得了戰爭，指揮官也會舉行凱旋式慶功，遊行全城進行閱兵，直到終點朱比特神廟（Capitoline Jupiter），那是羅馬最大的神廟，供奉著最重要的神祇，慶功活動就是上天幫助羅馬的象徵宣示。在西元前四世紀之前，我們會很常見凱旋的將軍興建一座新神廟，來放置掠奪而來的戰利品，慶祝那些羅馬人自認擁有的特質（勇氣、榮譽等等）的神格化。就在本書所涵蓋那段歷史開始的這一刻，羅馬城的市中心早已圍繞著將軍的凱旋慶功路線，蓋滿很多這類自我表揚的紀念性建築。

除了暴力與外交，羅馬使用的另一項統治工具是殖民，殖民有各種規模大小與形式。有些規模小，僅限於羅馬公民，看起來很像是軍營。這些殖民地坐落在那些當地居民可以對正發生的敵意行為，提供早期預警的地方。然則其他的殖民地，有些雖然規模尚小，卻包括當地人口在內。在義大利某些沒有城市的地方，比方說亞平寧山脈中南部的薩莫奈人（Samnites）區域，羅馬人會被授予土地，成為個人拓荒者，圍繞在稱為conciliabula或是「聚集之處」的鄉間核心來組織起來。當然還有其他殖民地規模非常的大，裡頭羅馬人與非羅馬人混居在一起，也就是所謂的拉丁殖民地，人數可高達兩千到六千之多。他們之所以被稱為「拉丁人」，是因為這種

圖1 西元前二七五年洛克里發行的銀幣，反應了該城與羅馬的關係。銀幣上的頭像是宙斯（希臘版本的羅馬神祇朱比特），錢幣反面是誠信女神在為羅馬女神加冕。圖像畫出了「誠信」（fides）概念在羅馬外交上的重要性。

殖民地的成員即使曾經是羅馬公民，但擁有的公民權等級比羅馬公民低，至於等級高低的依據，要看羅馬與拉丁姆平原其他城鎮的關係親疏而定（拉丁姆平原是羅馬在義大利建城的所在地）。「拉丁權」（Latin rights）使人得以在羅馬從事商業活動，而且，如果他們是當地的官員，就能取得或重新取得完全的羅馬公民權。而拉丁人不能做，但羅馬人能做的事情是在羅馬選舉時投票。那麼，羅馬公民為何想成為拉丁人呢？原因跟經濟有關，這能確保他們擁有比以往更多的資產。非羅馬人加入殖民地與前公民平起平坐，通常是身分地位的晉升之階，也使得與羅馬結盟的社區裡平民百姓，透過羅馬的成功能獲取既得利益。

拉丁殖民地的包容性，是羅馬與大多數古代國家之間最重要的區別，也是羅馬與現代帝國主義國家最重要的區別，而這就是對公民權的態度。在羅馬，公民是由具有公民權的家族所生的孩子，不過常人也可能成為公民，若他們是羅馬公民的「解放奴」（亦即「自由民」，以下均稱「自由民」），羅馬人會投票決議讓解放奴成為公民，抑或某位負責審查的行政長官讓他們註冊成為公民。羅馬最舉足輕重的家族，很多都來自其他的族群，而這項網開一面的措施有助於羅馬吸收潛在的敵人。

對公民權的態度，並非羅馬制度唯一不尋常的特色。還有另外兩個特色是在西元前三世紀初期，羅馬只有含混不清的鑄幣制度，也沒有從歸降各邦收繳貢賦。即使當時羅馬已經是義大利的霸主，錢幣上會非常明顯載明「羅馬」的訊息，諸如正面刻著海克力斯（Hercules），背面刻著羅馬的神話開國者羅穆盧斯（Romulus）與雷穆斯（Remus），但羅馬的錢幣也都不在羅馬城鑄造。這些錢幣會通行於坎帕尼亞（Campania），也就是那不勒斯灣一帶地區，那裡有更強大的錢幣傳統，因為那裡的許多城市擁有濃厚的希臘根源，其中那不勒斯是最著名的一個。在羅馬鑄造的羅馬錢幣並不方便使用，它是由沉重的青銅條組成，重量稍少於五磅，似乎是作為大金額交易使用；銀幣與銅錢則是複製通行於義大利南部的錢幣；此外還有青銅盤，重量將近一磅。

＊

我們在針對西元前二六四年之後羅馬發生的一切進行簡短介紹之前，還有兩個重點必須要探究清楚。第一個重點是羅馬的選舉如何運作（我們會經常回來探究這些投票方式）；第二個重點是羅馬政府的結構（這是我們會經常回頭探究的另一個主題）。

羅馬人投票的方式取決於是否要選出一位擁有指揮權的行政長官。羅馬的主要行政長官有兩種，分別是執政官（consul，有兩位）和法務官（praetor）。理論上，一旦兩名執政官都上戰場的話，法務官（在西元前二六四年只有一位）就會到羅馬任職好幾年。執

圖2　依照希臘標準鑄造的這枚錢幣，將羅馬與海克力斯連結在一起，海克力斯是義大利廣受奉祀的神祇，錢幣上的圖案還有吸食母狼奶汁的羅馬開國者羅穆盧斯與雷穆斯兩人。

政官與法務官都是由百人團大會（comitia centuriata）投票選出。在羅馬的投票集會裡，公民以「百人團」為集合進行投票。西元前二六四年，總數有一百九十三個百人團，被分成三組。第一組由十八個百人團組成，都是騎兵（正式名稱叫作「騎公家馬的騎士」）。第二組是一百七十個百人團組成，這個百人團對國家的義務只是生養子女，因為他們沒有足夠資產來被歸類為「assidui」（「定居者」或「擁有土地者」），這構成其他百人團的成員。assidui有從軍的義務，還要在不服兵役時納稅（tributum），這樣的人被分成五個等級。分級的依據是個人財產的多寡，第一級最富裕，也擁有最多百人團（八十個），第二級、第三級和第四級各有二十個百人團，而第五級有三十個百人團。想在選舉中勝出的話，候選人必須取得多數百人團的支持，也就是說最富裕的公民（散布於十八個騎兵百人團，以及八十個第一級步兵百人團裡面），往往是選舉勝敗的關鍵所在。在每年兩位的執政官選舉中，第一個先拿到最多數的九十七張百人團票的候選人[1]，就是執政官選舉的贏家，接著才計算第二順位執政官的票數，拿到第二多百人團票，被宣布為贏家，直到九十七個百人團票數都計算完畢。富人之間即使意見分歧，較低階級的百人團票數也不太可能對選舉結果有太大影響。

同時，也有只擁有公權力（potestas）的行政長官。這些行政長官包括了兩位負責管理羅馬城的市政官（aedile），還有十位護民官（tribune）和財務官（quaestor），後者負責管理財庫並協助官員處理事務。這些人由三十三個羅馬部落集會選舉產生。在部落集會中投票的方式，雷同於百人團的投票，因此不論誰贏得十七張部落票，就能贏得他想取得的官職。另一方面，由於部落集會不考慮人口資格，因此窮人的票數可能具有較多的影響力。

羅馬憲法的基本法則是，只有當選的官員才能提出法律，而這些法律也是要在選舉他們的會議中進行表決。這樣的結果是起碼就理論上來說，不同的集會可以表決通過非常不同類型的法律。那些投較低階級所好的法律，只能透過部落集會表決來通過，因為部落集會不倚重富人階級，而那些討好上層階級利益的法律，可以移到百人團大會去進行投票表決。就實務面來看，不論哪個集會都具備相當能力通過各種法令。關於羅馬人投票表決法律的方式，最令人震驚的是他們幾乎很少否決什麼事。對這一點最說得通的理由是想要通過某條法令的人，就會想盡辦法拉攏民意，以確保他們的措施能在表決前就已經通過大家的意見。

我們前面說了這麼多關於羅馬制度如何運作，但也有一個例外。獨裁官（dictator）在任職期間，擁有至高無上的公權力，但不是用選舉產生的。獨裁官是由羅馬城內資深的官員，在判斷需要獨裁官的時候指派任命的。有時候這類的需求是很日常的，比方說主持執政官選舉。但在其他時候，獨裁官是被任命來解決重大危機的。一旦獨裁官已經完成他們的任務，不論是主持選舉或贏得戰爭，他們就得卸任。

這套行政長官制度是重大改革的成果，這些改革在西元前四世紀中期開始發生。在這些改革之前，能取得、擁有指揮權的唯一一批行政長官或主要祭司，是那些登記有案的世家貴族成員，這樣的制度似乎是在西元前五世紀初期形成的，這批貴族包括了主要的氏族（Gens），而羅馬的政治秩序就是由他們來界定。到了西元前四世紀中葉，這種限制性的安排顯然是有問題，因此西元前三六

1 編按：總共有一百九十三個百人團，取得九十七張百人團票就過半。

〇年代的改革，就是為了開放兩個主要行政長官職位中的一個給平民（plebeians），也就是所謂的非貴族階級。

慢慢地，連同祭司的職位也開放給平民，不過這些憲法的變革只是歷史中的一部分而已。舊規矩鬆綁的同時也使得其他拉丁社區得以併入到羅馬統治貴族之中。大的世家貴族能夠運用他們對選舉集會的影響力，拉抬仰賴他們的其他家族成員取得高層職位。這段時期的重要家族有瓦萊里烏斯氏族（Valerii）、克勞狄烏斯氏族（Claudii）、法比烏斯氏族（Fabii，他們聲稱自家的起源遠早於羅馬建城）、埃米利烏斯氏族（Aemilii）、科內留斯氏族（Cornelii）和曼利烏斯氏族（Manlii）。法比烏斯氏族曾

圖3 這枚西元前五四年的錢幣刻有羅馬共和國的傳奇建國者布魯圖斯（Brutus），由他的侍從執法吏（lictor，扛著斧頭）及助手陪同。這幅圖像描繪出執政官的權力理念。

促成一連數個拉丁氏族晉升高官，比方說來自托斯卡倫（Tusculum）的弗爾維烏斯氏族（Fulvii）、馬米留斯氏族（Mamilii），馬文圖姆（Malventum）的奧塔基利烏斯氏族（Otacilii），諾門圖姆（Nomentum）的阿提利烏斯氏族（Atilii）。埃米利烏斯氏族似乎曾贊助過羅馬一個富裕的平民家族傑努奇烏斯（Genucii），以及同為羅馬富人階級的李錫尼烏斯氏族（Licinii），還有來自普里尼斯特（Praeneste）的普勞提烏斯氏族（Plautii）。

行政長官由少數職員輔佐，他們花很多時間監督那些國家發包簽約來執行基本功能的人員，從街道修繕、神廟加蓋屋頂、國家賽馬車隊的馬匹供應，乃至提供出征軍隊的軍需、將穀物搬運到市場，或徵稅。由於羅馬共和國並沒有精密的貨幣制度，因此這些公共承包人的影響力不太可能特別大，也不太可能可以因為替政府工作而致富。這段時期裡，財富取決於土地，而主要幾個世家貴族都有龐大的土地財產做後盾，這些土地所有權被限縮在每個核心家族的擁有上限約在三百英畝左右，這是羅馬進犯西西里島一個世紀前發生的重大政治改革之一。貴族的另一個主要錢財來源是戰利品，儘管他們理應要跟手下和國家共享這些戰利品，但戰利品依然是世襲財富裡很重要的來源。

＊

截至目前我們所探討的羅馬共和國，與許多其他義大利邦國差異不大，這些國家通常都有貴族的統治會議、部落大會和公民軍隊，他們還能透過僱用傭兵（羅馬也難以避免採用傭兵）來補充，以及官員與承包人通力合作，讓一切順利運作。這個羅馬共和國看似一點都不像哈德良在西元一三八年留下的那個羅馬共和國。改革的過程是在西元前三世紀末才開始進行的，而在那之前，羅馬與迦太基陷入長年苦戰；迦太基是北非的一個邦國，對西西里島野心勃勃，同時強烈反對羅馬插足那座島。

羅馬在西元前二六四年大致如之前那樣運作，直到那年與迦太基陷入生死交關的鏖戰。迦太基的軍隊統帥名叫漢尼拔（Hannibal），西元前二一八年，他領軍從西班牙一個家族封邑入侵義大利。與漢尼拔的苦戰迫使羅馬要更加壯大自己的效能（甚至要取得自有的統一貨幣制度）。這場戰爭同時也將羅馬捲入地中海東部的政局糾紛之中。

西元前二〇一年，羅馬戰勝漢尼拔與迦太基，取得西班牙統治權，也使得羅馬與位於現在希臘北部的馬其頓王國，進入戰爭邊緣。速戰速決擊敗馬其頓後，又使得羅馬捲入另一場地中海東部的戰爭，那就是和塞琉古王國（Seleucid）的戰事。但羅馬再次速戰速決（戰事從西元前一九二年至一八八年），一舉擊潰塞琉古國王安條克三世（Antiochus III），此後羅馬在地中海所向披靡，獨霸一方，也開啟了之前只能夢寐以求的一切滾滾財源，尤其是對羅馬的承包人來說更是如此。這些承包人在羅馬政治中形成一個非常強大的利益集團，現在有理由認為他們形成了一個特定的「包商階級」。

唾手可得的財富巨額快速增加，也引發了政治混亂。後來的羅馬人追溯傳統羅馬政府體制之所以瓦解，就將其歸咎於西元前二世紀下半葉至西元前一世紀中期之間，個別人的一連串舉措改變。雖然把大規模政治運動與社會改革歸咎於某單一個人，顯得太過簡化問題，但羅馬人就是這樣認為，但如此一來也方便，這也是本書諸多篇章標題都放上個人名字的原因。這些人當中的第一個就是古羅馬政治家、平民領袖提庇留・格拉古（Tiberius Gracchus）；西元前一三三年，格拉古挑戰了元老院的專權，以捍衛羅馬人民的主權。他的弟弟蓋烏斯·格拉古（Gaius Gracchus）在西元前一二二年拿包商階級當武器，對抗把持官場的階級，讓他們掌控法庭，可以對官員的腐敗行為提起訴訟。至於蓋烏斯·馬略（Gaius Marius）這位英雄戰將，他本人也是政治上活躍的包商階級的產物；馬略能拯救國家免受外敵欺侮，可是對解決複雜磨擦毫無興趣，這些磨擦肇因於帝國獲利分配不均，在整個羅馬和義大利社會出現了複雜的裂痕。

西元前九一年，羅馬與它的義大利盟邦之間爆發內戰，戰事大部分在西元前八八年告終，因為在西元前九〇年時，羅馬答應了叛亂者所提出的要求（想成為羅馬公民）。就某種程度而言，這場大戰最棘手的部分就是出現大規模軍事承包業務，這些承包業務將主導接下來後半個世紀的政局。

這段時期裡，最狠毒的軍事承包人就是盧基烏斯·科內留斯·蘇拉（Lucius Cornelius Sulla）。西元前八〇年代晚期的血腥內戰結束後，他成了獨裁官，為自己擴充權力為所欲為，他取消任期限制，愛做多久就做多久。由於蘇拉未能凝聚團結的追隨力量，導致他企圖打造的政治體系很快就瓦解了。到了下一個世代，曾當過蘇拉手下軍官的格奈烏斯·龐培（Gnaeus Pompey）表現突出，之後憑藉個人身為將領的長才，也願意自掏腰包砸銀子養自己的軍隊，掌握了政權。龐培的崛起在西元前五〇年代遭到蓋烏斯·尤利烏斯·凱撒（Gaius Julius Caesar）的挑戰，對方靠著征服高盧（現在的法國與比利時）所取得的資源，建立一個基本上是由個人控制的國家。他利用高盧的資源進犯義大利，擊敗了龐培，在西元前四〇年代把自己拱上了獨裁官的大位。

西元前四四年三月十五日，凱撒遇刺，羅馬陷入了漫長的內戰。亂局之中，凱撒的養子奧古斯都（Augustus）取得勝利，他就是後來羅馬帝國的首任皇帝。是奧古斯都開創了新局，將西元前二世紀以來形成的「財政—軍事」承包國家，轉變為官僚國家。在西元一一四年他辭世之後的百年裡，有效率的政府持續茁壯，支配著歷史；這樣一個政府能提供整合機制，將舊有的臣民整合到羅馬的統治集團裡，但同時也經常提供教訓，告訴人們，那些目光短視、脾氣差的主政者（這些年裡有好幾個相當有個人色彩的皇帝）是可以被管控的。

羅馬帝國成功的最大祕密就是它容許過去的臣民擔任行政官員，甚至最終成為皇帝。世上沒有任何帝國能做到羅馬這樣，將過去的臣民團結得這麼好。不過同樣地，那也不是西元前二六四年的羅馬人能想像到的事情。

第一部

戰爭

（西元前二六四至二〇一年）

第一章　入侵西西里島

西元前二六四年

雷焦．卡拉布里亞（Reggio Calabria）位處義大利南部，是個美麗的地方。傍晚，令人振奮的微風拂去了午後讓大海波瀾不興的燠熱，喚醒了岸邊小小漩渦。今日我們感受這股微風，就是體驗阿庇烏斯．克勞狄烏斯（Appius Claudius）的感受；他是西元前二六四年羅馬的執政官。

由於克勞狄烏斯在那個夏末所做的事，使得他的名字裡多了一個別名（cognomen），有了這個別名，他從此和他有權有勢的貴族集團成員不同。他現在名叫阿庇烏斯．克勞狄烏斯．卡德克斯（Appius Claudius Caudex），外號「笨蛋」（blockhead）。但這有點不公平。就我們所知，在那個黃金年代，泰半時間在家族扮演要角的人物當中，他既非家族裡最無能的，也不是最惹人厭的那個。西元前二六四年，他遭逢了一連串其他領導人物也難以處理好的難題。

克勞狄烏斯之所以身在雷焦．卡拉布里亞，是因為有一個外交危機要處理；羅馬自認對一個叫作瑪末丁（Mamertines）[1]的一群人有義務，對方是一群坎帕尼亞傭兵，他們曾攻占西西里島的邁薩拿城（Messana，今天的墨西拿），該城恰與雷焦．卡拉布里亞隔海相望。

羅馬人覺得對瑪末丁人有責任，因為瑪末丁人曾在戰爭中扮演積極角色，幫助羅馬人在西元前二八〇至二七五年間掌控了義大利南部。這場戰爭的起因是羅馬人與義大利南部城市塔蘭圖姆（Tarentum）轄下的盟邦，出現嫌隙。塔蘭圖姆人敗給了羅馬人，於是他們引進一支強大軍隊來助陣，由希臘西部伊庇魯斯（Epirus）的國王皮洛士（Pyrrhus）領兵。皮洛士是一名能力卓越的將領，在開戰前兩年曾兩度浴血大敗羅馬人，雖然這些戰役也讓他付出慘痛代價，因此西方才有這麼一句諺語「皮洛士式勝利」（Pyrrhic victory），意思是「慘勝」。不論如何，最終皮洛士沒能和羅馬人達成和平談判，到了西元前二七七年，塔蘭圖姆曾沒錢支付給皮洛士。皮洛士接著便將整支軍隊租給了敘拉古人（Syracusans）；敘拉古人出自西西里島東南部，他們正在跟迦太基人交戰。可是，當敘拉古人把軍費花光了，戰爭也就結束了。皮洛士正待返回義大利，塔蘭圖姆卻幫著羅馬人在半路上襲擊他。皮洛士於是和羅馬人打了第三場戰爭，但卻落敗逃回希臘，沒幾年就戰死沙場。西元前二七二年，塔蘭圖姆投降羅馬，標誌著羅馬完成對波河河谷以南的義大利的征服。然後，瑪末丁人便大難臨頭了。

西元前二六七年，一位名叫敘拉古的希倫（Hieron of Syracuse）的將領，擊潰了瑪末丁軍隊，戰爭期間他稱王成了希倫二世（Hieron II），企圖一舉殲滅瑪末丁人。面臨存亡之秋的瑪末丁人歸降了羅馬，換句話說，正式把自己交給羅馬人的誠信。他們還聲稱自己也信奉戰神瑪爾斯（Mars），也就是羅馬建城者羅穆盧斯的父親（我們不久就會看到更多這類外交實例）。

1 審定注：意思是「戰神之子」。

但對每個參與其中的人來說，不幸的是當瑪末丁人在面臨敘拉古的威脅之際，他們最初的反應是向迦太基而非向羅馬尋求幫助。這樣一個訴求，起初看似滿懷希望，因為迦太基人長久以來就很厭惡敘拉古人，近期甚至還跟瑪末丁人結盟對抗過皮洛士。但瑪末丁人很快就發現，迦太基人的問題是他們企圖掌控住邁薩拿的程度，遠超過瑪末丁人所能接受的程度。當迦太基軍隊進駐邁薩拿後，瑪末丁人更堅信不妨試試運氣轉投羅馬人的懷抱。於是他們誆騙迦太基駐軍統帥離城，然後派使節前往羅馬，要求羅馬保護他們，宣布為一個「任務範圍」（provincia）。這件事發生在西元前二六四年七月。

這樣的訴求引發動亂及惡意。迦太基人素來與羅馬關係良好，彼此有默契，羅馬不插手迦太基認為很重要的地區，比方說西西里島。面對瑪末丁人的來降，羅馬人不知道該做出什麼樣的回應：他們認為自己對瑪末丁人有責任，可是他們已經向伊特魯里亞（Etruria）南部（大約是今天的托斯卡納）的一座叛亂城市宣戰，還陷入苦戰。這麼一來，他們可能會同時間在兩個不同的地點打仗。

想當然耳，羅馬元老院內部對是否要宣布解救瑪末丁為任務範圍，起了一番爭議，因此，在元老院無法達成共識時，克勞狄烏斯召開了一次百人團大會。大會的職責就是投票認可瑪末丁為任務範圍。但百人團大會同意支援瑪末丁人為一個任務範圍後，卻沒有同時對迦太基或敘拉古任何一方宣戰。羅馬只會為了自保而出征。當然，自保多多少少定義的很寬鬆，不過在這次的案例裡，萬一羅馬軍隊抵達西西里島時，迦太基、敘拉古起而攻打羅馬，那麼羅馬才會迎戰。

瑪末丁人把迦太基統帥騙離開邁薩拿一事，徹底激怒了迦太基人，他們把倒楣的指揮官釘死在十字架上。而羅馬可能介入，令他們更加惱火。在羅馬人還未投票決議派遣克勞狄烏斯率軍南下前，迦太基人就已經和敘拉古的希倫簽訂條約，要抵禦羅馬人進入西西里島。

我們要想重建克勞狄烏斯抵達西西里後所發生的事件，是件很困難的事。之所以困難，是因為我們有些文本證據只有簡短摘要，要不就是散落於其他作家文章裡的引文，也就是所謂的「斷簡殘篇」（在文中被引用時會以 fr. 標示）。其他的證據來自某位作家，他昧於自己的偏見，只能透過後來的爭議來解讀他所做的論述。

我們有三種資料來源很重要。其一，是西元前一世紀中葉一位名叫狄奧多羅斯（Diodorus）的人所寫的《歷史叢書》（*Bibliotheca historica*）。這本書的涵蓋範圍極廣，從早期的埃及和美索不達米亞，直到狄奧多羅斯同時代的人物凱撒的生平；在創作這部巨著時，狄奧多羅斯借用了早期作家的素材，但通常不十分謹慎。在這種狀況下，他借用了西西里歷史學家腓里努斯（Philinus）的著作，而腓里努斯是厭惡羅馬人的。可惜，我們如今看不到狄奧多羅斯所寫的完整故事，因為我們之所以能知道他著作裡的這個部分，僅能間接透過後來的歷史學家所引述的文字。我們的第二個資料來源是卡西烏斯．狄奧（Cassius Dio），他寫了一部八十一冊羅馬史，從建國到西元三世紀初他的年代，如今這些著作也僅能從摘要中得知一二。我們最詳盡的記載，是來自西元前二世紀的希臘歷史學家波利比烏斯（Polybius），但其中卻有瑕疵，因為他排除所有可用的證據，來假設羅馬人是因為有個大戰略而發動戰爭。

波利比烏斯認為，羅馬人不願出手幫助瑪末丁人，不僅因為對方讓人厭惡，也因為援助對方，會牴觸他們要懲罰另一批坎帕尼亞傭兵的早期決議；這些人曾受僱於羅馬，在對抗皮洛士的戰役中曾經從羅馬公民手中奪下利吉歐（Rhegium，雷焦．卡拉布里亞的古名）。波利比烏斯只是不喜歡傭兵，但他沒有察覺到的是，羅馬人眼中的利吉歐的坎帕尼亞人，和邁薩拿的坎帕尼亞人不同。[2] 利吉歐的坎帕尼亞人跟羅馬人割蓆斷義，可是在邁薩拿的坎帕尼亞人並未如此——這一點的意義在當時是顯而易見的，儘管尚有爭議。在狄奧多羅斯的記載裡，在面對羅馬使節前來討論瑪末丁人的處境時，希倫國王認為倘若人們看到羅馬人支持像瑪末丁人那樣的小人，大家會覺得羅馬聲稱的「以誠信行事」也未免太虛偽。

波利比烏斯則認為，羅馬決策的過程中最重要的東西並不是誠信，而是感受到迦太基的勢力正逼近義大利，以及同時無可避免的，羅馬終將不得不與迦太基交戰。萬一終需一戰，那麼儘早做準備也總比來不及好，因為迦太基正日益壯大。可是波利比烏斯的看法是根據錯估迦太基的實力而來的，亦即西元前二六四年的迦太基比二一八年的迦太基更強大，後者就是迦太基將領漢尼拔發動第二次布匿戰爭（Punic War）的那年。（請注意，漢尼拔是個常見的迦太基人名字，而我們在下面篇章裡，還會碰到與這個漢尼拔毫不相干的其他漢尼拔。）大體上多虧漢尼拔家族早在三十年前就活躍於西班牙，迦太基當年的強盛史無前例。而後來羅馬人（也就是與波利比烏斯同時代的人）喜歡說，迦太基早在漢尼拔之前就已經是個長期的、強大的威脅了。他們想要這麼相信，才能合理化他們必須消滅迦太基的論點（波利比烏斯在世時羅馬人就這麼做了，而且波利比烏斯也積極參與其中）。那也是狄奧為什麼知道這個故事的羅馬人版本如下：

> 這些（迦太基人）絕不輸給他們（羅馬人），不論財富或土地資產；他們有高超的航海學訓練，還配備了騎兵、步兵與大象部隊，統治著阿非利加人，擁有薩丁尼亞，以及大半的西西

> 里島；因此，他們滿懷希望想征服義大利。各式各樣的因素導致他們愈來愈自信，可是他們之所以格外自滿，是因為他們是獨立的，以年度官員的名義來選舉國王，沒有永久任期。同時，他們感覺自己的努力是為了自己的利益，所以他們充滿了熱情。（Dio, *Roman History* 11.8）

認為迦太基是當時勢力龐大的強權，掌控了環地中海西部，但這種論調早已經被近年的考古發現推翻了。我們如今知道根本沒有遼闊的迦太基帝國，只有數不清的貿易網絡，這些都與腓尼基裔的商賈息息相關，其中有一些、但非全部集中在迦太基。迦太基本身控制著阿非利加北部沿海的城邦，還有些西西里島的城邦，以及薩丁尼亞與科西嘉諸島。論軍事能力，迦太基僅靠自己來對抗敘拉古便常捉襟見肘，正如西元前二六四年末即將發生的事件那樣，而敘拉古本身甚至連一支羅馬軍隊都難以對付，更別提羅馬每年夏天通常派出兩支軍隊了。

迦太基駐軍撤退之後，羅馬人接受了瑪末丁人投降。西元前二六四年八月之前的某個時候，迦太基人與敘拉古人結盟，當時羅馬的軍隊開始集結於利吉歐。沒人知道到底發生了什麼事，但看起來似乎有迦太基的船艦擊沉了羅馬的船艦。根據狄奧多羅斯的記載，迦太基人一發動攻擊之後，有一名羅馬使節前去見迦太基人，抱怨攻擊一事，暗示這樣的結果有可能導致開戰，還對人家演說羅馬軍事史。雙方似乎都心知肚明，彼此都不可能有效封鎖墨西拿海峽，因為迦太基艦隊駐防在十二

2 編按：利吉歐的坎帕尼亞人（傭兵）跟羅馬人交惡，邁薩拿的坎帕尼亞人（傭兵）沒有，後者就是前文提到的瑪末丁人。

英里外的佩洛拉斯角（Cape Peloras），由於距離太遠，無法有效巡邏，而敘拉古人又沒有值得在意的海軍在這個區域巡防。所有的羅馬人必須在一夜之間加載裝備，奔向邁薩拿。

雖然現在迦太基人與敘拉古人聯手對抗羅馬侵略者，但雙方其實心存芥蒂已久，換言之，他們不可能聯手協調來對敵人做出回應。克勞狄烏斯就利用這一點，第一步先攻擊敘拉古人。接著，當對方落荒而逃撤退回國時，再攻擊迦太基人。他打散對方的陸軍兵力，讓他們的海軍也無用武之地。但羅馬軍隊在冬季作戰，讓克勞狄烏斯的人馬陷入了極大困境，這很可能是他為何被稱為「笨蛋」的原因，但最終他削弱了敘拉古人，使得也沒有做出任何努力來幫助敘拉古人的迦太基人，完全無能為力。西元前二六三年三月，新任的羅馬執政官任職之後南下，在沒有迦太基人的阻撓下，渡海進入西西里島。敘拉古投降，並且有超過六十個城鎮歸降羅馬。此時此刻，羅馬軍隊才轉而對付迦太基人。考慮到敘拉古人對迦太基人的敵意已經根深柢固，加上後來敘拉古人熱情支持羅馬人發動戰爭，很可能是在敘拉古國王希倫的慫恿下，羅馬指揮官才跟迦太基人撕破臉，希倫還支付了一大筆戰爭賠償金給羅馬人。

第二章　陸戰和海戰

西元前二六三至二四一年

有了敘拉古化敵為友的轉變，西西里島的戰爭進入嶄新的階段。然而，我們卻幾乎沒有證據可以證明羅馬元老院真正了解那場轉變的弦外之音是什麼；而且所有跡象都顯示，羅馬過了很久之後才明白，這場新的戰爭與過去的戰爭天差地別。波利比烏斯提到羅馬人「完全捲入了西西里島的事情裡」（Polybius, 1.17.3），這正是一幅勾人回味起被困與囚禁的畫面。

顯現出羅馬人缺乏理解這是場與過往不同的戰爭的一點，在於羅馬人任命執政官職位的方式。這一點至關重要，因為在事件結束後所記載的參考資料裡也呈現同樣的歷史必然性，導致他們呈現這場仗是出於顧全大戰略而開打的特色。而當我們看到真正選出了誰出任作戰指揮官時，我們對事情的看法卻與當時看起來的樣子有所不同。

西元前二六三年的執政官是馬尼烏斯．瓦萊里烏斯．梅薩拉（Manius Valerius Messalla）和馬尼烏斯．奧塔基利烏斯．克拉蘇（Manius Otacilius Crassus）。和克勞狄烏斯一樣，梅薩拉也是貴族，出身歷史悠久有權有勢的家族，但在羅馬戰爭中有個奇怪的特色，那就是像梅薩拉這樣的世家貴族鮮少成為執政官，近期才晉升為貴族者卻很多更上層樓成為執政官。在戰爭期間的三十八位執政官當中，只有十一位（有兩人是兄弟）的父祖輩也是執政官，而同時有六人是家族當中首度出任這個官職。

羅馬領導階包含愈來愈少的老貴族，但這階層傾向讓那些得到同族親屬支持的人參與領導階層。舉例來說，西元前二六一年的執政官之一是奧塔基利烏斯．克拉蘇的弟弟，而克拉蘇自己的執政官同僚又是他弟弟的執政官同僚的表親。[1]西元前二六二年的一位執政官是二六五年執政官的兄弟，科內留斯．西庇阿家族裡有兩兄弟分別在二六〇年和二五九年接任彼此的職位，而在西元前二五八年、二五七年、二五六年和二五四年的兩位執政官當中就有一位出身自阿提利烏斯氏族。他們在這個時候頻頻涉足政壇，可能是出於家族與坎帕尼亞一地關係密切所致，那裡極可能大力支持戰爭。總計，戰爭期間所選出的三十八位執政官當中，將近半數有兄弟或表親在當時也擔任過執政官。

另一個怪異之處是不同於皮洛士戰爭和後來的第二次布匿戰爭期間，當在雙方敵對行動爆發之前已經證明自己能力的人，在戰爭爆發後，西元前二六四年前擔任過執政官的人卻只有兩個人再次當選。確實，在戰爭期間的那些年裡，幾乎沒有人能再次當選。從這點我們得出一個結論，那就是羅馬人並不把迦太基的威脅當一回事。

由能力不足的人把戰爭當作家族事務應付，處理的效率就不會好，像是在對抗迦太基的戰事中，羅馬人的政策搖擺就暴露出缺乏任何一貫的謀劃。這些舉措也顯露出西西里人從中權謀干預。西西里島的城邦，累世被敘拉古與迦太基兩造玩弄在股掌之間，亟欲藉著羅馬的勢力破除這種長年的紛爭輪迴。島上的希臘裔諸城邦彼此溝通的方式之一，就是杜撰與遠古時代有所謂的淵源，來重建彼此的關係。這也可以成為一種外交手段來用在羅馬身上。羅馬人對這類東西習以為常，像是皮洛士就給他們灌輸了很多這種東西，說他的祖先是古希臘的英雄阿基里斯，比羅馬開國元老之一的特洛伊王子埃涅阿斯（Aeneas）還要偉大。如今羅馬人來到西西里島，島上南部的塞傑斯塔城（Segesta）便因為埃涅阿斯與羅馬的這層關係，頻頻召喚著他們。

羅馬人可能覺得對付西西里島的希臘人比較輕鬆些，因為羅馬派到這裡的軍隊若不是希臘人就是坎帕尼亞人。在這些年裡，坎帕尼亞的城市鑄造了很多錢幣，這很能說明問題，在某些情況下，這是這段時期唯一通行的錢幣。在阿普利亞（Apulia）、盧坎尼亞（Lucania）、布魯蒂姆（Bruttium）等地卻沒有如此明顯的趨勢，這些地方在皮洛士戰爭期間鑄造了大量錢幣，但羅馬北部與西部諸城則一點也沒有這樣的活動。城市會在需要時鑄幣，而在西元前三世紀時，決定鑄造更多的錢幣與鄰近地區發生戰爭通常有著密切的關係。由於坎帕尼亞人去西西里島作戰的歷史悠久，不意外這個地區應該格外關心衝突問題。

＊

羅馬與敘拉古的戰役結束於西元前二六三年。而塞傑斯塔一旦認定和埃涅阿斯的淵源更重要於與迦太基的實際關係，就會摩拳擦掌向迦太基開戰；塞傑斯塔人興致勃勃宣布成為羅馬的盟友，向

1 編按：馬尼烏斯・奧塔基利烏斯・克拉蘇是哥哥，前面也提到他是西元前二六三年的執政官。提圖斯・奧塔基利烏斯・克拉蘇是弟弟，西元前二六二年的執政官。克拉蘇兄弟各自的執政官同僚也有親屬關係。

迦太基駐軍大開殺戒。隔年，兩大強權猛烈廝殺，而且羅馬的兩位執政官集中火力，攻打西西里南岸的阿格里真圖姆（Agrigentum，現在的阿格里真托）。在敘拉古人相助下，羅馬在阿格里真圖姆大勝，整場艱難苦戰期間，敘拉古人還為羅馬軍隊提供補給，這點大大改變了羅馬的政策：如果羅馬人要在阿非利加開戰，他們就需要擁有一支艦隊。

決定打造一支大戰的主力艦隊，也跟羅馬政壇上的黑馬家族科內留斯·西庇阿和阿提利烏斯有關，在西元前二六〇至二五七年間，這些大家族至少有一人出任執政官，此外再加上敘拉古人的推波助瀾。大型船隊並非義大利海戰的特點，羅馬的貴族曾把非常態招募的艦隊工作留給他們的盟友。這些盟友有一些在突襲海戰方面經驗豐富（在東地中海區義大利人可是惡名昭彰的海盜），不過他們沒有發動戰爭的必要基礎建設。如今事情有了改變，羅馬人幾乎在一夜之間就造出了一支艦隊。

西元前五世紀至四世紀初期的基本戰艦，是三列槳座戰船（trireme）。東地中海戰爭記載中最常見到的古代三列槳座戰船，大約長一百二十英尺。船上兩側各有三排槳手，每排至少有二十五名槳手，全船約莫有兩百人。[2]這些船隻所採行的基本戰術，要不是以船首的撞角癱瘓敵方船隻，就是在敵艦架上跳板進行徒手格鬥。在西元前四世紀中葉時，敘拉古人曾修改設計，發明了船側各有兩排槳，每排有五名槳手的船隻（上面的兩排槳，各有兩名槳手），這類船隻稱為五列槳座戰船（quinquiremes）。五列槳座戰船的優勢是可以用更快的速度衝撞另一艘船，船上也能搭載更多戰鬥人員，而且比起三列槳座戰船更平穩。

雖然五列槳座戰船是從三列槳座戰船發展成的加大版，不過兩種船艦可以在艦隊裡交替上陣。

研究者有幸在西西里島西岸的埃加特斯群島（Aegetes islands，現代的埃加迪），發現了一批沉船的撞角，證明我們現在所討論的這場關鍵戰爭，羅馬人和迦太基人雙方所使用的戰船，和其他地區的船隻相比看似小一點。這些三列槳座戰船（所有的撞角幾乎都來自三列槳座戰船）大約九十英尺長，所以大約可乘坐一百五十人左右。五列槳座戰船則可以多乘坐一百人。這表示一支由共一百艘三列槳座戰船（五十艘）和五列槳座戰船（五十艘）組成的艦隊，在其他海域出任務時能裝載兩萬人，相當於每年執政官指揮的標準軍隊規模。

在新艦隊建造期間，槳手會坐在設置於海灘的長條凳上受訓，新戰船在西元前二六〇年夏天竣工下水。那一年的執政官是格奈烏斯・科內留斯・西庇阿（Gnaeus Cornelius Scipio）和蓋烏斯・杜利烏斯（Gaius Duilius）。西庇阿一開始負責指揮海戰，杜利烏斯負責陸戰，在陸地上迦太基軍隊正忙著收復早些年淪陷的疆土。後來西庇阿對迦太基人在利帕里群島（Lipari islands）的基地，發動了一場不明智的突襲，因而被俘，而忙於把迦太基人從塞傑斯塔趕走的杜利烏斯只好接管了艦隊。配備上新型登陸設備的羅馬船隻在西西里島的米列城（Mylae）外正面迎擊迦太基人，大獲全勝。杜利烏斯將這年的功績記載於一份西元前一世紀時重抄的銘文裡，成了該時期最重要的文件。這份文本告訴了我們：

2 審定注：從上到下分別為三十一、二十七及二十七名槳手，兩側加起來共有一百七十名，再加上船長及其他工作人員，還有陸戰隊士兵及弓箭手，約共兩百人。

（正當執政官杜利烏斯在運送羅馬人的盟友塞傑斯塔人之際，遭迦太基人圍困），經過了九日之後，所有（迦太基）軍團與主要官員在光天化日下逃離軍營，於是他以武力拿下瑪契拉（Marcella）這（座城市）。在同一執政官任期內，他是第一位（成功）搭船航行大海的執政官，同時他也是第一位籌辦海軍與艦隊的官員，用那些船艦，在外海當著獨裁官（漢尼拔）面前，擊敗了布匿人的艦隊和迦太

圖4　這塊銘文記載著杜利烏斯的功勳，刻在豎立於古羅馬廣場來紀念他戰功的柱子上，是當代的重要證據，銘記著西元前二六〇年的這場戰役，與這段時期的戰爭本質。現存的文本來自西元前一世紀對該紀念碑的修復。

基人的強大武力，聯合他的盟友擄獲了一艘七列槳座戰艦，以及（三十艘）五列槳座與三列槳座戰船，並且（擊沉了十三艘）。他扣押了三千七百塊金幣，以及一萬（？）塊銀幣……並且，他的勝仗（給）羅馬人民帶來戰利品，在他的馬車隊前展示著數不清的自由的迦太基人。（*ILLRP* 318）

此處所提到的七列槳座戰船，是迦太基人從皮洛士那裡奪來的（戰船的存在顯示了東方諸王偏好大船）。除了這個羅馬人若知道了應該會樂不可支的花絮，杜利烏斯還告訴我們很多有關羅馬貴族處理戰爭的方式。他開宗明義就說他從迦太基人手上救了一名羅馬支持者，並且重述了克勞狄烏斯首次渡過海峽時清晰表述的誠信價值。在呈報米列城行動時，他清楚界定了羅馬盟友必須在行動中扮演的角色，對方要比羅馬人更有航海經驗，而這一點是我們後來的參考資料所欠缺的。此外他強調在勝利中分配戰利品的重要性，這點在羅馬人的戰爭觀裡是很重要的。最後，或許有點讓人擔心的是他展示迦太基人的方式，他將艦隊指揮官形容成有如獨攬羅馬大權的獨裁官，而陸軍統領儼然是「最高的行政官員」，彷彿他們就是羅馬人一樣。如果杜利烏斯與他的貴族同袍認為迦太基人能理解羅馬人所抱持的行為規範是什麼，或用義大利的方式也能充分理解迦太基人的政治制度，那麼他們真是錯得離譜。

杜利烏斯戰勝後的這一年，羅馬軍隊在陸戰與海戰所向皆捷，這激發了我們現存的另一篇西元前三世紀拉丁文作品的創作靈感，這次是比格奈烏斯．西庇阿更能幹的兄弟的墓誌銘：

> 盧基烏斯・科內留斯・西庇阿（Lucius Cornelius Scipio），曾任市政官、執政官、監察官。絕大多數羅馬人都認同這個人物，盧基烏斯・西庇阿是好人中的翹楚，此人是市政官、執政官、監察官巴巴圖斯（Barbatus）之子，攻占了科西嘉島和阿萊里亞城（Aleria），建造了一座獻給風暴神（Tempestates）的神廟以資回報。（*ILLRP* 310）

在這裡可以看到戰爭的榮耀與虔敬兩者關係匪淺，以奉獻一座新神廟為記，緬懷個人的成就，這樣一種特質在數世代前就已存在。可惜的是，雖然杜利烏斯打勝仗，盧基烏斯・西庇阿也打勝仗，可是令人欽佩之舉卻沒能讓和平更靠近些。

儘管他們所向披靡，但是杜利烏斯或西庇阿卻都沒有再次出征。杜利烏斯的情況是，他建造了神廟獻給羅馬的門神雅努斯（Janus），地點就在凱旋式閱兵遊行進羅馬城處，也在元老院議事廳附近豎立一根宏偉的紀念柱，上面裝飾著從擄獲的敵艦取下的撞角，再加上一個他自己的雕像。他還多掌管兩個官職：一是監察官（西庇阿是他的同事），然後在西元前二三一年，還有一個獨裁官辦公室，負責執政官選舉事務。在獲得他那一代人夢寐難求的成就，加上他不世出的罕見能力，杜利烏斯就從公眾舞台消失了，這意味著杜利烏斯明白，身為沒有執政官祖先的人，他不該為自己追求更多榮銜了，要識實務把舞台留給貴族背景更強大的人，即使對方能力稍差。相對地，西庇阿也在同時做了決定。他的貴族背景夠強大，在廣場上停留的人可以看到他的房舍，就像他們可以看到杜利烏斯的紀念碑。但不幸的是，這個時代的貴族氣氛會阻撓有能力者參政，許多缺乏能力的人正摩拳擦掌想掙得一席之地。

＊

西元前二五八年，當時的兩位執政官都出海征戰。蘇皮西烏斯·帕特爾庫魯斯（Sulpicius Paterculus）攻占了薩丁尼亞島，擊敗迦太基艦隊，而另一方面，阿提利烏斯·卡亞提努斯（Atilius Caiatinus），這個坎帕尼亞出身的傑出家族中第一位擔任執政官的人，也在西西里島奏捷。過了一年，或許是受到敘拉古人的戰略建言火上加油的緣故，羅馬人的野心大到一個新的程度。大家都認為只憑藉一支執政官軍隊（約莫兩萬兵力）入侵阿非利加是個好想法，定可以再創西元前三一〇年敘拉古與迦太基對戰時獲得的重大勝利。這時領軍的是卡亞提努斯的表親馬庫斯·阿提利烏斯·雷古拉斯（Marcus Atilius Regulus）。這項計畫在理論上可能聽起來比實際的狀況更好，因為它倚靠的是對北非的一連串政治誤判，也錯估了迦太基人願意忍受的事，更忽略了不同目的的基本差異。在西元前三一〇年，敘拉古人曾經一直努力試著突襲迦太基人的老家，好分散迦太基人對敘拉古的攻擊。在這樣的情況下，羅馬人卻始終想做一些更戲劇性的事。他們希望讓迦太基投降。

為了發動侵略，羅馬人需要一支龐大的艦隊，就在迦太基人正集結他們的龐大武力的同時，羅馬人也適時地打造了大艦隊。波利比烏斯對西元前二五六年在西西里島的艾克莫姆斯（Economus）海岬外的這場海戰做了詳細的描述，雷古拉斯徹底地擊敗迦太基艦隊。對於波利比烏斯來說，這是古代歷史上最大的一次海戰，雙方都有數以百計的五列槳座軍艦，共有二十九萬人參戰。這樣的一幅景象非常吻合波利比烏斯認為雙方勢均力敵的觀點，迦太基與羅馬旗鼓相當，雙方國力都比東地中海其餘諸邦強大。然而，事實可能比較平淡無奇。雷古拉斯試圖運送他的兩萬名士兵，但他的戰船可能絕大部分都是三列槳座戰船，數量不超過一百艘，迦太基的船隊也不可能大太多，這也意味著實際參戰的數字介於波利比烏斯聲稱的五分之一到四分之一。若非前所未有，這樣一場涉及大約六、七萬兵力的戰爭，就古代標準而言規模仍然十分龐大，當時這樣的數字會受到後勤補給所限，戰船平均能搭載的軍糧也撐不了幾天。

接下來的行動情況不妙。雷古拉斯登陸北非，摧殘迦太基與其盟邦的領地，卻缺乏圍攻城池本身所需要的資源。寒冬來襲，他的執政官同僚返國離去，大大降低了他的戰力。種種因素也顯示羅馬人不知該如何終結這場戰爭，因為當時迦太基人向雷古拉斯提議雙方簽署和平協定，但雷古拉斯卻堅持對方必須「將自己託付給羅馬人的誠信」。羅馬在義大利擁有一些小國，這些小國都很清楚「無條件投降」代表什麼意思，這一點絕無例外可言，很嫻熟這套制度的小國都會為了自身利益加以操弄。杜利烏斯的銘文上以羅馬的措辭說明迦太基人的官職，這表示雷古拉斯只不過執行著任何一位羅馬人在這種狀況下都會採取的行動。但對此迦太基人驚恐萬分，他們認為雷古拉斯的態度傲慢自大無以名狀，於是中止了談判，並僱用一支新的傭兵軍隊。

雷古拉斯隔年春季再次攻打迦太基人，此時迦太基軍隊的新統帥是出身於希臘城邦斯巴達的能幹將領桑西普斯（Xanthippus）。桑西普斯早就成功料中了雷古拉斯的戰術，後者會集中火力攻擊他的戰線正中央。桑西普斯並沒有被動承受攻擊，反而出動大象衝鋒陷陣，破解羅馬的進攻部隊（這是少數幾次大象在戰場扮演關鍵角色），同時他用騎兵驅離了弱小的羅馬騎兵，並包抄對方支離破碎的步兵。雷古拉斯被擒，若非遭凌虐至死，就是因難熬嚴酷的監禁而一命嗚呼。

在後來的第二次布匿戰爭裡，我們可以看到漢尼拔將這類戰術發揚光大。出色的將領會從曾經攻打他們的羅馬敵軍身上，學到基本的積極主動精神。波利比烏斯的文章裡通常傾向於說羅馬人好話，我們來看看這個：

> 羅馬人認為要解決一切事情都得靠武力。他們覺得有必要終結他們發動的一切事情，而一旦他們決定怎麼做，沒什麼不可能。他們之所以經常成功，是因為有這樣一股衝動，但是有時候他們也一敗塗地、人盡皆知，尤其是航海這件事。在陸上，對付人與人的事情，他們向來所向披靡，因為他們用武力對付能力相當的人，雖然偶有例外。然而，每當他們企圖稱霸或制服大海時，天氣總是狠狠修理他們一頓。（Polybius, *Histories* 1.37）

波利比烏斯在此所指的事故就是發生於西元前二五三年，雷古拉斯投降後的兩年，羅馬艦隊在結束突襲北非的返航途中，遭逢一場暴風雨肆虐。這是羅馬人經歷的第二起嚴重船難事件。第一起船難發生在西元前二五五年，兩起事故都是海軍將領無視於經驗更豐富的艦長建言所導致的後果。不過，卻好像沒有太多羅馬人在這些事故裡喪生，像是西元前二五五年指揮的執政官返航時，還帶著雷古拉斯慘劇的倖存者，為之前的海軍勝仗舉行凱旋式慶功，而在西元前二五三年折損了一支艦隊的負責執政官，竟在二四四年再度當選。大多數傷員可能都來自義大利南部和西西里島，而羅馬人對傷亡損失愈靠近家鄉的事件，反應也大不相同。

西元前二五三年的暴風雨所造成的後果是，羅馬人不再突襲阿非利加，同時在各層面都出現動亂的跡象。執政官持續被派到西西里島，可是接下來的幾年期間，這些執政官都安份留守在陸地上，讓飽受迦太基象兵衝鋒陷陣驚嚇，導致神經緊張的士兵，休養生息重建士氣。其中一個值得注意的成就是，他們在西元前二五二年攻占的利帕拉（Lipara）基地裡，發現了西元前四世紀時獻給對抗高盧人戰爭的紀念碑。不過那是古老的歷史了，在此時此地，當地人並不願臣服羅馬。西元前二五二年，監察官從「騎乘公家馬的騎士」階級裡除名了四百人，因為他們在西西里島抗命，而羅馬在義大利南部的盟友很可能已經不再願意參加由羅馬人指揮的海軍行動。這一點足可解釋為什麼西元前二四九年派往西西里島的艦隊，有一大部分成員來自義大利中部。

這支艦隊很可能是最早炫耀沉船青銅撞角，這撞角也使我們充分了解在這場戰爭艦隊的性質。除了撞角已經告訴我們的事情之外，我們還可以從中學到羅馬人做生意的方式。要以青銅製成撞角，向來都得經過行政長官批准，有些由單一一名財務官同意，有些要兩名都同意，還有一些要六人委員會中兩人同意才可以。「批准」的過程是標準的中部義大利公共／私人的夥伴關係，這提供戰爭所需要的資源。這是一個眾所周知的特色，它為戰爭提供了筋骨。委員會中執行批准程序的各項變數都顯示著這支艦隊要盡快召集起來。承包人本身在這個節骨眼上，擔負著基本任務，比方說用國家提供的青銅原料來製造撞角。這樣的人對戰爭有其既得利益，因為可以維繫他們的生計。他們都是些小買賣生意人，直接在他們競標爭取到的項目上工作，其他人則建造載運撞角的船隻，或者砍伐使用的木料，以及製造釘子或生產船用索具。

西元前二四九年，有一位執政官是阿庇烏斯．克勞狄烏斯的表親，名叫普比留斯．克勞狄烏斯．普爾徹（Publius Claudius Pulcher），那一年他在西西里島西岸的特拉帕姆（Drepanum，現代的特拉帕尼）遭到迦太基艦隊擊敗。他的很多戰船被俘，並遭迦太基收編，這也是為什麼數年後會有一支迦太基艦隊之中，有一部分羅馬戰艦遭到擊沉的原因。縱使陸戰有一些斬獲，但克勞狄烏斯的一位執政官同僚卻因為一場暴風雨而損失一支艦隊後，自尋短路（另一種說法是，他自殺是出於良心不安，因為失去艦隊違反了他所徵求的吉兆）。事後，羅馬經驗最豐富的行政長官之一阿提利烏斯・卡亞提努斯當選獨裁官，被派到西西里島穩定亂局。他的首要成就似乎就是安排和迦太基交換戰俘。

西元前二四九年的災難要歸咎於執政官，克勞狄烏斯接受了關乎生死的審判。後來，一份出自佚名作者所寫的軼事記載暗示了，都是他惹的麻煩害羅馬公民慘痛犧牲性命。根據軼事，聽說克勞狄烏斯的妹妹因為在街上受到群眾騷擾生氣，便希望自己的兄弟能再度當選執政官，以便剷除城裡的暴民。

克勞狄烏斯的審判大概開始於西元前二四八年，他因「叛國罪」（perduellio）在百人團大會上被彈劾，這份指控可能是因為眾人相信克勞狄烏斯在戰事開打前就激怒了眾神。事發經過是當克勞狄烏斯聽到神雞（牠們在覓食時的移動方式能提供徵兆）一直不肯離開雞籠去覓食，他卻下令把神雞拋出船外，還說：「如果牠們不肯吃，就讓牠們喝。」

對於應該如何處置克勞狄烏斯，貴族始終意見嚴重分歧，因為他們鮮少對行政長官的不稱職進行審判。羅馬人通常會把陸軍和海軍的潰敗歸咎在意外錯判神諭，或者歸咎在兵士的身上。在這個案例裡，克勞狄烏斯輸給了能幹的迦太基海軍將領，對方在敵方海岸設下陷阱，圍困羅馬艦隊，當時克勞狄烏斯正企圖攻其不備襲擊敵人的下錨處。

最先對克勞狄烏斯提告的羅馬護民官遭到其他行政長官阻撓。那些官員聲稱，他們為了這次審判召集百人團大會時，眾神曾經發出惡兆。這點實際上意味著已經排除死刑的可能性，因為審判已經轉移到不讓貴族參加的平民會議（concilium plebis）去了，也就是在平民會議中，克勞狄烏斯最後被判有罪，處以高額罰鍰。西元前二四七年，人們投票否決再次籌建艦隊，明確顯示厭戰已成氣候。

初期的厭戰可以解釋為何在阿庇烏斯・克勞狄烏斯擔任執政官的那一年間，要聽從西比爾神諭（Sibylline Oracle）的指示，舉辦新的「百年大祭」（secular games）。西比爾神諭是以希臘文寫成的書，據說包含了古代預言女巫西比爾的智慧。「十人獻祭委員會」（Board of Ten for Making Sacrifices），也就是負責神諭書的祭司團體，會參考女巫的預言。百年大祭的儀式會在戰神廣場（Campus Martius）舉行，就位於城牆外的寬闊平原上；該儀式跟長壽，以及井然有序的世代傳承概念有關，也跟重申社區存續有關，因為這儀式每百年（saeculum，一個世代最長的壽命上限）只慶祝一回。這一年又格外特別，因為在西元前二四六年舉行的人口普查顯示，羅馬公民人口在這場戰爭後史無前例減少了，從子孫綿延概念衍生出一個隆重儀式可能是必要的。而設置殖民地或許也是羅馬人愈來愈憂心忡忡的跡象，因為兩年後，元老院決議要設置兩個新的殖民地，一處在義大利東岸的布林迪西姆（Brundisium，亦即現在的布林迪西），另一處在伊特魯里亞的弗雷戈那（Fregenae）。

制訂新的宗教儀式與擱置海軍作戰，也顯示出羅馬如今集中火力攻打最靠近阿非利加的西西里島尖上的利利巴厄姆（Lilybaeum），亦即現在的馬爾薩拉（Marsala），但沒有人清楚知道羅馬要如何讓自己從戰爭中脫身。目前迦太基的將領哈米爾卡・巴卡（Hamilcar Barca），才幹過人，已經困住一支又一支的執政官軍隊。如果不能切斷從北非運給他的補給物資，這場戰爭就不會結束。同一時間在他的指揮下，迦太基戰船突襲義大利南部。

羅馬人決定，西元前二四二年必須有徹底的革新。除了多指派一位法務官，還成立一支新的艦隊，雖然艦隊要等到年底才能成軍。艦隊成軍之所以延宕，是因為資金困難。這支艦隊是在元老院採取了某種形式的集資才得以動工，而這是從希臘城邦那裡學來的，由富人出資買配備並建造戰船。這樣的安排進一步證明了，羅馬人的南義大利盟友已經受夠了西西里島四處的戰鬥與沉船。

但是，仍然什麼事也沒發生。人們惴惴不安，在新的一年裡，拉丁姆平原與伊特魯里亞交界處的法里西人（Falisci）爆發了一場推翻羅馬威權的叛亂。也在那年，羅馬決定要將部落數量從三十三個增加為三十五個，擴張了被羅馬公民占據的領土，看似想努力箝制更多的動亂。接著，簡直是奇蹟似的，關鍵捷報傳來，羅馬在埃加特斯群島打了勝仗，摧毀了迦太基的艦隊。

迦太基人絕對也比羅馬人好不到哪裡去。除了派艦隊突襲義大利，他們毫無能力保住作戰中自己的艦隊，而且也無力再組建超出保衛其西西里島疆土所需的軍隊。西元前二四一年冬末第一次布匿戰爭的最終海戰爆發時，他們的艦隊還包括在特拉帕姆擄獲的羅馬三列槳座舊戰船。

關於最後一場作戰的細節少之又少，但我們很確定日期（西元前二四一年三月），因為在戰鬥期間的兩位功臣，蓋烏斯．盧塔蒂烏斯．卡圖盧斯（Gaius Lutatius Catulus）和昆圖斯．瓦萊里烏斯．法爾托（Quintus Valerius Falto）分別在這年出任執政官和法務官，在戰爭中持續手握權柄。就戰鬥本身而言，波利比烏斯說卡圖盧斯困住了迦太基的戰船，因為後者正從埃加特斯群島出發，要運送物資給西西里島的守軍。這些滿載物資的船艦根本不是羅馬人的對手。至於法爾托究竟做了什麼我們並不清楚，不過他大肆慶功舉行了凱旋式，意味著羅馬人可能還打了第二場仗，這場勝利才算功德圓滿。

當卡圖盧斯在戰役結束後駛向北非，迦太基的元老院覺得別無選擇，只能進行和平談判。卡圖盧斯顯然將雷古拉斯的遭遇謹記在心，並未堅持要迦太基人無條件投降。

卡圖盧斯開給迦太基的條件是他自己規劃的。身為擁有指揮權的官員，他有權做出大規模的決策，只要事後回到羅馬時得到百人團大會的同意即可（假如他堅持要求迦太基人投降的話，也同樣適用這個條件）。卡圖盧斯告訴迦太基人，若同意以下條件，那麼他們便可以享有太平：撤離西西里島，發誓再也不攻打希倫、敘拉古人或敘拉古盟邦，返還羅馬戰俘，並分二十年期支付十二萬五千四百磅（五萬七千二百公斤）的白銀。

如和約條款所述，證明了敘拉古人對羅馬戰力舉足輕重，此外一樣重要的是羅馬已察覺到迦太基人打仗需要花很多錢。每年支付將近一千三百磅白銀，並非不可能，但會造成迦太基這樣一個國家可觀的負擔。但羅馬人民卻認為這樣的條件還不夠，拒絕批准，這可能是因為元老院並未在開始跑程序前就達成共識。因此卡圖盧斯另派出十人委員會，由卡圖盧斯的兄弟領頭，前去協商新條款。可是特使只修改了賠償金，從二十年期改為十年期，總額增加了五萬七千磅白銀，並也堅持迦太基人要撤離介於西西里島與阿非利加的諸島，但迦太基人仍保有薩丁尼亞跟科西嘉島，這兩個島是他們從羅馬人手中再度奪回的。迦太基人接受了新和約，並得到了羅馬的批准。

缺乏現金的迦太基人對修改和約所懷有的任何怨恨，必將被他們發現自己與從西西里返回的傭兵陷入苦戰，而變得更加複雜嚴重；他們已經因為延遲繳交賠償金而受害，現在這些傭兵又被丟到他們家門口。於是在迦太基和傭兵之間發生「一場具有遠遠更為殘酷，並將人類歷史有關戰爭的規範徹底棄之不顧這特色的戰爭」（Polybius, Histories 1.88.7），一直持續到西元前二三八年。

戰爭結束時，薩丁尼亞的迦太基傭兵宣布獨立。相應的，迦太基政府也準備好要遠征討伐對方，而傭兵向羅馬無條件投降，羅馬則適時發了一份訊息給迦太基，說明假若迦太基人繼續討伐如今受到羅馬保護的傭兵，兩國將勢必一戰，同時也向迦太基額外索討五萬七千磅白銀作為更進一步的保證金。迦太基認為別無選擇，只能同意這些要求，這件事就長遠來看實在是愚不可及。對這樣的結果要負責的有兩位執政官，一位是普比留斯・瓦萊里烏斯・法爾托（Publius Valerius Falto），卡圖盧斯在埃加特斯群島戰役中的同僚的兄弟；另一位是提庇留・塞姆普羅尼烏斯・格拉古（Tiberius Sempronius Gracchus）。由於法爾托家族不再有人出任執政官，但格拉古的後代將會震撼公共事務的核心。

西元前二三八年的事件說服了迦太基一些人士，認為他們必須重振國力。西元前二三七年，迦太基政府允許哈米爾卡・巴卡將軍率領一支軍隊前往西班牙，在那裡盡其所能打造一個強大的屬地。哈米爾卡了解到，他將會是新領土的統治者，與迦太基官方結盟，而非臣屬於迦太基。舞台已經搭建好，羅馬人有史以來最具決定性的戰爭就要開演，大約在此後二十年開打。在大戰爆發之前，羅馬將會做出其他的決議，採取其他行動，凡此種種都使得這下一場大戰本身愈發困難。

第三章　羅馬和義大利

西元前二四〇至二一七年

一九四三年九月九日，一支龐大的戰艦靠著蒸汽動力駛進薩萊諾灣（Bay of Salerno）。就在與德國敵軍正面對峙中，英美聯軍部隊開始下船，等著與已經從墨西拿橫渡海峽到雷焦的另一支英國軍隊會合。

美軍第一個登陸的海灘是在帕埃斯圖姆（Paestum）。這座城市的古代遺跡如今令現代遊客大感驚奇，這座城市是希臘殖民者在西元前六世紀建立的，當時這批希臘人來自錫巴里斯（Sybaris），那是個強盛的國家，位在義大利西南海岸，由希臘移民在西元前八世紀所建。這群殖民者將他們的新城邦命名為「波賽頓尼亞」（Posidonia），以紀念希臘的海神波賽頓，並且迅即編造了他們與特洛伊戰爭的關聯，為自己的家鄉製造出令人欽佩的古代光環。就他們的案例而言，這層淵源來自古希臘英雄狄俄墨德斯（Diomedes），他在荷馬史詩《伊利亞德》中一幕知名的場景裡，狠狠擊敗了特洛伊勇士埃涅阿斯。在西元前四五〇年之前，希臘殖民者在城市的公共區域邊緣建造了三座偉大的神廟，北邊是雅典娜神廟，南邊有赫拉（Hera）和波賽頓的神廟。在城牆外還有愛神阿芙蘿黛蒂

（Aphrodite）女神的聖所，她的形象其實受到迦太基女神阿斯塔蒂（Astarte）的影響。

古代的波賽頓尼亞四通八達，而到了西元前五世紀晚期，原初的希臘殖民者的後裔失去了城邦的統治權，敗給他們的義大利鄰邦盧坎尼人（Lucanians），對方用他們的語言將這個地方命名為帕埃斯圖姆。這起事件被完整記載於希臘地理學家斯特拉波（Strabo）的著作裡；他是來自黑海阿馬西亞（Amasia）的希臘人，在西元一世紀寫下了《地理學》（*Geography*）這本書。斯特拉波根據西元前三世紀西西里島史學家提麥奧斯（Timaeus）的記載，描繪出南義大利的景況。根據提麥奧斯的記載，在特洛伊戰爭結束後，希臘殖民者已經占據了義大利與西西里島的絕大部分領土。不過提麥奧斯說在他的年代裡，除了那不勒斯、雷焦、塔蘭圖姆之外，所有城邦卻都變成「完全非希臘語」（utterly un-Greek）的區域，這些地方被說義大利語的民族占據，諸如坎帕尼亞人、盧坎尼人和布魯提人（Bruttians）等等。斯特拉波接著為自己發言，說這些被坎帕尼亞人把持的地區都是羅馬的，「因為他們（坎帕尼亞人）成了羅馬人」（Strabo, *Geography* 6.1）。

對於理解羅馬義大利的創立，這則敘述的意涵怎麼說也不為過：即使到了斯特拉波的年代，他們都已經成為羅馬公民超過一世紀，卻仍有可能意指義大利不同的民族和他們個別的歷史。斯特拉波認為，合法的公民權和文化的身分認同並非同一件事，這就好比大家現在會認為蘇格蘭人也是英國人一樣，羅馬時代的義大利人也會認為坎帕尼亞人是羅馬人；但他們的歷史就寫在他們的姓名、食物、口音和習慣上。

帕埃斯圖姆的遺址為我們揭露出斯特拉波是如何理解「大希臘」（Magna Graecia），亦即眾所周知的南義大利區域。西元前二七三年，羅馬占領了該地，成立拉丁殖民地。有好長一陣子，羅馬人不斷移入此地，當時新移民人口應該是相當驚人。這個殖民地迅速形成焦點，來整合這些社區到羅馬國家，而盧坎尼人家族則崛起成了拉丁殖民地的領導人。

帕埃斯圖姆（拉丁）和舊有的波賽頓尼亞（希臘）兩者之間的關係，從城內的街道規劃便很明顯可見；在規劃裡，南邊兩大神廟與北邊雅典娜神廟之間的公共空間都被保留了下來；並且，市集（agora，希臘市場與公共集會場所）連同新的羅馬風格廣場（也是市場所在地和行政中心），也留存至今。廣場北面的一座神廟供奉的是羅馬三位一體神祇：朱比特、朱諾和密涅瓦，即使在今日，相較於波賽頓尼亞過往的偉大神廟，仍遜色不少。昔日的議會廳可能在西元前二七〇至二六〇年間作為辯論廳使用，也連同一座新的羅馬議會廳被保存下來。

拉丁殖民地很可能坐落在帕埃斯圖姆，因為羅馬始終想在坎帕尼亞南邊取得一座海港。帕埃斯圖姆的船隻出現在稍晚的羅馬敘述裡，而且這個區域很可能在與迦太基的衝突中扮演過關鍵的角色。戰爭結束時，和平降臨義大利的中南部，並且不容忽視的是，曾為西西里島這場戰爭提供資金奧援的這些城邦，如今不再鑄幣了。突然之間，資金需求轉向義大利中北部的一些城邦，但該區域卻從未鑄造過值得一提的錢幣。上述這些地區在接下來的二十年裡大量鑄幣，很清楚地顯示羅馬的注意力已經從義大利南部轉移到波河河谷，而這塊土地上泰半居住著凱爾特人，以及傭兵落戶後形成的混血族群，這些混血族群是西西里島上迦太基軍隊的主力。羅馬本身仍不曾鑄造什麼重要的錢幣，這個事實說明了羅馬在義大利的戰爭上有其共生（symbiotic）的一面。

＊

第一次布匿戰爭打斷了義大利東海岸的發展，這些發展源自阿庇烏斯・克勞狄烏斯渡過墨西拿海峽的數十年前，針對羅馬的義大利敵手的最終戰役。在羅馬得以控制義大利中部的決定性戰役森提烏姆之戰（西元前二九五年）後的數年裡，在亞得里亞海岸建立了三個殖民地。其一是塞尼・加利亞（Sena Gallica），透過考古挖掘，我們得知在西元前二九〇年或二八四／三年羅馬殖民者到來之前，這座遺址就已經有悠久的歷史。從第一期挖掘的遺址來看，塞尼・加利亞的主要建築物曾在西元前四世紀時遭到破壞，這可以解釋為什麼羅馬人出現時都採用新規劃打造城市，但在帕埃斯圖姆，羅馬人卻會進駐現有的建築物。其他幾個殖民地位在卡斯托・諾烏姆（Castrum Novum），亦即現在的朱利亞諾瓦（Guilianova），以及阿德里亞（Hadria），也就是現在的亞得里亞。這兩地之前都有可觀的歷史及相當繁榮的經濟發展，例如利用當地黏土製成的雙耳瓶，就在愛琴海世界供不應求。

羅馬人對待阿德里亞殖民地，都是視為盟友而非攻城掠地的目標，譬如帕埃斯圖姆，以及西元前四世紀時遍布於薩莫奈人疆界的弗雷戈里（Fregellae）諸多重要殖民地。這些城邦為周遭的社區提供羅馬的保護，它們象徵著羅馬願意干預當地的爭議，支持那些有誠意歸降的人。這一點甚至也在西元一世紀時被斯特拉波記錄下來，他告訴我們這個地區的人在加入羅馬之前，曾與高盧人爭戰不休。

若說建立阿德里亞殖民地是作為保護之用，那麼同樣的情況就難以套用在成立於西元前二六八年時更大的殖民地：阿里米努姆（Ariminum，現代的里米尼），它位於盧比孔河（Rubicon）南岸，作為北方高盧與南方翁布里亞之間名義上的交界。阿里米努姆曾有大約六千名殖民者，他們帶來的信仰崇拜有著很耐人尋味的故事可說。這裡最普遍的神祇不同於帕埃斯圖姆的那些，也不是羅馬三位一體的任一位。阿里米努姆與科薩（Cosa，靠近現在托斯卡納的安塞多尼亞）和阿爾巴・富森（Alba Fucens，現在的阿布魯佐）等北方殖民地一樣，都是信仰阿波羅與海克力斯。

海克力斯在北義大利始終很受歡迎，據說早在埃涅阿斯踏上此地之前，海克力斯便曾造訪過羅馬。他曾將一名盜匪分屍錯骨，還在羅馬屠牛廣場（Forum Boarium）建造了一座祭壇。法比烏斯氏族對義大利中北部有很高的興趣，而且和海克力斯的大祭壇的信仰有關。

對海克力斯的崇拜不單單與任何特定羅馬家族有關，甚至更普遍的是與羅馬有關。這位神祇受到推廣的普遍程度更大。像是海克力斯很善於對付未開化之人，並捍衛文明世界免受外界威脅。舉個例子來說，倘若羅馬人擔憂高盧人意圖不軌，那有祂這麼一位神祇在就太好了。有阿波羅也是。西元前二七〇年末，當皮洛士戰爭在義大利打得正火爆之際，有一大隊高盧人入侵了希臘。其中一群人最終來到如今的土耳其中部（現代土耳其首都安卡拉便是起源於他們的其中一個殖民地）。另一群人則企圖掠奪德爾菲神廟，也就是阿波羅降下神諭的地方。故事裡說，阿波羅斥退了高盧人，儘管得到了人類的協助。

崇拜海克力斯與阿波羅反映了發展文化交流軟實力的重要。早期的羅馬錢幣連結羅穆盧斯與海克力斯之間的關係，以此來表達羅馬與義大利更廣泛的文化歷史的聯繫。除了這些錢幣，還有數不清的銅鏡（有些出自拉丁姆，但絕大多是來自伊特魯里亞和普里尼斯特），也向我們展示希臘的歷史是如何普遍形成文化通貨的一環。一些錢幣上有源於大希臘的神話圖像，有時候附上說明文字，透露出這些故事是如何引進義大利中部。英雄身旁有義大利眾神相伴，或同時出現冥界的魔靈，描述的故事也未必要和希臘的版本一模一樣。有很多銅鏡刻畫著裸體的雙翼女性，名為拉薩（Lasa），負責服侍愛神杜蘭（Turan）。還有其他的銅鏡刻畫兩名青年，通常配備武器，祂們是孿生神卡斯托耳（Castor）和波魯克斯（Pollux），是希臘的「神聖少男」（Discouroi）。這兩兄弟是特洛伊的海倫的兄弟，其中波魯克斯的父親是朱比特，朱比特幻化成天鵝誘拐了他的母親勒達（Leda）。另一位卡斯托耳的父親是廷達雷斯（Tyndareus），也是海倫的父親。應波魯克斯要求，祂們兄弟倆擁有了永恆的生命，半年時間住天堂，半年時間住人間。[1]祂們對羅馬的重要性，從羅馬廣場裡無所不在的神廟便知一二。祂們象徵著自我犧牲、勝仗和人民團結。

銅鏡與信仰崇拜，連同各種第一次布匿戰爭期間羅馬歷史的典故，呈現出一個有條有理發展優異的文明，並且非常願意採納外界的觀念。不過，羅馬人後來將迦太基戰爭結束後的幾年，視為受到大希臘啟發的精美拉丁文學的第一次極盛期。這並不是因為之前有過一段文化空窗期，而是因為他們如今力行復刻古籍內容——這是採納自大希臘的另一個作為，大希臘剛剛成為文化的重鎮。在西元前四世紀以前，雅典人曾經是保存其文學紀錄最活躍的地方。而如今，地中海東部更偉大的一些皇家首都，像是最廣為人知的帕加馬（Pergamon）和亞歷山卓（Alexandria），也都曾建造出類拔萃的圖書館。為過去所發生的種種留下紀錄，現在成了羅馬人覺得他們也應當做的事，特別是為了

1 編按：勒達原是斯巴達國王廷達雷斯的妻子，被幻化為天鵝的宙斯（朱比特）誘拐，生下了兩顆蛋。第一顆蛋中的波魯克斯和海倫是宙斯的兒女，第二顆蛋中的卡斯托耳則是國王廷達雷斯的兒子（但對此也有不同的說法）。由於哥哥波魯克斯的父親是宙斯，所以他擁有永恆的生命，而弟弟卡斯托耳是凡人。後來在波魯克斯的請求下，宙斯才給予卡斯托耳永恆的生命。

公眾消費而生產出的東西。

後世的羅馬人認為，關鍵人物是李維烏斯·安德羅尼庫斯（Livius Andronicus），據說他在西元前二七二年被以年輕奴隸身分從塔蘭圖姆帶到羅馬，後來又獲釋得到自由身。西元前二四〇年，負責監督羅馬節（ludi Romani）宗教活動的市政官，要安德羅尼庫斯為該節日同時創作一篇悲劇和一篇喜劇。安德羅尼庫斯照做了，也成了為同一場合寫過兩種文類的第一人，他似乎還自己上場演出。安德羅尼庫斯還撰寫了荷馬史詩《奧德賽》的拉丁文譯本，可能是受當代認為奧德修斯的流浪就是在西西里島和義大利附近的啟發。人們都相信，比方說羅馬的西爾策依（Circeii，現在的齊爾切奧山）殖民地就建造在女巫喀耳刻（Circe）的故居遺址上，傳說中女巫喀耳刻可以把人變成豬（遺留下來的一些銅鏡上有這則故事的地方改編版本）。

但安德羅尼庫斯的作品沒有一件留存下來，我們之所以知道他的成就主要是透過後來的作家的引述，而他似乎大量引用（就圖像視覺的證據顯示，他這麼做已有相當一段時間了）希臘神話作為他的戲劇作品的主題，以及當代希臘悲劇和希臘喜劇。這些喜劇有點像現代情境劇，角色老掉牙，劇情又俗套。

安德羅尼庫斯的成功被後世奉為分水嶺。在安德羅尼庫斯之前，幾乎沒有作品傳世留給羅馬人。我們在本書後頭會探討更多細節的政治家兼全方位的文人西塞羅，曾寫過一份價值連城的拉丁演說的歷史，記載了老克勞狄烏斯（前面提過的西元前二六四年執政官的父親）的演講，演講主題是不要跟皮洛士達成和平協議，正如克勞狄烏斯的追隨者對羅馬曆法所做的最有爭議的作品也流傳下來。如今，我們對讚頌英雄的古代歌謠是很模糊的，這些幾乎沒有傳給後代子孫，但卻有個別的祭司保存了些紀錄，尤其是占卜官（augurs），並協助解說眾神降下的徵兆。也因此後代子孫才能知道，西元前三八七年阿利亞（Allia）戰役爆發之前有什麼徵兆。這份資料很有用，因為那場災難導致高盧人日後短暫占領了羅馬數日。同樣很有可能的是，很多以羅馬為主題的戲劇也能增進大家對過往的認識。

以羅馬為主題、留存夠久可以讓後世作家得以引用數行文字的早年劇本，並不是安德羅尼庫斯的作品，而是與他同時代的奈維烏斯（Naevius）的作品。奈維烏斯出身於坎帕尼亞，他的大部分作品是以悲劇和喜劇為主題的劇本。但他最令人難忘的作品卻是以迦太基戰爭為主題，分成七個部分的一首詩。和安德羅尼庫斯一樣，奈維烏斯用上傳統古拉丁詩體的格律，也模仿當代希臘詩人的詩風，為他的故事增添深度，其中包括了很長的倒敘，描述埃涅阿斯如何從特洛伊來訪，以及羅穆盧斯的誕生故事。可惜的是，我們無法確知他是否也寫過埃涅阿斯相遇狄多女王（Dido，迦太基的傳奇創建者）的故事。但我們可以確定的是，他提到了先知西比爾，而地點就在那不勒斯灣附近。

一種奠基於貌似外國文學形式的新文學竟然在富強的帝國裡萌芽，這就表面上來看起來就很奇怪。但假若對義大利而言希臘一直是真正外國的話，那麼說它陌生就不為過。但希臘不算是外國。自西元前六世紀開始，整個義大利都普遍充斥著希臘的文化風格，在外交目的和錢幣上都借用了希臘神話，這顯示義大利文化已經建立在本土和外國輸入的藝術元素的融合之上了。鑑於我們在當地所看到的，我們很難想像有哪一部拉丁文學不具有強烈的希臘元素。西元前二四〇年年代舉辦的節慶活動不是一次巨大的文化變遷，而是一個持續進行的過程的新局面。羅馬儼然成為義大利的首都，而不僅僅是區域中心拉丁姆的首府而已。

＊

幾乎就在迦太基戰爭結束後，羅馬政治立刻有了顯著的改變，這要拜西元前二四一年百人團大會的組織架構改革所賜。這項改革改組了十八個「騎公家馬」的騎兵百人團（他們之前比其他人先投票），和步兵百人團第一級的百人團結合，並將第一級的七十個百人團與三十五個部落相互配合，成立三十五個「青年百人團」（四十六歲以下的男性），以及三十五個「年長者百人團」（超過四十六歲的男性）。同樣的劃分也套用在其餘四個步兵百人團階級上，這麼一來，便將第二至第五級的一百個步兵百人團劃分成各五十個青年與年長者百人團（但四個非武裝與一個最下層普羅階級公民百人團維持現狀）。[2]由於大多數古人的壽命活不過五十多歲，且縱使他們能活到那個歲數，也意味著年長者百人團的人數始終都要比青年百人團來得少。由於古人思想的基本信條是老年人比年輕人有智慧（意思是比較保守），所以這項改革的目的顯然是為了在選舉公報上能填滿對傳統主義有利的政見，並且排除激進利益團體把持執政官選舉的可能，就像迦太基戰爭剛爆發時可能發生的狀況。

倘若，選舉改革的意圖是要平息紛亂，並強化傳統派貴族階級，那麼它的確奏效了。縱有一些例外，但那些新興的家族如今也都發現，傳統的貴族愈來愈靠近政府的重要行政長官權力核心。在西元前二四〇至二一九年間，握有執政官職務的人僅有三十九位，其中七位還當過兩任，在這一年西班牙的迦太基國家已顯然成為羅馬的威脅。這些人當中有十四人的父親當過執政官，還有七人的親戚近期也曾出任執政官。此外更驚人的是，這當中有二十二位貴族出身者來自九大家族，其中十七人出自六大氏族。只有五人是在沒有執政官先祖的背景下，能在這段時期坐上執政官的位子。

但是在西元前二四〇年之後的五年裡，這一群主宰選舉的羅馬貴族階級，做的事卻少得可憐，除了併吞科西嘉和薩丁尼亞，並無重大的軍事行動記載傳世。甚至他們在義大利西北部靠近今天熱那亞一帶薩丁尼亞和利古里亞（Liguria）的戰事，都表現不佳，唯一勝仗是在西元前二三六年。西元前二三五年，執政官提圖斯・曼利烏斯・托爾卡圖斯（Titus Manlius Torquatus）為慶祝大勝薩丁尼亞人，並以一種宣示天下太平的姿態，他和他執政官同僚蓋烏斯・阿提利烏斯・布爾布斯（Gaius Atilius Bulbus）一同關上了雅努斯聖所的大門。[3]但太平歲月為期甚短，接下來的數年衝突更大，包含西元前二三三年，執政官昆圖斯・法比烏斯・馬克西穆斯・維爾魯科蘇斯（Quintus Fabius Maximus Verrucosus）率兵討伐利古里亞人；他在羅馬城南邊的卡佩納門（Porta Capena）外建了一座神廟，獻給榮耀與正義之神霍諾斯（Honos）。

大約二十年後，法比烏斯・馬克西穆斯將會在西元前二一八年開始的迦太基戰爭中，出面領導羅馬，而成了赫赫有名的羅馬救星。然而，他當時的任期卻巧逢蓋烏斯・弗拉米尼烏斯（Gaius Flaminius）擔任護民官，而弗拉米尼烏斯通過了一項法案，根據波利比烏斯的說法，是為了反對元老院職權太過強大；該法案要將位於波河河谷內的阿里米努姆以北區域，提供給羅馬公民作為殖民

---

2 編按：此處懷疑作者有誤植。第一級步兵百人團應該有八十個，可分為各四十個青年百人團和年長者百人團。第二級到第五級步兵百人團共有九十個，可分為各四十五個青年百人團和年長者百人團。

3 審定注：這代表羅馬沒有戰爭、普世和平。奧古斯都在他晚年所寫的功勳錄裡提到，在他之前，雅努斯聖所的大門只關閉過兩次。所以戰爭對羅馬是常態，和平反而不是。

地。波利比烏斯記載的故事裡透著負面語氣說道：《弗拉米尼烏斯法》（*Lex Flaminia*）之所以出現，是因為弗拉米尼烏斯該為第二次布匿戰爭期間發生的大災難負起責任。但實際上，在北方建立新的殖民地的壓力肯定已經形成，否則他大可不必通過這項法案。這塊土地的分配直接牽涉到羅馬權力的擴張，《弗拉米尼烏斯法》與其說是革命性的法案，不如說它與羅馬人設想的行使國家權力的方式密切相關。

在《弗拉米尼烏斯法》頒布後的一百三十年，有一份關鍵的文件出現在西元前一一一年，是一部使我們了解羅馬義大利公有土地（**ager publicus**）是如何定義的法律，這部後來頒布的法規，目的是要終結一段土地分配的巨大變革時期。這部法案主要涉及的是西元前一三三年與一二三年的「護民官法案」下所採取的措施，但也大量提到公地管理的一些方面，這些方面可以追溯到更早的時期。法案中包含了土地的劃分，哪些土地適合畜牧、哪些土地適合其他農耕方式，以及整個義大利的羅馬道路沿線土地的公有狀態。值得注意的是，在土地管理行政方面，儘管這片土地在整個半島早已成為羅馬國家的疆域，但除了監察官的權力之外，並沒有所謂的中央行政機構在負責管理土地。羅馬對土地所做的處置，就是羅馬與以往曾占領此地的其他國家之間，所做的循序漸進的談判結果。

羅馬人的另一個海外擴張特點，是取得新的公有土地。當羅馬人終於在西元前一四六年滅亡迦太基，結束第三次布匿戰爭，曾隸屬於迦太基城的土地就被羅馬接收了，縱使羅馬當時還未直接管理北非。從西元前一一一年頒布的法案來看，我們大可推斷在西西里、薩丁尼亞和科西嘉這些因當地民族投誠而得來的土地，也會有類似的處置。行政長官對這些領土的管理是如此的重要，也因此羅馬在兼併西西里與薩丁尼亞之後沒有設置新的職位。直到西元前二二八年之後，可能是因為兩位執政官前一年都待在海外，羅馬才另選新的法務官，將員額從兩人擴充成四人。而在那之前，羅馬甚至已經取得更多領土，在古代被稱之為伊利里亞（Illyria）的一塊區域，包括今天的克羅埃西亞、波士尼亞、蒙特內哥羅和阿爾巴尼亞。

儘管羅馬勢力的擴張差不多與取得公有土地同時發生，但弗拉米尼烏斯處理波河河谷沿岸土地一事，比較像羅馬的傳統做法，而且波利比烏斯將義大利的一場重大戰爭責任歸咎於他，對他也不完全公平，尤其這場戰爭是《弗拉米尼烏斯法》頒布後七年才爆發的。由於土地分發的對象是個人，這顯示他們落戶的地區被認為是受到保護的地區，不會受到外敵的攻擊。此外，在波河河谷東邊有兩個高盧部落：切諾曼尼人（Cenomani）和埃內蒂人（Heneti），他們都跟羅馬結盟，一同對抗在他們西邊的強大鄰居：塞農人（Senones）和波伊人（Boii）。

羅馬的定居者可能居住在羅馬建立塞尼．加利亞和阿里米努姆時所取得的土地上，但他們卻沒有在這裡設立新的殖民地，顯示羅馬不想招惹西方的部落。假如波利比烏斯更審慎查察這件事，可能就會注意到土地分配並非他們想怎麼做、就怎麼做。由於元老院必須任命一個委員會來處理實際的土地分配問題，而想要破壞不喜歡的法案，有個辦法就是破壞委員的任命；委員通常是高階元老，他們也需要資金才能辦事。西元前二三二年的執政官，就是執行這類任命工作的主事者，不可能跟自己的飯碗過不去。

在高盧戰爭尚未爆發之前，伊利里亞曾發生過一場戰爭。波利比烏斯認為這場衝突完全是由幾個失敗的國家挑起的。一個是海盜王國伊利里亞，這個國家先是由阿格隆（Agron）統治，繼位者是他壞脾氣的妻子特塔（Teuta）；當阿格隆在西元前二三一年辭世時，他指派了兒子（生母另有其人）出任攝政。另一個國家是伊庇魯斯，伊庇魯斯人僱用了羅馬人在西西里製造混亂後遣送回國的高盧傭兵，利用他們來駐守腓尼凱城（Phoenice）。西元前二三〇年，這群高盧人拱手讓出腓尼凱城給伊利里亞海盜。因為無法收復腓尼凱城，伊庇魯斯人就召來埃托利亞同盟（Aetolian Leagues）和亞該亞同盟（Achaean Leagues）的軍隊來助陣，它們是希臘西部的兩大強權，但彼此也磨擦不斷。最終聯軍以武力逼退伊利里亞海盜撤出腓尼凱城；而就在此時，伊庇魯斯人卻背叛了兩大同盟，改與伊利里亞人結盟，使得對方輕而易舉南下突襲。

結果證明這根本是個餿主意。義大利商人受害並向羅馬投訴，羅馬於是重啟行動，派遣使節團前去會見伊利里亞的特塔。波利比烏斯說，特塔發現羅馬使節團滿懷敵意，故而下令將他們殺害。隔年，一支龐大的羅馬艦隊現身於伊利里亞海域，隨行的還有另一支故弄玄虛的軍隊，接受好幾回詐降，也把特塔趕進了內陸，並安插她的叛將法羅斯的德米特里（Demetrius of Pharos）來取代她的位子。

波利比烏斯主張，這次羅馬的干預是一次劃時代的事件，始作俑者愚蠢至極，他們根本不知道與羅馬軍隊對峙有何後果。但是波利比烏斯的故事是有問題的，很多細節可能錯誤連連。他依據希臘的資料來源撰文，對羅馬的制度理解有限，而且他的文章是寫給希臘人看的，因此他沒有興趣修改眾所周知的故事，而改採根據事實的說法。波利比烏斯認為，讓希臘人陷入絕境的是他們自己，而非羅馬人。

比較合理的解釋應該是，希臘城市伊薩（Issa）可能很了解如何操縱羅馬元老院，因而提出歸降請求。可是派去解決問題的羅馬使節團遭到伊利里亞海盜攔截殺害，受難者還包括一名伊薩人。羅馬對使節團遇害表示震怒，因此隔年派出兩位執政官去對付海盜。就在此時，上述的兩個故事合而為一：羅馬人接受投降就返國了，獨留德米特里掌理一切。

隨著歸降，公有土地也跟著增多。有一份這個地區罕見的當代留存文件，上面就記載著羅馬干預事件之後法羅斯島上公有土地的狀況。這份文件所揭示的關鍵重點是正如波利比烏斯和我們的另一個資料來源，即西元二世紀的作家阿庇安（Appian of Alexandria）所暗指的：羅馬人其實就是很單純地以他們慣常處理義大利類似狀況的方式，平撫了伊利里亞的狀況。

羅馬在出手干預時，也會非比尋常地凶殘。羅馬將領會下令把敵人殺得雞犬不留，這是很常見的事。因此，當羅馬人施展硬實力之後，有必要也會運用軟實力。在此處，波利比烏斯很有幫助地告訴我們，提到羅馬會派遣使節去大希臘很多城邦，去解釋自己所採取的行動。這些使節大體上都獲得友善的款待，甚至在西元前二二八年，羅馬人還受到希臘人接待奉為貴賓，參加重大的體育節慶。結果那一年，「扁平足」普勞圖斯在鄰近科林斯舉辦的重大賽事「地峽大賽」（Isthmian Games）中，贏得了賽跑這個項目。

我們有證據顯示羅馬想盡辦法到處自我推銷，此事特別被記載於出自現代土耳其海岸外的希臘島嶼希俄斯（Chios）的一份文本上。文中，希俄斯人感謝當地一位男子以圖畫描繪出羅馬傑出的軍事實力，並將那份卓越能力歸功於羅馬人是戰神的後裔——這點地中海東部民族會逐漸慢慢理解。受到皮洛士大捷的刺激，一位名叫呂哥弗隆（Lycophron）的詩人寫了一篇迷你的史詩，聲稱是得自特洛伊公主卡桑德拉（Cassandra）的啟示；這位公主曾親眼目睹她的兄弟帕里斯（Paris）動身前往抓拿特洛伊的海倫，因而毀滅了特洛伊城，預見埃涅阿斯的後裔（即羅馬人）將在戰爭中稱霸。

呂哥弗隆所說之事大多數和義大利有關（事實上相當多），根據的是後來被斯特拉波引述的西西里史學家提麥奧斯的說法。這很可能表示地中海東部的人們在羅馬人渡海越過亞得里亞海之前，就已經開始對義大利產生相當大的興趣，也開始尋找有關這方面主題的最好用書籍。

＊

羅馬在伊利里亞遠征返回後的數年裡，一切尚稱太平。史冊中沒有勝利的紀錄，這表示沒有大規模的軍事行動。可是人們的不滿情緒卻日益積累，西元前二二五年，波河河谷西岸的高盧部落陶里西人（Taurisci）、波伊人、因蘇布雷人（Insubres）、蓋薩塔依人（Gaesatae）決議入侵義大利。儘管波利比烏斯解釋這次暴動是《弗拉米尼烏斯法》造成的，但說法明顯不當，可惜我們對這些部落的內部政治，或他們的國王安內羅斯特斯（Aneroëstes）和孔可里塔努斯（Concolitanus），皆一無所知。唯一可以確定的是主動權是在高盧人手上，而且這個結論可以從羅馬人對入侵的準備不充分得出。

確實，這一年的軍事部署顯示羅馬根本不曉得高盧人有入侵的意圖。在高盧戰爭剛開打時，執政官蓋烏斯・阿提利烏斯・雷古拉斯（Gaius Atilius Regulus）[4]就被派往薩丁尼亞，而他的同僚盧基烏斯・埃米利烏斯・帕普斯（Lucius Aemilius Papus）也被派去亞得里亞海的阿里米努姆。由於高盧人從波河河谷西端揮軍直下穿越亞平寧山脈，而這兩位執政官恰巧都不在正確的地方，敵軍已挺進深入至克魯希姆（Clusium，今天的丘西），距離羅馬城僅僅不過九十英里，那時才被一名法務官所率領的軍隊追上。最終高盧人大敗了羅馬軍隊，但因為他們已經掠奪了足夠的戰利品，遂決定收兵回家。

執政官埃米利烏斯・帕普斯在費耶索里（Faesulae）附近追上了正準備返家的高盧軍隊，而這時候執政官雷古拉斯也很快趕到了比薩。然後兩支羅馬軍隊在伊特魯里亞的特拉蒙（Telamon）夾擊圍困高盧人。結局是羅馬大獲全勝。

接下來的三年，執政官的部隊集結於波河河谷。西元前二二三年的執政官之一正是弗拉米尼烏斯，他同時也擔任過西元前二二七年的法務官，這表示大多數的羅馬人，甚至可能是大多數的元老都認為他可以勝任。西元前二二二年，羅馬拒絕和平談判後，執政官再度策馬波河河谷，擊潰了一支聯盟叛軍，其成員包括來自隆河河谷的部落。接著，高盧人使計調遣一支部隊企圖溜到羅馬人後頭不成之後，羅馬人更挺進至梅迪奧蘭姆（Mediolanum，現代的米蘭）。這一年的執政官之一馬庫斯・克勞狄烏斯・馬可盧斯（Marcus Claudius Marcellus）擊殺了高盧叛軍指揮官，贏得了「最高戰利品」（spolia opima），亦即單挑叛軍將領時取得的戰利品。在羅馬人的記憶中，他是這麼做的第三人。由於第一位達成的將領是雷古拉斯，人已作古，我們大可懷疑這獎賞多半是為了馬可盧斯杜撰出來的。馬可盧斯同時也可能啟發了奈維烏斯為這場事件撰寫一部劇作：就在他返國後，他捐獻了一座神廟，供奉英勇之神「維耳圖斯」（Virtus）。在這一系列乘勝追擊以戰止戰之後，羅馬致贈了一個金碗給德爾菲神廟（這座神廟出了名對高盧人懷有敵意），並將戰役取得的戰利品分送給

4 編按：前一章提到的被迦太基人俘虜的前執政官雷古拉斯的兒子。

盟邦。

西元前二二五至二二二年間的征戰，重要性非同小可，不僅是因為未發生的事（羅馬很可能會被洗劫一空），還因為高盧人是侵略者。基本上羅馬國家所組職的是一場防禦性戰爭，在義大利領土上捍衛它的盟邦。西元前二二二年的一連串慶功，既顯現羅馬意識到在更大的世界裡它身為蠻族敵人的形象，也意識到在義大利境內聯盟體系的重要性（因此才會分送戰利品）。這些戰役體現了羅馬對盟邦的積極價值，這是在很快就到來的羅馬最黑暗時刻裡，我們必須謹記的一點。

羅馬廣場

西元前218年

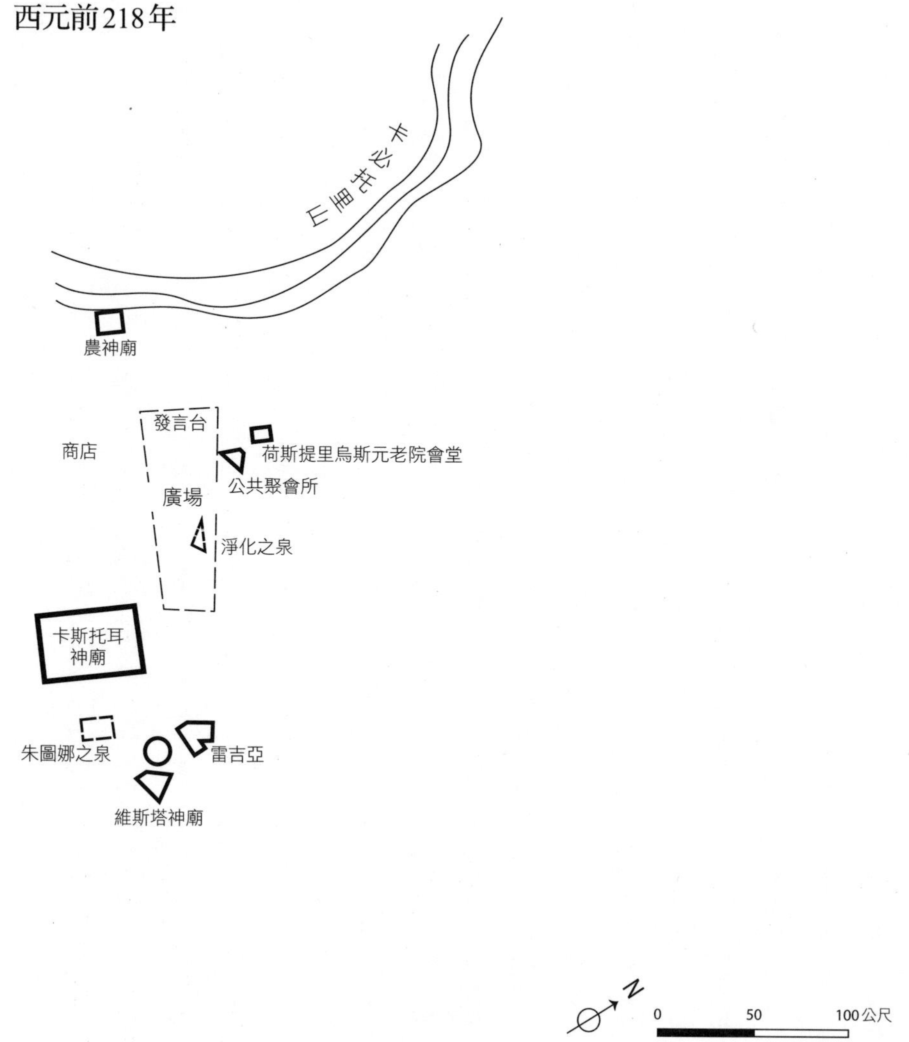

第四章　漢尼拔

正當波河河谷局勢趨於白熱化，羅馬元老院派出一名使節去會見最近當選、在西班牙迅速崛起的強大國家的領導人。後世的歷史學家可能出於不感興趣或尷尬，對於羅馬出這趟任務的原因隱而不提。我們只知道使節團成員與哈斯德魯巴（Hasdrubal）簽下和約，後者是剛辭世的迦太基將軍哈米爾卡·巴卡的女婿。羅馬人同意依約不跟厄波羅河（Ebro）以南的西班牙發生任何關係，作為回報，哈斯德魯巴也同意不會派遣武裝部隊越過厄波羅河。但由於哈斯德魯巴的軍隊和盟友都遠在河的南岸，這份和約有可能根本起不了什麼作用。當然，這件事對羅馬和迦太基之間的關係沒有直接影響。

哈米爾卡在離開北非之後十年間的成就非常卓越。在來到西班牙之前，他在阿克拉盧克（Accra Leuke，現代阿利坎特附近）為自己建造了新首都，迦太基人向來只出現在少數幾個商埠，而這些商埠將西班牙與北非的貿易網絡連結起來。從某種意義上來說，西班牙根本沒有出現過一個迦太基帝國。直到哈米爾卡在戰鬥中被殺的時候，可能是西元前二二九年，他已經在西班牙東南部建立起聯盟，而且更重要的是，這麼一來使得西班牙各部落首領在新國家的方向上有了發言權。哈斯德魯巴繼承哈米爾卡的大位時，他被「人民與迦太基人奉為將軍」，此外我們還知道在為哈米爾卡報仇之後，哈斯德魯巴娶了一位西班牙國王的女兒，被尊為「所有西班牙人的最高領袖」（Diodorus, *Historical Library* 25.12）。接著，他前往迦太基去鞏固與當地政府的關係。最關鍵的是，哈米爾卡所建立的國家不是西班牙的迦太基國家，而是由迦太基人治理的西班牙國家。

哈斯德魯巴不斷為他的國家開疆拓土，直到西元前二二一年遇刺駕崩，由哈米爾卡的兒子繼任，也就是後世所知的漢尼拔（出生於西元前二四七年）。哈斯德魯巴建造了許多新城市，將他的王朝政治中心轉移到「新迦太基」（New Carthage，位於現代阿利坎特的卡塔赫納），並組建了一支龐大的大象部隊，還成立一支強而有力的軍隊。而既然他的疆域尚未擴及厄波羅河一帶，他的國家與羅馬共和國之間，也就沒有理由產生嫌隙。不過，很多人必然知道哈米爾卡一

圖 5　這枚錢幣鑄造於西元前二三七至二二七年間的西班牙，正面有美刻耳（Melqart，迦太基的城邦保護神，通常等同於海克力斯），背面則是一頭北非戰象。有些學者認為，美刻耳的特徵帶有哈米爾卡的影子。

開始遷移到西班牙的原因是什麼，為的就是精實武力攻打羅馬，而且漢尼拔曾發誓，他永遠不會把父親對羅馬人的仇恨拋諸腦後。

漢尼拔所面對的羅馬泰半還是那個第一次布匿戰爭時的羅馬。領導階層仍是那些與父祖輩共享價值體制的人，而且他們對國際關係的看法，取決於宣戰程序的條文以及其他義大利中部的習俗。但這一切即將因為漢尼拔的血腥對抗而很快就要開始改變。

在跟迦太基的一場惡戰之後，羅馬的行為準則似乎已經在義大利以外的地區眾所周知。羅馬被捲入伊利里亞政局一事，顯示出當地人很清楚如何操縱羅馬人的態度，而且在漢尼拔接下哈斯德魯巴位子兩年間所發生的事件也透露出，這類消息就連遠在西班牙的人也可得知。因此，一旦漢尼拔鞏固了他的權勢，薩貢圖姆（Saguntum，現代的薩貢托）的人民馬上知道他們要大禍臨頭了。他們不願意被併入漢尼拔的國家，因此派了特使前往羅馬，表達願意投誠。

對此，羅馬元老院的元老們十分謹慎。西班牙地處偏遠，與其派遣大軍前去討伐千里之外的邊陲國家，還不如冷靜理性評估好局勢。

因此，由兩位高階元老組成的使節團在西元前二二〇年出發會晤漢尼拔。但這場會議不歡而散。漢尼拔從小受的教育使他相信羅馬人毫無誠信可言，在薩丁尼亞島上叛亂的傭兵向羅馬投降一事，就是最好的證明。波利比烏斯認為，羅馬的使節團之於漢尼拔就好比紅布條之於鬥牛，我們沒有理由不相信他。使節團的到來只會讓漢尼拔確信一個想法，那就是如果他不對羅馬發動攻擊，而且要愈快愈好，那麼羅馬人就會找藉口攻擊他。

後世的歷史學家因此把薩貢圖姆的命運看作是一個重大的問題。過了七十年後，當元老們爭議這是場公然侵略的戰爭時，歷史學家卻確信迦太基始終就是奸詐狡猾的，因為薩貢圖姆的滅亡違背了之前迦太基與羅馬的協議。羅馬人是這樣說的，有鑑於迦太基人以往如此不守信用，他們現在也必定如此，因此如果迦太基據稱要對北非的羅馬盟邦發動攻擊，那麼羅馬宣戰就是應該的。

波利比烏斯認為羅馬在得知西班牙所發生的一切後，應該要向迦太基開戰，先發制止對方入侵義大利。事後看來，波利比烏斯的觀點是合情合理的。但這樣的決策卻不符合羅馬人的信念，亦即只有當對方在眾神面前表現出違背現有協議時，羅馬才能宣戰。元老們願意接受薩貢圖姆的投降，來激怒漢尼拔，並非多數，但除非接受投降，否則就沒有正當的開戰理由。此外同意受降也可能是背信的行為，因為羅馬不可能為這座城市提供充足的防護。

＊

亞得里亞海東部的局勢與西班牙的情況截然不同。在那裡出現了一個問題，但用傳統的道德標準行事的羅馬人可以理解。多虧德米特里對特塔的適時背叛，西元前二二九年遠征結果之一是，德米特里得以執掌大權。在接下來的數年歲月裡，他名列馬其頓王國拉攏範圍之一：第一位是安提哥努斯．多森（Antigonus Doson），死於西元前二二一年；接著是腓力五世（Philip V），十六歲就繼承安提哥努斯的王位，但他隨即捲入一場「反抗希臘同盟」的戰爭，與斯巴達、厄利斯（Elis）、埃托利亞同盟等國開戰，烽火連天一片混亂。西元前二二〇年夏天，德米特里為支持腓力，帶著一支艦隊越過羅馬人所規定伊利里亞人可以活動的界線以南。

羅馬的盟友並未被禁止和其他人結盟。不過要成為羅馬盟友，代表那些其他盟邦的利益不可排擠到羅馬的利益。但德米特里奧援腓力一事，打破了這則黃金律，而且如此一來他還可以攻打那些在西元前二二九年歸降羅馬的領土。對於元老院來說，這是不可能不受懲罰的違法行為。甚至在西元前二一九年，漢尼拔圍攻薩貢圖姆並進而毀城時，羅馬軍隊就出現在伊利里亞。德米特里逃之夭夭，流亡天涯。而腓力五世可能帶著這樣的想法離開：即要想真正掌控局面，他可能必須找到一個使羅馬人能自知分寸的方法。這當然是他幾年後會做的嘗試，且導致他王國的傾覆。

回到西班牙後，漢尼拔開始集結他的武力，野心勃勃要入侵義大利。過了幾年，當漢尼拔在離開義大利返回迦太基[1]的途中，他在義大利南部克羅通（Crotone）的卡拉布里亞，豎立一支凱旋柱表達他的軍力部署。他派出一萬六千兵力去保衛北非（以及相當可能，他在迦太基的地位），並留下一萬四千人給他弟弟哈斯德魯巴來保衛西班牙。

漢尼拔率領一支由兩萬步兵與六千騎兵組成的軍隊抵達義大利。由於這支軍隊多年來對他忠貞不二，很可能這些人大多數都是從頭到尾參與戰事，並曾經歷十五天跋涉，翻越阿爾卑斯山最嚴峻的考驗。波利比烏斯所說漢尼拔率領十萬大軍離開西班牙一事，資料可能來自某位誇大其詞的史學家。由於取得補給困難重重，因此古代實用的軍隊編制鮮少超過五萬人（這就是亞歷山大入侵波斯時的規模），而且兩萬人左右多半是這個時期執政官領軍的標準規模。通常，羅馬會希望出動兩支這樣的軍隊上戰場，其中大概半數由羅馬公民組成，在西元前二二五年甚至還出動了第三支軍隊，由法務官擔任統帥。就漢尼拔帶往義大利的軍隊規模與一路上可能的耗損而言，合理的假設是漢尼拔留了三萬兵力在西班牙。

當代羅馬歷史學家法比烏斯．皮克托爾（Fabius Pictor）在描述西元前二二五年義大利羅馬的戰力時，提供了一份人力資源清單，設定符合條件從軍的人數大概是八十萬人。這並不是一個完全不可信的數字，但必須強調的是不論在哪一年，羅馬都不希望出動那數字的一小部分上戰場。在接下來的數年當中，當每年入伍的人數接近十萬人時，國家的資源就會捉襟見肘、逼近極限。

漢尼拔的軍隊規模提供了一條重要線索，透露出他打算做什麼，以及他期望如何辦到。在西元前二一八年秋天抵達義大利後，漢尼拔立即著手從各個部落招募高盧人從軍，這些高盧人仍在為幾年前敗給羅馬人而感到痛苦。這些部落對羅馬心懷仇恨，因此是漢尼拔可以信賴的。根據漢尼拔在西元前二一七年取得勝利後，與腓力五世簽訂的條約內容來看，漢尼拔從未想要摧毀羅馬。他反而是想要削弱羅馬，使它無法在義大利政局呼風喚雨，並且剝奪它的盟友。就紙上談兵來看，這個計畫並非不可能，不過事實上卻比漢尼拔想像的要更錯綜複雜得多。

雖然漢尼拔的計畫後來證明並不切實際，但他卻已經為開戰做足準備。他熟讀過去偉大將領的戰術，了解後勤事宜。他擁有扎實的知識，知道羅馬貴族如何與這個世界往來，而且他也意識到有必要掌握事件的記載。亞歷山大大帝曾在出征波斯時自帶史學家隨行，漢尼拔也是這樣，自備了兩位史學家——索西勒斯（Sosylus）和克拉特魯斯（Craterus），這兩位都是希臘人，以希臘文寫作（希臘文仍是義大利半島的通用語）。可能正是因為他們，我們才得以一窺他們出征的細節，比方說誇大的數字，還有漢尼拔運送大象渡過隆河所用的聰明戰術，以及他們奇蹟般地翻越阿爾卑斯山。索西勒斯為他的記載加油添醋，杜撰了一場元老大會，會中大家嚴肅討論並宣布開戰。

1 審定注：原文誤植為西班牙。

在薩貢圖姆滅亡之後，羅馬當局派使節前往迦太基，要求迦太基人必須處置漢尼拔，那時漢尼拔應該已經確認迦太基周圍的大多數部隊都是剛從西班牙過來的。帶頭的羅馬大使告訴迦太基元老院，他的長袍裡帶來了戰爭與和平，但這故事肯定是後世的想像，說不定是受到西元前一六七年出使希臘的一位羅馬使節粗暴無禮的舉動所影響。在那之前，羅馬對待其他邦國一直都非常粗暴，但這一回風水輪流轉，羅馬使節居然被趕出了迦太基。

但多虧了法比烏斯．皮克托爾，我們才可以知道真相。羅馬什麼事也沒做，只派出了使節，直到漢尼拔渡過厄波羅河，元老院才投票通過廢止和約。

漢尼拔是如何迅速抵達義大利的呢？據說他從厄波羅河跋涉到阿爾卑斯山，足足花了五個月時間，然後再花十五天翻越群山峻嶺，這看來實在不是特別迅捷的行軍，不過也快得足以教羅馬措手不及。漢尼拔應該早知道西元前二一八年的兩名執政官，普比留斯．科內留斯．西庇阿（Publius Cornelius Scipio，以下稱老西庇阿，他是大西庇阿的父親）和提庇留．塞姆普羅尼烏斯．隆古斯（Tiberius Sempronius Longus）要等到他們在三月十五日就職之後，才能開始招募士兵，而儘管這樣，他們可能還不確定是否有此必要。事實上在春天時，羅馬已整裝待發派人前往前一年計畫的兩大殖民地：皮亞琴察（Piacenza）和克雷莫納（Cremona），這件事顯示元老院對高盧與波河河谷的興趣遠大於西班牙。

被指派負責解決方案的委員會由數名高階官員組成，可預期的是，他們得罪了波伊人，因此波伊人便對殖民地居民發動攻擊。羅馬沒有指定高盧為一個「任務範圍」（provincia），這顯示波利比烏斯和李維（Titus Livius）的說法是正確的，他們說波伊人是在得知漢尼拔出征之後才攻擊殖民地居民。而這也表示執政官沒有被指派一個任務範圍，直到羅馬人充分了解漢尼拔的意圖之後（雖然羅馬曾派遣法務官和某些羅馬軍團進駐波河河谷）。但這一切都不表示執政官就職時羅馬已經有清楚的對策，也不表示我們會很容易看到限制元老擁有的船隻大小的新制定法律，如何套進到這整個圖像之中。不過這可能跟軍事物資的承包有關，確保工作的分配會廣及元老以外的階級。若真是如此，這種種作為或許就是單純用來鞏固戰力背後團結的手段。

一確定漢尼拔出手了，執政官就各就各位起而反抗他，並因而倉促改變計畫。老西庇阿被派駐西班牙，隆古斯負責攻擊北非。老西庇阿從比薩出海時，發現他在隆河與漢尼拔交錯而過，差了三天時間，因此他很快回頭去保衛波河河谷，並且派了他的兄長率領一部分軍隊直奔西班牙。隆古斯放棄了北非計畫，快馬加鞭揮軍北上，十月初抵達了阿里米努姆。

幾乎片刻未停，漢尼拔翻越阿爾卑斯山之舉成了傳奇。波利比烏斯抱怨道，索西勒斯和克拉特魯斯說一路上得到了眾神現身開路，後世史學家又發明各式各樣的神諭之說來混淆視聽。而我們真正所知的是一切並不那麼高潮迭起。漢尼拔受到高盧各部落熱烈迎接，因為高盧人對前幾年敗給羅馬人，以及羅馬人成立新殖民地這兩件事，猶感芒刺在背。高盧人不太可能會是在漢尼拔登門才第一次聽到他的大名，像是波利比烏斯就說傳令員激勵了這些部落對殖民地居民的早期進攻。漢尼拔接下來要不是攻下聖日內瓦（St Genève），就是越過阿爾卑斯山拿下塞尼斯山（Mont Cenis）。最後他很可能來到了現代杜林附近的陶里尼（Taurini）。

老西庇阿兵力不如對方，在等待隆古斯前來會合時，他竭盡所能保衛普拉森提亞（Placentia）；普拉森提亞鄰近提契諾河（Ticinus）、特雷比亞河（Trebbia）的匯流處，前者發源於瑞士的阿爾卑斯山由北向南流，後者則發源於利古里亞阿爾卑斯山脈（Ligurian Alps）。雙方騎兵隊在提契諾河岸交戰，羅馬人被打得落花流水。老西庇阿因而負傷，而且根據一份記載，他被他十七歲的兒子所救，兒子名字也叫作普比留斯．科內留斯．西庇阿（他也是這則故事的資料來源）。[2]其他記載則說救了執政官的是一名奴隸。但唯一不容置疑的一點是羅馬貴族身負相當大的壓力要展現個人的英勇武藝，不論他們的指揮職責是什麼。而就我們所知，漢尼拔與人單挑格鬥的次數非常少，如果有的話，也就是在這場戰爭中。

因為高盧輔助兵團（auxiliary cohort）的背叛行為、經歷了很艱難的撤退後，老西庇阿來到特雷比亞河紮營。隆古斯一到，便在老西庇阿養傷期間接手軍務。這個時期的羅馬並沒有真正的階級指揮結構，在那樣的情況下，兩位執政官的指揮權是平等的，而且兩位法務官曼利烏斯和阿提利烏斯似乎也都沒有與他們兩位協調過；他們的任務範圍自夏季以來就開始「攻打高盧人」。執政官無法給他們下令。相反地，漢尼拔卻可以預期當他下達命令時，大家都會服從，而這麼一來他就能比敵人籌劃出更精心謀略的戰爭計畫。

一待隆古斯和老西庇阿會合，兩方的兵力便勢均力敵。有壓力的是漢尼拔，他需要大獲全勝來說服高盧人繼續對他的事業保有熱情；另一方面，從西班牙帶來的兵力，盡可能折損愈少愈好。接近十二月底時，他的機會來了。漢尼拔在距離羅馬軍營相隔數小時遠之外處紮營，就位於特雷比亞河西岸、波河南岸，部署了一支騎兵隊供他的弟弟馬戈．巴卡（Mago Barca）指揮，埋伏等候。然後漢尼拔率軍去挑釁隆古斯（他絕對能成功挑起羅馬指揮官的攻擊性），激得隆古斯在寒冬濕冷的清晨就帶著未吃早餐的人馬衝出軍營。羅馬人行軍好幾個小時，被寒冷刺骨的特雷比亞河水泡得全身濕透，然後列隊迎擊漢尼拔的主力部隊，對方卻吃飽穿暖等著他們。正待兩方火力全開之際，漢尼拔發出信號叫弟弟馬戈發動攻勢。突如其來的生力軍出現在羅馬軍隊後頭，撼動了羅馬人的士氣，隊伍四散。接下來的事證明了一般羅馬士兵的極端韌性，他們當中大約有一萬人想盡辦法衝出重圍抵達普拉森提亞，但他們也可能留下了同樣多或更多的士兵，不是傷亡就是淪為俘虜。倖存的士兵逃回原先的營地。

特雷比亞一役結束後，隆古斯仍留在普拉森提亞，和殘兵在一起，此時老西庇阿集結他的軍力和他的兄長會合，號令駐防在比薩的羅馬艦隊動身入侵西班牙。三月十五日這一天，兩位新任執政官在羅馬城就職，分別是格奈烏斯·塞爾維利烏斯·格米努斯（Gnaeus Servilius Geminus）和蓋烏斯·弗拉米尼烏斯。西元前二一七年的征戰之季最終會決定戰爭的進程。假如漢尼拔沒料到這點的話，看在他那年春季輝煌戰績的份上，我們可以原諒他。

*

弗拉米尼烏斯，西元前二三五年推動土地法案的鼓吹者，也是西元前二二三年成功的指揮官，是漢尼拔式的美夢成真。他衝動又野心勃勃，西元前二一八年接收了曾在法務官阿提利烏斯·塞拉努斯（Atilius Serranus）麾下的軍隊，並接管阿雷托姆（Arretium，今天的阿雷佐）駐防地。同時，漢尼拔掌握了大量有關義大利路線的一手消息，他釋放了非羅馬囚犯，並計畫沿著阿諾河（Arno）

2 編按：就是後來聞名的大西庇阿。

行軍進入翁布里亞和伊特魯里亞，希望策反羅馬義大利中部的盟友相信羅馬人無法保護他們。漢尼拔成功使這些人確信，漢尼拔與他們出身波河河谷的祖先的敵人沒有什麼不同。漢尼拔透過掠奪農村來補給他現在大部分的高盧軍隊，更坐實了他們的看法。

我們姑且不理會關於弗拉米尼烏斯上任後的一系列惡兆，實際上他根本拿漢尼拔沒轍，因為對方先發制人而且軍隊陣容更大。漢尼拔從容不迫，這也是為什麼在西元前二一六年六月時，弗拉米尼烏斯能在特拉西梅諾湖（Lake Trasimene）附近追上他。特拉西梅諾湖是一大片的火山湖，北達科爾蒂諾（Cortino），南抵佩魯西亞（Perusia）。漢尼拔或許早就注意到弗拉米尼烏斯不打算偵察他的進軍細節，因此在那個霧濛濛的早晨，他開拔軍隊，埋伏在他猜測弗拉米尼烏斯會取道的湖邊路徑進行突擊。弗拉米尼烏斯的確走了這條路，率領他的部隊自投羅網，他和他的部下除了少數人之外，都沒有從埋伏圈中逃出來。羅馬人的損傷大約是一萬人戰死、一萬人被俘。這次的失敗比羅馬過往所遭受的任何一次失敗都還要徹底。如果換作成另個國家很可能會做漢尼拔期待他們做的事：談判。

可是羅馬人卻沒有談判，他們另選出一名獨裁官法比烏斯．馬克西穆斯。這場選舉是對標準程序的一種變通，標準程序是要求執政官指派一位獨裁官，這樣的指派在西元前四世紀時相當常見，只要遇到民選長官不足時都會如此，後來則大幅限制於要解決短期國內需求才會如此。馬克西穆斯一就任，就明瞭到他必須做兩件事：第一，避免再損失另一支羅馬軍隊；第二，讓漢尼拔滾出義大利中部，愈快愈好。他的策略非常類似雅典政治家伯里克里斯（Pericles）在伯羅奔尼撒戰爭所用的方法，對此修昔底德（Thucydides）有過底下的描述：「不要冒險，在最終贏得勝利。」假如馬克西穆斯讀過修昔底德的文章，也就不足為奇了，因為他所要採取的軍事行動並不符合羅馬的精神，最終可想而知不會被大眾接受。

在馬克西穆斯的計畫最終被接受之前，曾引起相當多的爭議與不滿。他自己的副官馬庫斯・米努奇烏斯・魯弗斯（Marcus Minucius Rufus）就埋怨過他：迦太基人在義大利到處燒殺擄掠，他卻拖拖拉拉不作為。魯弗斯最後被任命為共同獨裁官，但多虧馬克西穆斯即時插手，他才得以從軍事災難中撿回一命。

在這時候，漢尼拔對馬克西穆斯的策略束手無策。羅馬人截斷了他的劫掠隊，導致他無法取得充足的軍需補給，這些人每天就靠搶劫他們經過的土地為生。因此，漢尼拔遠離了羅馬義大利的核心地帶，再次翻越亞平寧山脈進入皮切納姆（Picenum）地區，一路南進。雖然漢尼拔在南部找到盟友並收穫無與倫比的彪炳戰功，但他被切斷了與波河河谷的聯繫，不得不將拉丁姆平原這個重要的中部地區拱手讓給羅馬。拉丁姆平原和伊特魯里亞能提供財富與人力，使得羅馬贏得最終勝利。不過在勝利之前，羅馬還經歷另一場嘆為觀止的慘劇。

羅馬人已經受夠了馬克西穆斯的拖延戰術。西元前二一六年當選的兩位執政官，蓋烏斯・特雷恩蒂烏斯・瓦羅（Gaius Terentius Varro）和盧基烏斯・埃米利烏斯・保盧斯（Lucius Aemilius Paullus）心知肚明，他們的任務就是要把漢尼拔引上戰場殲滅。他們在義大利南部阿普利亞一個名叫坎尼（Cannae）的小鎮狹路相逢。

第五章　坎尼

西元前二一六年

西元前二一六年八月二日，在義大利南部的奧菲多斯河（Aufidus，現在的奧凡托河）河畔，瓦羅和保盧斯的聯軍與漢尼拔的大軍正面交鋒。幾週前，漢尼拔攻下了羅馬在坎尼的軍需補給站。羅馬派出了執政官，即將在坎尼和奧菲多斯河之間的平原地帶與漢尼拔決一死戰。

來自羅馬的命令以及招募雙倍的公民加入軍團的決議，撤銷了執政官在戰略上的一切自主權。確實，我們大可假設，因為他們的任務範圍如今單純被認定為「與漢尼拔開戰」。漢尼拔明白羅馬執政官的兵力隨時都會攻打他，他早已找到一處非常適合他的完美戰場。在戰場上征討了兩年之後，他很清楚，西元前二二〇年代羅馬軍隊的基本殺人陣法，理想上是要一名羅馬士兵站在距離兩側、前、後的人各三英尺的地方，才能有空間揮舞他的劍，如果剝奪羅馬士兵這個重要的空間，他們很快就會難以自衛。而這正是迦太基人準備送給他們的禮物。

上戰場的這一天，漢尼拔大概出動了四萬名步兵與一萬名騎兵。羅馬軍團的數量大約是六萬步兵和六千名左右的騎兵。漢尼拔打算善加利用他的超強戰馬，部署在他部隊的兩側，同時引誘羅馬軍團進入他的陣法中央的陷阱。他在陷阱內安排了高盧士兵排成凸面曲線，兩邊則是兩列西班牙與阿非利加戰士。漢尼拔計畫引誘羅馬軍團靠近先頭的高盧人陣線，強迫軍團在尋找敵軍時擠成一團。他知道羅馬的部隊是新近組成的，軍官也是新任的，應該難以奢望部隊能維持該有的紀律。他也很正確地認為，這場戰役的導火線將會是羅馬輕裝步兵（velites）和他自己的輕裝部隊所爆發的小衝突。那麼一來他的騎兵隊就有更充足的時間收拾羅馬敵方潰散的士兵，並且包圍對方的步兵。漢尼拔也算準了羅馬的指揮將領會保持一貫受訓而來的武士精神，行動起來比較像是戰鬥小組隊長而不是指揮大軍的將領。

漢尼拔的一切算計都很正確無誤。一開始的小衝突花了一點時間，而羅馬軍團進逼到高盧傭兵的第一道陣線，縮小了他們自己前線士兵的可用武之地。「結果，如漢尼拔所料，羅馬人在追逐高盧傭兵時走散得太遠，被困在敵軍的兩股陣線當中，無法維持該有的秩序。」（Polybius 3.115.12）最終，「失散在外的人馬遇害，蜷縮成堆，全部陣亡。」（Polybius 3.116.10–11）陣亡兵馬當中不只有執政官保盧斯，還有兩名西元前二一七年底才就任的執政官。不容置疑，最該為羅馬軍團陷入大災難負起責任的人，也付出他恰如其份的代價。

瓦羅在大屠殺中逃過一劫，領著羅馬殘兵（大約一萬人馬）逃離戰場。雖然後世傳說中都因這次事故譴責瓦羅，但與他同時代的人看法卻不是如此。元老院投票通過一項法令，感謝他沒有對共和國失去希望，並且下令再成立新的軍隊。同一時間，漢尼拔部隊中一名將領馬哈巴爾（Maharbal）要求了解漢尼拔為何沒有立即追趕羅馬人，馬哈巴爾說漢尼拔知道如何贏得戰鬥，卻不知道如何使用他的勝利。這個局面並沒有那麼單純。羅馬距離坎尼路途遙遠，而能圍攻羅馬城的攻城裝置，漢尼拔一樣也沒有。最最重要的是，他需要義大利人相信他能確保他們安全。不久後漢尼拔與馬其頓王國腓力五世簽署的條約，就表明他期待這些義大利人都開始站出來。但事與願違。最早唯一起義的主要地區是阿爾庇（Arpi，靠近現代福賈），這裡據說是狄俄墨德斯建立的希臘基地。

在特拉西梅諾湖大獲全勝後，漢尼拔開始和腓力五世談判，條約內容反映出自坎尼戰役以來所發展的局勢。這份條約被提交給在義大利的支持迦太基的盟友（應該特別注意，是盟友，不是臣民），並期望羅馬願意坐上談判桌。用漢尼拔自己的話來說，當「眾神交付勝利給你和我們時」，他會考慮腓力的利益，也同時顧及他自己的，強制羅馬人要放棄曾在伊利里亞奪走的領土（Polybius, *Histories* 7.9 and *SVA* 528）。還有一點很清楚的是，漢尼拔即使身處最輝煌的顛峰，也承認和羅馬的這場戰爭必須透過條約協定做出了結。

*

雖然漢尼拔與腓力的條約是重要的，因為它證明了漢尼拔的意圖，但阿爾庇的背叛（先前是羅馬盟友）也同樣不容忽視，因為背叛一事凸顯漢尼拔想在義大利境內建立自己聯盟的打算時，將會面臨什麼樣的潛在問題。阿爾庇把一小群在這個地區享有共同利益的城邦，帶進漢尼拔的陣營。有鑑於其他城邦仍效忠於羅馬，阿爾庇成立新聯盟的真正原因，與其說是阿爾庇對漢尼拔的成功感到高興，還不如說是阿爾庇長期對其鄰國的成功感到不滿。那些主宰阿爾庇政治的人可能覺得他們在羅馬的控制下，正逐漸喪失優勢。

各城邦有很多理由和羅馬站在同一陣線。漢尼拔在西元前二一七年大肆蹂躪這個地區，這通常不是贏得人心的好法子。此外，即使他心甘情願釋放盟邦囚犯（他無償釋放了那些在坎尼擄獲的戰俘，做法和在特雷比亞河與特拉西梅諾湖一樣），但沒有讓義大利人因此愛戴他。那些效忠羅馬的大多數地方，領導者都是維持現況的既得利益者。舉例來說，在坎尼所在的卡努斯姆（Canusium，亦即卡諾薩）地區，住著一位女性名叫布薩，她很可能是在當地統治集團的吩咐下協助羅馬軍團的生還者。鄰近魯切利亞（Luceria，現代的盧切拉）和韋諾西亞（Venusia，現代的韋諾薩）的城邦也還效忠羅馬，提亞努姆・阿普魯姆（Teanum Apulum，在聖保羅・迪・奇維塔泰附近）也是如此。

正當漢尼拔努力在南部鞏固他的地位時，羅馬元老院進入了緊急管理模式。對羅馬人的心靈來說，所有的成功最終都是神恩所賜，因此像坎尼這樣一場災禍，一定是在暗示羅馬在眾神面前的行為出了很大問題。元老覺得事不宜遲，立刻查出兩位維斯塔貞女（Vestal Virgins，看管羅馬聖火的七名女祭司團成員）不是處女，最終一人自殺，另一人遭凶殘處死，而引誘她們的其中一人在牢中被活活打死。元老院參考了西比爾神諭，想知道如何向眾神謝罪，才能彌補貞女犯下的罪孽，而眾神表示需要獻祭更多活人；眾神要求獻祭兩名高盧人和兩名希臘人，各要一男一女，活埋在屠牛廣場。在完成這項罕見的活人獻祭之後，接著在法比烏斯・馬克西穆斯的建議下，羅馬派遣一名使節去德爾菲的阿波羅神廟諮詢神諭，因為阿波羅最擅長殲滅文明社會的仇敵。

而在比較世俗的層面上，法比烏斯・馬克西穆斯的朋友、在奧斯蒂亞（Ostia）負責指揮駐防艦隊的法務官馬庫斯・克勞狄烏斯・馬可盧斯，被派去接任瓦羅解職卸下的指揮職務，羅馬並指派一名獨裁官招募組成一支新成立的軍隊。四個公民軍團招募入列，最年輕的男孩年僅十七歲，加上國家買來後釋放從軍的八千名奴隸。羅馬還召集了同等規模的盟友，那一年的下半，又募集了另一批六千名羅馬人，這些人因為無法償債而沒有資格成為公民，如今如果他們從軍就能得到赦免（且債務也一筆勾銷）。終於，當漢尼拔提出以贖金交換坎尼戰役的羅馬戰俘時，羅馬拒絕跟他談判。這個回絕既考慮到實際，也關乎意識形態。在實際層面上，它避免助長漢尼拔的戰力；在意識形態上，它顯示羅馬向來習慣將慘劇歸咎於眾神的不悅，以及普通士兵的無能。羅馬也拒絕僱用義大利坎尼戰役的生還者。

漢尼拔給羅馬的回報則是殺害多名戰俘，並賣掉剩餘的俘虜當奴隸。

⁎

西元前二一六年結束，迎來二一五年，燃眉之急解除。經過一連串錯綜複雜的事件，包括一名執政官戰死，另一名因為宗教因素被革職之後，法比烏斯．馬克西穆斯在與提庇留．塞姆普羅尼烏斯．格拉古競爭的一場特殊的選舉中，當選了執政官。而馬克西穆斯現在開始逐漸改變羅馬對戰爭的投入。他創造出一套井然有序的指揮制度，安排選舉週期，來確保只有他信任的人能指揮部隊對抗漢尼拔；透過系統化運用政治／軍事計畫，來挫敗了漢尼拔的天賦異秉。

西元前二一六年底不僅是義大利第二次布匿戰爭第一階段的結束，也改變了我們對這場戰爭第一手資料的來源。波利比烏斯寫的歷史記載從這時起只剩部分斷簡殘篇。姑且不論波利比烏斯的謬誤（他看待事情總帶著政治偏見，他厭惡女性、仇視傭兵、喜歡根據他對世界運作方式的假設，來更改目擊者記載，他明顯自以為是史無前例最聰明的人），但是波利比烏斯的確努力寫出對的事情，也的確詳讀過非羅馬人的著作。因此，如果是西元前二一六至一六七年間的歷史，我們的第一手資料都來自李維。雖然有關東方的事情，李維有時會採用波利比烏斯的記載（翻譯未必很準確），而且他最感興趣的是羅馬人如何描述他們自己的歷史。李維所揭露的傳統多半是貴族階層的爭逐私利，他還常常認為整個貴族階層的集體智慧都正確無誤。

在李維的歷史記載裡，戰役的描述通常只有很少的目擊者證詞，裡面的發言多半是他自己撰述的；李維書寫的速度（他在大約十五年間寫滿了一百四十二卷莎草紙）就告訴了我們，即使有，他也很少查看當代的文件。但即使如此，他的資料來源的確偶爾保存了正確的記載，或者是深藏在修辭裡可以還原的那些事實精髓。特別是比方說條約條款、羅馬採用的基本行政準則，如每年成立的軍團數目或駐防在何處，以及不具爭議性的內政問題。這些事情最終都能從紀實的記載裡取得，也正是從李維史書的這些部分，我們才得以合理重建第二次布匿戰爭的景況，因為波利比烏斯的這部分文章已佚失。

接下來幾年的戰爭模式是：羅馬千方百計避免被捲入由漢尼拔直接發號施令的一切戰事，而漢尼拔則在努力發展他取代羅馬義大利的野心時，很快失去所有戰略主導權。若是各個城邦開始背棄羅馬時，就要靠漢尼拔來保衛它們，但羅馬的資源實在太強大了，羅馬軍隊無處不在，非他所能全面應付得來。在坎尼戰役之前，羅馬的盟邦裡有六萬五千人處於備戰狀態，在坎尼戰役採取緊急措施時，該年年底備戰人口也恢復到五萬八千人左右。而在西元前二一五至二一一年間，每年平均有七萬五千人至八萬人隨時摩拳擦掌。

並非所有羅馬士兵都在義大利服役。西元前二一七年時老西庇阿兄弟曾率領一萬人前往西班牙，專注於建立自己的聯盟，蠶食漢尼拔家族的勢力。當時西西里島也有麻煩事。西元前二一五年，第一次布匿戰爭裡的羅馬盟邦敘拉古的希倫國王駕崩，由十七歲的孫子希倫尼姆斯（Hieronymus）繼位。希倫尼姆斯嚴重受到親迦太基的攝政大臣影響，立即和漢尼拔展開談判，但漢尼拔缺少艦隊，而且還有其他更好的事可做，沒有東西可以提供給對方。於是敘拉古人便轉而跟迦太基政府接觸，因為迦太基比較從善如流，而且現在也首度願意在支援義大利戰事上有作為。

希倫尼姆斯只在位不到一年，便遭到謀殺，兩名極度親迦太基的極端主義人士奪權，頒布一套理論上的新民主憲章，接著就向羅馬宣戰。元老院派出馬庫斯．克勞狄烏斯．馬可盧斯掌兵符，率領一支大約兩萬人的部隊去對付敘拉古，而迦太基連半點有用的援助都沒有提供給敘拉古。歷經漫長的包圍，最終西元前二一一年馬可盧斯攻占了敘拉古城。馬可盧斯殘暴地洗劫敘拉古，並連帶殺害了敘拉古最知名的居民：數學家阿基米德（Archimedes）。這是羅馬第一次明確的大獲全勝。

敘拉古叛亂的詭異之處是那裡的政府似乎從未向漢尼拔的盟友、馬其頓國王腓力五世求援。羅馬的外交已經逐漸發展出一個由希臘城邦組成的聯盟，來對抗腓力在陸地、以及在愛琴海與亞得里亞海沿岸的勢力，包括厄利斯、斯巴達、帕加馬，還有埃托利亞等城邦。腓力五世從未在亞得里亞海經營過艦隊，也沒有為漢尼拔出過力做任何事。同時嚴格來說，羅馬比以往有更強的能力不以羅馬的方式與人打交道。

西元前二一一年，羅馬與埃托利亞人簽訂的和約條款，有部分被保存在一份銘文裡，這是最早記載羅馬改變與非義大利世界打交道方式的一份文件。和約裡完全不見「歸降」一詞。反之，羅馬人同意如果他們在某個利益區域裡占領任何城邦，那麼他們會將對方交付給埃托利亞人處理；如果羅馬人占領這個區域以外的地方，那麼他們會留下它們；如果羅馬人在共同利益的區域內占領城邦，那麼埃托利亞人可以擁有它們；並且，簽約的雙方可以共管他們在指定區域以外的地方。此外，羅馬人允許在指定區域內占領的城邦加入埃托利亞同盟。李維就指出，這個區域包括克基拉島（Corcyra）和位於希臘西部海岸的阿卡納尼亞（Acarnania）（*SVA* 536）。

正當羅馬與埃托利亞人簽署和約時，漢尼拔願景中的新義大利正一點一滴、一個城邦接著一個城邦的分崩離析。在漢尼拔與卡普阿（Capua）、聖瑪利亞．卡普阿．韋泰雷（Santa Maria Capua Vetere）、塔蘭圖姆和洛克里之間的協定裡，這個願景變得愈來愈清晰。身為坎帕尼亞首府的卡普阿率先起義，它是目前為止戰爭期間與漢尼拔結盟的最重要盟友。根據西元前二一六年冬天協議的條約，迦太基將領或行政長官不得管轄坎帕尼亞的任何公民，坎帕尼亞人會依本身的法律管轄他們自己；並且迦太基人要交付三百名坎帕尼亞囚犯，換取坎帕尼亞三百名騎兵在西西里島服役（這件事從未發生過，坎帕尼亞的騎兵多半在馬可盧斯麾下服勤）。而在洛克里的情況裡，漢尼拔准許洛克里人依照自己的法律過日子，附加條件就是雙方要在戰爭時互相援助。在西元前二一二年，漢尼拔向塔蘭圖姆人保證，他們也可以自治，可以擁有自己的法律，管轄自己的領土，不必接受迦太基軍營駐防，也不必進貢給迦太基。

羅馬義大利的基礎建立在羅馬與其他邦國之間個別的協定上，這些城邦再登記到一系列的名單上，同意提供軍隊給羅馬（formula togatorum，「穿托加公民袍的名單」），而這意味著並沒有獨立於羅馬之外的聯盟組織，也沒有個別的邦國能聯合起來阻撓羅馬做它想做的事情。相反地，漢尼拔卻願意設立一個同盟，會員國擁有共同的權利，比方說可以決定他們自己的憲政與法律的性質。但這個模式對義大利貴族未必有吸引力，也與他們毫不相干，他們之所以擁有地方上的地位，全賴他們與羅馬的關係所賜。

然而無論什麼情況下，不管是羅馬統治階級發生嚴重分裂，或是在羅馬這艘大船正逐漸沉沒的印象裡出現裂痕，漢尼拔都是成功的。例如在卡普阿，漢尼拔釋放了在坎尼被俘的騎兵，從而打開了他的軍營與當地領袖間的溝通管道。李維指認並聲稱有一群貴族，他們拋棄多數帕尼亞貴族喜歡的羅馬同盟來迎合一般群眾，但這群人其實和羅馬的貴族階層關係匪淺。這個說法聽起來就像我們前述見到的西元前二三二年弗拉米尼烏斯訂定法規時的那種詭辯說詞，認為那個不受歡迎的人被描繪成蠱惑人心的政客。事實上，在坎尼戰役爆發以前，跟漢尼拔打交道的人似乎始終都很忠於羅馬。這是否是因為他們覺得這個區域的大城邦卡普阿一直在為羅馬犧牲自己的利益？

洛克里是另一個很快投靠漢尼拔的城邦。而關鍵因素似乎是當地統治階層出現分裂，很可能是因為羅馬軍團的出現引起的。當洛克里一打算跟漢尼拔談判，就立刻有很多洛克里人逃去雷焦・卡拉布里亞，洛克里的駐軍也在沒有受到當地干擾的情況下逃跑了，雖然他們後來沒這麼走運，因為迦太基人一路追捕他們。

塔蘭圖姆的情況也類似，但更複雜，因為這個城邦和卡普阿一樣是個歷史悠久的地方強權，同樣擁有羅馬駐防地，也有階級嚴明的貴族。而且對漢尼拔而言，凡此種種都證明是個大錯誤。羅馬軍團駐守在衛城裡，迫使漢尼拔不得不留下可觀的兵力才能包圍塔蘭圖姆。而且，塔蘭圖姆在義大利的位置與卡普阿的方向相反，漢尼拔被迫要走回頭路行軍，往前跨越義大利才能支援他的盟友。隨著兩地都受到羅馬圍攻，而漢尼拔一人又分身乏術，難以同時兼顧兩地，他的盟友不再安全無虞，而且他面對羅馬的防禦工事又一籌莫展。他不擅長處理攻城戰，即使是相當小的地方，像是努切利亞（Nuceria，亦即諾切拉）和卡西里姆（Casilinum，鄰近卡普阿）抵抗他的時間都超乎預期的久。

拙於圍城是漢尼拔很嚴重的弱點。漢尼拔想利用地方上的競爭來漁翁得利，但他未能理解到，他的盟友也有各自的對手，而且盟友們跟他結盟，會強化大城邦無處不在爭奪地方影響力時的羅馬因素。最明顯的例子就是那不勒斯，它仍屹立不搖忠於羅馬，甚至在卡普阿反叛時也願意接受羅馬駐防，連附近的諾拉（Nola）和庫邁（Cumae）也都如此。西元前二一二年有一支羅馬部隊就紮營在卡普阿城外，漢尼拔連它的一根寒毛也撼動不了，後來又有一隻部隊在西元前二〇九年駐紮在塔蘭圖姆城外，漢尼拔也同樣束手無策。

第六章　勝利

西元前二〇一年

西元前二一一年，在義大利的戰爭決定性的轉而對迦太基不利。歷經艱辛，漢尼拔為了緩解卡普阿被圍困之險，攻進了羅馬義大利的心臟，快速進逼到現在的義大利高速公路A1上，接著在距羅馬城三英里處紮營。那是春天時節，年度徵稅正全面展開，毫不奇怪，有很多人願意保衛城池。執政官拒絕應戰，漢尼拔不得不轉身離去。他一無所獲。

有個故事說，漢尼拔後來知道他紮營的土地在他還在那裡時就遭到拍賣，非常光火。此外，由於所經的土地遭到摧殘，而且補給匱乏，他被迫取道現代的亞奎拉省（Aquila）往東撤退，因此，最後比開戰時離卡普阿更遠。兩年後，法比烏斯·馬克西穆斯占領了塔蘭圖姆，漢尼拔發現自己受困在南義大利。漢尼拔基本上成了一個令人厭煩的因素，直到西元前二〇二年返鄉保衛迦太基，才被正眼對待。而在這時候，主要的軍事行動已經轉移到西班牙去了。

隨著坎尼危機解除，社會與經濟壓力都陸續在羅馬境內浮現出來，迫使羅馬的體制必須逐漸現代化。舉例來說，西元前二一四年，監察官發現國庫相當空虛，因此催促最高的三個層級的普查人口拿出資金來支付艦隊的軍餉。第三級的成員要支付一人六個月的軍餉，第二級的成員要負擔一年，元老則要負擔八個月。此外，由於再度「出於國庫空虛」，監察官宣布無法進行例行神廟維修的工程、競技場馬匹供應和其他公眾的發包合約。但幸好對羅馬而言，這些簽約對象都願意等戰爭結束後再收款。此外，騎兵與單位指揮官（百夫長）不得支領軍餉，給那些想拿錢的人不少壓力。有鑑於百夫長是由與他們一起服役的人所挑選出來的，而且他們往往不像後來一樣的舉足輕重，因此這一點是真正的犧牲。

在此之前早已問題叢生。西元前二一六年，監察官將與該年一位財務官有關的所有人關押起來，理由是他們在坎尼戰役後密謀逃離義大利，因此下令將他們貶成最低微的公民級別，並從部落中除名。戰爭開打時的兩千名逃兵也受到同樣制裁，他們被迫入伍，送去西西里島和坎尼倖存者一起服役。大眾對這些的接受程度可能不如李維所說，因為受辱的財務官梅特盧斯在西元前二一五年當選護民官，此後讓監察官的生活苦不堪言。

西元前二一二年，元老院因為面臨年輕士兵短缺的問題，把入伍的年齡下限降低為不到十七歲，並且成立兩個「三人」（triumvirs）委員會。那一年發生了一件大醜聞，戰爭承包人慣性竊取國庫，而且在西元前二一三年時受到元老院包庇。西元前二一〇年，元老院元老們遇到稅收短少，自掏腰包想辦法彌補赤字，同時國家也向個人借貸，以十年為期分三次清償。國家也將從坎帕尼亞取得的一些土地租出去，這是第一次明顯看到羅馬拿公有土地營利。在某些時候，可能也是在西元前二一〇年，羅馬通過一條法令，限制元老擁有加工過的金銀財產數額。

西元前二〇九年，十二個拉丁殖民地照會元老院，表示它們無法再供應兵力；兩年之後，海上殖民地（通常負責供應艦隊人力所需）拒絕派人參加該年的陸上軍事行動，因此奴隸「自願者」被招募成立兩個軍團。西元前二〇四年仍然有困難，因為監察官對拉丁殖民地進行全面的人口普查（我們並不知道這次普查結果如何），並尋求新的財流收入，將公有土地上的鹽場租了出去。

西元前二一四至二一〇年的財政短缺，可能與要過渡到新的銀幣系統有關，這時間落在二一四年法比烏斯·馬克西穆斯和馬可盧斯擔任執政官期間，或隔年馬克西穆斯的兒子與提庇留·塞姆普羅尼烏斯·格拉古同為執政官期間。在這個改革之前政府做了一個被誤導的嘗試，穩定降低銀幣以及日常交易媒介青銅幣的質量。其中一種新的錢幣「第納里烏斯」（denarius），幣值是十阿斯（asses，基本的青銅幣），成了義大利的標準錢幣。一同發行的還有一種銀幣「維多利亞圖斯」（victoriatus），它是以希臘德拉克馬銀幣為基礎而鑄造的。在我們的資料中鑄造這些錢幣所用的模具數量（我們能知道有過多少種錢幣的唯一資料來源）顯示，羅馬人是逐步接受新貨幣，而大量的維多利亞圖斯

圖6　新的羅馬錢幣，左邊是以希臘德拉克馬銀幣為標準鑄造的「維多利亞圖斯」銀幣（名稱來自勝利女神維多利亞為獎盃加冕的頭像圖案），右邊是上面刻著卡斯托耳和波魯克斯的「第納里烏斯」銀幣。

則表示，哪些貨幣在一段期間內會成為標準（或者說假如有所謂標準錢幣的話），並不明顯可見。

在坎尼戰役過後產生的不滿與擔憂，金融問題只是其中一環而已，無止境的宗教爭議是另一環。大概在西元前二一三年，羅馬人民特別渴望從非官方來源獲知有關未來的新消息。李維把這種渴望歸因於無知的黎民百姓從鄉下蜂擁而來所致。但他的敘述卻也意在言外：李維實際上指的是羅馬廣場本身所裝設預知未來的裝置。可是元老院希望保有神諭溝通的獨占權，於是打壓這種發展，移除這裝置，並下令四月一日之前人民要將預言書或禱詞書，或者討論祭祀奉獻形式宣傳（這被認為是與神靈溝通），上繳到元老院。

法務官馬庫斯・埃米利烏斯・雷比達（Marcus Aemilius Lepidus）聲稱，他在此時取得的其中一本書裡，有名叫馬奇烏斯的預言家說的預兆。雷比達把這些留給他的繼任者普比留斯・科內留斯・蘇拉（Publius Cornelius Sulla，他的後代會在一個半世紀裡永遠改變羅馬這國家）。蘇拉決定將之公開，他指出，既然預言成功預測到坎尼戰役，那麼如果他們想要除掉漢尼拔，很可能乾脆順從預言，「按照希臘儀式」獻祭給阿波羅。這決定引發了官方公開諮詢西比爾神諭，進而發現西比爾也同意這麼做。「阿波羅競技祭典」（Games of Apollo），亦即「阿波羅節」（Ludi Apollinares），也就在西元前二一二年應運而生。隔年，元老院頒布命令，這些競賽必須每年重新起誓舉行，接著在西元前二〇七年的傳染病流行之後，又決定每年都要在傳染病爆發的日期舉辦慶典競賽（為期一週，七月五日開賽）。

阿波羅節並非這些年裡唯一的新慶典競賽。西元前二〇五年，在傳染病剛爆發後，而戰爭還在拖延時，當局難抵大眾煽動又諮詢了西比爾神諭。這次結果是派出使節前去會見帕加馬國王阿塔羅斯一世（Attalus I，他是對抗腓力五世的可靠盟友），求取「大母神」（Magna Mater）的神像，也就是地母神西布莉（Cybele）。帕加馬國王正式回送一尊大母神神像，羅馬便以祂之名舉辦了一個新的慶典，也就是「神母節」（Ludi Megalenses）。同樣為了榮顯大母神，羅馬在俯瞰馬克西穆斯競技場（Circus Maximus）的卡必托里山上建造了一座壯麗的神廟。也在大約同一時間，前一年造訪德爾菲神廟時，神明曾宣布重大勝利的羅馬使節，公布說阿波羅神承諾羅馬在不久將會有更大的勝利。這些神諭合在一起看，明顯有助於安定局勢（國家間的神諭往往會偏袒既定的秩序）。

*

坎尼戰役結束後，法比烏斯．馬克西穆斯主宰了羅馬大眾生活長達十年。因此這些年間所出現的模式，可以很合理地看作是他所立準則的寫照。這些準則當中的第一個是渴望團結。在這十年當中，羅馬確實奉行一貫的戰略，並且行政長官皆以國家利益為優先。此外，貨幣改革為國家財政帶來穩定，而且對宗教疑惑的處理也看似導向秩序。羅馬公民都被告知他們有責任打擊敵人，而羅馬貴族甚至有更大的責任，在奮鬥中樹立良好的行為典範。史學家皮克托爾創作了第一部羅馬史，同時西元前二〇七年劇作家安德羅尼庫斯被徵召撰寫一首稱頌「天后」朱諾的聖詩。此外，羅馬對抗腓力五世的戰爭，以其國際主義的方式建立了一個有效的聯盟，與致力於宣揚國家和阿波羅神的淵源攜手並進。隨著羅馬在世界舞台上掙得一席之地，個人的英雄主義難有發揮空間，對集體責任的強調則愈來愈多。

與馬克西穆斯的羅馬格格不入的一個人，將是結束第二次布匿戰爭的那位。他就是普比留斯．

科內留斯·西庇阿（以下稱為大西庇阿）。他把自己看作是受神指引的羅馬救贖者。我們有理由認為，馬克西穆斯無法忍受他。這一點或許正是大西庇阿為什麼被允許可以靠家族產業，成立一支實際上是私人的萬人部隊，在西班牙發動一場在開始之初算是私人戰爭的原因。大西庇阿在西元前二一〇年前往西班牙，接手他的父親（老西庇阿）與伯父自二一八年以來建立的指揮權，這個指揮權在前一年兩位長輩因戰敗過世時幾乎瓦解，而那場戰役就發生在迦太基管轄的區域內。

羅馬第一次入侵西班牙始於西元前二一八年，當時格奈烏斯·塞爾維利烏斯·格米努斯來到厄波羅河以北甚遠的安普里亞斯（Emporion）。這次的入侵行動的執行情況非常艱難，甚至老西庇阿（如今已完全從提契諾姆一役受傷中復原）與他兄長馳援，也無法改善。但話雖如此，一切尚稱順利，因為老西庇阿兄弟完成了兩件事。其一，他們開始瓦解跟迦太基政權合作的西班牙盟邦；其二，他們阻撓了漢尼拔弟弟哈斯德魯巴接應義大利戰事。此外，老西庇阿兄弟與努米底亞（Numidia）最重要的一位統治者談判，因為努米底亞是迦太基最強大的北非鄰居，老西庇阿兄弟企圖離間努米底亞與迦太基的聯盟。但我們不清楚的是，為何西元前二一一年老西庇阿兄弟會在兩萬名西班牙傭兵襄助下，深入敵軍迦太基的領土。後來，傭兵背叛老西庇阿兄弟，開拔返鄉，留下分割指揮權來面對更強大迦太基軍隊的老西庇阿兄弟。一名逃過一劫的軍官重整倖存的羅馬士兵，等待法務官蓋烏斯·克勞狄烏斯·尼祿（Gaius Claudius Nero）率領另外兩個羅馬軍團來到西班牙北部。同一時間，迦太基人也在分割他們的指揮權，以便於重新掌控那些加入羅馬的部落，抓人質，但也廣泛離間羅馬的盟友。也正是在此時，西元前二一〇年底，年輕的大西庇阿現身了。

大西庇阿一抵達西班牙就了解到，迦太基武力仍舊分布極廣，於是他想出一套計謀，大張旗鼓、大搖大擺現身。西元前二〇九年，大西庇阿突擊迦太基首都「新迦太基」；新迦太基城裡有很多財富，還監禁了迦太基西班牙臣屬的人質五百名。這計畫取決於速戰速決，圍城時半點也不能拖延，免得過久的圍攻讓迦太基軍隊有時間集結兵力。大西庇阿從詳細的情報得知，在退潮時可以從海港的邊緣渡海，從該城靠海岸的這一邊進城，因為這裡防禦最弱。大西庇阿很典型的做法就是，將他的計謀偽裝成受神明的啟示，因此他告訴他的人馬，海神涅普頓（Neptune）已經告訴他迦太基防禦的弱點是什麼。大西庇阿藉著攻擊防守者的主要防禦工事來聲東擊西，派出五百名精挑細選的士兵從海港渡海。軍隊沒有遇到抵抗長驅直入進城，攻占沒有防備的城牆，為同袍打開一條路。大西庇阿立刻下令屠殺百姓，直逼到對方放棄衛城投降為止。他認為那樣的恐怖手段能更補足神靈啟示之威。

拿下新迦太基與如今成了羅馬子民的人質，漢尼拔的西班牙開始瓦解。西元前二〇九年，哈斯德魯巴決定時候到了，率領他的部隊前進義大利，他或許能在那裡協助漢尼拔重啟戰事。可是就在他開拔之前，他想要擊敗大西庇阿。雙方的部隊在拜庫拉（Baecula）交鋒，靠近今天比提斯河流域（River Baetis）的聖多美（Santo Tomé）。波利比烏斯在這裡的記載仰賴的是目擊證人的描述（也已經由最重要的遺址考古研究證實無誤）：羅馬在陡峭的高地上攻擊迦太基人。

拜庫拉戰役一開戰就結束。哈斯德魯巴眼見他的人馬根本不是羅馬人的對手，倉皇撤退盡量多的人馬，連同他的戰象、錢財，切入西班牙北部，沿途尋找增援部隊。戰後，西班牙部落打算推舉大西庇阿為國王，可能曾正式邀請，提供一個類似他們先前迦太基領主的地位。大西庇阿回絕了，他強調羅馬人沒有國王。

西元前二〇七年多半時間裡，羅馬與迦太基部隊都沒有直接攻擊對方，雖然大西庇阿似乎忙著穩定他自己的同盟體系，並開始放眼北非。在拜庫拉一役的戰俘當中有努米底亞國王馬西尼薩（Masinissa）的姪子。大西庇阿把他送回給馬西尼薩國王，打開溝通管道，使得努米底亞在西元前二〇六年同意成為羅馬的盟邦。在那之前數個月，大西庇阿在西班牙極南的古鎮伊利帕（Ilipa）大敗迦太基在西班牙的殘餘兵力。接著他回轉羅馬，在西元前二〇五年當選執政官。

關於西班牙的事務，便由大西庇阿留在駐防地的副手羅馬指揮官，帶著數量可觀的士兵來掌理。這些地區沒有正式的行政機構，與地方集團的關係主要取決於個別簽署的協定，情形一如義大利。此外，雖然看起來羅馬人接收了富裕的銀礦管理權，但他們並沒有系統的方法將這些銀礦運回羅馬，好用來支付大西庇阿在陸上的人馬軍餉。大西庇阿苦心經營掌控他的士兵，可是行政方面不足的問題依舊沒有解決。

是該改變戰略的時機了。哈斯德魯巴在西元前二〇七年抵達義大利，不過他與漢尼拔的通訊遭到羅馬人的攔截，結果使得兩名執政官當中有一人領著一大群士兵溜去加入同僚的陣營，而漢尼拔毫不知情。他們兩人把哈斯德魯巴和他在越過阿爾卑斯山之後召集的一些高盧部落，逼哈斯德魯巴在梅陶羅河（Metaurus）鄰近塞尼．加利亞進行決戰。哈斯德魯巴的部隊基本上被全數殲滅。關於這場戰役，據說漢尼拔收到的第一道消息是他弟弟的頭顱被割了下來。隨著哈斯德魯巴陣亡，漢尼拔想重啟義大利戰爭的機會跟著煙消雲散。

漢尼拔或許無法讓這場戰役起死回生，不過也沒有羅馬人會去攻打他。大西庇阿一直都摩拳擦掌等著要入侵阿非利加，但是為了達到這個目的，他需要一支艦隊，還要有充足的財源。漢尼拔唯一的辦法就是結束與腓力五世的戰爭，因為他現有的艦隊被腓力五世牽制著。然而，羅馬的這場戰爭並不順利。埃托利亞人曾在西元前二〇六年單獨與腓力五世達成和平協議，而且羅馬軍事行動拖拖拉拉，根本難以激發羅馬其他盟邦想出什麼力。局面是要不派出龐大兵力，要不就和談。由於阿非利加戰役會需要所有的額外兵力，因此唯一可行的選項就是和談。西元前二〇五年，羅馬與腓力五世在腓尼凱城正式簽訂了和平協定，假如腓力五世有一點點見識的話，他可能會意識到，從羅馬的角度來看，和平協定更像是休戰，而不是協議要終結所有的敵對行動。但他與漢尼拔結盟時，正是羅馬處於劣勢的時候，羅馬人肯定會牢記在心裡。

儘管有了和平協議，前方的路途仍紛紛擾擾。法比烏斯・馬克西穆斯反對出兵阿非利加，認為這件事風險過大。但正因為困難重重，大西庇阿更加努力想要把阿非利加變成他的任務範圍，甚至到那個時候，他也只帶著自願部隊隨行。他南下重新征服了洛克里，並駐防在西西里島，準備前進阿非利加的最後一步，他還延攬坎尼戰役丟臉的軍團擴大他的部隊。西元前二〇四年底，他終於開拔前往北非，卻在那裡發現他的努米底亞盟友馬西尼薩國王，已經遭親迦太基的鄰國國王西法克斯（Syphax）罷黜。更糟的是大西庇阿未能攻占優提卡（Utica），他原本希望這裡能作為前進基地。但他毫不畏懼，佯裝和被派來對付他的迦太基—努米底亞聯軍談判，並且紮營在「大平原」（Great Plains）。大西庇阿成功誘敵讓敵人誤以為一切安穩後，就發動夜襲摧毀對方軍營，並攻擊軍隊。

迦太基現在開啟和平談判，談了又談。迦太基人從義大利召來漢尼拔。接下來發生什麼事情我們並不清楚，不過雙方同意結束談判，因為彼此都不信任對方。西元前二〇二年春天，漢尼拔從迦太基率領他的部隊來對付大西庇阿，而大西庇阿現在有了馬西尼薩國王的支援，因為在大平原戰役結束後，馬西尼薩國王已經重返王位。

西元前二〇二年十月十七日，漢尼拔與大西庇阿親自出馬相會，地點在北非的札馬平原（Zama），坐落在迦太基西南部。漢尼拔提出談和條件，還以運氣為主題做了一場演說，回憶他如何在坎尼戰役獲勝，但如今情勢如何逆轉。大西庇阿回應道，他充分了解運氣變幻莫測的本質，並提到如果漢尼拔在他來到北非之前就提出談和條件，這場戰爭可能早就應他所求而結束。不過現在眾神要懲罰侵略者，證明羅馬擁有正義的立場。大西庇阿安排好一旦在迦太基自願歸降時，迦太基所能預期的條件。波利比烏斯對這場會談的敘述顯然是根據大西庇阿自己的證詞，來自他的朋友雷利烏斯的回憶。大西庇阿是羅馬傳統信仰與行為的捍衛者和代表人物，與波利比烏斯描繪的大西庇阿形象一致。

十月十八日早晨，大西庇阿率兵出營會見漢尼拔。他是羅馬十多年來第一位主動促成這樣一次敵對衝突的將領。他所指揮的部隊訓練精良，也多虧馬西尼薩國王襄助，統領還具優勢的騎兵部隊。整體來說漢尼拔的部隊能力較弱，由三大不同的團體組成：迦太基公民、傭兵，以及他從義大利帶來的人馬。漢尼拔對前兩個團體的戰力沒有太多信心，他打算用這兩個團體當衝刺的矛和犧牲的砲灰，以一連串攻擊來削弱大西庇阿的步兵，讓他得以只靠自己的老兵完成戰鬥。

首先，漢尼拔放出排山倒海的戰象。早已預料到這一招的大西庇阿，安排他的人馬刺激象隊從軍隊間所形成的間隔穿過，然後再被主要陣線後頭的輕裝步兵收拾掉。這套戰術奏效。大西庇阿的下一個挑戰是一支相當龐大的迦太基步兵部隊。到那個時候，大西庇阿可能會落入漢尼拔的陷阱。波利比烏斯在這部分再次仰賴目擊者證詞，寫道：

倖存的士兵之間的空隙遍布鮮血、死亡和死屍，敵人竄逃形成阻礙，使得這位羅馬將領心生猶豫。渾身是血倒臥成堆的死屍，還有四散戰場的武器，數量之多導致很難在戰場上井然有序地通行無阻。然而，他一度將傷兵移到最後頭，並以號角召回四處追殺敗逃敵人的軍團第一陣線青年兵（hastati），然後安排這支隊伍去對抗敵人戰線第一排的中間陣容，再把第二陣線的主力兵（principes）與第三陣線的後備兵（triarii）放在兩邊側翼，下令他們跨過死屍往前挺進。這些隊伍跨過障礙之後，與青年兵連成一氣，敵我雙方陣線交戰，卯足全力如火如荼熱烈戰鬥。（Polybius, *Histories* 15.14.1–5）

然而，大西庇阿很走運。他的騎兵部隊本來離開戰場去追捕敵軍，卻又回過頭來從後方攻擊漢尼拔的人馬，好像坎尼戰役的相反版本。漢尼拔逃過一劫返回迦太基，催促當局馬上投降羅馬。儘管大西庇阿發出了一些威脅性的話語，說迦太基要面對自己習慣性背叛的後果，但儘管如此，他也知道若不長期包圍，就別想攻下迦太基城，最重要的是他必須終結戰爭。因此，他向漢尼拔提出的和談條件比以往更寬容。迦太基人可以保有他們在北非持有的領土，他們可以用自己

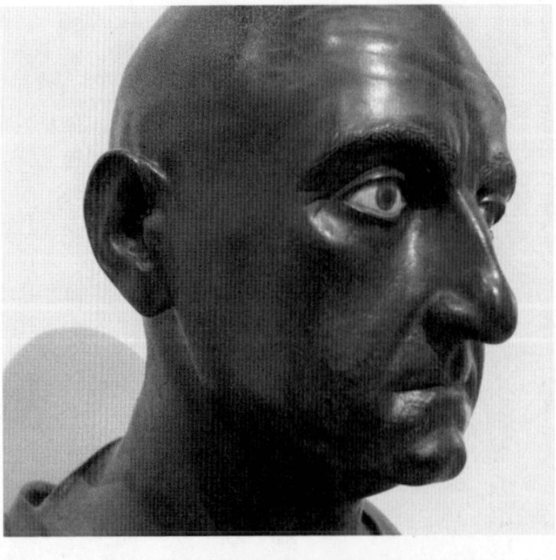

圖7　這幅半身像出土於龐貝的帕皮里別墅（Villa of the Papyri），已被鑑定是大西庇阿。

的法律統治自己，不會有羅馬駐軍，但他們要遣返逃兵和戰俘，並交出所有海軍給羅馬，只留下十艘三列槳座戰船；他們不能在未取得羅馬許可下在阿非利加或以外地區興戰，他們要歸還馬西尼薩國王完整的領土，提供糧食補給羅馬部隊三個月，支付巨額賠款給羅馬（一年超過一萬一千磅白銀），並交出城裡領導家族一百人當人質。漢尼拔保證迦太基會同意這些條件。

戰後，大西庇阿博得紀念勝戰的「阿非利加征服者」（Africanus）的稱號，正準備返國，但元老院反對和談內容的聲浪頻頻。西元前二〇一年的執政官之一想要繼續打仗，好贏得結束戰爭的美名。但憤怒則為人民主權異常有力的展現，搭建了舞台。

至於這位堅持要取得指揮權的執政官倫圖魯斯（Lentulus），就快要得逞時，挫折的元老們卻搶先通過兩項措施，給護民官交付部落大會。第一項措施是問人民阿非利加在次年應不應該成為一個「任務範圍」，第二項是關於和平條款。最終部落大會決議，阿非利加行省留給大西庇阿，並且元老院授權他跟迦太基談和，之後他照辦。這下子羅馬人民那「沉睡的主權」受夠了、也覺醒了。

和談結束時當局在迦太基舉辦了一場宗教典禮，由來自羅馬的祭司主持。典禮包括焚毀迦太基艦隊，並大規模履行返還羅馬逃兵，因為返還逃兵是條約的一部分。

羅馬人對和平條款的辯論，正是羅馬政治社會深刻分裂的前兆，而大西庇阿對此分裂「功」不可沒。他是全世界最出名的羅馬人，史無前例，波利比烏斯會如此描述他。他贏得別無他人能贏的勝利，而且促成和平，給羅馬義大利一個契機解除戰爭壓力，可以休養生息。元老院應該竭盡全力容忍他。但事實上，大西庇阿在內政方面經驗非常有限，他堅持人民應感激他的成就，給他幾乎毫無限制的職位，使他疏遠了自己的同僚。因此，他在接下來的十年裡差不多從公領域銷聲匿跡，但元老院仍很不情願面對他留下的遺緒。這份遺緒本身大體在西班牙顯示出來，在那裡戰事變得頻仍。大西庇阿留在當地的行政官員仍各司其職，只不過對未來毫無計畫。

的確，阿非利加戰役的結束對西班牙一點幫助也無。倘若羅馬人在巴卡家族的西班牙王國滅亡後不久就採取軍事行動，或許可以找到解決之道，這個半島就不致於在兩百年間泰半時光處於腥風血雨之中。如果外來強權消滅現有權力結構，那麼它就有責任找到替代方案。可是羅馬既沒有行政結構去承擔那份責任，也沒有欲望要開創行政結構。在西班牙的勝利如今變成對大西庇阿個人的崇拜（人民到底需要被告知多少次那海神告知的預言？），但卻要元老院去認可他的貢獻，為他成立新行省，接受一樁他們沒有參與的成交買賣。那對元老們真是如鯁在喉。

拜庫拉戰役結束後，西班牙的部落領導人曾清楚提出他們的希望，他們想要擁立大西庇阿為國王。他們想要有某種能發揮功能的行政管理制度，來取代迦太基的那一套。迦太基的管理制度一直都是西班牙不同政治派系間的有效調解人，但這些派系當中有些利用後西庇阿時期行政官員不問青紅皂白殺無赦的預設心態，不斷呼籲羅馬人屠殺與他們不和的政敵。這樣的暴力頻傳需要某種經常性駐軍駐紮。那是羅馬從未遇到的狀況。羅馬部隊傳統上是按固定服役期限，為特定目的而成立的。派出並支援駐軍也必須設計出相應的某種官僚體制。在羅馬的政府制度裡，能這麼做的唯一辦法是將這需要的服務給外包出去。

羅馬現在有了一個帝國，而必須學習如何經營它。

第二部

帝國

（西元前二〇〇至一四六年）

第七章　馬其頓

迦太基被打敗了，但是羅馬的其他仇敵，馬其頓的腓力五世呢？即使談妥了與迦太基和談條件，但是羅馬使節團還在試水溫，要看看是否能完成一些事。之前羅馬與馬其頓的戰事已經顯示出，元老院完全清楚希臘世界裡外交上的繁文縟節，絕對能扭轉情勢對羅馬有利。西元前二〇一年，元老院派了一位使節去見埃及國王，告訴對方大敗迦太基的光榮消息，便是往那樣的外交方向邁進一大步。

波利比烏斯後來說，地中海東部外交上表裡不一的程度，讓羅馬人驚駭不已，尤其是當他們知道腓力五世與安條克三世簽有密約要消滅托勒密王國時；安條克三世是塞琉古王國的統治者，他的領土橫亙於現代的土耳其到阿富汗的邊境，並涵蓋烏茲別克境內。西元前二〇四年，托勒密的老國王托勒密四世駕崩，留下十歲的兒子托勒密五世繼位。腓力五世與安條克三世計畫瓜分介於他們兩國之間的托勒密領土。

腓力五世一如我們先前所見，自視甚高，但實則不然。安條克三世也是如此，他在當兵時曾帶頭在中亞領土做過一次壯遊，又曾在西部行省鎮壓過一次叛亂，頗有一些名望。他的真正實力展現在把埃及人從巴勒斯坦的土地上驅逐出境一事，然後占領巴勒斯坦，但之前卻曾在西元前二一七年在拉非亞（Raphia）一役吃了敗仗。

波利比烏斯巨細靡遺描述拉非亞戰役，透露了兩個王國軍事建制的重要特點。兩國都遵照相當古老過時的軍事制度，戰術以長矛步兵核心方陣為主。傳統上，這個方陣是由希臘人組成，他們被從軍效忠國王可以領薪餉並享有特權所吸引，而國王對招募非希臘人入伍則是甚不用心。由於塞琉古和托勒密王國是靠著出色的騎兵隊突襲戰術，在亞歷山大大帝創立的短命帝國廢墟發展崛起的，因此凸顯方陣戰術的重要，無異於倒退回到過去。不過當時這兩個王國的軍事制度變得僵化沒有效率，這一點卻沒有人發現——的確，安條克三世似乎始終自視為現代版的亞歷山大大帝。

是誰告訴羅馬人這兩位國王心懷詭計？答案就是托勒密王國自己。這條有點利己的走漏消息發生在西元前二〇一年底，當時使節正在互訪。但此時無論有沒有安條克三世的協助，腓力五世都無法對托勒密王國採取行動。安條克三世目前正成功將托勒密人趕出敘利亞南部和巴勒斯坦。

腓力五世並沒有去瓜分托勒密王國，而是對土耳其西岸的帕加馬人和羅得島人開戰。海軍吃了敗仗後，他在西元前二〇一至二〇〇年整個冬天都待在巴爾吉利亞（Bargylia，位於現代的博加齊奇，在土耳其海岸邊，靠近博德魯姆）。到了春天，腓力五世將逃離，採取一連串軍事行動重建他想像中的強人形象，首先便是突襲雅典的領土。雅典人在第一次馬其頓戰爭時已經跟羅馬結盟，而且跟統治帕加馬的阿塔羅斯國王以及托勒密王國都有很長的淵源。這次的突襲使得雅典人派使節去羅馬求助。

雖然來自地中海東部的使節很順利說服羅馬元老院開戰，但是要說服羅馬人民同意卻困難重重。羅馬召開百人團大會商討，下令腓力五世停止他的殘暴行為，並且根本上服膺羅馬權威，否則就面臨開戰。通常，羅馬百人團大會投票都會偏袒羅馬的富人利益，很合理地與元老院的觀點一致。但這一次的情況卻例外，所有的百人團幾乎都反對開戰。在投票前的一次公開會議中，據說護民官昆圖斯・貝比烏斯（Quintus Baebius）發表了一場熱烈的演說，反對看似永無止境的戰爭，這場演說說服了大家投票支持他的看法。但有趣的是，身為護民官的他大可簡單運用他的介入權，也就是眾所周知的否決權，阻止這類情事發生。他沒有說出來的是，假如護民官要運用介入權，感覺上應該要能彰顯出它的確代表了群眾的意志。

元老院對貝比烏斯感到震怒無比。當然，就在好幾個月之前，想要以大西庇阿的條款與迦太基和談的元老院元老們，曾經要求護民官介入，讓人民投票支持。如果元老已然申明羅馬國家的民主精神，那麼為何他們會如此惱火？最有可能的理由是不管內部的決議是什麼，元老院元老寧可站在一致戰線，封殺護民官違逆元老院意願的行為。元老院又重新投票，結果決議派出一名使節（而且同時也成立一支部隊）去警告腓力五世：他若不遵照羅馬人的意思化敵為友，就得與羅馬一戰。

羅馬使節發現，腓力五世正在慫恿阿拜多斯（Abydos）人民自我毀滅，阿拜多斯是位在土耳其西部的達達尼爾海峽的一個城市。當腓力五世拒絕羅馬要求他停止挑釁時，使節繼續上路，在希臘世界裡號召支持者來應付這場如今看似難以避免的衝突。腓力五世火速返回希臘中部，尋求盟友，並在杜拉佐（Durazzo，現在的克羅埃西亞）地區召集他的部隊，因為他懷疑羅馬人會在那裡登陸，這一點完全正確無誤。在羅馬，執政官加爾巴（Galba）招募了一支部隊，並進入下一步的程序，討論宣戰措施。嚴格來說，由於腓力五世是王朝君主，他住在馬其頓，而且一直都被馬其頓人民選為國王；「國王」與「馬其頓人」在法律上是兩個獨立的實體，這就產生一個問題：由於羅馬同時對腓力國王與馬其頓人宣戰，那麼，是不是要分別告知對方？羅馬的祭司團（負責監督宗教系統的祭司委員會）主張，通知第一個馬其頓駐防地，告訴他們腓力五世和馬其頓正在跟羅馬打仗，便已足夠。凡此種種雖看似瑣碎，但卻仍發生，這似乎顯示羅馬愈來愈擔憂如何在變幻莫測的世界裡保有祖輩傳統。（雖然那就要改變了，而且很快。）

加爾巴在杜拉佐登陸，在西元前二〇〇年剩下不多的時間，以及一九九年擔任指揮官期間，他沒做多少事。接替他繼任執政官的維利烏斯（Villius）也一事無成。西元前一九八年的執政官是個活力充沛的人物，名叫提圖斯．昆克修斯．弗拉米努斯（Titus Quinctius Flamininus）；他曾在大西庇阿麾下任職，則是另一回事。西元前一九八年初羅馬與馬其頓的協商破裂之後，弗拉米努斯開始認真攻占腓力五世的領土。到了年底，他已經將部隊移師到戰略重地，也就是位在希臘中部的色薩利（Thessaly），但同時仍在大希臘世界其餘地區拓展羅馬的聯盟勢力。到了這節骨眼，腓力五世才同意談判。

和談會議在秋天舉行，地點是馬利亞灣（Malian gulf），靠近希臘的尤比亞島（Euboea）。腓力五世帶著一群朝臣現身，弗拉米努斯則率領希臘城邦一眾令人矚目的盟邦領導人：帕加馬、羅得島、埃托利亞同盟、亞該亞同盟的代表，以及希臘西部的阿撒馬尼亞人（Athamanian）的國王阿密南德（Amynander）（他在西元前一九九年初曾背叛了原本的盟友腓力五世）。

弗拉米努斯率先發言，告訴腓力五世必須撤出希臘所有地區，釋放所有囚犯，交出逃兵，並且把迦太基城和談後所侵占的伊利里亞領土交給羅馬人。其他的使節也提出符合羅馬整體政策的賠償要求，同時，弗拉米努斯允許他所謂的腓力五世撤出希臘，意思是腓力要交出他在馬其頓傳統邊境以外占領的城邦。波利比烏斯指出，腓力五世和希臘各城邦大使來來回回爭論不休時，弗拉米努斯多次大笑。他很可能會這麼做。因為這些爭論毫無意義，事情的決定權仍在羅馬手中。

當大家討論的輪廓達成共識時，弗拉米努斯表示滿意，他通知談判者，事情仍必須諮詢元老院意見，並且提議要派遣各方代表去羅馬。腓力五世同意了。但他不知道的是，如果有機會，弗拉米努斯會在腓力的背後狠刺一刀。

弗拉米努斯渴望受到讚賞，也追求永恆的榮耀，但這其中最大的癥結是，他不知道自己是否會再度被派任為駐希臘指揮官。如果不會，他可能會採取協商來終結戰爭，贏得美名。但如果他會再度被派任指揮官，那麼他最好在戰場上擊敗腓力五世。他唯一不知道的是要走哪一步，這得等到使節抵達羅馬才能揭曉。在這個關頭上，消息可能已經傳回他這裡，事情生變，將在隔年付諸實施：法務官將會有六個，而不是目前的四個，因此每年都可以派遣行政長官去治理西班牙。這項變化的其中一個影響是，如今在西班牙會有兩個行省，以地理上的疆界劃分，將會稱為「近西班牙」和「遠西班牙」。羅馬建立這兩個行省的決定是非常徹底的，因此近期內不太可能再採取任何其他的徹底措施。無論發生什麼事，希臘都不會是一個永久的「任務範圍」，所以不管怎樣弗拉米努斯都得打道回府。

然而，幸運之神眷顧弗拉米努斯。他在羅馬的好友現在知道，西元前一九七年的執政官將會同時被指派到義大利北部的行省。因此那一年二月，希臘盟邦的使節抵達羅馬向元老院呈交他們的提案時，他們接獲指示提出主張，認為如果腓力五世被允許保有三個要塞城市（先前談判未被提出、但是有眾所周知的戰略重要性），那麼羅馬就無法從腓力統治下解放希臘。腓力國王的使節被問到要放棄這些希臘城市時，回答說他們沒有得到國王指示（一如弗拉米努斯的預料），於是他們被遣送返國。

弗拉米努斯開始準備春天的軍事行動。他的部隊在位於色薩利的庫諾斯克法萊（Cynoscephalae，字面意思是「狗頭」）與腓力五世交戰。他們分別布陣在戰役因此而得名的山坡兩側。這場戰役完全是因意外事件而開始，雙方在清晨薄霧迷濛中尋覓同伴時偶然相遇。腓力五世以傳統方陣部署他的馬其頓重裝步兵，排成十六人的縱深隊伍，配備長刺槍。如波利比烏斯觀察所得，在平地上方陣是無人能抵擋的。然而腓力五世的問題是，他並不是在平地上打仗。另外，弗拉米努斯雖然有迦太基人派來的戰象部隊，也好不到哪裡去。右翼被方陣強逼後退的弗拉米努斯，將武力集中在他自己的左翼，用他的戰象部隊（馬其頓強固的方陣戰術也躲不了的部隊）攻破正面襲來的敵軍單位。當馬其頓右翼逃走時，羅馬部隊裡有一單位隊長率領他的人馬衝出陣線，因此他們得以從後方攻擊腓力五世勝利的左翼方陣。

這形成馬其頓人的災難，超過半數的人非死即俘。腓力五世很快就同意談判條件，條件其實和一年前在尼西亞的協商內容並無不同，只不過多了附帶條款，要他放棄使節曾在羅馬爭執不下的三座城市。

庫諾斯克法萊戰役結束後，最後的協定卻沒有那麼簡單。大家抱怨連連。弗拉米努斯在十名使節組成的委員會協助下，制訂最後的細節，而這得耗上好幾年。西元前一九六年，在科林斯城外的地峽大賽上（當代希臘四大體育競賽之一），弗拉米努斯突然宣布：羅馬保證「希臘自由」。但這些引用古希臘的政治術語的話完全華而不實，尤其是從靠著武力把持義大利南部與西西里島的國家代表口中說出來。在這樣的場合下，所謂「自由」，代表一個國家有管轄它自己的內部與外部事務的自由。可是弗拉米努斯卻警告道，這個「自由」必須在羅馬的框架內運行。因此，即使羅馬正採取行動逐步開創一個坐落在西班牙的領土帝國，羅馬的代表卻在另一頭宣布，羅馬正在建立一個新的自治、但臣屬的盟國，從而輸出舊有的義大利模式到愛琴海岸。對於未來，元老院並沒有清楚的計畫。

第八章　在東方的勝利

早在腓力五世投降弗拉米努斯之前，羅馬就已經提供各種舞台來嘲弄外國人。用拉丁文寫的喜劇表演，起碼在第一次布匿戰爭後就有了。我們聽說過的頭兩位劇作家是安德羅尼庫斯和奈維烏斯，但兩位的作品並未完整流傳下來。要等到第二次布匿戰爭中期，我們才看得到完整的羅馬喜劇文本。這部劇本是普勞圖斯的眾多作品之一，他是想像力極豐富的作家，後世會將其作品定義為「穿著希臘服裝的喜劇」。他的劇本使我們得以窺見當代羅馬人各式各樣的內心世界，看似並非李維和波利比烏斯想要我們相信的那般井然有序。羅馬人會取笑愛情故事、傻老頭和形形色色不屬於政治圈的人。我們最常聽到羅馬觀眾嘲笑打亂社會秩序的人，譬如說比主人聰明的奴隸，或是取笑資深政客的年輕妓女。

普勞圖斯以希臘為範本，借鏡情節和一些台詞來撰寫他的劇本。不過久而久之，他加上愈來愈多取材自當代素材的笑話。正因為普勞圖斯這麼做，才使我們今天得以體驗羅馬人開展的想像力，以及羅馬在世上地位有更大的自信，還有一些當代與日俱增的社會動盪，以及羅馬社會如何轉變。

在普勞圖斯的早期劇本裡，除了希臘劇作範本裡的東西，其他外來資料甚少。舉例來說，在劇本《繩索》（*The Rope*）裡敘述開場白的神祇，只是簡單表達希望羅馬人能征服他們的敵人；可能還順便提到收復卡普阿，但僅此而已。戰爭不是拿來取笑的事，何況漢尼拔還在逃，但劇中描述的海難和暴風雨使劇中主角前往西西里島的旅程中斷，這對於羅馬觀眾來說可能是一種有趣的事情，因為他們最近沒有遇到第一次迦太基戰爭中困擾他們的那種航海困境。其他劇作，如《與驢共生》（*The Comedy of the Asses*）絲毫不提可能涉及當代政治的事。只有《孿生兄弟》（*The Brothers Menaechmus*），是因應趨勢導向勢必與漢尼拔一戰而寫，對將軍馬可盧斯在凱旋遊行中所展示的那種藝術品所帶來的衝擊，做出情色的暗示，這些藝術品包括裸體女神以及描繪人神交媾的情形。[1]

普勞圖斯劇作裡的政治內容在西元前一九〇至一八〇年代間遽增。《安菲特律翁》（*Amphitryon*）中有個角色名叫索西亞，他描述他的主人安菲特律翁參與一場戰爭，以完美的羅馬方式大獲全勝：他的子民阿爾戈斯人（Argives，搞砸希臘人的身分認同是劇情的一部分，因為故事的設定地點是底比斯），出現在敵人特雷波亞人的城牆前（Teleboans，這是個戲謔的名稱，外國人聽起來格外有股怪異感），傳達宣戰祭司的請求，然後遭到拒絕，後來贏得戰爭。安菲特律翁贏得了「最高戰利品」，而敵方歸降。這部劇也順帶恰如其分記錄了（並非這時期唯一這樣的劇本）牽涉到西元前一八〇年代的戰利品爭議問題。因此，這部劇本和其他劇本同時可能也提到（這在早期文本裡並沒有），據說在某些地區酒神巴克斯（Bacchus）的崇拜與縱欲狂歡有密切關係。

普勞圖斯的《俘虜》（*The Captives*）劇情設定為厄利斯和埃托利亞之間的衝突（是個如假包換的主題），加上很多子虛烏有戲謔的希臘城邦名稱。《波斯女孩》（*The Persian Girl*）也是，劇情主題寫的是阿拉伯的一場戰爭。這個劇本提到兩個附庸國國王，腓力和阿塔羅斯，他們不可能出現在普勞圖斯的希臘模式作品裡，因為兩個角色是在相對應的人物出現之前就已經創作出來的。腓力和阿塔羅斯也出現在《小小迦太基人》（*The Little Carthaginian*），故事有點惹人同情，描述一個年邁的迦太基商人尋找在希臘失蹤多年的孩子。普勞圖斯甚至以主角的母語發表長篇大論演說，這在我們現存的拉丁文證據中是無可比擬的。而順道一提的劇中的安條克國王，是個常見的王室名號，並非指西元前一九〇年代晚期至一八〇年代初期在羅馬地位重大的安條克國王。

縱使普勞圖斯沒有提到遠離義大利海岸的真實事件，但他的文字裡出現如今存在於羅馬人意識中邊境地帶的人名，如阿塔羅斯、腓力和安條克。這不同於借用古希臘劇本的人名，例如大流士（波斯國王），後者一定是直接從更早的劇本借用來的，因為在普勞圖斯創作《裝金子的罐子》（*The Pot of Gold*）這齣戲時，已經有一百多年沒有大流士國王，也沒有波斯帝國。較後期的普勞圖斯的世界，不僅很有自信，也預設了觀眾中有相當多的老兵，可以嘲笑軍事上的語言，也很可能嘲笑那些沒有用錢找來的情婦陪伴就無法上戰場的有錢軍官。這齣戲裡明顯沒有提到的內容是西班牙，那不是好笑的事。

※

在西班牙正式成立新行省的五年後，在當局不斷努力下，某種行政管理秩序逐步建立起來。西

1 審定注：馬可盧斯在攻陷敘拉古時，掠奪許多希臘藝術品，帶回羅馬，開啟在戰爭中掠奪希臘藝術品的風氣。

元前一九五年，出身托斯卡倫的第一代元老，執政官馬庫斯．波爾基烏斯．加圖（Marcus Porcius Cato，以下稱老加圖）被授予「近西班牙」領地，並在接下來數年裡贏得很多大勝利，為往後數年締造了太平盛世。之後，靠近新迦太基城的銀礦（位於今天西班牙西部的威爾瓦）動工開採。四十年後當波利比烏斯來到此地之前，銀礦產量豐富，波利比烏斯說大約每年出產七萬三千磅白銀，也就是大約八百萬第納里烏斯（一第納里烏斯等於一銀錢）。這些錢財泰半進了羅馬國家的國庫，連同那些戰爭的賠償金。西元前一九三年，賠償金的收入每年僅僅不到一萬七千磅白銀。但那個數額很快就要被另一場即將爆發的大戰，驚人地又添上一筆。

儘管弗拉米努斯大肆吹噓當時是希臘史上偉大的時刻，但他的和談並未達到外交上的全面成功。他保住了馬其頓王國的獨立地位與軍事自給自足，這算是聰明的一舉，因為馬其頓的北方鄰國蠢蠢欲動，而同時他在很大程度上使伯羅奔尼撒人受制於亞該亞同盟的利益。但如此一來，他就疏遠了埃托利亞人，對方覺得自己在對抗腓力五世的戰爭中幫助了羅馬，但得到的回報卻不夠。同時，由於羅馬人明顯表現出毫無興趣繼續耗下去，因此埃托利亞人正尋求為本地政治引進新的因素。那個因素就是塞琉古的安條克三世。

安條克與羅馬不和一事，在馬其頓戰爭結束之後很快就變得顯而易見。弗拉米努斯宣布希臘獨立擴及愛琴海東岸，以及西元前一九七年前腓力所統治，而安條克在戰後大軍橫掃過的領土。所以安條克絕不樂見羅馬人要他放棄他認為自己合法統轄的城市。從另一方面來看，這些城市有些因為能援引羅馬的襄助而感到很雀躍。位在達達尼爾海峽蘭普薩庫斯古城（Lampsacus）的一份現存碑文記載著，那裡曾請求過羅馬的援助，因為羅馬創建人埃涅阿斯就是從那裡出發，建立了羅馬。

使節來來往往於愛琴海，但都只是各說各話；羅馬人對希臘獨立一事施壓，而安條克一再重申自己的王朝領土不僅在歐洲、也在中東的傳統主張。羅馬人的觀點是：安條克必須把自己的領土侷限在達達尼爾海峽以東，但安條克卻主張王朝的歷史使他可以主張擁有色雷斯（Thrace），也就是沿著希臘北岸的地區。羅馬對漢尼拔不是很滿意，元老院近期堅持要流放他，但他卻藏身在安條克的宮廷裡避難；塞琉古國王深信漢尼拔是天賦異稟的軍事奇才，要僱用他當海軍將領。

不久事情明朗起來，雙方意見分歧，毫無共識，但元老院顯然不受到這事態的困擾。大西庇阿在西元前一九四年再度當選執政官，被期待執掌指揮大權。但事實並非如此。有一種他純然太過於傑出的感受甚囂塵上，因此雙方的談判繼續進行，直到西元前一九二年底，埃托利亞人選了安條克做他們下一年度的主要行政長官，他從而決定要入侵希臘。在羅馬，西元前一九一年的執政官之一被派出征。在討論是否開戰的期間，李維說在這任執政期之初曾舉行一場為期八天的宗教慶典「眾神盛宴」（lectisternium），祭品據說是為了替戰爭討個好兆頭。因此元老院決定省略一切程序和諮詢人民的步驟：那次戰爭表決順利通過。

隨著春天到來，以及執政官阿基利烏斯・格拉布里奧（Acilius Glabrio）指揮的羅馬部隊來到希臘，但安條克國王什麼都沒做，只關心與初到尤比亞島的新婚嬌妻翻雲覆雨——我們是這麼被告知的。安條克真的是在等待希臘人的情緒普遍高漲，好加強他的軍隊嗎？若果如此，事與願違。腓力五世仍忠於他戰後的羅馬盟友，其他希臘眾城邦也沒有因埃托利亞人的抱怨而大受感動。安條克選擇在溫泉關（Thermopylae）迎戰羅馬人，這是面對尤比亞島的一個狹窄隘口，西元前四八〇年，此處曾因斯巴達國王列奧尼達斯（Leonidas）對抗波斯入侵的英勇事蹟，而聲名大噪。如果安條克知道這群飽讀詩書的羅馬對手所清楚知道的事情，他就會表現得很好：當年波斯人曾在山區找到一條通道，從後方攻擊，而擊敗希臘人。但事後證明安條克為避免重蹈覆轍而採取的預防措施是不夠的，羅馬人還是找到了通道，殲滅了他的軍隊。

執政官格拉布里奧繼續攻打埃托利亞同盟，大開殺戒。安條克則返國，另外招募一支新的部隊。這場戰爭的統帥換成了西元前一九〇年的執政官之一盧基烏斯・西庇阿（Lucius Scipio），他帶著兄長大西庇阿同行當參謀。格拉布里奧在埃托利亞稍事停留，到德爾菲祭拜阿波羅，然後返家，滿心期待他的勝利會有一場盛大的凱旋式典禮。西庇阿兄弟在土耳其西部鄰近斯比勒山（Sipylos）的馬格尼西亞（Magnesia）與安條克狹路相逢。安條克在戰術上一錯再錯，但西庇阿兄弟可沒有。

在馬格尼西亞吃了敗仗之後，安條克的部隊潰不成軍，因此羅馬開給他的和平條件十分嚴苛，後世稱為「阿帕米亞和談」（the peace of Apamea）。和約命令他要：一、放棄他繼承的托魯斯山脈以北領土，大部分要交給本地王國或羅馬的東方主力盟友羅得島人與帕加馬人；二、摧毀他的大部分艦隊，現在除了運送錢幣到羅馬，禁止船隻航行到賽普勒斯以西；三、屠殺他的戰象部隊；四、支付一筆龐大的賠償金給羅馬。西庇阿兄弟已經從安條克那裡取得超過十七萬磅的白銀以達到停戰的目的。此外，安條克還要額外支付超過六十八萬四千磅的白銀，在未來十二年分期給付。安條克也被禁止從「羅馬勢力範圍內」僱用傭兵或甚至接受自願兵。這個條款充分告訴了我們元老院看待世界的方式：分為在其權力範圍內、盟友和其他人。這仍是西元前四世紀義大利的世界觀。相較於馬其頓與塞琉古王國的倖存殘部（或者就此而言，是托勒密王國），羅馬帝國還沒有以中央集權政府法則運作的制度。沒有所謂的羅馬帝國。

塞琉古國王在馬格尼西亞的全面挫敗，強調了兩個重要的事實。第一，後漢尼拔時期羅馬部隊執行能力超乎水準的好；第二，地中海東部的主要王國在本質上是脆弱的。馬其頓由於缺乏托勒密和塞琉古王國的領土和人力資源，本來就不應該是個主要的玩家；而且腓力的野心不可能讓他發展出能夠抵銷這一弱點的聯盟體系。但在塞琉古王國，以及在最富裕的邦國埃及，局面則不同；在這裡，統治者希臘人政府拒絕讓他們的非希臘臣民在政府中有所發揮，導致他們的潛力無用武之地。西元前一八九年塞琉古政權遠遠不如波斯帝國的阿契美尼德王朝；在西元前三三〇年代淪入亞歷山大大帝的政權之前，阿契美尼德王朝曾統治過這裡絕大部分領土。隨著羅馬逐漸變成一個大帝國，要面對的挑戰是如何避免亞歷山大大帝繼業者所犯的錯。雙邊結盟的制度穩固了羅馬在義大利中部的勢力，這提供了一個模式，讓非羅馬人準備好融入一個全面性的帝國——無論是以士兵、殖民者甚至是元老。

不過，這套制度或行為模式，能否輸出到那些文化上獨特的地區？毫無疑問，義大利南部和坎帕尼亞的脫離羅馬雖是受到當地政治的鼓動，但即使是還留在義大利，顯然還有很長的路要努力。羅馬和利古里亞、波河河谷的凱爾特部落，還有西班牙的連年征戰，顯示出羅馬制度上的調整，仍有其極限。

為了把新族群納入他們的新興帝國大業，羅馬人必須發展出他們自己是誰的意識。擴張在某種程度上是臨時起意的，舊的方法如建立新的部落早在西元前二四一年後就被放棄。而羅馬的第一部通史寫成於第二次布匿戰爭的最後十年期間，但即使如此，它也是用希臘文寫出來的。人們感覺羅馬需要有更雄心勃勃的東西，需要一套方法來處理在東方勝利後大量湧入的新財富。普勞圖斯的作品顯示羅馬人開始以不同的方式看待自己，而這一點仍在持續進行中。在這個新美麗世界裡，義大利的其餘地區將扮演什麼角色？沒有明顯的人選可以明確說出前進的辦法。可惜的是，這個時期最值得注意的羅馬人是大西庇阿，他不把自己看作是革新者，而是羅馬傳統美德的代表。但更糟的情況還在後頭。

羅馬和安條克的和談在西元前一八八年由大西庇阿負責談判，並隨著隔年元老院委員會和繼任者曼利烏斯・佛爾索（Manlius Vulso）的到來而拍案敲定，直接造成兩起醜聞。由於羅馬社會要適應羅馬在現有世界中心裡的新位置，凡此種種帶來了為期十年數不清的內部與外部問題。這些年的混亂和爭議凸顯了基本問題：羅馬的行政長官該有什麼行為準則，以及社會各層面能接受什麼樣的個人行為？這些問題的「解決」之道往往十分反動且暴力，帶出元老院現在該有什麼樣的角色，以及元老院的權力與人民權力的關係是什麼的進一步議題。在第二次布匿戰爭結束時被喚醒的人民主權，會不會重新被安撫回到沉睡狀態？

自從安條克戰爭結束以來，行政長官的行為成了當務之急。有許多案件牽涉到大西庇阿和佛爾索。有一樁案子和元老院整體的至高無上有關。另一類案子則是為了私利而屠殺「蠻族」的殘暴習慣，愈來愈多。

大西庇阿的問題之所以浮現是因為他自認是「世上最偉大的人」，唯他獨尊，無須對任何人負責。他的帳目當然有問題，因為他確實握有戰利品控制權，而這很容易和賠償金混淆不清；賠償金必須支付到國庫，因為理論上那是補償羅馬在戰爭開銷上的金錢。但大西庇阿認為，他為國庫帶來如此龐大的財源，以致於議論這筆現金是來自甲或乙都不是重點，而且他的弟弟，嚴格來說是負責執行者，無論如何他存入國庫的都遠超過必要的數額。

起初，大西庇阿不予理會，拒絕順從。當他遭到兩位護民官（在老加圖唆使下）檢舉時，對方根據法律之前、人人俯首的準則指責他，大西庇阿便燒掉了元老院裡他的帳簿。然後他被起訴，被召喚到廣場部落大會前接受審判。但看起來，護民官沒有先查看月曆，那天是札馬戰役的週年紀念日。大西庇阿連辯護自己的行為都省了，領著集會的大眾，從廣場走到卡必托里山，感謝朱比特神廟護佑他平安。但他的政敵並不罷休，大西庇阿最後選擇離開羅馬，遷居坎帕尼亞的明圖爾奈（Minturnae），直到西元前一八〇年終老在那裡。他給自己造了一座墓塚，而不是埋骨於卡佩納門外的家族世代墳墓裡：這就是他給忘恩負義的羅馬人民的回答，他如是說。這個地方後來成了觀光勝地。

圍繞佛爾索的醜聞就比較簡明易懂。從小亞細亞返國後佛爾索申請要舉行凱旋式，但負責審查的元老院委員會以他處理和談過程不力，否絕給他這項特權。他們的理由是佛爾索返國途中與色雷斯某個部落的人戰鬥落敗，而且為了解決地方上的爭議，他曾出借部隊去攻打土耳其中部各種不同的部落，主要是加拉太人（Galatians），他們是高盧人的後裔，大約一世紀前遷移到那裡。佛爾索正式的罪名是開戰未經元老院授權。結果歷經幾番密室協商，並給了國庫一大筆錢財，佛爾索才成功贏得他想要的凱旋式。

對於佛爾索的凱旋式爭議，並非這些年甚囂塵上關於將領功過問題的唯一個案。弗爾維烏斯．諾比利爾（Fulvius Nobilior）曾搜刮希臘西海岸的安布拉西亞城（Ambracia），他遇到一位充滿敵意的執政官，對方企圖唆使一位護民官否決他的戰功。執政官控訴的理由是，諾比利爾並未贏得太多勝利——若拿他的成就和西庇阿兄弟的豐功偉業相比，這麼說還算公允。諾比利爾則提出他挹注了龐大戰利品給國庫，他於是被允許慶祝他的凱旋式。在這兩個例子裡，元老院都汲汲營營於確保國家能分享到戰利品的意外之財。這不僅意味著西庇阿兄弟的問題猶有陰影，也顯示花錢買戰功的齷齪可能性。

這還不是唯一的問題。西元前一九〇年，曾在北義大利戰勝利古里亞人的米努修斯・瑟姆斯（Minucius Thermus）被否決了凱旋式，理由是不夠資格；但同時間，格拉布里奧卻得到凱旋式獎賞——就他在溫泉關一役，和後來在埃托利亞成功的軍事行動而言，完全合理。可是，過了一年，格拉布里奧在競選監察官時，卻因曾經竊取安條克戰利品而被審判。老加圖作證曾在格拉布里奧營帳裡見到特定的金銀器，但沒在他的凱旋式中看到。不管怎樣，這整件事情是很可笑的。格拉布里奧的真正問題在他是第一代擔任元老的新人，卻跟長久把持執政官的家族後裔競爭官職。即使他是西庇阿兄弟的好友也無濟於事，反而被當成一丘之貉，就算事實證明這樣不公平。一等到格拉布里奧取消競選監察官，控訴案便馬上撤銷了，而官職就給了弗拉米努斯和前一代的英雄之子小克勞狄烏斯・馬可盧斯。

雖然這一切不代表元老院這方面有嚴重的行政疏失，但確實反映出一種感受，那就是身為國家代表，元老院應該更加堅定維護它的總體權威，不讓強勢的個體凌駕其上。可是要做到並不容易，接下來數十年我們將會目睹統治階層之間競爭日增，而元老院遏制競爭的能力愈來愈弱。

行政長官職位的競爭包含希望出任務時離家近，以及拿到能輕鬆獲勝或建立人脈關係的機會。從西元前一八七年安條克戰爭結束，到西元前一七一年羅馬在馬其頓的新戰事箭在弦上，這十六年間有十四年，兩位執政官通常會被派去利古里亞。但在最後的兩年裡，頭一年一名執政官在利古里亞（待上一年），另一名執政官在北義大利另一端執行軍事行動。到了第二年，一名執政官待在利古里亞，另一名在薩丁尼亞。這樣的工作情形顯然適合三月就職，同時通常只在夏季的幾個月在外地工作。

但這些軍事行動未必都能給執政官帶來功勞。比方說，西元前一七三年，執政官馬庫斯・普比利烏斯・萊納斯（Marcus Popillius Laenas）攻擊原先和平共處的利古里亞部落，摧毀城鎮，把倖存者賣去當奴隸。元老院命令普比利烏斯重新買回他賣掉的戰俘，釋放他們。他的執政官同僚，盧基烏斯・波斯米烏斯・阿爾比努斯（Lucius Postumius Albinus）的作為也沒好到哪裡去：因為受了普里尼斯特人的氣，他創下先例，堅持對方要負擔他到任務範圍地區的旅費。同一年，西班牙爆發了三樁抗議各行省總督貪汙的案例。一年後，羅馬派去希臘的使節為了取得部隊出兵更有利的戰略位置，對繼任馬其頓王位的腓力五世之子珀爾修斯（Perseus）國王撒謊。元老院有些元老對「以新巧思取代老派行為」表示譴責，但提倡這項新巧思（採取新權力毋須顧及傳統道德限制）的人士占了上風。有好一陣子，羅馬人做事時都不認真顧慮道德義務。在海外一如國內事務，重要的是權力。

*

羅馬人不在亞得里亞海東岸設駐軍，意味著羅馬人（在態度上，若非在方式上）對東方人和西方人的作法有所不同。從阿帕米亞的和談，到西元前一七一年馬其頓戰爭爆發，羅馬不斷採取蓄意破壞的外交手腕，來羞辱或擾亂這整個地區的國家。舉例來說，西元前一八六年，腓力五世利用在色雷斯打敗塞琉古軍隊的機會，占領那裡的幾座城市。其他主張者的抱怨聲也傳進了羅馬的耳中，包括帕加馬的新任國王歐邁尼斯二世（Eumenes II），以及與他親善的那些人士。元老院派了一個調查小組，靠著調查報告的效力命令腓力退出。後來，腓力撤掉駐軍，殺掉那些他認為曾經投訴告狀的人。根據波利比烏斯的記載，這事「為馬其頓家族開啟了致命歲月」（Polybius 22.18.1）。不用說，腓力這麼做實在很不明智。

終於，腓力為了消除羅馬猜疑他不認真維護羅馬的利益，派他的小兒子德米特里去羅馬當人質。在羅馬，德米特里交了一些有權有勢的朋友，但當他返回馬其頓時，腓力卻突然糊塗的認為（或許有些正當理由）德米特里這麼做是跟羅馬共謀反叛。他處決了德米特里，讓大兒子珀爾修斯成為繼承人。從此以後，在世人眼裡珀爾修斯就是個可能惹是生非的大麻煩，這種看法在他於西元前一七八年珀爾修斯就任王位時被強化了；這年珀爾修斯娶了塞琉古四世的女兒，也就是安條克三世的孫女勞迪姬（Laodike）。這些過往強國的結盟，立刻引起羅馬的猜疑。

馬其頓人並不是唯一陷入麻煩的人。阿帕米亞和談後不久，剛從塞琉古解放出來、位於土耳其西南部的呂基亞（Lycia）人對臣屬於羅得島人迭有怨言。元老院對羅得島的船隻被用來運送勞迪姬去馬其頓這事感到憤怒，認為負責監督阿帕米亞和談的十名使節的意思是：呂基亞人不是送給羅得島人的臣民（儘管使節們非常明確地說他們是禮物），而是朋友與盟友。在希臘，羅馬的干預經常動搖亞該亞同盟；亞該亞同盟在第二次馬其頓戰爭對付斯巴達上曾發揮過大用。因此，羅馬人似乎「不開心，如果有任何事情沒有知會他們，也沒有依照他們的指導方向去做的話。」（Polybius, *Histories* 23.17.4）

到西元前一七〇年代晚期，在那些吃盡羅馬狹隘統治集團苦頭的希臘人心中，珀爾修斯已經成了英雄，但同樣這批人也向羅馬不斷抱怨，其中包括帕加馬（如今備受希臘人厭惡）的歐邁尼斯二世。使節往返奔波卻一事無成，因為西元前一八六年的執政官馬奇烏斯・菲利普斯（Marcius Philippus）現在身懷一項外交任務出使希臘，利用西元前一七三年對付珀爾修斯的「新巧思」，又隱瞞羅馬的意圖（實則是要開戰）。

菲利普斯的手法如出一轍，因為當年的執政官普比利烏斯對利古里安人做了駭人聽聞的行為，捲入前述爭議，這一點引發北義大利動盪不安，導致西元前一七二年，利古里亞而非馬其頓被指派為執政官的任務範圍。而直到西元前一七一年春季，另一批使節從希臘回來（最重要的是從歐邁尼斯回來的使節，聲稱在他回國時有人企圖謀殺他），元老院才宣戰。開戰藉口是所謂對歐邁尼斯的攻擊。

雖然有預先的出征準備，但戰爭拖延的比該花的時間更久。第一任指揮官，西元前一七一年的執政官普比留斯・李錫尼烏斯・克拉蘇（Publius Licinius Crassus），在騎兵部隊交鋒時一敗塗地；他的繼任者，執政官荷斯提里烏斯・曼西尼努斯（Hostilius Mancinus）下場也不好。由於無法在戰場上擊敗馬其頓人，羅馬人轉而施暴百姓，引爆雙方在外交上互相攻擊：羅馬人散播一連串控訴攻擊珀爾修斯，好讓出征一舉名正言順，而珀爾修斯努力分化羅馬的盟邦，但成效不彰。

縱使沒有人立即加入珀爾修斯，羅馬的失敗在整個大希臘世界引發外交亂局。一方面，羅得島人提出要在羅馬與珀爾修斯之間做調停（就羅得島人一直都在暗示羅馬不會贏而言，這做法很糟），另一方面亞該亞同盟提供的支援則顯得不太熱心。

圖8　保盧斯的紀念碑，原本是規劃給珀爾修斯的；這座紀念碑高九公尺，頂端有保盧斯騎馬騰躍的雕像。這塊殘留的浮雕顯示羅馬與馬其頓軍隊之間的戰鬥。

西元前一六九年，羅馬的處境有了改善，因為具有「新巧思」的菲利普斯接任指揮官，為他的繼任者，也就是西元前一六八年的執政官埃米利烏斯・保盧斯（Aemilius Paulus）打下基礎；保盧斯就是死於坎尼戰役的老保盧斯之子。羅馬人揮軍橫掃馬其頓境內，所向披靡，在皮德納（Pydna）遇到珀爾修斯的部隊，六月二十一日雙方爆發關鍵之戰。馬其頓人遭狠狠痛擊而大敗。珀爾修斯投降，被帶回義大利，在保盧斯的凱旋式慶功大會中露了臉之後，遭軟禁在義大利中部的阿爾巴・富森；他的兒子腓力也一同遭軟禁，度過餘生。

珀爾修斯走向牢獄，羅馬國家則停止向羅馬公民徵稅。從此往後，稅收就從非公民取得的收入來支持。在停止徵稅上，元老院並沒有放棄一項主要財政收入來源，而是發布了一則強而有力的聲明，其大意是羅馬正逐漸遠離過去的傳統，而重申自己在地中海世界的主宰地位。這個世界如今將培育出它的征服者。

停徵賦稅並非羅馬用來界定它在這整體世界地位的唯一方式。返國之前，保盧斯在馬其頓舉行了一次聲勢浩大的演出，這場演出顯然仿效早年地中海東部的王家慶典。二十年後，在巴勒斯坦一個由馬加比（Maccabees）家族統治的新興國家，曾將羅馬描述成「一群國王的集會」。他充分了解保盧斯在說什麼。

羅馬無法接受盟友中有一絲不忠誠或失敗主義的跡象出現。有人認為因為羅得島提出要為馬其頓調停，這被羅馬解讀成他們親善馬其頓，所以應該向羅得島宣戰。上述的內容被一位法務官在人民的會議（或許是百人團大會）之前提出。這是史無前例的做法，因為現任行政長官不會在未諮詢元老院之前，就提出這類重大議案。羅馬貴族想嚴格管控下層階級的野心，與人民當家作主的理論原則，這兩者之間持續緊張，我們將在下一章探討。西元前一七一年也曾爆發類似的事。在這次的事件裡，執政官克拉蘇已經開始為馬其頓戰爭徵稅時，宣布在前一次軍事行動裡曾出任百夫長的人將不會自動被授與那個階級，此舉遭到護民官質疑他的權威性。李維說，在那個狀況下，前任百夫長的怒火被這樣一位長期身在軍旅的老長官給鎮壓住了（可能是達成某種妥協，而這一點並未在演說中提及）。

至於羅得島，護民官在表決戰爭時投下了否決票，這個議案便回到元老院，激發了老加圖發表演說。他以他的一些同僚的行為舉例，主張有犯罪的念頭不等同於犯罪行為。元老院因此宣布希臘提洛島（Delos）從此成為自由港（港口不徵收稅捐），造成貿易從羅得島轉移開，這必然讓提洛島成立的義大利商業團體十分開心。

十人委員會如今從羅馬抵達來監督和平協定，他們所下的指導棋徹底改造了希臘的政治面貌。馬其頓王國被分割為四個組成區域（constituent districts），各自成為自治政府。曾支持馬其頓人的伊庇魯斯被洗劫一空（不過波利比烏斯說被賣作奴隸的人有十五萬，這數目有點誇張）。在其他地方上，和談進程有個特點是清除政治上不可靠的人，例如埃托利亞因此遭羅馬士兵屠殺了五百多人，亞該亞有一千人被交出去當人質，其中包括了波利比烏斯。

摧毀馬其頓的終曲是羅馬派出一個使節前去亞歷山卓，此時新任的塞琉古國王安條克四世，正利用籠罩托勒密王國的政局混亂，企圖征服埃及。他們在艾盧西斯（Eleusis）會面，就在亞歷山卓附近。為首的羅馬使節是蓋烏斯．普比利烏斯．萊納斯（Gaius Popillius Laenas），他本身是前執政官，也是曾惡劣對待利古里亞人的馬庫斯．普比利烏斯．萊納斯的兄弟。據說，安條克四世往前靠近時，普比利烏斯用手杖在他腳邊畫了一個圈圈，告訴安條克四世在離開這個圈圈之前，他得先決定是否離開埃及，接受與羅馬和談。安條克同意帶他的軍隊返國。這幕場景聽起來簡直不可置信，但結果是無可置疑的。隔年，安條克想要藉由給自己舉辦大型慶典來重拾受損的尊嚴，這個慶典仿效埃米利烏斯．保盧斯在皮德納戰役後的規模，但多增加兩千對角鬥士表演。曾經身為人質、久居羅馬的他，見過大為盛行的角鬥士演出，所以想要讓他的人民見識角鬥士來激發英勇精神——當時和後來一樣，角鬥士很少會因搏鬥出人命，他們只會做高風險但花招百出的武術表演。

因此，隨著角鬥士演出流傳到東部，波利比烏斯也來到了羅馬。此時此刻，他可以主張，只要再過五十多年，羅馬就要主宰現在這個世界。

第九章　大後方

羅馬在東部開疆拓土的歲月裡，祖國一片動盪紛亂。這個年代的輝煌勝利，坐實了羅馬「卓越超群」的觀念，但這意味什麼？在意識形態上，羅馬該不該維持這套過去的信念？還是，它應該擁抱新角色，成為獨霸地中海的大國？這對政治秩序意味什麼？元老院和行政長官該不該保有主導地位，還是人民大會應該有更多話語權？

還有，西班牙出產的礦產與繳納的戰爭賠款所創造的新財富。該怎麼花用？舊有的社會秩序能保得住嗎？假如新的家族取得財富，買通權力圈的門道，那麼統治階層該如何維繫控制權？從擊敗漢尼拔到最後摧毀馬其頓王國，這之間歷時三十載，義大利盡是暴力鎮壓的時期、資源在整個義大利重新分配，還有各式各樣提供羅馬能夠如何、且應當如何轉型的新看法。

社會分歧日益加劇的第一個徵兆是，西元前一九五年廢除《歐匹烏斯法》（*lex Oppia*）所引發的衝突。《歐匹烏斯法》制訂於第二次布匿戰爭時，嚴禁羅馬婦女在公開場合裡打扮炫耀擺闊。和其他禁奢令一樣，這條法規的理論基礎也是貧富為鄰同住在一個城市裡，若富人能低調樸素，就能促進社會團結。雖然我們很難知道有誰在乎要不要撤銷這條法規，但羅馬上層社會人士反對這法律的理由是憑什麼羅馬的盟邦都能炫富，而他們卻不能依樣畫葫蘆。如果撤銷這條法規的呼聲很高，如同李維所說的一樣，那麼極有可能平均來說羅馬人很樂意多消費。而且普勞圖斯曾在劇作《小迦太基人》裡大加調侃廢法的相關議論，這一點也表示廣大的觀眾對這樣的情境是很熟悉的。兩位護民官努力想阻擋廢法，很快就屈服於說他們違背人民意願的議論。

不在財富與權勢幸運圈裡的羅馬人，早已變得愈來愈不甘願生活在加諸他們身上的社會秩序，這些都是因為漢尼拔戰爭才發生的。畢竟，在戰爭中廝殺捐軀的人是他們。對著普勞圖斯的戲劇作品哈哈大笑時，他們很可能早已熟知對巴克斯（或是以豐收神利貝爾〔Liber〕為人所知）的新興崇拜現象；巴克斯是酒與荒淫之神，同時和自由與顛覆社會秩序有關。崇拜巴克斯沒有一定的方式，不論男女都能發起祭祀祂的儀式，而且自第二次布匿戰爭結束後，各式各樣的狂歡儀式便從坎帕尼亞傳入羅馬。

正是這種建立在女性受到神啟的巴克斯崇拜興起，西元前一八六年有位執政官才會身陷一樁國內醜聞，拿新祭祀當藉口發動大規模行動，鎮壓下層階級。導火線是有名青年男子即將被他的繼父騙光所有遺產，他的繼父設局陷害他捲入聲名狼藉的活動中。這位青年有位女朋友，是名妓女，她知道是怎麼一回事，通知執政官斯普里烏斯．波斯米烏斯．阿爾比努斯（Spurius Postumius Albinus），提供對方新祭祀的驚悚細節，包括其中性濫交活動。阿爾比努斯將醜聞呈報給元老院，並根據元老院授權，開始圍捕行政長官濫捕約束力薄弱的鄉下群眾，連羅馬公民也不放過。

結局是，李維讓他的讀者想像著，下層的行政長官遊蕩在台伯河樹木繁密的沿岸，竭力阻止愈來愈高漲的非法私通行為，逮捕交媾的男男女女。數以千計的人被捕下獄，很多人接著就被處死。這一切看似不過是中年羅馬人幻想情節，若非李維引用近似一篇在閱讀上和這些事件有關的銘文，而這銘文就是在南義大利靠近蒂廖洛（Tiriolo）發現的。這篇文本，沒有李維版本那般高潮迭起，卻也相當發人深省：「關於作為盟友的酒神節」（*ILLRP* 511）。根據這份文件，元老院同意必須規範民眾不應該起造巴克斯神廟（如果非要不可的話，應該到市法務官面前，在百位元老出席的會議中說明），女性不應參加祭祀（除非她到市法務官和百位元老出席的會議中說明）；民眾不應該發起這樣的團體、發動陰謀、參加集體的商業活動或慶祝這樣的儀式（除非他或她到市法務官和百位元老出席的會議中說明）；同時，禁止聚眾超過五人。對蒂廖洛（以及其他某些地方）還有額外的限制，如果有人違反元老院已公布的禁令，得以判處死刑。

元老院給非羅馬公民的法令毫不令人意外，因為羅馬在義大利的權力結構，其中特別取決於它有無能力告訴地方行政長官何時該與士兵一起現身效忠羅馬。從這個角度來說，法規命令只不過就是在描述權力如何在羅馬的環境下運作罷了。有點更麻煩的是，這暗示著死刑得以廣泛執行，不論是在義大利的羅馬或其他地區都一樣。蒂廖洛的法規很清楚表述這並不只是個別的就地正法（summary execution）的問題，而是暗示了羅馬共和國可以放任本身策動大規模的屠殺，對象不分公民或盟友。倘若「世上最偉大的人」[1]都免不了被起訴，那其他所有人也不可能豁免。

元老院不只在西元前一八六年擔憂公民道德與天譴問題。李維的記載裡也陳述了，隔年有兩千個民眾遭到逮捕，罪名是疑似密謀毒殺他人。法務官盧基烏斯・波斯米烏斯（Lucius Postumius）對某些牽涉到塔蘭圖姆牧羊人與奴隸的陰謀，執行李維所謂的「嚴峻審查」。西元前一八一年，官方採取行動鎮壓一場再度舉辦的酒神祭活動，然後在次年，元老院又再重啟另一次調查被指稱的大眾中毒事件，結果有三千人被捕。在這些事件之後，接踵而來瘟疫大爆發，使得當局難以徵召足夠人力來鎮壓發生在薩丁尼亞的一場叛亂。大規模祭祀活動遵照所謂的西比爾神諭舉行，活動包括為期兩日遍布義大利全境的宗教節慶。

同時，當局也付出新的努力為公共群眾生活帶來更多得體的禮儀教育。其中有一項新措施是為元老院諸公分配劇院席位，讓倒楣的民眾可以見識到他們的領導階層在大庭廣眾下的一舉一動。另一個新措施是在西元前一七九年重組百人團大會，會中很可能重新分配選舉人到新的百人團，來回應將民眾遷移到新的殖民地去。西元前一六八年，監察官扭轉了在這個問題上顯然行之已久的審查疏失，將所有自由民安置在四大城區部落其中一區裡面。後來，有某位觀念保守的政客聲稱，這項行動可以維護國家，因為它限制了他們的投票權。

羅馬這種對秩序井然的國家的興趣，也轉移到殖民地上。在新的拉丁殖民地，土地的授予往往是根據人口普查類別而進行分級；人愈重要，獲得的土地就愈多。西元前一九三年，三千名步兵與三百名騎兵被派往南義大利的圖里（Thurii），成立一個新的殖民地，那裡是第二次布匿戰爭遺址，因死傷無數而留下大半土地荒廢閒置。每名步兵被授予十二英畝土地，每名騎兵各得二十英畝地。西元前一八九年羅馬在博洛尼亞（Bononia）奪自波伊人的土地上成立了殖民地，騎兵領得四十三英畝地，步兵領到三十英畝地（李維聲稱高盧人曾驅除這塊土地上的伊特魯里亞人）。西元前一八

1 編按：這裡指的是大西庇阿。

一年，羅馬在高盧人的土地阿奎萊亞（Aquileia）建立了一個拉丁殖民地，這次三千名步兵各領到二十五英畝地，百夫長領到六十一英畝地，騎兵領到八十六英畝地。類似以階級為根據的區分也發生在西元前一七三年，當時羅馬從高盧人和利古里亞人手中奪取的土地，被發放給私人所有，每名羅馬公民領得六英畝地，盟友各領兩英畝地。在一些較小的區域，比較沒有軍事干預威脅或近期屠殺跡象的地區，土地只發放給比較貧窮的羅馬公民。在義大利中部的薩特尼亞（Saturnia），每位較為貧窮的羅馬公民可領到六英畝地，而同一年裡，有兩千個殖民者被分配到摩德納（Mutina）和帕馬（Parma）殖民地，前者每人領到五英畝地，後者每人得到三英畝地。在格拉維斯卡（Graviscae，位於伊特魯里亞的塔爾奎尼亞港），每人可得三英畝地。發放的土地雖小，但很可能都是能產出變現作物的良田，譬如格拉維斯卡出產好酒，或者又是和領受者有明顯可知的貧困（他們在登記上是沒被授予軍銜，因此可能都屬於人口普查的第五級）有關。

關於選舉集會的改革，雖然是出於實用意義考量（如同任何時代裡不公正的劃分選區手段），在意識形態上都企圖讓選舉更為「有條理、守秩序」，並能強化「類型正確的」民眾（也就是那些尊重元老院權威者）更能順利當選。

西元前一八〇年，護民官維利烏斯（Villius）通過一項法案，設下官員的最低年齡限制（這項法案將使得年僅二十四歲的大西庇阿喪失他在西班牙的指揮權）。然而原本唯一的限制是登記參選公職的候選人應該要服務十年，但如今他還要額外義務出任三項公職：依序為財務官、法務官和執政官，並在其間各有兩年間隔才行。平民護民官是非必要職位，因為貴族無法出任此職。市政官（主管公共建設、道路供水等）因為職缺有限，也不是必要資歷。但從另一方面來說，因為市政官被期待要主辦公共慶典活動，而如果市政官能順利舉辦慶典的話，那麼這個職位就成了價值無限的法務官晉身階。有鑑於大眾對於市政官可能以這種方式取得競爭優勢感到憂心忡忡，這反映在執政官馬庫斯．貝比烏斯．坦菲勒斯（Marcus Baebius Tamphilus）在前一年，亦即西元前一八一年通過一項法規，規定市政官若舉辦所費不貲的祭典競賽慶祝活動，將被視同為賄選（abitus）。同一年，他也通過另一條法規，規範法務官的數額應該以六人和四人的方式隔年更替，其理論根據是，這麼一來會降低大家競逐執政官高位。

最後的這條法規也意味著羅馬貴族階級認為國內政局安定，比維持帝國行政官員適任數額更為重要。賄賂法杜絕行政長官藉祭典競賽慶祝活動來向行省居民、盟友和拉丁人索賄，而這個法規更反映出，在國內政治上金錢的取得程度愈來愈容易，其重要性也愈來愈高。

西元前一八八至一八七年間，又頒布了兩項重要的法案，兩者皆攸關羅馬與其盟友之間的關係。頭一項是「護民官法案」，要給予拉丁城邦阿琵農（Arpinum）、方迪（Fondi）、佛米亞（Formiae）人民完整的羅馬公民資格。這項措施一開始遭到四名護民官否決；他們主張這應該要先得到元老院通過。後來他們撤回否決，顯然是因為被告知投票是人民的特權。次年，拉丁同盟的代表向元老院抱怨，說太多拉丁公民遷徙到羅馬，被登記在那裡的公民清冊裡。拉丁同盟之所以派出這些使節，很可能與前一年人口普查結束有直接關係，因為這會將拉丁移民註冊列為羅馬公民。法務官於是重新清查名冊，驅離了父親未在人口普查時已完成註冊的一萬兩千人。

＊

這些內政改革反映出對身為羅馬貴族成員的意識高漲，以及對如今將統治全球的世代，其背後歷史的認知。這或許不是出於偶然，在西元前二世紀的第二季時，出現定義羅馬歷史兩部最大貢獻之作。這些著作的作者們曾是親密的同事，但似乎在大西庇阿命運的課題上意見分歧。其一是詩人昆圖斯・恩尼烏斯（Quintus Ennius），他寫了一首關於羅馬歷史的詩，是第一篇以六音步長短短格詩（dactylic hexameter）所寫成的拉丁文作品。他在羅馬城裡的西庇阿家族墓園裡有一尊肖像。另一位是老加圖，他所寫的新羅馬史是第一部以拉丁散文體寫成的重大著作。

恩尼烏斯先前是劇作家，他將新的史詩作品題名為《年鑑》（*Annales*），顧名思義就是「羅馬這些年來的事」。至於一行詩句裡涵蓋多少年跨度，可從弗朗茲・斯庫奇（Franz Skutsch）引述他的第四部內文一窺究竟：「他寫道，如今已是『自尊貴先賢肇建羅馬基業以來約莫七百年』。」（Ennius, *Annales*, Fr. 154–5）使用「約莫」這樣的詞彙就代表無意創作翔實的編年史，何況，有鑑於他的著作價值，這樣的詞彙反而暗示著他將羅馬的肇建史年代，訂在很接近古希臘特洛伊城滅亡之際，因為他認為古羅馬始祖羅穆盧斯就是特洛伊英雄埃涅阿斯的孫子。事實上，恩尼烏斯幾乎沒有觸及羅馬的神話過往。在第四部裡，他提到（西元前三九〇年）羅馬城遭到高盧人洗劫的奇恥大辱，在第六部裡他當然也提及討伐皮洛士的戰役，第七部一開始就描述了第一次布匿戰爭，包含迦太基人屠殺嬰兒這類相當卑鄙的情節，以及很清楚陳述了克勞狄烏斯在對迦太基宣戰時遵照祭司程序。在作品的尾聲裡，他已經呈現了第二次布匿戰爭。

在某個點上，恩尼烏斯看起來的確是在預示著即將成為羅馬歷史寫作的一種時尚——根據執政官的任期來定年。以這種方式架構的歷史，也被稱為「年鑑」，但這種觀點可能過於濫用證據，非明智之舉。出問題的年份是西元前二〇四年，這一年大西庇阿攻入阿非利加，或許是因為根據執政官的紀年法，恩尼烏斯企圖指出這一年格外重要。似乎對恩尼烏斯來說，最重要的人是那些會聆聽到他的詩作的人。抱著這樣的企圖，他擴充他的作品，原本構思寫成十五部，以他的朋友弗爾維烏斯・諾比利爾在西元前一八七年攻克希臘安布拉西亞大獲全勝做結尾，結果又多了三部寫「近期戰役」，將時序帶到了西元前一七〇年代。

對恩尼烏斯（死於西元前一六九年）而言，羅馬人最了不起的世代就是他這一輩。他這一代人的行為，迥然有別於過去那些人；而且為了使這些豐功偉業永垂不朽，他才學習將拉丁文調整到書寫希臘史詩格律，將他同輩人的事蹟，和荷馬時代的英雄行為劃上等號。他語言運用精緻微妙，是為了與這樣的世代同步前進：這世代正在與他們所經營以及其財富正迅速改變人們如何生活的世界，在關係上尋找出新的定義。但是，要描繪這代人是史詩般的世代，就必須隱含當代最偉大人物有關事蹟。看起來，西庇阿家族墓園之所以放了一尊恩尼烏斯的雕像，理由很充分。雖然沒有隻言片語落在我們手上，但不難猜到他對「世上最偉大的人」有很多好話要說。

老加圖原本是恩尼烏斯的恩主，曾幫助對方在西元前一八四年取得羅馬公民身分。就像羅馬文學早期很多偉大的人物一樣，恩尼烏斯並非出生在羅馬，他來自南義大利的魯迪埃（Rudiae）。但隨著恩尼烏斯對大西庇阿的欣賞與日遽增，他跟老加圖的關係開始交惡。老加圖創作《起源》（*The Origins*）時年事已高，恩尼烏斯早已辭世。老加圖創作這部著作可能是為了想寫羅馬最早的歷史，以及義大利其他國家的歷史，因為書中前面三部都在處理上述問題。套句羅馬人的話來說，這本書的內容，完全是「古史」，若用我們的詞彙來說，就是神話。但這一點卻在第四部徹底有了改變；

第四部開始描述第一次布匿戰爭，把它形容得意義非凡，因為羅馬首次號令義大利海外同盟，而且極有可能的是，因為在下筆的當時，老加圖經常遊說元老院要摧毀迦太基——自西元前一五七年造訪過迦太基，老加圖發現那裡的繁榮超乎他的想像，從此以後他始終不斷致力於此。

撰寫《起源》時，老加圖說他的目的是要教育他的兒子，並且也是回應羅馬人以希臘文寫自己歷史的趨勢。在老加圖的時代裡，還有三部類似這樣的史書，最近期的是阿爾比努斯的著作，他開宗明義先為蹩腳的語文能力致歉。老加圖的希臘文造詣甚高，他反駁說該是時候讓羅馬人用自己的語言為自己的歷史發聲，因為讓大家知道自己的過往是重要的事。在撰寫史書之後幾部時，老加圖很強調自己的貢獻，引用了兩則他的演說內容：一則是與羅得島人和平共處，另一則是西元前一四九年在西班牙控訴塞爾維烏斯．蘇皮西烏斯．加爾巴（Servius Sulpicius Galba）的可鄙行為。我們無從得知這麼做是否單純只是為了自我推銷，抑或是想要對希臘歷史學家通篇虛構的文字修辭做出回應。能將這兩則演說和歷史目的串連在一起的是，它們都很強調古羅馬倫理道德在實踐上的運用。

我們賴以認識老加圖作品的後世讀者，清楚說出老加圖採用的素材包羅萬象。老加圖詳盡描述埃涅阿斯抵達義大利，當地國王拉提努斯（Latinus）將女兒拉維尼亞（Lavinia）許配給埃涅阿斯為妻，即使他女兒早已和當地貴族圖努斯（Turnus）成婚。然後，圖努斯和伊特魯里亞國王梅贊提烏斯（Mezentius）便與埃涅阿斯共赴戰場。埃涅阿斯被授予土地，老加圖說是一千六百六十七英畝大，埃涅阿斯便據此創建了「拉維尼姆城」（Lavinium）——以他的妻子命名。但是，老加圖認為，在這數百年光陰裡羅馬城尚未誕生，要待特洛伊戰爭結束後的四百三十二年，羅馬才誕生，這個說法更正了恩尼烏斯對於兩件事之間的時間關係的看法。老加圖也對古羅馬史學家提麥奧斯認為Italy

（義大利）的字源是來自犢牛（vitulus），頗不以為然，他主張這個地方得名自某位古代國王的名字Italus。

在論及義大利的其他地方時，老加圖提供了大量的地理、神話等等的資訊，包括羅馬北邊的高盧人。他告訴他的讀者，薩賓人（Sabines）的名字源自一個名叫薩巴斯（Sabus）的人，此人是當地神明桑庫斯（Sancus）的兒子；老加圖還告訴讀者，建立普里尼斯特城的人是凱庫路斯（Caeculus），此人名字的意思是「小瞎子」，因為嬰兒時期他被一群少女發現時躺在爐邊，少女以為他眼睛很小。老加圖也說，凱庫路斯在牧羊人的協助下創立了普里尼斯特城。埃涅阿斯有個任性胡為的同伴名叫普里托斯（Polites），他建立了普里托里烏姆城（Politorium），阿爾戈斯則創建了法萊里（Falerii）。老加圖還說，阿爾卑斯山裡住著「像白色野兔的生物，重達十一磅的老鼠，硬蹄的豬，毛茸茸的狗，無角的牛。」（*FRH* 5 Fr. 75）在一份倖存的農業著作裡，他也興趣盎然地描繪各地物產。

老加圖對於義大利的祖先和羅馬的歷史的高昂興趣，並不以羅穆盧斯為終點。他的史書第一部就起碼提到了高盧人洗劫羅馬城（皮洛士戰爭也是另一個明顯的第一部終點）。因此他描寫了羅穆盧斯綁架薩賓人的婦女來提供給新成立的羅馬社區，接著又與怒火中燒報仇心切的薩賓人廝殺。他陳述了薩賓婦女最終如何促成雙方和平。他還敘述了馬奇烏斯．科利奧蘭納斯（Marcius Coriolanus）的生涯；這位偉大的羅馬戰士因為強烈的自尊心作祟，難以順利融入政治圈，終至流放。他率領一支義大利部落沃爾西人（Volscians）的軍隊，起而反叛羅馬，走了五里路見到他的母親與其他婦女，受到勸阻才放棄前進。老加圖另外提到，羅馬婦女捐出珠寶，向高盧人贖回羅馬城。對那些熟悉老加圖對大西庇阿觀點以及他對奢華看法的人，都不會無視其中與當代的關聯性。

當他開始敘述更多當代史的地方，老加圖的寫作風格有了轉變。他不再指名道姓那些領導人物，不論是羅馬人或是外邦人。典型的文句會提到「某位駐在西西里島的迦太基將領」率領他的部隊去某特定地方，在那裡指派一名軍事護民官，向某執政官提出建言，諸如此類云云。偶爾會使用第一人稱敘述，大多僅限於那些老加圖也出現在敘述中的段落，字句如「我們戰鬥」之類，但泰半不違背上述的通則。因此，他在第二次布匿戰爭裡描述某位人物是「迦太基獨裁官」，而不是指名寫出漢尼拔（FRH 5 Fr. 78），而且他還省略了「世上最偉大的人」，只單純稱呼「羅馬執政官」。老加圖的史書強調一個民族與一個價值體系的成就。

在結尾對加爾巴的演講時，老加圖發出了某種警告，暗示不可把過去五十年來取得勝利的道德力量，視為理所當然。他認為，真正的羅馬美德不需要炫耀財富。正如老加圖在農業著作中一再重申的那樣，要強烈地依賴傳統方式來做事情。隨著新興的財富湧入義大利所帶來的變化，這些傳統行為也隨之改變。老加圖認為「成功」破壞了羅馬賴以崛起的品德，他的這種觀點，非常近似一位我們有足夠理由相信會是老加圖討厭的人。他就是波利比烏斯。

*

波利比烏斯幾乎與老加圖同時間下筆撰寫他的史書。他是在珀爾修斯戰爭結束後，才以人質身分從亞該亞來到羅馬。在他書寫史書的三十年期間，他提供當代羅馬憲政的運作方式，因為他認為羅馬的成功都歸功於此。他以早期希臘政治思想為藍本來探討羅馬憲政，留下很有價值的真知灼見，讓我們得以窺見羅馬共和國當時的運作情形。

古代希臘政治思想認為有三種「好」憲法：民主制、貴族制與君主制。到了柏拉圖的年代，也就是西元前五世紀晚期至四世紀初期，大家都承認每一種「好」都有其壞的一面。民主制的壞處是暴民政治（ochlocracy，也作眾愚政治），貴族制的壞處是寡頭政治，君主制的壞處是專制僭主。柏拉圖、亞里斯多德和波利比烏斯都認為，憲法會以定期的循環由好變壞。因此，君主制會變成僭主，給貴族制趁機崛起，進而墮落成寡頭政治，讓民主制得以抬頭，而民主制衰敗就讓暴民政治崛起，淪落成純粹的野蠻原始狀態，最後這個循環再度回到下一輪的君主制抬頭。

在分析羅馬憲政時，波利比烏斯說道：

> 操控憲法的要素有三個……每個都是均等的，並且恰如其份井然有序，同時深入各方面以致於生活其中的人沒能清楚說出政府的全貌，究竟是比較偏貴族制或是民主制還是君主制。
>
> （Polybius, *Histories* 6.11.11）

波利比烏斯認為，執政官構成君主制的成分，元老院整體是貴族制，而人民則是民主制。執政官之所以是君主制，乃因為他們能號令軍隊，而所有其他行政長官，除了護民官以外，全數都要服從。他們主持元老集會、執行政令，並且召集人民的立法集會。在戰場上，他們有絕對的權威，可以從國庫取用任何他們所需的金額，在財務官協助下管理這些金錢。元老則掌控國庫，除了交付執政官的金錢以外，也管理其他所有支出，並負責批准每五年由監察官發包的國家公共事業的合約。

元老院調查整個義大利的犯罪事件，也為遍及這個半島的人民與社區提供仲裁。它要派遣使節團，無論是為了解決爭端或是為了「打氣鼓舞」；它要提出要求、接受歸降或宣戰；它負責在羅馬接見使節團。相對來說，人民則要授予榮譽和執行懲罰，人民會議是唯一可以宣判死刑的法庭，甚至可以審判那些位居高官的人，他們授予官職、批准法案並審議戰爭與和平的議題。

君主制的憲法無法在沒有貴族與民主的情況下實施，因為元老院掌控執政官的預算，而批准和約使之正式生效的人是人民。元老院同時也能決議要讓任期已到的官員繼續留任，或者汰換，以及某位將領是否可以舉辦凱旋式慶功活動；執政官的行動要向人民負責。在調查犯罪事件時，元老院必須遵從人民的意願，而人民可以決定是否要通過法案來限制元老院的權力。人民之所以仰賴元老院，是因為他們能從監察官在整個義大利所發包的合約上獲利。另外，元老院成員在民事訴訟案件裡會被指派擔任法官。

雖然，波利比烏斯對羅馬憲法的描述缺少了一些概念，比方說最高指揮權、公權力，還有人民大會的百人團及部落劃分（更別提兩種投票方式隨之而來的結果），而這些省略免不了是有些怪異，但毋庸置疑，波利比烏斯的概述非常吻合西元前二世紀的局勢。至於更詳盡的細節，他坦言，身處制度中的「人民」會注意到他省略的東西。波利比烏斯感興趣的是國家機構運作的方式，例如他描述元老院擁有整個義大利犯罪事件調查權，卻不提如何通過法律（lex）的原因，而且無論公民身分是什麼，元老院都可以對較低下階級的個人進行大規模殺戮，看起來非常像元老院在酒神節事件前後開始主張的那種司法權。如此強調元老院在管理使節團上的角色，除了波利比烏斯自己寫的史書曾有此詳盡描述外，別無他處；而在監督義大利到處激增的國家合約方面，到了西元前二世紀時，元老院的作用已經具有特殊的意義。從關於監察官所作所為的記載和考古所得，都反映出這些合約的重要性。

＊

國家合約（state contracts）為義大利經濟注入大量新的現金；戰爭賠款加上西班牙銀礦，鞏固了合約包商的階級地位，這選區將會發展出巨大的政治影響力來捍衛自己的利益。這個階級後來變成「騎士階級」，但不是在這段時期，我們不應該倒果為因。在這時候，之後形成這個階級核心的人，仍屬於十八個「騎公家馬騎士」的百人團，這些百人團同時也包含了元老院絕大多數的成員在內。這個團體的身分轉變，是在新環境下保留政府財政傳統制度所帶來的結果。無法有效改變傳統合約制度，導致羅馬財富的私有化。

開銷激增始於安條克三世戰爭期間。西元前一九四年的監察官更為感興趣的事情，是維護社會秩序，而不是花錢。他們從元老院攆出去了三位元老，因為這些人「行為不適合貴族」，並且以同樣理由將一些人趕出騎士百人團。唯一額外的開銷是在羅馬城新建兩座建築物。西元前一八九年的選舉是監察官首次出租國家合約，而這些合約是最近因戰爭賠款而湧入國庫的十分豐厚財富，結果使這次選舉不僅競爭格外激烈，也份外齷齪——正如執政官阿基利烏斯．格拉布里奧發現的那樣，對他造成損失。

西元前一八四年的監察官選舉再度引發熱烈對峙。兩位成功的候選人，老加圖與盧基烏斯．瓦萊里烏斯．弗拉庫斯（Lucius Valerius Flaccus）有志一同嚴格審查上層階級（他們剷除了兩位前任執政官），並且對上層階級施加高額賦稅，對他們的資產以極高的稅率來評估。但同時，他們也大興土木，不僅在羅馬城，也在拉丁姆廣泛建設。他們的計畫包括鋪設蓄水池供羅馬供水系統使用，清理下水道並興築新的下水道、道路，以及在廣場興建大會堂（Basilica，又音譯為「巴西利卡」，老加圖謙虛地以自己的名字來命名）。承包人抱怨他們收取的費用不足，而那些負責徵稅合約的人則抗議他們的毛利太少，很多錢還要轉好幾手。清理下水道的合約據說要價五萬七千磅的白銀（等同於安條克一年的賠款）。

西元前一七九年，監察官推動了更多重大建設案。他們要求調配一整年的歲入來負擔這些建設案，而這意味著如今國庫裡有了實質的盈餘。除了進行羅馬城外的道路建設和整修神廟之外，監察官實際上也改善這座城市的港口設施，在廣場新建門廊、埃米利烏斯大會堂（Basilica Aemilia），在建築內安置新的銀行設施。他們還在屠牛廣場東南端附近的特里吉米納門（Porta Trigemina），再建一座廣場和一座柱廊。由於這些監察官都是遵照前兩屆委員會的範例做事，不論金援大型方案，還是將相當多人趕出元老院，不難看出有大量新財源充裕可用與重視個人道德操守的新觀念，兩者之間有一定關係。

那些財源也為更加精巧複雜的建設案，以及羅馬城外近郊的建設，提供必要資金。西元前一七四年的監察官曾剷除元老院裡九名成員，簽署羅馬城街道鋪設燧石的合約，改善馬克西穆斯競技場與城外道路，在羅馬興建新的橋梁、新的柱廊，以及在加拉西亞（Calatia）和奧西姆（Auximum）的城牆，還有無數其他方案，有的在羅馬城，有的在義大利他處。當時發生了一起醜聞，有一名監察官下令拆除位於洛克里的朱諾．拉西尼亞（Juno Laconia）神廟的屋瓦，用於他興建在羅馬城用來自我表揚的神廟上。這種行為簡直是冒瀆神明，他被要求將屋瓦物歸原處。

雖然次年的人口普查裡，也就是西元前一六九年，我們看到較少的建設案，但它們是如此的具有規模，所以監察官企圖尋求多延長十八個月任期來監督建設案。我們同時也知道，他們想要改變公家合約的競標方式，好防範先前數年已經拿到合約的人又再競標到新的案子，這樣一個政策令人回想起西元前一七一年，克拉蘇對百夫長曾施行過的原則，所以新進人員能因為那樣的身分，而有機會獲得較高的回報。因為李維專注於抗議活動，這活動的高潮是一位護民官對監察官提出叛國罪的指控，但大眾肯定也施加龐大的壓力，因為他們相信這個制度被操弄變成有利於現有承包人，所以打算自己也分一杯羹。然而，審判差點就能將監察官阿庇烏斯．克勞狄烏斯定罪，多虧他的同僚提庇留．塞姆普羅尼烏斯．格拉古強而有力起而辯護。格拉古是大西庇阿的女婿，而且克勞狄烏斯的孫女將要嫁給格拉古的兒子。在這一點上，李維的敘述戛然而止——不過未來趨勢明顯可期。

＊

除了因為監察官發包合約而在羅馬，以及逐漸在義大利所造成的現金流動，也逐漸出現可觀的考古證據顯示，拉丁姆與僅僅相鄰的土地一片欣欣向榮，這一部分得力於監察官合約的資金挹注，一方面也是兩支執政官駐防北義大利運作的部隊，每年都貢獻五十萬第納里烏斯（最為通行的銀錢）給義大利經濟所致。

弗雷戈里是座位在薩莫奈邊界的監視站，它至少就貢獻了一支騎兵隊給馬格尼西亞的軍隊。可能是他們的指揮官下令，要以赤陶浮雕（terracotta reliefs）來描繪在當地大宅內所發現的戰鬥男子與船艦。到了西元前二世紀的第二季時，這個地方有引以為豪的醫神阿斯克勒庇俄斯（Asclepius）

新神廟，還有義大利中部最早的澡堂。形形色色的弗雷戈里人領導人物，與羅馬統治階層貴族結盟。西元前一七七年，弗雷戈里人不得不向元老院請願，要求驅趕數千名越過邊界偷渡而來分享他們迷人空間的薩莫奈人。

幾乎就在同一時間，加貝伊城（Gabii）興建了一座可觀的神廟，地點位在羅馬與普里尼斯特中間。這裡崇拜的神祇很可能是朱諾，但這座神廟最引人矚目的事情是它與一個公共集會場地相連，集會場地狀似劇場，而加貝伊確實是個極富創意的地方，這座城市在西元前三世紀已經建造了非常大規模的公共建築，別無他處可堪媲美。在普里尼斯特，有座起建於西元前一二〇年代的幸運女神神廟，取代了之前的朱諾神廟。這裡還可以發現東方的一些影響：所謂的神祇是希臘的幸運女神堤喀（Tyche）。在這裡，聖所也有一個半圓形會議廳，俯瞰著巨大的露台，眺望壯觀的拉丁姆景致，為城市的自我展示設定一個令人印象深刻的新標準。對新風格興趣的高漲，或許可以歸諸於普里尼斯特人，而他們即將在提洛島的義大利社區占據一個重要的地位。到了西元前二世紀中葉，有位來訪的希臘哲學家給了這樣一句評語，說沒有別處「比普里尼斯特更幸運」（Cicero, *Concerning Divination*, 2.86）。這座神廟和一處的神諭有關，其占卜方式是擲骰子看號碼抽出預先製作的答案籤（在西元一世紀之前，這些骰子應該是用金子做成的）。

另一個和神諭有關的是朱比特神廟，它位於泰拉奇納城（Tarracina）外，但在這些年間只有一次相當不明顯的翻新，正如阿波羅神廟一樣（這兩個案例都與西元前一七九年某位執政官挹注的錢財有關）。而在蒂沃利，比羅馬歷史更悠久的勝利者海克力斯神廟（Hercules Victor）卻大肆翻修，包括增建一個與神廟相連的半圓形石砌集會場所，就像在普里尼斯特和加貝伊那樣。普里尼斯特還為自己修築了一道雄偉的新城牆。在菲倫提魯姆（Ferentinum），雄偉的城牆是西元前四世紀戰爭期間，普里尼斯特人建造來抵擋羅馬入侵的，至今仍屹立不搖，一座新的衛城也正在增建。

顯而易見，神廟極富觀光魅力，特別是那些能給出養生與未來建言的神廟。拉丁姆周遭諸城的建築計畫不止反映出它們參與了該地區日益增長的財富，也是新興城市日漸增長的自我肯定。它們擁有城市的便利設施，而那些東西羅馬城都還沒有。與此同時，羅馬埃米利烏斯大會堂裡的新建銀行設施透露出前所未有精良的私人金融服務，透過經濟增加了現金流，或許暗示著那個地區的義大利經濟狀況與羅馬關係密切。拉丁姆和部分薩莫奈地區，以及坎帕尼亞和伊特魯里亞受益最大。至於南義大利與亞平寧山脈以外的義大利，卻遠遠不如。這些差異在西元前二世紀進入一世紀之際，將會更加惡化。

第十章　迦太基必須毀滅

西元前一四六年

馬其頓戰爭結束後，下一階段的羅馬史留給我們的訊息非常混亂。不再有李維史書留存的手稿，只剩他停止寫作後幾個世紀裡有關他著作的簡短摘要，而且後世作家引用的波利比烏斯文章也愈來愈零星。兩位作者不論哪一人的完整文本都付之闕如，我們只能從各式各樣的資料來源拼拼湊湊，其中包括阿庇安筆下的西班牙與阿非利加戰史（寫於西元二世紀）；一世紀末的凱旋式和執政官銘文清單；許多引文，但沒有完整的文本；還有特倫斯（Terence）的喜劇作品（六部劇本，都是在西元前一六〇年代演出）；以及老加圖令人驚艷的農業著作《農業志》（*De Agri Cultura*）。我們也有證據證明，政府鑄幣廠生產的銀幣數量愈來愈多，甚至有更多證據顯示，義大利中部的城市景觀改變很大。

我們的凱旋式清單上最大的特色是缺少珀爾修斯戰爭大敗後十五年間，不太有西班牙的戰績；的確，整體而言，甚少有凱旋式的慶祝，即使執政官會被指派在利古里亞和薩丁尼亞的例行指揮權，以及偶爾在亞得里亞海東岸執行任務。執政官的名單顯示出有相當高比例的個人不是來自西元前四至三世紀的重要大家族。這是新財富在最高階層裡擴散開來的運作結果。

在外交方面，羅馬使節持續穿梭於地中海東部。在其他任務以外，他們還被派去調解功能日漸失調的埃及托勒密的紛爭，以及設法削弱塞琉古的勢力，而塞琉古很快就要陷入自己的王朝內亂。塞琉古的政局動盪，強化了一個新王朝的崛起，它開始從中亞的基地南移，終至接收了塞琉古的東部行省，並在羅馬史上扮演重要角色。這個新王朝可被追溯自一個名叫阿沙希斯（Arsaces）的人，也因此他的子民被稱為安息人（Arsacid），其民族則稱為帕提亞人（Parthians）。

在西元前一五〇年代晚期，動亂加劇猛烈。西班牙、北非和馬其頓行省動亂頻傳，而羅馬當局對每個案例都以暴虐相向。在義大利，收入不均問題高漲，加深現有的貧富、羅馬人與非羅馬人的差距。種種不滿的根源都是這個問題所滋生：「為什麼我應該離家數百里去出征捐軀，讓別人更富有？」這個問題沒有好的解答，因此抗議元老院權威時有所聞，護民官與行政長官之間敵意叢生愈發激烈。

西元前一五五年，管轄遠西班牙地區的法務官率領他的部隊，進入現在西班牙與葡萄牙（羅馬人稱為盧西塔尼亞）的邊境，卻遭擊潰。他的繼任者做得比較有點起色，可是隔年因為位於現在西班牙西北邊的索里亞（Soria）行省出現新動亂，於是元老院派來一名執政官。很明顯，問題出在那笨手笨腳出手去干預當地部落的內戰，其中羅馬人選擇支持貝利人（Belli）和提特人（Titi），來對抗阿拉瓦卡人（Aravacae）。可能是為了要對西班牙的亂局做出回應，元老院因此把西元前一五三年要進入政府走馬上任的人，將官方紀年從三月十五日改到一月一日。如果這項改變的目的是為了讓官員能在軍事行動開始前趕赴他們的轄區行省，以便準備妥當，那麼一開始並沒有那麼順利。西元前一五三年的執政官昆圖斯．弗爾維烏斯．諾比利爾（Quintus Fulvius Nobilior）遭受嚴重挫敗，但戰事卻尚未結束。

下一任的執政官馬可盧斯，也就是西元前一五二年的總督，在他的軍事行動中比較成功，可是他決定要幫這些部落與元老院做調解。對他而言可惜的是，貝利人和提特人派出的使節早已備妥很可能足以說服元老院的論述，搶先了一步。他們解釋，要是阿拉瓦卡人沒有因為他們的行為受到嚴懲，元老院的寬恕無疑就是鼓勵其他人起而叛亂。阿拉瓦卡人的使節早有準備要接受某種形式的罰緩，但是之後卻巴望著能與羅馬重建舊有的關係。元老院不高興馬可盧斯傾向這麼做，因此告訴他（至少不是在公開場合），元老院希望他對阿拉瓦卡人採取強硬態度。元老院口是心非的態度，讓人想起他們對待珀爾修斯的方式，而這種態度同一年內又再出現了一次。馬可盧斯根本毫無選擇，因為西班牙即將交給西元前一五一年的新任執政官，盧基烏斯．李錫尼烏斯．盧庫魯斯（Lucius Licinius Lucullus）。然而，阿拉瓦卡人卻又惹出更多麻煩。阿拉瓦卡人在得知無法信賴羅馬人會誠實，就確信羅馬人是絕對不可靠。於是他們向盧庫魯斯行賄，要他去攻打其他人。

可是，盧庫魯斯要攻打任何人之前，得先成立部隊。要完成這件事卻出乎意料的困難，因為到處都在抵制他招募士兵。大家都在說西班牙敵人如何忍功過人、勇武無畏。年輕人就是不想從軍，而願意在其他情況下出征的羅馬貴族，卻不肯登記出任軍事護民官。

西班牙出現募兵問題已經不是第一次。西元前一八四年時，退役的西班牙總督曾經想帶領他們的人馬返鄉。即將上任的總督曾試圖阻止大規模復員。由於有些困難，因此大家達成了一項協議：服完役期的男子可以退伍。西元前一五一年，情況更糟，因為盧庫魯斯分明就是要把服役期滿的人塞進他的軍隊。而且，由於這些人都不願意再從軍，護民官於是把執政官囚禁起來，直到變更服役年限為止。後來大家達成共識，男子應透過抽籤來接受招募，並且根據波利比烏斯的說法，年輕但很有影響力的西庇阿·伊米利阿努斯（Scipio Aemilianus，以下稱小西庇阿）自告奮勇出任軍事護民官。這下子激勵了其他貴族起而效尤。也就是大約在這個時候，才訂定了法規，規定不能強制任何人在海外服役超過六年，並且還實施了一項額外措施，限制行政官員藉口觀天象找徵兆，來妨礙護民官的立法。

新成立的軍隊開拔了。小西庇阿待了一年，無疑地參與了盧庫魯斯發動的殘暴行動攻打西班牙部落考凱人（Caucaei），因為他發現，在他與盧庫魯斯抵達之前，馬可盧斯搶先一步與對方進行和平談判。儘管考凱人投降了，盧庫魯斯仍下令屠殺整個部落。一年後，塞爾維烏斯·蘇皮西烏斯·加爾巴又對盧西塔尼亞行省故技重施。巨細靡遺記錄這些事件的史學家阿庇安，顯然對這兩個人很反感，但那是事後諸葛的觀點。老加圖做出了最大的努力，想盡辦法以戲劇性的方式來吸引負責審理此案的元老院的同情，讓他們忘記在他們眼前的人是大屠殺者，結果盧庫魯斯未被起訴、加爾巴也未被定罪。隔年，元老院才通過一項法規成立特別法庭，專責審理貪腐案件。

協助盧庫魯斯率領軍隊開拔到西班牙的小西庇阿，是埃米利烏斯·保盧斯（大勝珀爾修斯的英雄）的親生兒子，但被大西庇阿之子收為養子。小西庇阿同時也是波利比烏斯最重要的羅馬恩主。這層關係非常重要，因為對波利比烏斯而言，西元前一五〇年當亞該亞人質被釋放返家時，他決定要留在羅馬，然後前往西班牙勘查正在挖掘的銀礦。兩年後，波利比烏斯陪同小西庇遠赴北非。小西庇阿被譽為他那個年代最了不起的羅馬人，絕大原因是他洗劫了兩座大城，屠殺全城人口。其中一座大城就是迦太基。

＊

西元前一五〇年，大西庇阿的老朋友，努米底亞國王馬西尼薩跟迦太基在北非展開激戰。最終馬西尼薩把迦太基人打得落花流水，後者便轉而向羅馬告狀。但不幸的是，元老院過半以上成員都認同老加圖的看法，同意迦太基應該被毀滅。這兩國之間早年的交鋒史，特別是關於第二次布匿戰爭的起源，如今都被完全改寫了。以致於包括波利比烏斯在內的許多人，都認為關鍵問題是在迦太基人攻占薩貢圖姆城，並且無疑可以列出迦太基人的一長串背信罪行。

迦太基人不知所措。他們非常清楚羅馬元老院對他們滿懷敵意，說不定還知道西元前一五〇年末，元老院曾下令徵召一支部隊前往北非。就在軍隊正待出征之際，迦太基人向羅馬派出一個使節團，表示願意歸降，羅馬人也接受。西元前一四九年的執政官盧基烏斯・馬奇烏斯・森索里努斯（Lucius Marcius Censorinus），還步步調高羅馬要求的條件，迫使迦太基人交出絕大部分的兵器，並下令要迦太基人拆除城牆，遷移到十英里外的內陸重新定居。迦太基人拒絕這項要求，重新武裝打算抵抗。

但戰爭進行得並不如預期。迦太基依然是座龐大的城市，圍城之計困難重重，而且它的子民都視死如歸。此外隨著圍攻計畫推宕拖延，羅馬如今還捲入希臘的一場戰事。在眾多王室冒牌貨當中，有個名叫安德里斯庫斯（Andriskos）的人因為被塞琉古國王德米特里拒之門外，於是去了色雷斯，組織了一支軍隊，自稱是珀爾修斯的兒子腓力（真正的腓力大約十年前死於阿爾巴・富森）。安德里斯庫斯接管了馬其頓四個共和國，並成功擊敗亞該亞同盟支持的羅馬軍隊。一年後，稱職的指揮官、時任法務官的昆圖斯・凱西里烏斯・梅特盧斯（Quintus Caecilius Metellus）指揮第二支羅馬軍隊，他在短時間擊敗了安德里斯庫斯。但與此同時，亞該亞人無視羅馬的命令，準備向斯巴達開戰。

西元前一四七年，小西庇阿當選執政官，被派去掌管阿非利加事務。他比前任諸位官員更有效率，加重圍攻手段，在接近年底這段期間，迦太基人陷於絕望深淵。在希臘，羅馬使節不斷來此盤問斯巴達歸順亞該亞同盟一事，但這麼做加深了亞該亞同盟的反感，也導致同盟裡一群反羅馬的政客影響力大增。波利比烏斯企圖從中斡旋，但未果，於是前往迦太基與小西庇阿會合。另一方面在科林斯，一群暴民羞辱了羅馬使節。

羞辱羅馬使節從來都不是好主意，而且如果手中無兵馬做後盾，那麼對羅馬宣戰是個更糟糕的打算。但是，亞該亞同盟卻偏偏這麼一頭栽下去，派了一支小型部隊北上直抵溫泉關。梅特盧斯僅用兩場戰鬥，就讓同盟的人馬潰不成軍，然後他撤退等待西元前一四六年執政官盧基烏斯・穆米烏斯（Lucius Mummius）率領新的軍隊前來馳援。亞該亞人幾乎未加抵抗，慘遭滅城。羅馬派出了一個委員會來管理希臘的事務，希臘或多或少都會被允許維持自由，但是在科林斯所在地區劃出了大片的公有土地，在此同時，馬其頓也變成了一個新行省。戰後，穆米烏斯還「侵占」大量藝術品，其中有些作品落入盟邦之手，後來變得聲名狼藉。

這一年稍早時還發生了圍攻迦太基的行動。當小西庇阿使出最後攻擊時，迦太基的人口幾乎陷入饑荒，因此許多人選擇自殺，也不願死在羅馬人手裡。迦太基原先擁有的領土被曾經協助羅馬的鄰近城邦瓜分，有一大片公有土地則被出租給能進貢（stipendium）給羅馬的部落。這些很可能都是之前在迦太基城周遭的前殖民者，以及戰爭期間拋棄迦太基人的那些人。有些珍寶，譬如迦太基早年征討西西里島人的戰利品，都物歸原主。這些珍寶當中有一件青銅牛雕，傳說西西里僭主法拉里斯（Phalaris）曾用它活活燒死受害人。據說，小西庇阿曾詢問法拉里斯的子民，是在僭主統治下過得好，還是在理論上較為仁慈的羅馬人治下過得比較舒坦。小西庇阿處理迦太基珍寶的方式，明顯迥異於穆米烏斯處理科林斯戰利品的方式，回歸到早年的羅馬習俗，當時盟友都能從羅馬的勝仗中，分享到實際的利益。

在洗劫迦太基與科林斯的前一年，羅馬曾有機會舉辦「百年大祭」，這類祭典首度舉辦是在第一次布匿戰爭的危機時期。西比爾神諭曾經規定，應該每個百年都要舉辦一次這樣的大祭典。就這樣，從理論上的生命循環來看，羅馬已從一個區域大國發展成地中海區最大的強權。由於百年大祭的年份會以大規模的破壞作為標誌，但在西元前三世紀並沒有發生如此規模的破壞，因此我們可以觀察到羅馬人針對這段期間自身的轉變，並沒有調適得很好。事實上，波利比烏斯曾說當迦太基焚城時，小西庇阿嗚咽著思考起國家的命運，並引述了荷馬《伊利亞德》的句子：

> 總有一天，神聖的特洛伊將會滅亡，普里托斯（特洛伊國王）和他的子民必遭殺害。

（Polybius, *Histories* 38.22，引用 *Iliad* 6.448–9）

小西庇阿知道羅馬建立在特洛伊的基礎上。波利比烏斯在寫這些文句時，似乎已經意識到羅馬正瀕臨內政危機。他的看法也得到了印證。

第三部

革命

（西元前一四六至八八年）

第十一章　格拉古和人民的主權

有位羅馬作家在回顧迦太基滅亡後的這一百年，將這段時間裡的紛亂歸咎於失去強勁對手所導致的道德效應。我們將一再聽到的這位作家撒路斯提烏斯（Sallust），同樣也認為羅馬共和國已經被兩兄弟的野心撕裂，他們是由平民選出，分別出任西元前一三三年和一二三至一二二年的護民官。撒路斯提烏斯的同輩人西塞羅也將同意他的看法。兩人都對西元前二世紀上半葉的羅馬社會太過樂觀。這個最偉大的世代曾經擊敗漢尼拔，但也已經被貪婪的世代取代。

西元前一八〇年代的統治階層曾表露無遺，他們願意、也有能力將涉及酒神節淫亂行為（自由思想也是酒神信仰的一環）的數以千計羅馬人和義大利人，大批處死或逮捕下獄。正當大西庇阿在磋商能否為迦太基保留一個切實可行的實體時，新一輩的人已經許可羅馬的民選官員可以對各個行省執行極度殘暴的行為。西元前一五〇年代發生在西班牙的大屠殺事件，觸發了大小戰事，延燒數十年；而同時，發生於利古里亞持續不斷的衝突，恰給了羅馬行政長官進一步機會去做盡厚顏無恥的勾當。西元前一六七年之後伊庇魯斯的毀滅，理論上跟羅馬人在西班牙人投降後，還對他們大開殺戮沒什麼不同，兩者都是不負責任的行使權力。西元前一四六年血洗科林斯和迦太基，則是羅馬上層貴族階級愈來愈變本加厲的冷酷殘暴寫照。

*

我們再看看羅馬生活的其他領域，很明顯的普勞圖斯和奈維烏斯的前衛劇作（他們曾因對權貴家族做負面評論而成了階下囚），被特倫斯的四平八穩喜劇取代。漸漸地，舞台表演爭先恐後用其他娛樂形式相互競爭來吸引大眾注意，以規模浩大以及代價高昂的「公共禮物」來提供給羅馬人民。在國家贊助的競技賽裡，戰車競賽仍是最主要的活動，而競技祭典（ludi）、角鬥士格鬥賽、野獸狩獵賽就是這類「大禮」（munera），由貴族自我表揚的場合提供，並且搭配從東方引進的表演和演員。羅馬貴族如今會延攬全球資源到自己身上。知名的希臘知識分子經常來到羅馬，闡述最新穎的修辭學理論，或展現他們對於哲學新學說的掌握，來引起元老院諸公的注意。東方的藝術充斥在元老的住家與公共空間裡。而對於這一切，羅馬的民眾只不過是旁觀者。

在這個世界裡，少數人不斷累積財富，也讓某些人開始質疑出了什麼問題。這些年來，隨著愈來愈多羅馬人開始動筆寫歷史，於是在這個變動不已的世界裡，大家開始注意到「我們是誰」的議題。關於這個問題的辯論結果並非純粹學術性的，例如人們反對在西元前一四六年舉行百年大祭的曆法計算，導致羅馬在西元前一二六年再度舉行一回慶祝活動。

這些年裡作家們的爭論不休，也顯示出攸關這個社區的真正傳統究竟是什麼的根本問題並未解決。這個新世代有兩位作家，卡西烏斯・赫米納（Cassius Hemina）和盧基烏斯・卡爾普爾尼烏斯．皮索．弗魯吉（Lucius Calpurnius Piso Frugi）代表了截然不同的觀點。關於卡西烏斯我們一無所知，不過關於皮索，我們知道他在當代無疑是名聞遐邇的人物，他曾在西元前一三三年擔任執政官（雖然在最戲劇性的一刻他人不在城內），又在一二〇年出任監察官。雖然皮索是我們確知自稱他的散文歷史作品為「編年史」（Annals）的第一人，但卡西烏斯很可能才是為羅馬發明日後成為史書標準文體的第一人，這種文體是以年度選舉行政長官的時間來架構的編年史，有一段時間曾被希臘眾城邦的地方史學家採用。羅馬的歷史因此在本質上範圍是狹小的，但也有過轉折，因為羅馬的建城神話暗示著全世界最引人關注的人都在同一個時間點齊聚羅馬。

如果要按照真實性來創作「編年史」，那麼就需要一份所有執政官的名單，這會從西元前六世紀末[1]羅馬國王遭驅逐開始數起。實際上，第一份名單很可能是卡西烏斯的著作，因為很明顯的皮索是採用別人已經規劃好的格式來創作（他表示這份名單有兩名執政官是錯放上去的）。那麼卡西烏斯又是如何製作他的名單的？無疑地，「錯放」執政官的問題顯示出這份名單不只有單一「官方」來源，而在標準敘事裡放入占卜預兆，意味著出處之一很可能是占卜官或其他祭司記錄神蹟意義所寫成的書。名單上其他的內容（例如凱旋式慶功活動）很可能是根據名門望族建議填上的，而國家的公開記載提供的是法律與條約的文本。不論最原始的出處是什麼，皮索都是以這份名單為基礎來創作出一種敘述羅馬編年史的方式，每年都以上任執政官的名字做開頭，繼之以內政事務的記載，接著是戰爭的記載，再接下來是更多內政事務。

至於卡西烏斯，他似乎也和老加圖一樣，對羅馬起源傳說表現出莫大興趣，然後他快速瀏覽了諸王遭驅逐以來到他身處年代的羅馬歷史。他只用兩部書就寫到第二次布匿戰爭，這場戰爭是他的四部（也可能是五部）史書裡的第三部，我們所知他述及的最後一次事件是西元前一四六年的百年大祭慶典活動。

自稱是現代知識分子的卡西烏斯也和詩人恩尼烏斯一樣，致力於西元前四世紀希臘思想家歐赫邁羅斯（Euhemerus）的學說；歐赫邁羅斯主張神明乃是凡人，而是因其驚人成就被賜予神性榮耀。根據卡西烏斯早期史書記載，歐赫邁羅斯的觀點還包括認為法翁（Faunus，通常被認為是具有預知能力的義大利原生神祇）其實是人類，是最古老的拉丁姆希臘殖民者伊凡德（Evander）在當地遇到，且稱之為神。

同樣地，卡西烏斯的書裡說海克力斯其實是一個有希臘血統的強壯農夫，早在伊凡德來之前就居住在拉丁姆，而同時希臘人因為如此尊重埃涅阿斯，在他們的行伍之中自由活動，為他創造「神聖不可侵犯」（sacrosanctity）的概念。在卡西烏斯的時代裡，神聖不可侵犯主要用於護民官，保障他們不受攻擊，更別提毆打頭部致死。[2]卡西烏斯說，是人民選出羅穆盧斯和雷穆斯擔任國王，他採用老加圖的日期作為羅馬建城日，也認同市集日是羅馬倒數第二位傳奇國王塞爾維烏斯．圖利烏斯（Servius Tullius）創立的，而且十字架酷刑也是羅馬王政時期最後一任國王塔克文．蘇佩布（Tarquinius Superbus）[3]發明的。

---

1 審定注：原文為西元前六世紀初，應為六世紀末，因為末任國王是在五〇九年被驅離羅馬。

2 審定注：這是指大格拉古的死亡。

3 編按：Superbus的原意是傲慢。

在第二部書裡面，卡西烏斯以大篇幅描述高盧人圍城屠殺事件，他認為這場大災難要歸咎於人民未能遵行自己的信仰所致。他以毫不掩飾的態度讚賞一位法比烏斯氏族的年輕人，說這位年輕人在高盧人占領羅馬之際，還舉行祭祖儀式。卡西烏斯還記下元老院的一次會議，討論與災難相關的諮詢神意時出現的違規行為，包括羅馬城被占領。卡西烏斯也讓最下層普羅階級公民，亦即人口普查最低的階層，入伍參軍對抗皮洛士；他們因為買不起武器，平常不會被徵召服役。卡西烏斯還讚許了第一位希臘醫生來到羅馬的事。他同時提到人民「因為平民身分，從公有土地上被驅逐的人」（*FRH* 6 Fr. 41）。有鑑於他在別處所說的，他不太可能以贊同的態度來記錄下這一點。作為一名曾說羅穆盧斯是被選為國王、說塔克文發明十字架酷刑，又主張高盧圍城洗劫事件是元老院犯下技術錯誤使然的史學家，卡西烏斯實在不可能主張歷史會證明元老院統治的合理性。

皮索的手法則截然不同。和老加圖相反，皮索相信「義大利」這個名稱源自於「犢牛」一字。皮索也和卡西烏斯看法不同，他相信眾神。他喜歡和解的人，並指出羅穆盧斯搶奪薩賓人的婦女，導致薩賓人宣戰，之後羅穆盧斯創立了兩個節日來慶祝與薩賓人結盟一事。他還說，羅馬廣場對面的庫爾提烏斯泉（Lacus Curtius）得名自某位薩賓戰士。此外，塔培亞（Tarpeia）把她的名字獻給了罪犯屍體公然示眾的地方，卻被詆毀是叛徒，她並不是有意要把卡必托里山出賣給薩賓人，一切都是意外，這也是為什麼在這座偉大的山上會有獻給她的祭酒和聖所。皮索認為努瑪（Numa），也就是羅馬的第二任國王，會施展神蹟；塞爾維烏斯．圖利烏斯建立了人口普查，做了件好事；而羅馬王政時期第三任國王圖路斯．荷斯提里烏斯（Tullus Hostilius）則因不成體統的儀式而遭雷擊。

皮索注意到一些奇蹟事件，譴責鋪張浪費，像是曼利烏斯．佛爾索從小亞細亞帶回來的那些昂貴個人奢侈品，是絕不容許的（羅穆盧斯是比較克制的跑趴咖）。皮索記載了羅馬史上很多時期裡發生的奇蹟，同時也表揚了一位單純的農夫，因為他證明了在種植方面要有成就並非靠巫術，而是靠辛勤工作。皮索知道記載祭司（pontiff）宗教傳說的那些書冊的原始編號，以及西元前第五世紀護民官的詳細歷史。對於貴族的高尚行為，皮索讚許有加，特別是有一位塞爾維利烏斯家族的成員，他殺了一位名叫斯普里烏斯・邁利烏斯（Spurius Maelius）的平民，因為對方沒提出辯解的理由，企圖竄位稱王。皮索也對監察官決定要熔掉豎立在斯普里烏斯・卡西烏斯（Spurius Cassius）奉獻的一座神廟前的雕像，大表認同，因為後者提議要把公有土地分配給一般人而遭到處死。

皮索對人們追逐王權的看法，呼應後來令他一舉成名的執政官任內（西元前一三三年）的事件上。那件事是要通過一項法案，提案人是護民官提庇留・格拉古，他要提名組成三人委員會，慷慨分配公有土地給遍及義大利的羅馬公民，並將一個家庭所能合法擁有的一般土地數額增加一倍。格拉古甚至提出了一項法案，要接收帕加馬國王阿塔羅斯三世的財產，因為對方希望在死後把國家贈予羅馬。

＊

當格拉古推動他的法案時，這撼動羅馬城的爭論與前十年裡的事情脫不了干係。大家都開始問：要如何才能是個好的羅馬人？老加圖在他的農業著作裡曾寫道，優秀的農夫也會是出色的士兵。老加圖的書是寫給同僚貴族看的，顯然佯裝成勸說對方如何擴大農田收益（這些農田全都符合前格拉古時期持有財產最高上限的三百五十英畝）。老加圖告訴他們，要知道最好的本地市場在哪裡，去哪裡買最好的工具，該如何管理他們的奴隸，以及正確的祈禱詞。這裡面的暗喻是比起從地方居民身上榨取利潤，耕作對貴族更有利可圖，而且節約和專業對貴族而言，才是適當的價值。

老加圖關於農耕美德的論述，出現的時間差不多是波利比烏斯（史家在這點有誤）將希臘在西元前一六七年的經濟衰退歸咎於人口減少。有鑑於這兩位極保守分子都抱持這個看法，格拉古提案羅馬應該透過回歸傳統農業價值，進行道德的自我重建，這個看法並不是特別新穎，也非不言自明的「左翼」思想。這當然是格拉古對某些非常真實的憂慮所做的反應。確實，當格拉古首次提出土地法案時，那可能是羅馬最無足輕重的問題。小西庇阿當時不在羅馬，忙於攻打西班牙城市努曼西亞（Numantia），對方已經造成羅馬軍隊蒙受多次尷尬的敗仗，但他後來對自己的小舅提出的立法規劃充滿敵意。不久之後羅馬就了解到，阿塔羅斯三世遺留的財產被捲入了一場險惡的內戰亂局中。執政官皮索在西西里島的任期，大部分時間都以殘暴獸行（他熱衷於十字酷刑）來鎮壓三年前開始暴動的叛亂分子；西西里島叛亂的起因據說是奴隸主對待奴隸極端殘酷所致。不過事情還不止如此，因為平民（感覺自己受到富人壓迫）也和奴隸一樣感到不滿；這群奴隸被一位叫作攸努斯（Eunus）的人統治著，此人專門散播神諭，設計一個準塞琉古式的法庭來治理叛亂行為。有關他叛亂的消息曾略略觸發了羅馬的一次奴隸叛亂，還有一次更嚴重的是在阿提卡（Attica）。在小亞細亞，社會動盪不安也很嚴重，那裡充斥期待未來更好的烏托邦思想，給一觸即發的內戰火上加油，幾乎就是在格拉古上任的同時。

在當代觀察家眼中，西元前一三〇年代的大問題可能不是如格拉古所宣稱的義大利農民的貧困，而是整個地中海世界的人都不願意容忍羅馬，或是其委託人的統治。

我們從兩個後世的資料來源得知，格拉古在一次出名的演講中介紹了他的法規，他宣稱羅馬農民的土地被富人強奪豪取。富人用國外進口的大批奴隸，取代了未來征服大軍所需的小農。義大利的野獸都有自己的巢穴，但那些參加過羅馬戰爭的人卻沒有；而奴工的危險，從西西里島不斷陷入的危機中可見一斑。拯救羅馬的唯一辦法是讓務農公民重新住進義大利，將公有土地分給他們，反正公有土地本來就屬於國有。他規劃要分給每人每塊三十英畝的土地，對象應該是最下層普羅階級公民，但他們要支付一點點費用，且不得賣掉土地（避免財閥大規模接手土地）。已經擁有超過三百五十英畝公有土地上限的平民，則准予再取得另外的三百五十英畝公有地，但似乎毋須付款。

格拉古並沒有表示，這些土地上之所以沒有人，是因為他們已經被拉去地中海四周，打著永無止境的戰役。事實上，這一點應該早已被證實是謬誤的，因為即使加上努曼西亞戰役，武裝的羅馬人和義大利人的總數都是近一個世紀以來最少的。確實，經濟亂局的原因之一是軍隊裡人數不足，因此沒有足夠的人把錢送回他們的家裡。義大利不太富裕的地區可能也受到了影響，因為許多有相當大流動性的年輕農民都搬到了羅馬，並在返回家鄉之前曾參與過一段時間的城市經濟。

西元前一三〇年代讓人震驚的事情之一，是縱然這段時間服役的男子數量減少，可是卻鑄造了龐大數額的銀幣。在此時，正面鑄幣模具的數量（印製錢幣正面圖案的模具通常比反面模具更常被更換、更容易損壞）可以讓我們對其相對的規模有一些概念，與西元前一四〇年代相比，西元前一三〇年代的錢幣發行量普遍都比較多一點。在出土古物中，我們已辨識出有一千七百枚正面模具出自西元前一四五至一三九年間，反面卻只有三百一十九枚介於西元前一四五至一三九年間，負責鑄幣的人數則從一人增加為三人。

因此，金錢的供給不成問題，服役也不是問題，問題似乎始終都是領導能力。

努曼西亞爆發的戰亂，是事情出問題的徵兆。戰爭爆發於西元前一四〇年代中期，導火線是維里阿修斯（Viriathus），他是西元前一五〇年加爾巴下令大屠殺時的倖存者。維里阿修斯曾在西元前一四〇年大勝羅馬軍隊，而在一三七年時，一支由執政官曼西尼努斯指揮的軍隊被迫在努曼西亞投降。曾經手談判的格拉古，在元老院否決和約條款時十分不悅，將赤裸裸的曼西尼努斯綑綁起來交回給努曼西亞人。但對方又退還回來。

曼西尼努斯投降之後兩年，又爆發另一次重大問題，大家質疑羅馬軍隊究竟對他們衛戍駐防地的新任務適應得如何。考古學家在努曼西亞挖掘到的羅馬圍城工事，使我們得以窺見這種適應過程裡可能留下的蛛絲馬跡。很清楚的是，軍團人數從大約四千人擴充到五千人左右，可是指揮結構卻維持數百年前的方式。這表示軍團沒有自己的統帥，而是由六位軍事護民官組成的委員會負起責任，這六人都是年輕人。監督這一切的是財務官，而他與指揮官之間別無他人。由於軍官們欠缺基礎經驗，因此執行號令與統籌工作，應該是透過百夫長來運作的，在這個階段，百夫長仍是由他們的人馬選出來的。這種指揮結構並不強固，尤其對統帥而言更是如此，統帥不得不和自己只參與部分招募工作的軍團交涉。這也許能解釋為何羅馬的武力如此不足，而且為何西班牙戰爭如此不受歡迎。

指揮官的每一次改變，基本上都是一種政治、而非軍事運作上的過程，這使得已經完成的事情很難改變。大西庇阿曾經實驗新的形式，他稱為區隊（cohort），比傳統擁有一百二十人的列隊更大、更深入。可是在努曼西亞的軍營卻顯示，這些措施只在小西庇阿出現時才被重新引進西班牙的部隊。西班牙的部隊還有一個特色是：騎兵隊現在都是從各個行省招募新血，因為羅馬上層階級不願意再去打無法快速取得戰利品的戰爭。

隨著戰事拖延，事態很明顯變得必須有所改變。羅馬人也做了改變。政治激進主義在西元前一三〇年代開始時成為主流。西元前一四〇年，政府因徵兵引起民怨，護民官曾試圖阻撓前一年的執政官昆圖斯・龐培烏斯（Quintus Pompeius）前往西班牙，且在西元前一三八年兩名護民官不贊成執政官的徵兵，並逕行逮捕執政官。同樣地在西元前一三九年，有一名來自羅馬的法務官曾企圖禁止占星術，因為占星術會「誤導羅馬人民」。為了解決時局的動盪不安，羅馬制訂了兩條法律，引進祕密投票制，徹底改變了羅馬的政治景觀。第一條的無記名投票法在西元前一三九年通過，規定選舉時採用祕密投票；後世的一名作家形容這條法令「將平民隔離在元老院外」（Cicero, *Concerning Friendship* 41）。第二條法令在西元前一三七年通過，規定公開審判時，實施記名投票，這使得許多惡名昭彰的案件被判無罪，而且不遺餘力在推動這項措施的影舞者似乎是小西庇阿。小西庇阿也極有可能曾支持由他好友蓋烏斯・雷利烏斯（Gaius Laelius）推動的法案，提議要將公有土地分配給窮人。但雷利烏斯在強硬的元老院元老反對下撤銷了提案，那是在西元前一四〇年。

儘管七年前同樣的土地法案大致也曾經被討論過，而且格拉古的想法與老加圖十分相近，格拉古因此無法被視為別具革命主張的思想家，或是說他比任何其他護民官是更明目張膽的「反元老院派」。此外，格拉古的法案中要求分配到土地的平民應該支付租金，這個提議延續了始於第二次布匿戰爭期間偶爾以公有土地轉為現金的做法，但又同時將富人擁有土地的最大上限擴大了一倍。兩個法規都沒有表明，其實格拉古把這個法案看作是施惠於受壓迫者。或許他真的認為道德價值與耕種勞動密不可分，他也相信他所做的事情，既符合道德正確、也能健全財政。但問題是在做他認為是正確的事情時，格拉古很可能喚醒了「沉睡的主權」，即主張由羅馬人民統治羅馬國家的潛規則。

格拉古可不是普通的護民官。他是大西庇阿的孫子，大西庇阿的女兒本身很值得一提，格拉古的父親老格拉古也是如此（與兒子同名，皆是提庇留・格拉古）。老格拉古是西元前一七七年的執政官，也是西元前一六九年引發爭議的監察官之一。格拉古的其他人脈關係還包括他的岳父阿庇烏斯・克勞狄烏斯・普爾徹（Appius Claudius Pulcher），也就是西元前一四三年和一三六年的執政官。而克勞狄烏斯的親兄弟，被貴族世家李錫尼烏斯・克拉蘇收養，是格拉古的小弟蓋烏斯的岳父。格拉古還可以仰仗普比留斯・穆基烏斯・史凱渥拉（Publius Mucius Scaevola）的勢力當靠山，此人是西元前一三三年的執政官，和皮索是同事。西元前一四一年，身為軍事護民官的格拉古曾起訴前任法務官（西元前一四二年）在任內貪汙，並在部落大會成功定罪。

大家在思考格拉古的親朋好友與家族時，可能不太擔心義大利的土地問題，而是比較憂慮這群世上最有權勢的人有幾位將組成「裁決與分發土地的三人委員會」。這個委員會主宰哪些土地可用來分配，以及誰可以分到。他們的裁決不接受申訴。這看起來更像一場貴族政變，而不是努力拯救羅馬（或者有鑑於他們最近領導狀況連連，這是一場目的在拯救羅馬的貴族政變）。

元老院拒絕通過支持格拉古法案的法令——這一切或許都在意料中，然而身處於一個可以公開討論人民權力，且護民官經常以人民捍衛者自居來對抗行政長官濫權的年代，格拉古直接向他們提出他的法案，也毫不令人意外。當護民官馬庫斯・屋大維烏斯（Marcus Octavius）據說和那些侵占超過法訂公地的人一起聯手來否決這項法案時，格拉古因其行為不符人民的利益，召開了一次人民會議罷免他。

在過去的半世紀以來，面臨類似控訴的護民官往往都會屈服，而由於波利比烏斯曾記載著護民官是臣屬於人民的，因此格拉古的看法其實早有先例。但儘管如此，屋大維烏斯仍不動如山。格拉古懇求他撤銷否決，因為三十五個部落裡已經有十七個贊成他解職，不過因為只差一個才過半，屋大維烏斯仍然堅定、不動如山。有一份格拉古試圖合理化一切事情的演說內容流傳至今。假如這份文件準確反映他所要說的（當然內容也與他鼓吹土地法的演講記載相符，他在其中訴諸對羅馬歷史的意識），那麼它向我們展示的是統治階級日益發展的歷史意識在公共論述中，正變得如此重要：

若護民官否決人民，那麼他再也不是護民官了。護民官有權逮捕執政官，而若護民官利用被賦予的權力來對抗賦予他權力的人民，但人民卻無法剝奪其權力時，豈非很可怕？人民既選舉執政官又選舉護民官。王權亦如是，除了賦予一切權力給它，也賦予它最大的神聖力量。羅馬城驅逐塔克文就是因為他的行為涉及不法，以及由於一個人的傲慢，導致那曾經創立羅馬的權力毀於一旦。再者，有何組織能如守護永明聖火的維斯塔貞女一般地神聖至善？然而，若其中有人犯錯，貞女將遭活埋，因為給予她們為神服務的神聖性，不容做出不虔誠的行為而背棄了神。因此，對人民行不義事的護民官不配擁有賦予他為人民服務的神聖性，因為他毀掉了自己權力的根源，這樣才正確。而倘若成為護民官是基於多數選票支持，那麼讓所有選票來剷除他，豈不也是正確的？（Plutarch, *Tiberius Gracchus* 15.4–7）

除掉從中作梗的屋大維烏斯，格拉古召開大會表決他的土地法案。來自義大利各地的人民據說紛紛來到羅馬表示支持，使法案過關。格拉古、其弟蓋烏斯．格拉古，還有岳父阿庇烏斯．克勞狄烏斯當選三人委員會。

人民有立法權，可是元老院有權力掌控公共活動的資金。波利比烏斯曾寫道：「顯然，軍團始終都必須給予補給，沒有元老院諸公的法令，不論穀物還是衣物、軍餉，軍團全都拿不到。」（Polybius, *Histories* 6.15.4）元老院拒絕給付按例分配給公職的租金給格拉古，還限制他的開支不能超過一個第納里烏斯銀錢。

如今東方傳來阿塔羅斯三世的死訊，消息說他要將財產贈予羅馬。但消息還傳來說，帕加馬王國北境的內戰已經如火如荼，有位名叫亞里斯東尼科斯（Aristonikos）的人，追隨自稱是珀爾修斯之子的安德里斯庫斯的腳步，起而奪權。亞里斯東尼科斯在色雷斯成立一支軍隊，自稱是阿塔羅斯三世的真正繼承人，進而入侵王國。面對阿塔羅斯的遺產，元老院躊躇不前，過去羅馬曾婉拒托勒密八世的這類贈予，對方曾要將昔蘭尼加（Cyrenaica）贈予羅馬。格拉古宣布他將訴諸人民表決兩個方案，一個是否要接受阿塔羅斯的贈予，再將遺產捐贈給土地委員會使用。另一個關係到亞細亞諸城，清楚主張將由人民而非元老院來決議未來如何處理阿塔羅斯的這份歲入。

波利比烏斯認為，格拉古所運用的大眾力量當然是存在的；這一切發生時，他與小西庇阿人在努曼西亞，能指明在何處曾經使用過這力量。對格拉古而言不幸的是，曾可能是波利比烏斯聽眾的那些人，或曾經見識過希臘政治理論的人，都明瞭煽動者會變成僭主，而格拉古憑著嫻熟的口才和創造戲劇效果的天資，符合煽動者變成僭主的模式。他還能為他人所不能為，或不想費心去做的是組織農村選民，這或許是利用在羅馬的部落會議官署。

西元前一三三年夏末，格拉古與元老院新爆發的爭議來到緊要關頭。格拉古想再度成為護民官。限制人民在何時可以競選公職的《維利烏斯法》（*lex Villia*），只禁止擁有指揮權的人連任，格拉古的意圖並無先例。在第一天，因為對將會發生何事十分混淆，那位召集選舉集會的護民官在投票開始之後，將集會解散。第二天大會再次召開，這一回是在卡必托里山舉行，並且限制選民人數，此舉很可能是針對那些明顯支持格拉古的人。與此同時，元老院正在誠信神廟（Temple of Fides）開會，也是在卡必托里山，討論該如何應對。謠言傳到元老院，說選舉中會發生暴動，可能是因為格拉古企圖奪權稱王。在這節骨眼，雖然主持會議的穆基烏斯・史凱渥拉拒絕採取任何官方行動，但是格拉古的表親西庇阿・納西卡（Scipio Nasica）卻召集了一群怒氣沖沖的元老，拿著破家具碎片當棍棒，襲擊選舉大會。鬥毆落幕時，卡必托里山朱比特神廟大門口躺著格拉古的屍體。

格拉古遇害，大家一片困惑譁然。法務官普比利烏斯採取主動，來對付格拉古的支持者，未加審判就流放這些人，還甚至極有可能處死位階較低者，同樣未經審判。很重要的是，有鑑於護民官都是神聖不可侵犯的個體，謀殺他們是明顯瀆神的行為，但無人為此受到起訴，僅有納西卡被告知要離開羅馬城，被選入五人使節團去組織亞細亞行省。西元前一三二年納西卡在帕加馬遭到殺害。和格拉古法案唱反調的小西庇阿，可能曾散播神諭，說將會有個來自西班牙的新國王，藉此混淆視聽。

儘管想方設法威逼恫嚇，但局勢卻不利於格拉古的政敵。土地委員會開始著手做事，接替格拉古職位的是克拉蘇。克拉蘇在西元前一三一年當選執政官，後被選派取代納西卡出任大祭司（祭司團的首長）。西元前一三一或一三〇年的護民官帕皮律烏斯・卡波（Papirius Carbo）正式通過法案，允許平民護民官能夠連任，並且立法大會得以採行祕密投票方式。耐人尋味的是，關於西元前一三八至一三四年間錢幣大量發行的問題不再重演。但我們能辨認出，西元前一三三至一三〇年間大約有五百八十枚新的正面鑄幣模具，這表示委員會諸公採取的行動，實際上並沒有對國庫問題造成大的壓力。

一切看似回歸正軌。土地委員會的運作沒有造成任何重大的改變，起碼表面看似如此。羅馬得到一個新的行省，在當時誰也不知道竟能獲利如此豐厚。亞細亞行省結果帶來極多利潤，因此在政府治理階層的持續經濟轉變中，扮演主要的角色，但許多義大利人則是被土地委員會的活動所觸怒。更重要的是，格拉古早已展示過，透過直接訴諸人民來規避傳統行為模式是可行的，而且創立新的行政團體來規避傳統的治理方式，不靠國家制式官署也是可行的。長遠來看，這項發現將能提供讓羅馬傳統治理方式轉型的機制。

第十二章　蓋烏斯・格拉古和承包人階級的崛起

小西庇阿摧毀了努曼西亞城，該地人民大批自殺之後他返回羅馬。同一時間，西西里島的叛亂終於在西元前一三二年結束。小西庇阿在努曼西亞動用他畢生經營的人脈，包括那些和努米底亞王國有關聯的人。努米底亞國王馬西尼薩在迦太基圍城時駕崩，可是他的兒子米西普薩（Micipsa）仍派人出兵相助羅馬。這些人馬當中有一人是朱古達（Jugurtha），他是米西普薩的姪兒，在短短數年光陰裡我們會見到他扮演各種不同角色。而目前該注意到的是，為了表彰朱古達的貢獻，小西庇阿提議米西普薩收養他當養子，米西普薩也從善如流。據說，朱古達在羅馬期間曾在貴族階層裡廣結善緣。我們僅能推測那些朋友當中是否有一人就是蓋烏斯・格拉古。

小西庇阿安頓好後，開始進入自己能預期到的有權有勢的事業生涯。西元前一世紀的偉大文學家西塞羅曾描繪，西元前一二九年小西庇阿在他的私人莊園上，與友人雄辯滔滔羅馬憲法的本質。身為波利比烏斯的好友，小西庇阿理當支持一部均衡的憲法，但他竟也同時離奇地對君主制很感興趣。西塞羅說，小西庇阿也譴責格拉古的作為。這可不是西塞羅式的幻想，由於三人委員會所採取的行動引發公憤，義大利各個社區抱怨連連傳入羅馬城，小西庇阿挑起責任在元老院為他們的利益仗言。接著，他突然暴斃而亡。

*

小西庇阿在西元前一二九年身亡，剝奪羅馬一名真正才華洋溢的軍人，因為愈來愈清楚可見的是亞細亞情勢之混亂，超乎任何人的理解。西元前一三一年，克拉蘇被派遣出任軍隊指揮官，卻在一三〇年初被亞里斯東尼科斯大敗，並遇害身亡。而還要再過兩年，亞里斯東尼科斯才終於淡出政局，時間點巧逢羅馬軍隊在該地區與希臘諸城邦開始結盟之際。亞里斯東尼科斯滔滔不絕宣揚烏托邦社會的平等概念，被那些城邦的領主視為眼中釘，因為他的思想會顛覆他們寡頭政治社會的穩定。這同時還出現的是第一次以運作完好的東方王國為基礎所成立的行省，其稅收機制很容易就會被新政權接管。這顯然激怒了那些寄望能在戰後分一羹的人，他們希望在戰後整頓之初，歲入能經手總督來支付。亞細亞行省總督一職成了人人都愛的職涯選項。

當西元前一二〇年代在進行時，亞細亞稅收問題只不過是引發羅馬有智之士擔憂的起因之一。另一個比較屈於國內的擔憂，是涉及義大利人和羅馬人在土地分配上的相對地位問題。由於委員會回收的主要是義大利占領的公有土地，因此造成相當多不高興。西元前一二五年，弗雷戈里局勢生變，據說有些居民一直在密謀反叛羅馬。那一年的市法務官盧基烏斯・奧皮米烏斯（Lucius Opimius）立刻率兵南下，剿滅該城並流放一些人民。次年，新城市成立，名為新弗雷戈里（Ferentina Nova），可能是為了安頓那些「沒有謀反」的弗雷戈里人。奧皮米烏斯的舉動（讓人回想起早年遍布整個義大利，以及近期對西西里島人的暴行）透露出，帝國的達官顯貴階級在格拉古遇害後，不管有什麼樣的罪惡感，都不復存在了。

摧毀弗雷戈里城一事，為提庇留・格拉古的弟弟護民官蓋烏斯・格拉古打下根基，西元前一二四年輪到他登上政治舞台的中心。蓋烏斯競選公職，宣揚他在道德上的正直不阿，讓選民毫不懷疑他所認為當局並未採取足夠行為制裁殺害他兄長的凶嫌，而且，國家迫切需要改革。所有的羅馬人都應該開誠布公、誠實又公正，這是蓋烏斯・格拉古的政綱核心，比起任何國內政客所推動的主張更精密複雜，同時這個政綱也帶有某些清楚的意識形態，主張要如何更有效利用帝國的資源。雖然他消費其兄長的厄運作為選戰號召，但蓋烏斯可不是提庇留。提庇留的政綱訴諸天馬行空的黃金時代，而蓋烏斯主張向前看。

蓋烏斯・格拉古不無支持者。這個時期的文件資料顯示，他和多名心意相通又很信任的人同心協力通過立法程序，推動他的提案。提庇留渴望創建一個強大的貴族派系，但蓋烏斯和兄長不同，他熱衷於創建更有效率、更具包容力的政府，這將反映不斷擴大的國家承包人的政治社區。

蓋烏斯的其中一名支持者就是最好的證明，可以代表那個時代裡政府機構與政治精神。此人便是西元前一二二年的護民官馬庫斯・阿基利烏斯・格拉布里奧（Marcus Acilius Glabrio）。格拉布里奧為實現蓋烏斯的計畫，針對勒索通過了一項具有特殊意義的法令。這項法令被特別保存在一度隸屬於樞機主教皮特羅・班波（Pietro Bembo，曾是義大利社交名媛蕾琪亞・波吉亞情夫）的青銅版上，內容述及任何公民、拉丁人、盟友、外國人或任何「擁有處置、動搖、羅馬人民友誼」的人，皆得以在法務官主持的新法庭提起訴訟，追回被羅馬行政長官竊取的財產。法務官得指派一名羅馬恩主給原告，並制訂一份年度名單，由四百五十人當中選出的五十人擔任陪審團參與審判。按規定，還要制訂規定，嚴格限制時間，規範一場審判應該執行的期限，並准許傳喚最多四十八名證人。陪審人若行為不當則嚴厲以對，法令對最後判決如何進行投票，也有詳盡說明。這些表決票將交給法務官；選票上一面標示著 a（absolvo，赦免），一面標示 c（condemno，譴責），陪審人要劃掉他不想要的答案。表決票由兩名陪審人公開計數。若判決有罪，法務官就要立刻扣押被告的財產，並指派一個委員會來決議該支付給原告多少錢財才合宜。特別的是，法務官應該要知道原告與被告之間有沒有勾結情事存在。如果原告勝訴，而他若希望獲得羅馬公民權的話，就能如願以償。

阿基利烏斯的法令最值得注意的一點，是他對於從什麼團體挑選陪審人的定義方式：也就是他會從十八個「騎公家馬的騎士」騎兵百人團裡挑選，這些人不得是元老或元老的直系親屬。這項排他條款使得承包人階級的領導人士得以對行政長官進行審判，因為他們往往都是十八個騎兵百人團的成員。往後三十年間最殘暴的政治衝突，便是行政長官想盡辦法要與承包人階級角力，爭奪法庭掌控權，以及防範承包人階級成員有任何機會大量增加，因為假如義大利的貴族階級都能被授予公民權的話，承包人階級也會起而效尤；義大利貴族的政治利益，原本就在經濟上與國家的承包人牽扯不清，如此一來也會助長對方的政治利益。一如承包人想透過法庭奪取政權，義大利的貴族階級也想得到進入羅馬共和國的門票。

對於勒索法的長期影響，或許阿基利烏斯或蓋烏斯．格拉古並不是很清楚，但很顯然他們認為羅馬社會面臨的問題遠遠不只行政長官貪腐行為。這條法令規定公開處理，其背後意味著堅決相信支配階級不斷操弄權力破壞羅馬社會，而解決這項問題的唯一辦法就是展現國家採取一切行動進行公眾監督。蓋烏斯在第一次當選護民官時，曾抱怨祕密投票違反羅馬傳統，他指出沒有人因為他兄長的死而被審訊，而在「古代」，假如有一個人因死刑指控而被傳訊，那就會有小號手站到他家門前，震耳欲聾傳喚他。在此之前，不得做出任何判決。

有關建立一個更公平的社會，貫穿了這個年度與前一年的立法紀錄；西元前一二三年的前兩項法案都著眼於蓋烏斯認為與他的兄長遇害相關的犯罪事件：其中一項法案禁止被撤銷公職的人再度出任公職，另一項法案主張若有行政長官未經審判就處決人，便得以起訴之。這看似是為了防範西元前一三三年與之前所發生過的行政長官大屠殺事件。其他事項還包括禁止任何未滿十七歲的人入伍從軍，以及士兵不必再自購

圖9　載有制訂於西元前一二二年勒索法庭的《阿基利烏斯法令》青銅版殘片。殘片中的文字規定要審查勾結行為與公民權的授予方式。

設備。此外，另有一項土地法，禁止分割某些公有土地，以及一項在南義大利成立兩個新殖民地的法案，然後還有糧食法。

蓋烏斯的法令意圖確保在羅馬的羅馬人補貼的糧食供應，這事後證明在未來一百年裡影響甚巨，正如勒索法。羅馬在危機時期採取糧食補貼政策，行之有年，可是這套制度有些搖搖欲墜。管控補助金分配的市政官，同時也是羅馬最富有的一些家族，他們控制西西里島行省以糧代稅的貯糧糧倉。糧倉所有者與市政官是否勾結，我們無從求證，特別是擁有最重要糧倉之一，卻是眾所周知狡詐背信的蘇皮西烏斯家族的成員，但我們很清楚可見的是，個別的市政官必須仰賴與家族的私交，才能在必要時取得糧食。西元前一二三年之前有好幾個壞年頭，我們有直接證據可證明梅特盧斯曾利用其家族在北馬其頓的人脈，取得大量糧食。蓋烏斯．格拉古的法案改變了一切。首先，他為剛好超過四十三公升的月配給設定糧食價格為一又三分之二枚第納里烏斯銀錢。其次，他主張每個羅馬男性自由民都能以這樣的價格領到糧食。（有記載說他發現曾經鼓吹武力鎮壓那些企圖以這些法案收買羅馬人的反對人士，卻排隊坐享分配，顯然是要強調這個法案一無是處，因為它會讓像他們這樣的人民得到了廉價的食物。）其三，蓋烏斯建立了國營的糧倉。從此往後，羅馬的糧食供應管理方式成了根本要務問題。當時，它非常符合蓋烏斯努力想確保政府重大措施的透明度。

包括西元前一二二年的立法程序，連同成立勒索法庭，還包含了一項在迦太基建立新殖民地的法案，提案者是蓋烏斯．格拉古的同僚盧布留斯（Rubrius）。但我們不清楚蓋烏斯何時通過以下這條至關重要的法令，將亞細亞行省的稅收方式改為由包稅人（publicani，一種公家承包人）代理，而且下令在每一次的執政官選舉之前，應該先決定好哪位執政官要前往哪個行省任職。

蓋烏斯・格拉古旨在從相當根本的層面上改變羅馬的運作方式。他要改變一些明顯不公義之處，譬如說在一個有能力負擔龐大營造案的國家裡，軍人卻必須自備裝備，而他迫切立法是要限制元老院的自由裁量權，擴大對政府事務的參與度。但是，根據我們的資料來源，據說他也促成一項法令，廣開大門對所有義大利人與盟邦授予公民權，或說把元老院員額擴大一倍，不過這些卻不太可能。在當年這些法案可能只是謠傳而已。這兩點似乎都違背勒索法的背後動機（為了排除元老院諸公插手政府措施），更別提那項法令背後的假設：非羅馬人未必真的想要成為羅馬人。

由於其立法程序有著激進的本質，可想而知蓋烏斯・格拉古在羅馬樹敵無數。這些仇敵等著他前往北非時出手攻擊；蓋烏斯是三名官員之一，他們被派往北非建立一個新的殖民地，也就是依照盧布留斯法案提議的，在迦太基遺址上慷慨發放大量土地給殖民者。一等蓋烏斯離開羅馬，護民官李維烏斯・德魯蘇斯（Livius Drusus）就通過另一項法令（提案在義大利成立十二個新的殖民地），藉此說服人民不需要蓋烏斯保衛他們的福利，同時也暗示，蓋烏斯或許贊同之前所提的措施，授予非公民羅馬公民權。對羅馬的平民百姓來說，這個法案非常不受青睞，因為大家根本不熱衷於分享帝國的好處，而這些好處正慢慢地流向他們自己。另外，謠言紛傳，說蓋烏斯或他的親密夥伴弗爾維烏斯・弗拉庫斯（Fulvius Flaccus）謀害了小西庇阿。

蓋烏斯・格拉古從北非返鄉時，可能是在第三次競選護民官之際，他在廣場的一場表演裡做了一些改動，拆掉圓形劇場向來屬於元老院元老的前排座位，於是「每個人」都能享受到表演的演出。可惜這麼做並未改善他的選舉排名，他落選了。弗雷戈里城的屠夫盧基烏斯・奧皮米烏斯獲得最高票當選執政官。

奧皮米烏斯在西元前一二一年就任，宣布將廢除盧布留斯法案。一月初，卡必托里山舉行了一次公開祭典，卻發生扭打事件，祭典的一名助手遇害身亡。蓋烏斯備受譴責。隔日，元老院聚集於廣場開會，蓋烏斯與他的支持者占據阿文提諾山（Aventine）上的黛安娜神廟，那裡如今與羅馬早年的平民運動息息相關。奧皮米烏斯派遣使節往返阿文提諾山與廣場之間，失敗而還，便把弓箭手召進城裡，要求元老院通過一項法令，讓他得以採取任何必要措施確保國家安定。

奧皮米烏斯了解這麼做無異於允許他處決蓋烏斯和他的同黨。他的弓箭手攻擊蓋烏斯在阿文提諾山的人馬。在接下來的鬥毆混戰之中，蓋烏斯、弗拉庫斯與大約三千人全都喪了命。奧皮米烏斯下令要逮捕更多人，起訴他們支持蓋烏斯，然後在廣場的國家監獄處以絞刑。他們的財產遭到充公，他們的屍首被丟進台伯河。死者的家族還不得公開哀悼。

＊

正當奧皮米烏斯戰勝蓋烏斯．格拉古之際，他的執政官同僚昆圖斯．法比烏斯．馬克西穆斯（Quintus Fabius Maximus），與前一年的執政官格奈烏斯．多米迪烏斯．阿海諾巴布斯（Gnaeus Domitius Ahenobarbus）在南法展開征戰。因為兩人大獲全勝，在南法建立了日後的羅馬行省山北高盧（Transalpine Gaul），多米迪烏斯還建造了跨越南法連接北義大利到西班牙的一條道路。雖然當時根本沒有人猜得到，新行省暴露在法蘭西中部以及更北所有部落的虎視眈眈下，但這也提供野心勃勃總督的無限契機，凡此種種都將終結羅馬政府的傳統形式。有點諷刺的是，在這一年裡，羅馬人民的生計看似遭逢最絕望的挫折，羅馬寡頭政治的新興破壞力種子，卻被深埋在法蘭西的土壤中。

＊

接下來數年間，反對格拉古式民粹主義的力道，粉碎了波利比烏斯一度視為憲法力量的制衡力，被日趨富有的貴族領導家族（他們如今開始這樣自居）所主導的為所欲為寡頭政治取而代之。西元前一二一至一〇九年間，凱西里烏斯・梅特盧斯（Caecilius Metellus）家族裡有五個成員擔任過執政官，第六個是凱西莉亞・梅特拉（Caecilia Metella）的夫婿，她是這些人當中三位兄弟的姊妹，也是其他兩人的表親。同時，凱西莉亞有個姪女嫁給了西元前一一五年的執政官馬庫斯・埃米利烏斯・斯科羅斯（Marcus Aemilius Scaurus）；斯科羅斯一度被視為元老院眾望所歸的領袖，或者，套句西塞羅的話，他是一個「點點頭就能統治天下的男子」（Cicero, *On Behalf of Fonteius* 24.1）。一個家族裡有七名成員，與生俱來或透過聯姻，執掌執政官權位十三年，這樣的事是史無前例的。

蓋烏斯・格拉古的護民官生涯裡最重要的面向是將權力從元老院轉移到承包人階級。承包人很快就發現，在富裕的亞細亞承攬收稅業務，獲利機會無窮無盡。如果人民需要用金錢來繳稅，羅馬的銀行家都能隨時給出高利率的貸款。羅馬的總督有可能會在收稅官的商業夥伴組成的陪審團面前遭到起訴，因此他不太可能會介入其間。湧入的新錢，國家難以插手，這將迅速塑造新的政治面貌，其面貌完全迥異於看似真心誠實且高尚的蓋烏斯・格拉古所能想像。

第十三章　一位評論家的觀點

格拉古的土地法案關鍵始終在於三人委員會所分配的土地維持公有土地性質，領到土地的殖民者不得販售。這個法令有一部分保存在樞機主教班波的青銅版殘片的反面，上面記載著西元前一一一年允許販售這樣的土地。這樣的規定正符合提庇留．格拉古所預期的羅馬共和國困難處境：新近得以自由建造更大莊園的富有地主占用了農人的土地。就在此時，在西元前二世紀末，我們才看到義大利經濟局勢的轉變，公共承包制度創造了巨額財富，造就了新的私有財產。這些改變的明顯徵兆就是以私人別墅為中心，周遭大量開發出大型莊園，而且奢華私人房舍融合著各種希臘城市建築特色與大量希臘原創藝術的複製品。

大致來說，西元前二世紀之前，羅馬的上層階級房舍有兩種風格。在郊區是一種閣樓式農莊，建築精美，但設計相當簡單。在城市裡，多數的房屋（可能在面街的那側都有店鋪）都要經過一個正式的入口，再通過一個中庭，其後方是另一個房間，稱為內閣（tablinum），兩旁側翼是私人空間。這種風格的最早變化裡，會有一個四面柱廊（colonnade），中庭還要添加列柱（這是仿自希臘公共建築的特色），再加上水的特色（天井，impluvium）作為設計重點。

西元前二世紀下半葉，房屋藉著增建「公共」建築的方式變大，這在羅馬的富人階級裡變得十分普遍。羅馬城周邊或在巴拉丁諾山（Palatine Hill），總是有人住得起宏偉奢華的住宅，不過，新建築材料水泥的開發，不僅促進建築創新，也帶動室內空間融入公共建築典型特色，成為裝潢新風格。西元前一〇〇年以前，在巴拉丁諾山上至少有一幢房屋是採用列柱中庭，圍繞室內花園的設計風格；西塞羅活靈活現描寫著，西元一二九年，小西庇阿曾和友人們在他位於托斯卡倫的住家列柱中庭內，激辯理想的羅馬憲法。

到了西元前一世紀的第一季，壯麗的豪宅逐漸成形，譬如南義大利斯塔比亞（Stabiae）的阿里安娜別墅（Villa Arianna）和聖馬可別墅（Villa San Marco），還有龐貝的神祕別墅（the Villa of the Mysteries）。這種在規格上的擴大，伴隨著大量使用進口的希臘家具（花稍的餐桌，有時候從我們的資料來源看到格外鋪張浪費的，但似乎特別受到青睞）。改變私人空間的結構，比方說把廚房和茅廁移得離公共區域愈遠愈好；還有畜養更多奴隸人手。在農村的屋舍，儘管提庇留．格拉古抱怨頻頻，可是奴隸減少了許多（因為蓄奴既貴且經濟效益低），因為佃農都住在鄉村別墅轄下的大片土地上。

在這些年間，羅馬貴族與承包人階級之間轉手的金錢有多少，我們大致上有了印象。不可否認，我們得到的數字令人印象非常深刻（這些數字來自索價過高的廚子、賄賂等等），都讓我們對新財富的規模有了些概念。因此，有些論述說，這個年代裡最富有的人擁有高達一千六百萬第納里烏斯銀錢的巨額財富；或者說，馬庫斯．埃米利烏斯．斯科羅斯（此人曾吹噓自己儘管繼承的遺產不多，但賺了一大筆）曾支付十七萬五千第納里烏斯銀錢買一個新廚子（知名時尚名廚，雖然總是奴隸，卻價值不菲），這數字太誇張，但其他的數字看似不假。譬如，某位兩袖清風的執政官確曾收受某個西班牙部落的賄賂，金額高達八千四百第納里烏斯銀錢（他大概以為這是一大筆錢），但波利比烏斯說，小西庇阿擁有的個人財富超過四十萬第納里烏斯銀錢，加上掌控額外的三十三萬六千第納里烏斯銀錢，他用這筆錢財給他的兩個姑媽（分別是格拉古的母親，和殺害格拉古的凶手西庇阿·納西卡的母親）當嫁妝。波利比烏斯認為那可是一大筆錢，但在西元前一世紀，則遜於中等財富的元老——譬如我們的朋友西塞羅。

據波利比烏斯估算，西班牙銀礦的年收益大約有八百萬第納里烏斯銀錢，這金額大概占了羅馬總歲入的五分之一。有鑑於某個元老的地產最起碼值十萬第納里烏斯銀錢，元老院三百名諸公所掌控的財產，即使在這個時候，很可能總計足足超過三千萬（在這個時期小西庇阿的地產是個例外，因為很可能大多數的元老都超過普查的最低要求）。這些地產所產生的收入，按預期的報酬率大約是百分之五，那麼就意味著，以元老院總體來估算，最保守的年收入就超過了一百五十萬第納里烏斯銀錢。

至於元老的收入相當於國家歲入的百分之五點多，但這個數字讓我們感覺貌似合理。也很有趣的是，波利比烏斯說貴族非常斤斤算計他們的錢財，渴望每轉一次錢財就能獲利（說到政府官員，這點又令人有些憂心，但說到斯科羅斯自稱他因擔任元老而致富，卻想必不會讓他同時代人感到震驚）。然而即使所有的貴族成員都熱衷於營利，但我們所談到的金額都不足以養一支私人的軍隊——等我們討論到西元前一世紀至九〇年代末時，就會看到很多人這麼做。

新銀幣的流入刺激一個逐漸複雜金融社區的發展，加乘新資金在有幾個不同貨幣系統於地中海各處運作的複雜環境裡。為了遷就貨幣制度的差異，大規模的商業交易都是透過銀行匯票進行交易，所採行的匯率是由銀行業所協商發展出來的（國家絕對沒有制訂規矩）。

銀行家是追逐利益的人，不是貴族，但個別的人則是朝那方向發展。他們的個別客戶涵蓋甚廣，上從商賈、下至需要讓自己在手頭緊的時候度過難關的小康階級。不同於一般羅馬貴族，不論在義大利或其他地方，大多數人都沒有犯大錯的本錢。不過，其他的借貸人則是一些社區，這些單位理論上更有償債能力，才是吸引義大利銀行家的對象。

＊

在羅馬併吞亞細亞之後，隨著地中海東部的開拓，泰半由商賈與銀行組成的義大利社區快速擴張。有一些人企圖移出義大利，並在社會裡往上位晉升，不再打算返鄉。舉例來說，有一份文本記載了呂基亞一場極其乏善可陳的慶典，呂基亞位於亞細亞行省的邊境之外，在土耳其南部；文本裡提到有個羅馬人贏了賽馬，便宣布自己是特密蘇斯（Telmessus）的公民，特密蘇斯是他在呂基亞定居的城市。其他人卻希望返鄉，在社會金字塔往上爬。

當然，西元前二世紀時，在愛琴海東部義大利人一點也不少見。根據記載，有一艘來自布林迪西姆的船，曾在愛琴海西部的安德羅斯島（Andros）搭載三世紀時一位知名的愛琴海政治人物，取道土耳其西岸送他去埃及；這位船東在土耳其西岸經營船運事業。長久以來德爾菲一直都很重要，不僅是因為它的神諭，也因為它的建築特色，例如埃米利烏斯・保盧斯曾在那裡豎立了一座大型紀念碑，祝賀他在珀爾修斯戰役大捷。在色薩利，商賈踏著弗拉米努斯軍隊勝仗之路而來，以「著托加長袍者」（toga-wearers）自居把自己安置在當地人的社區裡。義大利商賈插手從希臘北部出口到義大利的糧食出口，這些糧食被納入蓋烏斯．格拉古規劃的糧食補貼分配政策中。但提洛島才是主要的商業中心，它既是義大利殖民者、也是新的亞細亞行省與周邊地區進行貿易的中心點。提洛島早在羅馬取得亞細亞前就已經蓬勃發展，但在西元前一六七年，羅馬人為了將貿易從羅得島轉移到亞細亞，提洛島就被宣布為免稅港埠。

雖然嚴格說來，提洛島隸屬於雅典人，但是在歷史上它一直是悠久的宗教與商業中心，而雅典的行政管理是採取明確的不干預主義。從房屋與公共建築遺跡，還有無數銘文看來，來到提洛島的義大利銀行家和商人坐擁奢侈品，蓬勃興旺，並與希臘族群互動良好。不論他們來自何處（我們在提洛島所見到的義大利人多半來自拉丁姆、坎帕尼亞或阿普利亞），他們與人為善，不論他們的真正公民身分是什麼，都習慣以「羅馬人」自稱。他們西運的貨物帶來與日俱增的奢華精緻生活，這裡的重點是在「與日俱增」，因為我們在提洛島，以及在義大利的所見所聞都不是什麼「新奇」的東西，就如普勞圖斯的劇作角色和這個時代的食客一樣，沉浸在東方的燻香裡。但從前吸引不了太多觀眾的現象，如今可以大肆流行。

對此新興常態現象批評最力的，是位名叫盧基里烏斯（Lucilius）的人，他的著作（同樣只保存在後世作家的引文裡）創作了拉丁文的諷刺文體。盧基里烏斯是小西庇阿的好友，他著作頗豐又是一支快筆。他不欣賞奧皮米烏斯（他認為摧毀弗雷戈里城是派系壓迫的結果），但是他也不支持格拉古兄弟。盧基里烏斯的創作主題很廣，他能從角鬥士的觀點想像角鬥競賽，能用詩作以正面角度描寫努曼西亞圍城，還能評論羅馬在西班牙的所作所為，能寫情色、哲學與美食，也能創作文學。他會在論述修辭理論的韻文裡使用希臘專有名詞，強調銀行家牟取暴利的習性，對那些安於簡單生活的人讚賞有加，但沒有明顯同情領取補貼穀物的人。他認為，在亞細亞收稅是個難題，因為當地人可能會騙你。

盧基里烏斯詩作的廣度突破史詩與戲劇的傳統形式，而且樂於直接面對探討當代議題，這一點也許與當時出現更明顯的政治回憶錄有關。老加圖曾在他的史書裡引述了兩則盧基里烏斯自己的演說，而蓋烏斯．格拉古更進一步在他的回憶錄裡解釋了他哥哥為何決定推動土地法案。接下來的十年裡，斯科羅斯寫了三大部的回憶錄。再過十年，更出現一系列追逐私利的巨著，裡邊都是貴族聲稱他們對羅馬的豐功偉業貢獻良多，但卻遭誤解。

盧基里烏斯在世的時代，歷史寫作在羅馬就錯綜複雜而言，更往前跨出了一大步，雖然在正確性上可能並無增進。約莫是在西元前一二〇年代期間，格奈烏斯．格利烏斯（Gnaeus Gellius）完成了他的羅馬史，整套至少九十七部。格利烏斯花了十五部的篇幅才寫到高盧人圍城羅馬一事；老加圖的《起源》也不過只寫了七部。格利烏斯又花了三十三部的篇幅才寫到坎尼戰役。之所以耗費如此長的篇幅，有一些是因為修辭上咬文嚼字的結果（他喜歡創作長篇大論，藉已死之人的口來表達），還有一些似是來自對外國文化真心充滿興趣。可是，那不足以解釋一切，而且在地的檔案和其他資料來源或許會提供額外的詳情，尤其是對西元前四至三世紀間的事情。極有可能是格利烏斯大篇幅討論羅馬與其他義大利邦國關係的歷史。這部書的當代意義清楚可見：大家逐漸質疑起誰有權力擁有土地，還有誰可以獲得特別的優先權。

義大利的城邦並未打算將自己的歷史和習俗掃進地毯下，眼不見為淨地被羅馬同化。他們反而希望能緬懷他們截然不同的非羅馬歷史，以及他們目前與帝國城市的關係。比方說，如果有人造訪翁布里亞地區的伊庫維姆城（Iguvium，現代的古比奧），會發現當地有祭神儀式，特別是敬拜三位一體主神特里布斯．伊維奧斯（Trebos Iovios）、瑪特．格拉博維奧斯（Marte Grabovios）和弗諾斯．格拉博維奧斯（Vofionos Grabovios）的儀式。如果有人遷居到伊特魯里亞，他就會注意到伊特魯里亞語是普遍慣用語言，雖然有些人也已經在使用新的羅馬名字。在龐貝城，官員鐫刻他們活動記載時使用的是當地的南義大利奧斯坎語（Oscan language），例如「克瓦斯圖爾」（kvaísstur，財務官）馬拉斯．阿提紐（Maras Atinius）用罰鍰得來的錢去做他的建築工程，正如克里比斯（Klípís）的兒子米納茲．阿提努斯（Minaz Avdiis），以及「克瓦斯圖爾」烏布法爾（Úpfals）的兒子德企斯．塞皮斯（Dekis Seppiis）（M. H. Crawford, *Imagines Italiae*, Pompeii, 650–51 n. 21; 647, n. 19）。

在坎帕尼亞的阿貝拉（Abella，現代的阿韋拉），如果遊客是在西元前一〇〇年左右造訪當地的話，會觀察到有位擔任「克瓦斯圖爾」（財務官）的人同意承包一座有列柱中庭的公共建物，並且在某位邁耶斯．薩提耶斯（Maiieís Stattieís）擔任傳統「梅蒂斯」（meddíx，奧斯坎語中的長官）時豎立雕像（M. H. Crawford, *Imagines Italiae*, Abella, 893–5, n. 2–3）。假如這位虛構的遊客接下來南下更深入，進入盧坎尼亞，那麼他就會看到奧斯坎人仍在書寫他們的母語時，使用本地的字母拼音。另外，在波坦提亞（Potentia），盧基烏斯．波皮迪烏斯（Lucius Popidius）擔任執政官五年與地方元老榮銜期間，依照當地元老院的命令，赫倫尼烏斯．龐波尼烏斯（Herennius Pomponius）曾豎立多尊「列王」雕像——天神朱比特和本地女神梅費提斯（Mefitis）的雕像。

類似像「克瓦斯圖爾」這樣的官職顯然由拉丁財務官取代，而且還有其他社區的證據顯示，他們會模仿那些羅馬殖民地的憲法。有一份出土於以奧斯坎為母語的班提亞（Bantia）的西元前二世紀的銘文上，就保存了一部分與羅馬措施有關、卻非奉為準則的城邦憲法。銘文上如果有四十名以上的成員出席並同意，並且行政長官願意公開宣誓這符合國家的最佳利益，那麼元老院就可以禁止集會會議（comono）。行政長官可以在人民面前舉行審判，並對那些在審判時行為不檢的人處以罰鍰（罰鍰最高是一百二十五第納里烏斯銀錢）。審判不得與集會時間衝突，並且被告得有機會現身。監察官可以制定一份公民名單，並制定官員必須遵守的法規：例如要成為監察官之前須得曾出任法務官，而要成為法務官要先擔任過財務官。要有一個三人委員會和單一的平民護民官（已經擔任更高公職的人不能出任的官職）。類似概念，比方官職品階的升序，監察官的重要性，還有護民官的存在，並未使得班提亞的憲法變成迷你版的羅馬憲法。事實上，這是按照希臘城市和羅馬殖民地的傳統寫出來的法律，而不是羅馬的傳統，因為羅馬沒有成文的憲法。

正如義大利諸城邦記載所透露的憲法創新與活潑多元的語言文化，考古也記載揭露了許多個人事與公共慶典，還有休閒活動。同一時期，這也顯示推動這些發展的背後力量並未始終都是羅馬。因此例如像是伊特魯里亞的沃爾泰拉城（Volterra），其統治階級基本延續了幾個世紀以來的做法，支配著農民，偶爾還給自己修築算是相當現代的別墅。這一點非常不同於鄰近的盧那（Luna）和熱那亞，這裡有更明顯的羅馬可見度，其中一個城裡有公民殖民地，另一個則作為羅馬的軍事基地。相比之下在亞平寧山脈南部，羅馬人的品味並不能解釋瓦伊拉諾山區（Monte Vairano）薩莫奈高地的貴族，為何喜歡從克尼多斯（Cnidus）和羅得島進口葡萄酒。此外，由於羅馬本身還沒有石造劇院，因此位於皮耶特拉邦丹泰（Pietrabbondante）的格奈烏斯．斯塔提烏斯．克拉魯斯（Gnaeus Statius Clarus）宏偉石造新劇院—神廟，可不受羅馬的影響。皮耶特拉邦丹泰的許多神廟建造在農村的地景中，或多或少有點不尋常。薩莫奈人仍不曾自己建造城邦，而皮耶特拉邦丹泰等遺址提供的與東方的聯繫和可以取得大筆資金的證據顯示，這是出於選擇的結果。薩莫奈人畢竟不是生活在與其他地中海區脫節的原始人。

若想見識皮耶特拉邦丹泰的劇院根據什麼雛形而來，那不妨參觀一下龐貝城。就像打造皮耶特拉邦丹泰的大師一樣，這座城鎮的領導階級雖仍使用奧斯坎語，但他們本身偏愛市區的豪華住宅、令人印象深刻的神廟和各種娛樂設施。在城鎮的西南部，介於現在的赫庫蘭尼姆古城（Herculaneum）與維蘇威門（Vesuvian Gates）之間的地帶，有櫛比鱗次的宏偉獨幢屋，最豪華的一座是法翁之家（House of the Faun），它占地三萬一千平方英尺（規模不亞於地中海東部的皇居），裡面曾有描繪亞歷山大大帝征討大流士三世的華麗馬賽克鑲嵌畫（如今陳列在那不勒斯的國家考古博物館）。屋主過著無異於國王的生活，他對光榮的概念全來自他對東方歷史的知識。附近幾乎同等豪華的房屋是潘薩之家（House of Pansa）。其他的建築，雖不如這些華麗，但仍驚人。不過，這些風格是希臘的，但他們的屋主用來表達欣賞的語言卻是奧斯坎語，奧斯坎語是政府的官方語言。

雖然龐貝的文化建築，包含兩座劇院和兩座體育館在內，創意都來自希臘，但是很可能這裡主要表演的語言依然是奧斯坎語。另一個值得注意的事，是這些建築都早於羅馬式建築，像是位於廣場北面的朱比特神廟和羅馬風格的元老院會堂。更往南走，風景就非常不同了，政治重鎮帕埃斯圖姆自上個世紀以來，廣修大型廣場，神廟走羅馬風格，但會堂的樣式卻像劇院。在這裡，希臘與羅馬城邦並肩共存，在希臘城市的核心會有羅馬小鎮，但整體是兩個城鎮加總起來。

其他形式的文化交流形態還有相同的飲食習慣以及個人衛生方式。西元前三世紀末的公共澡堂，在羅馬和其他地方皆然，都成了資訊交流的重要樞紐。比方說，弗雷戈里的澡堂，以及龐貝的斯塔比恩澡堂（Stabian baths），直到西元前一世紀都還在營業。另一個文化交流的象徵是「光澤黑釉」餐具無處不在，這些都是伊特魯里亞的風格，自西元前四至一世紀在地方陶器廠製造。還有在神廟裡奉獻赤陶製作的身體部件，則屬於伊特魯里亞風格：比方說，位於弗雷戈里的希臘醫神阿斯克勒庇俄斯的聖所，就充斥著這些部件。很明顯的這都不是羅馬的習俗，因為它們都使用光澤黑釉陶器，但這種習慣在整個義大利的普及卻是羅馬人促成的，這點意義非凡。

＊

羅馬的力量不僅使得義大利各區域文化得以互相連結成一個交流的網絡，同時也連結到更廣大的地中海世界。日漸茁壯的義大利社區，得力於羅馬財政—軍事複合體所造就的錢財大量湧入。同時，幫助義大利半島引進新財富的承包人階級並不是帝國慷慨贈予的被動接受者，現存的物質紀錄顯示，此時出現一種高度的區域認同感，而這種認同感並不仰賴羅馬的模式。

第十四章　馬略：政治與帝國

詩人盧基里烏斯親眼目睹騷亂的時局，注意到羅馬領導階層問題重重。他嘲笑衝突兩方的代表，認為他們顯然既未致力於捍衛寡頭政治，也不曾維護人民的權力。久而久之，他大概開始對統治集團大失所望。他在一首詩裡抨擊將在西元前一一三年出任執政官的人，對方出身顯赫的梅特盧斯家族；在另一首詩裡，他說羅馬沒有打敗仗，但已經喪失了戰鬥力；後來他又提到元老隱瞞惡行。盧基里烏斯指出，奧皮米烏斯是個狡詐堪比努米底亞國王朱古達創造出的東西；他在羅馬社會裡的人脈，都是因為曾在努曼西亞曾與小西庇阿一起服役之故。正是西元前一一二年，朱古達對錫爾塔（Cirta）的義大利商人團體犯下滔天惡行，開始終結那元老院寡頭政權，這從奧皮米烏斯屠殺蓋烏斯．格拉古的追隨者之後，一直掐著羅馬政治局勢的咽喉。

西元前一一一年，羅馬與朱古達之間爆發北非戰爭，導火線是羅馬的貴族階級無法採取有效行動，制裁他們很多人都相熟的人物。經過幾次漫不經心的征戰，戰事淪為一樁尷尬醜聞，要不是同時間另有一連串挫敗和醜事發生，這可能還不足以撼動寡頭政權。事實上，西元前一一〇年有一支羅馬軍隊歸降朱古達，而朱古達在和平談判時卻放任這支軍隊逃離；但這次的投降實際上是近期諸多敗戰最不嚴重的一次。西元前一一九年，馬其頓行省總督遭到北境進犯的凱爾特部落斯科迪斯克人（Scordisci）大敗喪命。同一支部落也擊潰了由蓋烏斯．波爾基烏斯．加圖（Gaius Porcius Cato，老加圖的孫子）率領的一支軍隊，之後他被以在職時貪腐起訴定罪。西元前一一三年，執政官格奈烏斯．帕皮律烏斯．卡波（Gnaeus Papirius Carbo）在南法被一支遷徙部落辛布里人（Cimbrians）打得潰不成軍。

在高盧的麻煩，加上朱古達，都顯示出帝國治理的一個根本問題。當時沒有情治單位。為了預測諸如朱古達這類人物的行為，羅馬的元老院得仰賴與該統治者的私人情誼，或是透過義大利社區居民助其一臂之力。萬一統治者被懷疑有可能採取行動損及羅馬利益，下一步就可能要看對方是否願意接受調查使團的調查，正是這類的使團在以往對整個地中海區造成很大的壓力。

一個國家的政治機構愈複雜，就愈容易遭到監視。複雜的社會和羅馬都有數不清的接觸，這一點在元老院會議時會清楚浮現，提供相關地區某種程度的訊息。在北境邊界，不論是高盧或巴爾幹半島，這些地區通常是由不穩定的部落社會組成，接觸的管道較少，而那些有接觸管道的人群又不一定擁有進入義大利資訊網絡的途徑。反而是在一些發展較差的王國，例如努米底亞，有問題的是他們最重要的聯繫方式都是透過朝廷——但在羅馬那一端，這樣的聯繫方式卻相對少之又少。若是像辛布里人這樣的部落前來，往往會讓羅馬的總督倍感措手不及，然而若是要處理努米底亞的問題，「專家們」就會拿和朱古達的交情私了妥協。確實，早在西元前一一一年時，羅馬就准許人民出售格拉古土地分配法案中，自西元前一四六年以來租給鄰國的阿非利加大片公有土地。然而也有其他人卻認為，胎死腹中的格拉古殖民地值得深究，也有人忽然對推動新法案產生莫大興趣。現在將所有這些說法都列入，顯示出之前羅馬對那些地區的曖昧不明的興趣，現在隨著危機爆發而正在轉變；以前政策一直是讓這些地方維持原來的樣子，直到羅馬國家發現鼓勵人民移居到這些地方，是有其利益的。

西元前一一二年，正是在這充滿失敗、詭計，組織脆弱的背景下，一個低階的元老使節團受命前去阻撓朱古達奪取政權，因為元老院已經承諾讓朱古達的養兄弟繼任王位，但此舉失敗。朱古達篡位成功趕走養兄弟。有一位相當資深的羅馬使節接受朱古達養兄弟的委託，質問朱古達為何食言背信。在使節離去之後，如果朱古達能克制住自己，不凌虐其兄弟至死，不屠殺收留其兄弟在錫爾塔避難的義大利商人，那麼這件事可能就這麼了結。

事已至此，錫爾塔的大屠殺改變了局面的發展。護民官曼利烏斯告訴羅馬人民有個元老小派系支持朱古達的罪行，他要求採取行動。多數羅馬人是否也那麼關心北非的商人團體，這是個問號——但更有可能的是曼利烏斯不斷向承包人階級抱怨，而承包人階級都很熱衷於在元老院有其既得利益，不會讓自己的同儕遭到殺害。也可能是因為具有政治影響力的人頻頻施壓，慫恿元老院在西元前一一一年宣布努米底亞是一支執政官軍隊的任務範圍。但儘管如此，已經觀察到在羅馬每件東西都有標價可以買下的朱古達，或許能成功轉移羅馬人的注意力。他在抵達羅馬要敲定新的協議時，大肆賄賂舉足輕重的元老，搞定新的結果，反而壞事。如今貪腐的臭氣如此沖天，讓元老院已經失去了局勢的控制力。另一名護民官邁密烏斯（Memmius）遂號召羅馬人民重新控制局面，拒絕了新協議。

新的軍事行動比前一次還要更糟。西元前一一〇年的執政官率軍採取了一次行動，充其量只是毫無計畫的散漫之舉；當他返回羅馬主持選舉時，朱古達強迫羅馬軍隊投降。於是羅馬在護民官馬米留斯（Mamilius）的動議之下，組成一個委員會調查整起案件。曾任使節出訪朱古達的奧皮米烏斯，因長期與多位其他資深元老收受賄賂遭起訴，被處以流放之刑。

馬米留斯的調查是四年間第二起重大司法案件。西元前一一三年，曾有過另一次醜聞調查事件，那次牽涉到維斯塔貞女。三名元老因涉及非法性交在西元前一一四年底被判刑。那起案件是有位貞女騎馬途中遭閃電擊中，元老院認為這對維斯塔貞女是不祥惡兆，因為這必是天神朱比特遷怒羅馬的官方貞女所致。負責查案的大祭司發現，只有一人有罪，因此將她處決。但有跡象顯示這項判決有偏袒徇私之嫌，因此次年當局成立一個特殊委員會，結果發現另外兩名貞女也有罪，也判處極刑。

由於貞女醜聞總是牽扯到最重要的羅馬貴族（想成為貞女的少女必須是貴族，同時她們的父母必須遵照古老的儀式成婚），驚人的是，這樣的醜聞往往只發生在國家危難當頭的時候，比方說坎尼戰役過後。但貞女只在國難當頭之際發生性行為是不可能的。比較可能的狀況是，儘管當時的避孕方式很原始，但有時仍有效，因此多年來不貞的貞女應該為數不少。而萬一出了意外很可能遭到掩蓋，貞女會假借「生病」為由遠去鄉村農莊一住好幾個月。當局起訴旨在首先表現出這是一項重大的政治行動，來質疑統治階級的誠信問題。

＊

貞女醜聞，加上護民官對貪腐以及戰事失利的調查，都削弱了梅特盧斯和他的同伴們的地位，甚至當另一名梅特盧斯家族的執政官昆圖斯・凱西里烏斯・梅特盧斯在西元前一〇九年就任，局勢依然低迷。新任執政官梅特盧斯確實追捕朱古達至該王國核心之處，只是現在有位新人物現身舞台。

蓋烏斯・馬略（Gaius Marius）出身義大利的阿琵農，西元前一一九年曾出任護民官，當時他推動一項法案，禁止人們在投票時偷窺其他人的選票。在此之後，他費盡千辛萬苦才當選西元前一一五年的法務官，但在西元前一一四年時，證明自己是有效率的遠西班牙總督。馬略娶了沒沒無聞的貴族之女，對方自稱是阿爾巴（Alba）國王的後裔。這代表了馬略即將成為有些名氣的人物，而且古老的家族若能有東方新興財富之助，將在政治圈裡重建自己的地位。西元前一〇九年，馬略隨同凱西里烏斯・梅特盧斯前往阿非利加，在那裡宣布他要競選執政官，而且聲稱這是他聽到的神諭。可是梅特盧斯卻告訴他，官職沒有他容身之處。

梅特盧斯的否決並未阻擋馬略的雄心。他在西元前一〇八年回到羅馬，為自己的參選資格試了試水溫，在一〇七年當選執政官。有一名護民官隨即推動一項法案，廢除了蓋烏斯・格拉古針對執政官任務範圍的法條（有關下一年執政官的任務範圍必須在新任執政官當選之前就先確立的法條），撤銷梅特盧斯在北非的指揮權，轉交給馬略。

馬略動身前往阿非利加，率領新兵隊伍，其中有人其實並不符合徵兵的基本普查資格（稱為最下層普羅階級公民）。後世有位作家把這件事視為破除傳統的關鍵性革新措施，它製造了一種局面：導致士兵的服役動機將以效忠將領為優先，國家排在第二位。這個說法有點誇大。馬略的部隊裡新兵不是太多，也不是所有人都是最下層普羅階級公民。指揮人事權取決於許多因素，人力招募只是其中一項而已——比階級更關鍵的是部隊多半徵召自和他們的將領關係密切的地區，而且有些將領有能力支付較多的軍餉。

根據史學家撒路斯提烏斯的說法，馬略吹噓自己軍功彪炳、英勇過人，用這個當作主要的理由認為自己應該當選執政官。馬略的確也證明自己是個傑出的軍人，而撒路斯提烏斯也曾強調過這點特質，以及梅特盧斯因為傲慢惹人厭的事實，但馬略之所能當選，表示他相信政治要根據真正的實質議題。羅馬人民無法控制誰要競選官職，不過他們確實有自由說誰會當選，即使是在最黑暗的寡頭專權時期也不例外。由於前幾年有好幾位祖上並無人當過執政官的候選人，卻當選執政官，也許撒路斯提烏斯的說法有點誇張，但也反映了他那時代的人有目共睹的態度，即自稱為「貴族」的執政寡頭會認為若由「新人」出任執政官，會玷汙這個職位。所以馬略主張他已從那些人手中奪得官職，作為戰勝的獎賞，這一點都不為過。

作家盧基里烏斯說，有很多人受夠了貴族，而且早因貞女醜聞、詩人邁密烏斯的抨擊及馬米留斯委員會的調查，使得貴族統治備受挑戰。馬略和他的貴族世家執政官同僚，一位卡西烏斯．隆吉努斯家族（Cassii Longini）的人截然不同的軍事紀錄，對貴族的地位毫無幫助。然而，正當馬略在戰場上英勇過人之際，這位隆吉努斯卻在對抗赫爾維蒂人（Helvetians）同盟所屬的部落時，遭痛擊落敗，當時赫爾維蒂人占領了現在瑞士的一塊領土。

西元前一〇七年，馬略驅除朱古達，並在隔年結束了戰爭，這年朱古達逃亡投靠的國王把朱古達交給了馬略的財務官盧基烏斯．科內留斯．蘇拉。敵人應該是在該年年尾投降的，因為西元前一〇五年馬略還滯留在北非。馬略還在北非的期間，西元前一〇五年的一名執政官卻跟一〇六年的執政官鬧翻了，而這兩名執政官都在南法負責統率軍隊，等著辛布里人回來，而這次辛布里人有了新部落同夥，那就是條頓人（Teutons）。由於兩名執政官未能合作，加上不清楚執政官能否下令指揮前任執政官，因此兩名官員和辛布里人、條頓人交鋒時表現糟透了，十月六日那天兩人的軍隊在亞爾（Arles）被殲滅。而就在西元前一〇五年，另一名執政官通過一條法令，要招募新部隊並舉辦選舉，馬略雖然人還在阿非利加，這次卻當選了一〇四年的執政官。

＊

馬略出任了西元前一〇四至一〇〇年的執政官，任期長達五年，比前十年獨霸政壇的梅特盧斯家族還要久。不過馬略那時候似乎並未花很多時間在羅馬，他忙於征戰，無法抽身。雖然在朱古達戰役之前馬略的統率經驗有限，但他熟讀兵書，而且始終認為羅馬軍隊應該要現代化。

馬略的新組織裡最重要的元素是改採區隊制度（cohort），而非步兵支隊制度（maniple）。一個軍團裡全數持單一式武器，所有成員現在都是重裝步兵，並由盟軍輔助兵團代替輕裝步兵。軍團成員現在只要一直服役就可以擁有個別的名稱番號，還有他們自己的軍旗（最終這些都成了老鷹）。在軍團內，行政結構以百夫長為基礎，由他們號令區隊；慢慢地，這些百夫長就成為該軍團募兵所在地的地方領導人。不同於與漢尼拔作戰的部隊，那時徵兵是將來自不同城鎮的人聚集在一起，然後選出自己的軍官，現在這支部隊代表的是他們大多數成員出身自某特定地區。確實，與撒路斯提烏斯的主張相反，部隊的普羅階級化不是這些年最重要的改革；最重要的改革是徵兵在地化。

馬略立刻動身前往南法，他在那裡接管了魯蒂里烏斯（Rutilius）緊急召集的軍隊；魯蒂里烏斯是西元前一〇五年的執政官，曾在戰場上失利，但受過角鬥士的劍術訓練。馬略也持續接受這項嚴格的訓練，定期行軍二十英里。他還重新設計了軍團的基本投擲武器，引進重標槍（pilum）；這是一種重型標槍，它的金屬槍頭連接在木桿上的方式，會讓槍頭擊中敵軍盾牌時彎曲。馬略決定要拖延與辛布里人、條頓人的交戰，直到他對自己的人馬信心十足為止，他的第一次出擊是在西元前一〇一年，當時他在幾場戰役中與條頓人交戰。第一場戰役是橫渡隆河時，他痛擊了敵軍的一部分兵力。第二次，更為果斷，是在埃奎亞．塞克斯提亞（Aquae Sextiae），他的新型重標槍在這裡份外奏效，阻擋了大批衝鋒上山猛攻的敵軍；他模仿漢尼拔當年在提契諾姆（Ticinum）的戰術，以一支部隊伏擊敵軍。次年，由於馬略的執政官同僚盧塔蒂烏斯．卡圖盧斯（Lutatius Catulus）的無能，辛布里人已經滲透進了北義大利，馬略率軍在韋爾切利（Vercellae）攔截了辛布里人，將對方全數殲滅。

因為卡圖盧斯和前任財務官蘇拉對馬略的扭曲記載，馬略才會被後世視為純然反體制的人物。但這一點很難，因為他的執政官同僚包括西元前一三一、一二九和一二六年的執政官之子，以及曾經贏得埃加特斯群島海戰的卡圖盧斯後代子孫。誠然，馬略的一〇四年執政官同僚和他一樣，都沒有顯赫的元老祖先當靠山，可是馬略似乎卻始終是個保守的人。確實，馬略非但不是反體制人物，他其實非常熱衷於讓體制認可自己的戰功，而且很努力想成為體制的一員。

在尋求認同時，馬略有些欠缺敏感度。他謹記大西庇阿有神明引導的主張，宣揚他有一位敘利亞女先知馬大（Martha）為他提供建議；馬大靠著預言角鬥士競技賽的結果而建立自己的可信度，也在馬略的軍事行動中一路相挺。接著，馬略在隊伍中多加了一名出身巴塔克斯（Battacus）的西布莉女神預言祭司。西元前一〇四年一月一日，他慶祝自己凱旋戰功，以便能身穿凱旋戰袍出席元老院的集會（這麼做真是社交失態）。他還手執有酒神巴克斯形象的一尊大酒杯，形容自己是東方的征服者。凡此種種，是否意味著人們應該把馬略當作新的大西庇阿看待，或甚至可能是奉為現代的亞歷山大大帝（他曾利用同樣的形象）呢？

當羅馬人民歡迎他如同他是羅馬第三位創始人——排名次於羅穆盧斯，以及西元前三九〇年從高盧人圍攻羅馬城時成功拯救萬民的馬庫斯．福利烏斯．卡米盧斯（Marcus Furius Camillus）時，馬略也表現得欣然接受。然

圖10 卡圖盧斯的「今天的運氣」神廟（temple of Today's Fortune）紀念著他對韋爾切利戰役的看法。

而，他訴諸神祕英雄主義與神明啟示的主張，使他更難贏得貴族青睞，因為大家認為倘若這樣是行得通的，大西庇阿早就這麼做了。卡圖盧斯在他的回憶錄裡，就挖苦馬略的神明啟示，說馬略的軍隊在韋爾切利因為神明而誤入歧途，因此卡圖盧斯才離開他，讓他獨自設法贏得戰役。後來卡圖盧斯捐了一座神廟給「今天的運氣」，挖苦之心更不加遮掩。

*

馬略並非這些年裡愛標榜自己的唯一一位羅馬行政長官。縱使他阻擋了辛布里人與條頓人，但其他人在開發東方帝國大業中也都扮演要角，當時最引人矚目的帝國大業就是在現在的土耳其南部，名為奇里乞亞處建立了一個新行省。這麼做全是因為那裡有海盜出沒的緣故。有一條新的法令（可能是馬略的執政官同僚瓦萊里烏斯．弗拉庫斯提案的），是在西元前一〇〇年二月簽核到行省總督手上的詳細指示。這條法令內容有幾條規定重申了現存法令，其餘部分宣布羅馬人有利益去確保羅馬人、拉丁人與「對羅馬友好的國家」的海洋通行安全，並指示要強化馬其頓駐軍，並表示不准任何人把軍隊帶出自己行省的邊界外；還有，羅馬不干預外國諸王的子民；亞細亞行省總督不得插手利卡奧尼亞（Lycaonia，位於土耳其南部）事務；盟邦諸王不該庇護海盜；以及亞細亞行省總督在整個東方公布這條法令；羅馬各國使節將在羅馬被接見；馬其頓行省總督將在最近的一場戰爭過後，要確立新的疆界。最後，該法令規範了馬其頓行省總督的權限，以及聲明行政長官必須做他們被告知之事。

這份規範法務官行省的法律，是在一個其他方面相當混亂的一年，詳細說明羅馬國家如何處理地中海東部事務的方式，以及元老院在處理國家事務的態度。這項法令也透露了國家現在以帝國自居，有既定疆界，而人民不得越界。大約是在西元前一一五年，當時的法務官加圖，是通過法令禁止總督率兵離開其行省疆界的第一人。因此，現在羅馬provincia的定義是「領土屬地」，以及意味著「行政長官應行使其指揮權之任務」（例如，對朱古達宣戰）。最後，這份法令還透露著貴族的仇敵想方設法要掣肘行政長官的行動。

撒路斯提烏斯在一次演說他聲稱再現邁密烏斯在西元前一一二年說過的話，他讓這位護民官指出，羅馬人民在格拉古遇害後數年裡，任由國庫被掠奪；還有諸王與異邦各國如此供養貴族，導致一群人坐擁巨額財富與榮顯。他說，貴族一面將羅馬人民的主權、所有關乎人類與眾神的事都交給了敵人，另一面炫耀神職、執政官位與彪炳戰功，彷彿這些是真正的榮耀，而非那些遭竊的物品。而護民官的解決辦法不是起義或造反推翻，而是用法律秩序。

情況變得如何嚴重，以及承包人階層和元老院之間的敵意在何種程度上聚焦在法庭，將會浮現出來。西元前一〇六年，執政官昆圖斯．塞爾維利烏斯．卡皮奧（Quintus Servilius Caepio）通過了一項法令，將元老重新納入勒索法庭的陪審團，在此之前他還發表了一次演說，讚揚元老的美德和現任陪審員的惡習。但這項法令卻很快就遭到廢除。認為法規和起訴威脅應能杜絕官員作威作福的行為，這樣的觀點出現在西元前一〇〇年的法令和當代其他法律中；這些法律還採用了「宣誓」條款，藉此強制行政長官承諾發誓按人民指令辦事。西元前一〇〇年的法律只載明一則條款，下令在通過法律後五日內，除了護民官與總督（因為人在遠方）之外，所有的行政長官都要「以朱比特與列祖列宗發誓，一切依法律規定辦事，並確保付諸實行，絕不違反法令……」（*RS* 12 Delphi Copy

Block C, 13–15）。

我們不知道是誰想到要把「宣誓」放進法規條款裡，不過這個時期有兩名反對貴族的國內政治人物頗為知名。他們是盧基烏斯．阿普雷留斯．薩圖爾尼努斯（Lucius Appuleius Saturninus）和塞維利烏斯．格勞西亞（Servilius Glaucia）。薩圖爾尼努斯是西元前一〇三年的護民官，也是出色的演說家，他強力支持馬略競選西元前一〇二年的執政官，推動土地法，很慷慨地將分配所得的阿非利加領土發放給馬略麾下的老兵（推測起來應是那些曾參與努米底亞戰爭的人），在基本上是給予軍團士兵在早年格拉古法令下騎兵隊所能領到的待遇。他還通過一個新法規，規定所謂叛國罪（maiestas）是意圖削滅羅馬國家的「威嚴」（maiestas）的行為，並規定被告必須在一個非元老的陪審團前接受審判。土地法遭到強烈反對，一名企圖否決法案的護民官被趕出了廣場。而或許是新的叛國法造成的影響，另一名護民官起訴了西元前一〇六年的執政官卡皮奧（西元前一〇五年亞爾慘劇的兩位該負責的人之一）。結果卡皮奧自行流放。

這顯示雙方都沒有辦法控制政治舞台，也可能是為了回應薩圖爾尼努斯最近的行為，兩位梅特盧斯（西元前一一三和一〇九年執政官）雙雙被選為下一年的監察官。這兩位梅特盧斯竭盡所能將薩圖爾尼努斯及格勞西亞趕出元老院，讓羅馬政治圈兩極分化現象持續下去。格勞西亞次年當選護民官，並通過修訂版的勒索法，重新恢復非元老陪審團。這道新法令以叛國法為根據，顯示出承包人階級已然發展出共同認同感，並且可以透過控制陪審團來維護其集體認同感。

格勞西亞通過這些法案後，他主辦了西元前一〇〇年動盪不安的護民官選舉；就在某位成功選上的候選人據說突然遭施暴而猝死之後，薩圖爾尼努斯當選。格勞西亞自己則在隔年當選法務官。

更多暴力接踵而至。

薩圖爾尼努斯聲稱是代行那人不在羅馬的馬略利益，現在推動一系列的新法案。其中一項延續了格拉古之前的糧食低價保證法，由政府補貼；另一項牽涉到除役老兵的安置問題。當馬略返國時，他以近乎帝王的規格在凱旋式大肆慶功，他的兒子就騎在他的戰車馬上。

約莫就在此時，馬略的小姨子產下一子。馬略的連襟是蓋烏斯・尤利烏斯・凱撒（Gaius Julius Caesar），其子出生於西元前一〇〇年七月十三日，也起了相同名字。小凱撒的祖母來自西元前一一八年執政官的家族，同樣也自稱是王族後裔，而他的母親奧理略亞（Aurelia）出身奧理略烏斯・科塔家族（Aurelii Cottae），是個經常與貴族結盟、在政治上成功的貴族。這個氏族似乎也在這些年來異常富有，這或可解釋其聲望卓著的政治婚姻關係，像是尤利烏斯氏族能夠大言不慚聲稱他們是埃涅阿斯的後代，而這個身分若無金錢做後盾根本毫無作用，但如今他們有了錢。這新到之人的重要性仍需許多年才會得到認可。

即使曾經揣想過姪兒的前途，但馬略可沒太多時間去忙這些。煩惱的事接二連三。在馬略主掌元老院下，薩圖爾尼努斯推動第二次土地法案，要處理馬略從辛布里人手中取得的領地，將之公告為公有土地。這項法案包含了一則宣誓條款，曾在北非擔任馬略指揮官的梅特盧斯拒絕宣誓，或許是因為他認為這項法案是非法通過的。他隨後也流亡而消失。

在十二月舉行的護民官選舉中，薩圖爾尼努斯殺害了一名合不來的候選人，並使出更多強硬的詭計鞏固自己連任。這令馬略忍無可忍，他採取非同尋常的手段，要求元老院授權動用相同於曾授權奧皮米烏斯對付格拉古的權力。這一回，馬略說服了薩圖爾尼努斯和他的死忠支持者妥協讓步，馬略似乎收手不再謀殺仇敵。然而，當對方被監禁在元老院議事廳內，卻遭到元老院成員率領一群暴民殺害，而對此慘劇馬略竟完全失去控制。

馬略不再出馬參選。

第十五章 內戰

西元前九一至八八年

馬略在執政官任期結束時從公職退休。他的財富驚人，足以坐擁遠眺那不勒斯灣的迷人宅邸。馬略或許不再拋頭露面，可是卻未被人淡忘。曾經支持他奪取權勢的力量依舊活躍，對大小議題均影響甚巨。有個懸而未決的問題，至少具有象徵目的，那就是對於西元前一〇九年的執政官，也是曾冒用「征服努米底亞者」（Numidicus）名義，聲稱自己贏得朱古達戰爭的梅特盧斯，是應該讓他返國還是繼續流放。馬略在西元前九九年反對讓他回國，不過梅特盧斯的兒子努力不懈支持其父，終於讓梅特盧斯在西元前九八年返鄉。梅特盧斯重歸故土一事，可以看作是交戰各派試圖停火的象徵。若果如此，那麼必須承認，休戰只是掩蓋了隱藏的問題，並未真正解決問題。元老院與承包人階級之間的潛在衝突，從西元前九〇年代末期對兩位前任行政長官的錯誤定罪一事，可窺知一二。這類行動同時也遮蓋了真相：承包人階級的成員逐漸讓他們自身在整個帝國內招致厭惡，因為他們利用他們能取得的權力來霸凌行省人士。

另一個懸而未決的重大問題是統治階級的構成。有三人未曾有祖先擔任執政官，其中一人是盧基里烏斯的好友，在西元前九九年至九一年當選執政官。這一點非比尋常，而且多位其他執政官來自非貴族圈（只有一名梅特盧斯家族成員在這些年間當選執政官）。許多人和馬略關係密切，包括西元前九一年和九〇年的執政官，他們都是馬略連襟的親戚。

擴大任官的機會對某些人來說是好事，可是那種出仕為官的機會不是很平均，也導致在取得帝國利益上更加不公平。在分配帝國物資方面的不公平一直都是問題叢生的根源，其跡象之一是義大利人不斷大批大批遷移到羅馬。西元前九六年監察官在審查方式上相對寬鬆，引起了九五年執政官的強烈反彈，執政官因此下令所有義大利人返鄉，並召開法庭起訴那些提出假公民權聲明的人。此舉的象徵意義大過於有效性，不過它離間了義大利各社區領導人。等到西元前九二年的監察官試圖掃蕩那些所謂「拉丁修辭學家」（Latin rhetor）時，情況更加惡化；這些修辭學家是向那些通常得不到這類技能的人傳授高級修辭學。

掃蕩加劇了羅馬人與義大利領導人之間的潛在衝突。有人認為公平取得權力的唯一途徑就是成為羅馬公民；但另一方面也有人覺得，只要羅馬人消失在地表，事情就好辦了。這些相對立的意見反映出義大利不同區域，對羅馬統治所帶來的利益或是其他，會有不同的經驗。

但羅馬的觀點是，公職候選人並不樂見因為增加多位來自全義大利各地潛在的新候選人，導致競爭更激烈。由於新崛起的富有羅馬家族插手競爭，舊有的精英階層想贏得選戰已經很困難了。對一般的羅馬公民而言，公民數額全體增加應該不會帶來太大的改變，可是很多人似乎對於各式各樣行政長官在海外散播的論點，早已深信不疑；這個論點似是而非，說更多的公民數額會導致他們原已分配到的利益變少。那些相信移民會破壞繁榮的人（沒有證據足以支持這個說法），開始反對准許義大利人成為羅馬公民的措施。

羅馬與義大利人之間的衝突在西元前九一年到達了頂峰，那一年有位新任護民官李維烏斯·德魯蘇斯，是蓋烏斯·格拉古的政敵之子，他推動了一連串激進的法案。其中之一是要提供新的糧食補貼；第二則承諾要藉著建立新殖民地來進行土地分配；第三則將擴充元老院規模為兩倍，同時撤換掉陪審團裡的承包人階級。糧食與土地法都通過了。德魯蘇斯在他自己的法令下出任了土地委員會成員。

同一年稍晚，德魯蘇斯再次提案，擴大所有義大利人公民權，可能是利用他身為土地委員的身分，將義大利社區的領導人組織了起來。於是，現在義大利貴族開始疾呼要求公民權，他們許多人可能以為，德魯蘇斯提案加倍元老院員額若過關，事情就會很快解決。可惜事與願違。這項手段告吹之後，德魯蘇斯警告執政官，有個陰謀正在進行中，如果他們出城去阿爾巴諾山（Monte Albano）參加朱比特慶典（亦即拉丁慶典），將遭人殺害。而德魯蘇斯隨即遇害。

德魯蘇斯遇害，羅馬政治機構似乎不熱衷調查這件事，但德魯蘇斯的義大利盟友對其遇害的反應是高舉叛亂的旗幟。史學家李維在描述西元前四世紀一場反羅馬的拉丁叛亂時，可能就受到這場後來的政變的影響，因為他在他的史書裡花了數部的篇幅來陳述它（如今全都佚失），細數密使往來各城邦尋求支持。如我們從他佚失的其中一部書的摘要所見，他同時也譴責德魯蘇斯是戰禍的罪魁禍首，痛陳其所作所為。史學家狄奧多羅斯則保存了叛亂分子首腦們對德魯蘇斯宣誓的文本，因此，李維記載的事情可能不全然偏頗。傾向於將動亂歸咎於某個人，李維當然不是唯一的一人；只要無人為難解的社會分歧負責時，很多史學家都會這樣做；而其實動盪不安的真正根源都是社會深層分歧所造成的。

在叛亂四起當中，看似是有統一行動的一個計畫存在，也在某種程度上協商好何時動員軍隊。這個跡象可從阿斯庫魯姆城（Asculum，今天的阿斯科利・皮切諾）的意外事件得知；有位法務官被派到當地監視該地區可疑活動，卻遭到暗殺。

義大利叛亂起先多數發生在翁布里亞地區，令羅馬當局措手不及。很顯然，住在義大利都市化程度較低地區，特別是亞平寧山脈以東地區的人應該痛苦不堪。所謂的措手不及，意味著動亂爆發時義大利沒有羅馬軍隊；更糟糕的是，西元前九〇年的執政官盧基烏斯・尤利烏斯・凱撒（Lucius Julius Caesar）和魯蒂里烏斯・路普斯（Rutilius Lupus）都是沙場生手。那年年初雙方開戰時，羅馬城內一片混亂，因為當局認為叛亂正在進行，而且貴族為了私利而慫恿叛軍。有位名叫瓦列烏斯（Varius）的護民官組成一個委員會，負責審訊被認為與義大利人密謀的元老院領導人。這個委員會的模式想必和二十年前為審查朱古達同謀而成立的組織一樣，不過其運作方式十分武斷，導致為戰爭所做的努力因政治舞台的動作而變得更棘手。

正當瓦列烏斯在國內讓人無法專心之際，羅馬在戰場上的運氣卻變化多端。盧基烏斯・凱撒在坎帕尼亞一役獲勝，但魯蒂里烏斯因為不聽重出政壇的馬略的勸告，在北義大利戰場上戰敗身亡。西元前八九年的執政官選舉，出身叛亂中心皮切奴（Picenum）地區的龐培烏斯・斯特拉波（Pompeius Strabo），在西元前九〇年夏季展現了不錯的軍事長才。另一位則是老加圖的曾孫盧基烏斯・波爾基烏斯・加圖（Lucius Porcius Cato）。在新任執政官正式接掌職位前，盧基烏斯・凱撒通過一項法案，給願意停止攻擊羅馬的義大利社區公民權。此舉乃政治天才的神來一筆，將義大利人一分為二，一群是想跟羅馬平等共處的義大利人，另一群是想要毀掉羅馬的義大利人。

戰爭並未平息，但是風向毅然決然轉向有利於羅馬人，縱然國內依舊艱難，包括債務危機（可能是未加監管的借貸，以及成立適合的軍隊所造成巨額開銷所致）。本身也面臨財務大失血的債主咄咄催逼，西元前八九年的一名法務官曾努力減緩負債者的處境，卻遭到銀行家以暴民手段處以私刑。當局竟對此毫無應對作為。這場意外不僅描繪出連年戰亂裡的財政壓力，同時也呈現了羅馬國家內關係普遍瓦解；這個國家的富人習慣為所欲為，而政府對這樣的行為幾乎不加管束。

我們可以說，如今戰場上局勢漸入佳境，遠好過大後方。元老院開始拔擢更多公認的人才，例如馬略在魯蒂里烏斯戰死北義大利後重出江湖；他的前財務官，數年前出任法務官的蘇拉出馬統率坎帕尼亞的軍隊。儘管另一位執政官加圖戰死沙場，但大體上西元前八九年的征戰季節一切順利。另一位執政官斯特拉波則在攻克阿斯庫魯姆城後舉行凱旋式，接著似乎釋放了他的戰俘（但把戰利品留給自己）。蘇拉在義大利中部的勝仗使得很多羅馬人相信，雖然他超過在一般狀況下取得該職位的年紀，但他不失為次年理想的執政官人選。同時，政府通過新法令，讓有意願的義大利人更容易取得羅馬公民權。

當在那一年裡幾乎獨自一人擔任執政官的斯特拉波，

圖11　蘇拉的肖像，鐫刻在他孫子鑄造於西元前五四年的一枚錢幣上，這是蘇拉最真實的現存肖像。

主持執政官選舉活動時，顯然義大利戰事不是羅馬唯一面臨的困境，甚至它還可能是兩大難題中比較輕微的一個。如今還有一場戰事爆發在東方，羅馬人要對抗一個充滿活力的嗜血狂敵：本都王國（Pontus）的國王米特里達梯六世（Mithridates VI）。

＊

米特里達梯的波斯名字意思是「米特拉神所賜」（Given by Mithra）。他在許多方面提供羅馬之外的另個選項。就文化而言，他代表著伊朗融合希臘文化的一個世界，這在羅馬亞細亞行省的邊緣地帶日益壯大。在羅馬的南邊，科馬基尼王國（Commagene）的諸王修建龐大標的性建物，來彰顯他們對伊朗—希臘眾神的景仰。在羅馬的東邊，亞美尼亞在國王提格尼二世（Tigranes II）治理下國勢蒸蒸日上；格格尼二世如今立志要結束敘利亞的塞琉古王國，同時他還熱切希望能將美索不達米亞的北邊，以及托魯斯山脈以北的高地領土，納入囊中。

亞美尼亞王國的南邊與東邊還有一橫亙中亞到波斯灣的強國，名為帕提亞王國，它已經逐漸鯨吞蠶食塞琉古王國在中亞的領土，接著在西元前二世紀時，對伊朗與伊拉克重施故技。帕提亞王國講的語言是一種中西部伊朗語，這種語言有別於亞歷山大大帝摧毀的阿契美尼德王朝所使用的古波斯語，也不同於西元前七世紀阿拉伯征服後所融合而成的一種更近期的語言。他們也使用希臘語，准許希臘與伊朗城邦在其王朝到處共存。如果說帕提亞語是以伊朗語為主、希臘語為副，那麼米特里達梯王朝的文化形式就是以希臘為主、伊朗為輔。

米特里達梯對羅馬的怨恨，來自於羅馬想盡辦法防範他奪取小亞細亞西北邊的俾斯尼亞王國

（Bithynia）；若能如願，他就能主宰馬摩拉海（Sea of Marmara）沿岸，並且與羅馬的亞細亞行省接壤。最近，元老院確認了俾斯尼亞的國王是尼科美德四世（Nicomedes IV）。過了一年，在米特里達梯的支持下，尼科美德四世的異母兄弟奪取王位，而就在此時，曾任西元前一〇三年執政官、現任奇里乞亞行省總督馬尼烏斯．阿基利烏斯（Manius Aquillius）率領羅馬使團，下令米特里達梯要讓尼科美德四世重掌王位。這件事發生在西元前九〇年。接下來所發生的一切實在不是理智之舉。在西元前八九年春天，當義大利戰事正如火如荼之際，亞細亞行省總督蓋烏斯．卡西烏斯（Gaius Cassius）慫恿尼科美德四世進犯本都王國。米特里達梯不費吹灰之力大敗尼科美德的大軍，然後揮軍攻打羅馬亞細亞行省。米特里達梯打敗羅馬大軍，俘虜了奇里乞亞總督馬尼烏斯．阿基利烏斯，而且據說下令把金子融化灌進他的喉嚨裡。

米特里達梯的計畫是要阻斷羅馬對地中海東部的控制，因此他派出一支軍隊進入馬其頓行省，還有一支艦隊橫渡愛琴海占領雅典。同時，米特里達梯現在披著號稱亞歷山大大帝（他的英雄之一）的斗篷，派了他的特務去亞細亞行省，誓言終結羅馬的壓迫，以及以羅馬做後盾的人對地方政治的控制。窮人、負債累累的人與不滿的人起而支持他，踴躍回應他的召喚，殺掉他們當中的所有義大利人。死亡人數難以計數，最佳的證據只簡單說犧牲者是數千人。

大規模屠殺百姓，接管現在重要的行省，迫使羅馬必須立即有所回應。隨著義大利戰爭告一段落，在那些願與羅馬和解之人的協助下，很清楚地，西元前八八年得有一位執政官受命指揮對抗米特里達梯戰事，另一位執政官留守義大利處理政務。負責米特里達梯戰事的是蘇拉，因為他的軍隊正在圍攻諾拉（位於現在那不勒斯郊區）。另一名執政官龐培烏斯．魯弗斯（Pompeius Rufus）是蘇拉的女婿，兩人都有充分理由感謝寡頭政權，因為他們的權力自馬略首次擔任執政官以來，就陷入中止狀態。蘇拉讓自己與依舊是羅馬最有權勢的政治世家建立了密切關係，突然娶了梅特盧斯家族的凱西莉亞．梅特拉，確立了關係無誤。

聽到蘇拉婚訊，羅馬的群眾百般嘲弄。一般看法認為，他的婚姻高攀了人家，這會惹來麻煩。由於蘇拉和魯弗斯兩人皆很容易被看作是時勢造英雄，而非有權有勢的政治家，因此他們幾乎沒有立場去抗拒某位蘇皮西烏斯家族出身的護民官那盛氣凌人的干預。蘇皮西烏斯的支持者上街示威人山人海，強力要求制定激進新法，據稱有六百人，他稱之為他的「反元老院」同黨。

蘇皮西烏斯提出的法案之一是要修改若干法條，准許義大利人取得羅馬公民權。這些法案自盧基烏斯．凱撒的西元前九〇年《尤利烏斯法》（*lex Julia*）就已經生效，准許原本就具備部落大會的三十五個部落以外的新部落來安置新公民。但此番蘇皮西烏斯的目的是要提高新公民的投票影響力，他採取的方法是重新把這些新公民分配到原本的三十五個部落裡，同時提出限制元老院欠債的法案，召回護民官瓦列烏斯委員會所流放的人，並且把攻打米特里達梯的統率權從蘇拉手上轉移給馬略。蘇皮西烏斯的措施通過，而他的暴民脅迫執政官離開羅馬城。這簡直是往公民社會解體的路上又往前走了一步，在這樣的社會中，銀行家謀殺行政長官或得罪他們的人，竟得以脫罪。執政官孤立無援。據說，蘇拉在一片搶奪混亂中逃走，曾躲藏在馬略家中。

魯弗斯沒有軍隊可求助，但蘇拉有。身為「後奧皮米烏斯時期」政界的產物，蘇拉很清楚執政官能動用軍隊，對付可能威脅社會秩序的護民官。他的幕僚官員有一人反對，蘇拉說服了他的人馬，為了他們的利益必須向羅馬進軍，殺光他的政敵來「重建秩序」。當蘇拉的人馬蜂擁進城時，沒有半個駐防軍出面有效制止。蘇皮西烏斯被殺，馬略逃亡遠走北非，而蘇拉制訂了一個政治新協定，包括正式公告馬略、蘇皮西烏斯和其主要同黨是國家公敵，並且規定法令未經元老院核准不得公諸於眾。另一項措施是（蘇拉聲稱將恢復羅馬傳奇國王塞爾維烏斯．圖利烏斯的「真正」憲法）僅限由百人團大會通過立法。別的措施還有限制護民官的授權，而且蘇拉在有關投票集會的法規上有力地剝奪了護民官的立法權。其他也通過的法案有元老院的規模大小問題，以及有關公民殖民地和償債事項。

蘇拉的憲法改革反應了羅馬保守派的思想；保守派主張，國家的重要機構早已由羅穆盧斯和塞爾維烏斯．圖利烏斯制訂周全，護民官的權力會對此造成威脅，而元老院則負責為公眾生活各方面恰如其份確立方向。在有秩序的社會裡，所有階級之間都能和睦，這樣一個概念被銘記在廣場北端、奧皮米烏斯大會堂旁的和諧康考迪亞神廟（Temple of Concordia）。確實，如果他的同胞公民從這個廣場的正中心往西望向西邊的卡必托里山，他們會清楚看到那個社會的形象：早期的將軍們所豎立的一連串紀念碑群，以及獻給「雷電打擊者」朱比特神和農神的古代聖所、山頂上獻給「至高至大」朱比特神的神廟。在西邊更遠處，還有獻給古老英雄的紀念碑，包括杜利烏斯的凱旋柱，和公共聚會所前的發言台；公共聚會所是羅馬最古老的投票、百人團大會召開，授予行政長官指揮權的集會所，接著是古羅馬元老院會堂本身，以及埃米利烏斯．保盧斯建造的大會堂。筆直往前是淨化之泉（Lacus Curtius），一處泥濘通道令人想起一位在此獻祭自己的古代英雄，也讓人想起薩賓人與羅馬人的統一大業。再來往南邊去，是老格拉古（格拉古兩兄弟的父親）所建的大會堂、卡斯托耳和波魯克斯雙子神廟（義大利統一的象徵），以及宗教建築群，裡面供奉著維斯塔貞女，還有水

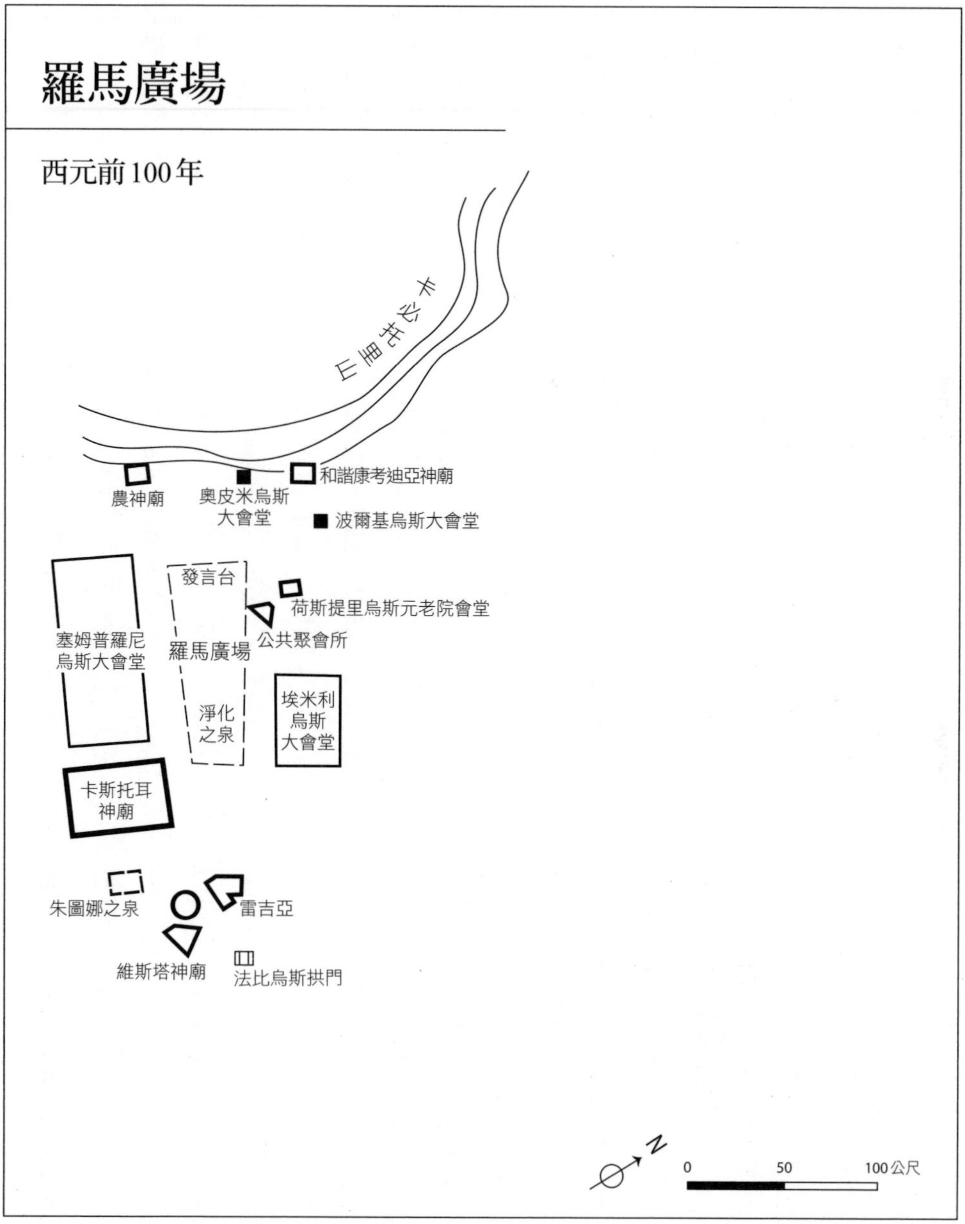
羅馬廣場
西元前100年
卡沁托里山
和諧康考迪亞神廟
農神廟
奧皮米烏斯
大會堂
波爾基烏斯大會堂
發言台
荷斯提里烏斯元老院會堂
公共聚會所
塞姆普羅尼
烏斯大會堂
羅馬廣場
淨化
之泉
埃米利
烏斯
大會堂
卡斯托耳
神廟
朱圖娜之泉
雷吉亞
維斯塔神廟
法比烏斯拱門
N
0
50
100公尺

仙女朱圖娜（Iuturna），據說遠古以前希臘攣生兄弟卡斯托耳和波魯克斯曾在此慶功；還有大祭司所住的大祭司官邸（State House），隔壁就是古老王室宮殿。但這幅勝利與傳統安定的景象，經常被在這個空間裡的人民活動證明一切都是虛假的。

蘇拉認為，他已經為羅馬的未來修訂了憲法。但是在他還未舉辦西元前八七年的執政官選舉前，消息傳來，說龐培烏斯・魯弗斯在抵達皮切奴接收斯特拉波的統帥權時，就已經遭到窩裡反，遇害身亡。斯特拉波雖然沒有取得合法授權，卻重掌兵符；他是優秀的軍人，卻也是危險人物。蘇拉不顧發生的事情，仍照常主辦選舉，接著又東征米特里達梯，藉此向各界展露他一片赤誠，奉獻給自己的制度。

蘇拉是不是真心矢志和平與社會秩序，我們並不確定，還有其他人也同樣受到質疑。西元前八七年的兩名執政官，格奈烏斯・屋大維烏斯（Gnaeus Octavius）和盧基烏斯・科內留斯・秦納（Lucius Cornelius Cinna）都誓言捍衛蘇拉改良過的憲法。可是，至少秦納是在說謊。秦納和蘇拉一樣，也出身於數百年來漸趨凋零、沒沒無聞的世家貴族；直到他的父親出任西元前一二七年執政官，他的家族才有了顯赫名聲。屋大維烏斯的父親與祖父都當選過執政官。如今席捲地中海區的內亂，煽風點火的是那只有數十年榮景、野心勃勃的兩大家族，而不是顯赫數百年的貴族。

＊

秦納接掌公職立刻就對屋大維烏斯展開攻擊。他恢復了蘇皮西烏斯的法案，將新公民分配到三十五個部落去，然後靠著一群武裝分子支持占據了廣場。屋大維烏斯以牙還牙，帶著他自己的武裝部隊進入廣場，驅散秦納的人，殺掉他的多名支持者。秦納逃亡諾拉，那裡還有一個軍團在斷斷續續圍攻當地；他派傳令兵去敦促還在打義大利戰爭最後階段的軍隊統帥，助他一臂之力。他也敦請馬略從阿非利加回來。同一時間，元老院宣布他不再是執政官。但秦納認為，一如他在諾拉告訴軍隊的，執政官之所以是執政官，是因為人民投票選出他擔任執政官，人民的意願不能單憑元老院的舉動就被撤銷。這些統帥紛紛同意追隨他。馬略利用這次亂局從北非返國，在伊特魯里亞登陸，起用當地他的除役老兵，成立了一個軍團。

假意呼籲憲政主義，對屋大維烏斯半點好處也沒有。屋大維烏斯指派了第二位執政官，即使秦納仍合法在職；他確保元老院權力，違背人民意願，因此激發不了熱忱。手握義大利其他地區兵權者也難以支持屋大維烏斯。梅特盧斯（西元前一〇九年執政官梅特盧斯之子，之後在我們的故事裡將扮演重要角色）當時在薩莫奈帶兵，但是未取得薩莫奈人對屋大維烏斯的支持；薩莫奈人接受了秦納給的更好條件，背棄了梅特盧斯，梅特盧斯只好遠走阿非利加。當天相當晚的時候，斯特拉波同意幫助屋大維烏斯，但是他只願意帶領效忠秦納與馬略的兵馬，處理斷斷續續的小衝突，而不會採取任何關鍵行動。斯特拉波自己想當執政官，因此會支持給他最好條件的人——何樂不為呢？沒有任何一方能令人信服地證明，它比另一方更能好好遵守法律、習俗或不成文憲法。

然後，斯特拉波死了。他在羅馬的葬禮發生暴動，屋大維烏斯與其同黨企圖奪取斯特拉波的軍隊，可是，城裡饑荒和瘟疫猖獗，支持的力量愈來愈衰弱。最後，在一場比較像是裝模作樣、而非戰鬥的軍事行動後，元老院向馬略和秦納投降，將羅馬交付出去。屋大維烏斯設法逃亡，卻遭馬奇烏斯・森索里努斯（Marcius Censorinus）麾下附屬的騎兵隊逮捕；森索里努斯是共和國歷史上長期沉潛的貴族家族的一員，聲稱是羅馬第二任傳奇國王努瑪・龐皮留斯（Numa Pompilius）的後裔。新政權採取的第一批行動之一，就是宣布蘇拉是國家公敵，儘管後者正率領死忠的部隊討伐米特里達梯。

西元前八八年秦納占領羅馬後的歷史記載，參雜著從他血腥回國後這段時期的親蘇拉評論，把他的大屠殺事件放在之前發生的暴行背景裡。沒錯，那裡是有暴行，不過從政治流血事件更廣的前因後果來看，他們看似頗為低調。他們沒有大規模處決羅馬公民，但仍謀害了一些知名人士——對那些編撰歷史的貴族而言，相較於數以千計過得較不富足的同胞遇害，這些聽起來是更為嚴重的暴行。

在秦納進城後繼之而來的一些處決，都在預料之中。比方說屋大維烏斯和代表屋大維烏斯率兵的克拉蘇父子檔。馬略的姪兒小馬略・格拉提努斯（Marius Gratidianus）殺害了馬略的宿敵和同僚（還有蘇拉的前恩主）盧塔蒂烏斯・卡圖盧斯。其他人則是態度較不明顯的人選：例如演說家馬庫斯・安東尼烏斯（Marcus Antonius），他的政治生涯已經過了顛峰。表面上看來，盧基烏斯・凱撒與其表親蓋烏斯・凱撒・斯特拉波（Gaius Caesar Strabo）遇害一事，令人困惑。前者曾擔任西元前八九年的監察官，一直都努力將新公民分配到新的部落去；後者，以前一直都擔任市政官，並按薩圖爾尼努斯通過的一條法令任職土地委員會。這兩人都不是所謂蘇拉黨人，只有凱撒・斯特拉波是，他是被領養進入尤利烏斯氏族的，是盧塔蒂烏斯・卡圖盧斯的親兄弟。這層關係可能勝過與馬略的姻親裙帶關係。他們的死不僅象徵著羅馬政治社會的嚴重分裂，也意味著這段時期裡政治鬥爭儼然在尋求短暫雙方利益的合縱連橫中開打了。

兩片授予在阿斯庫魯姆服役的騎兵部隊公民身分的青銅牌，提供了最重要的證據，證明暫時性結盟本質上靠不住。這些青銅牌上列了五十五個斯特拉波麾下部屬的人名，因此，至少在此時此刻這些人是他的主要盟友。其中有四個人名因為保存不佳難以辨識身分；剩下的五十一個人名當中，有九個或十個，視如何計算斯特拉波的兒子格奈烏斯・龐培而定，可以被看作未來十年裡某些時候是蘇拉的激進支持者；有四人和小龐培關係匪淺；三人，包括奧皮米烏斯的後代子孫，以及因殺害薩圖爾尼努斯而聲名大噪的一個人，這些人都對致力民權的人充滿敵意；有五人是頑固的反蘇拉黨人。

我們所知的斯特拉波黨羽還有一人是西塞羅。他在西元前八八年轉投蘇拉麾下，但在接下來六年間卻毫無作為，但後來聲名遠播；也許重要的是，我們是藉由他的著作知道另外兩人的線索。或許他們和西塞羅一樣，更喜歡一個不混亂、也沒有獨裁官的國家。在接下來的十年裡，任何人都很難採取如此的立場。最好把姿態放低，像西塞羅一樣。

內戰前，秦納的態度是准許新公民進入三十五個部落，從而恢復了蘇皮西烏斯的法規。在與馬略一同當選西元前八六年的執政官時，秦納一直都這麼做（馬略幾乎是在就職後就突然身亡）。秦納似乎也和那些義大利人協商最後的安排，主要是仍與羅馬對戰的薩莫奈人。然後他好整以暇對付蘇拉。

古羅馬最偉大的史學家塔西陀曾問，我們是否應對自己的作為負責，或者，事件的進程是否單獨由神明決定的。塔西陀的問題也是現代史學家經常提問的：歷史裡是否有強大的力量驅使事件發展出無可避免的結果，還是說，塔西陀所嫻熟的史學家真正技能，是去發現個別人類的作為也有決定性影響的空間？

蘇拉生長的羅馬是由貴族呈指數增長的財富所造就的，這些財富加深了分裂並煽動對立。在提庇留・格拉古推動土地法之前，受過教育的羅馬人對他們歷史涵義的分歧日益明顯，而從他的死亡到蘇拉攻擊羅馬，沒有必然關聯。但是他們的行動，還有奧皮米烏斯、馬略、薩圖爾尼努斯與其他人的這些作為，形成了羅馬政治世界如何反映義大利轉型的樣態。政客們日漸無能找到共通立場或做出妥協，這可能是因為大家覺得現在所押注的籌碼比以往高上很多。在提庇留・格拉古當權之前，沒有哪一代的羅馬政治家曾面臨想出如何管理帝國的挑戰，也沒有哪一代的政治家遇過帝國無皇帝的狀況。沒有任何一種路線圖可循，一路上走錯路在所難免。但隨著愈來愈只顧自身利益，逐漸排除妥協的可能，不給誠實的政治家手腕有發揮空間，因而錯上加錯。由於元老院給殺害格拉古的凶手撐腰，為蘇拉打開了通往權力之路，數十萬人最終因為這些錯誤付出了犧牲自己生命的代價。

第四部

獨裁統治

（西元前八八至三六年）

第十六章　蘇拉的勝利

年輕一輩的當代人會覺得秦納愛煽風點火，非常討人厭。西塞羅在以格拉古為首的壞人名單裡加上他，與薩圖爾尼努斯、德魯蘇斯並列，其實不足為奇。在羅馬人後來的集體記憶中，秦納私心熱衷於宰制（dominatio）。身為蘇拉的政敵，秦納就定義而言是貴族的死對頭。然而，記憶與名聲很是錯綜複雜，一部分取決於政治運氣的走向。把秦納看作是貴族的仇敵，而非單純一名與蘇拉有關係的貴族派系，這樣的看法是有問題的。

秦納矢志支持要將義大利人融入羅馬國家的政治主體。就其字面的基本意義來說，這個主張並非顯而易見廣受歡迎。羅馬人民曾經多次投票表決，反對擴大他們取得羅馬土地和公共資助設施的權力。雖然蘇皮西烏斯擁護將新公民融入現有的三十五個部落，也在後世歷史裡被塗上「反元老院的激進」的色彩，但是他的法案親馬略的程度無異於反蘇拉，而另一方面，在內戰爆發前提案擴充公民權的最後一人德魯蘇斯，必然會被很震驚地知道自己竟然被認為是群眾派的。德魯蘇斯一直認為擴大選舉權是強化元老院對國家主導權的計畫的一部分。秦納治下最激進的行動是促使西元前八六年監察官的馬奇烏斯・菲利普斯（他曾是西元前九一年的執政官，一直激烈反對德魯蘇斯），以及馬庫斯・佩爾佩納（Marcus Perperna，西元前九二年執政官），完成那些新公民的登記工作。兩人謹慎施展了「傑利蠑螈」（Gerrymander，意指操縱政治選區改變選舉結果）手段，對那些忠於羅馬的地區放水，幫他們在更多部落安置居處，而不是那些後來才談和的地區。這些監察官也可能重組了財產普查第一階級，因為現在有太多人有資格進入「騎公家馬的騎士」的十八個騎兵百人團。在將整個第一階級劃分成四組的過程中，他們定義了一個非元老的富人「騎士階級」，組成分子泰半是那些因為能拿到國家合約而大獲其利的人，這些人現在能躋身於第一級八十個步兵百人團裡。

菲利普斯和佩爾佩納當然是「貴族」，但不是服膺於秦納的唯一貴族。另一名貴族是瓦萊里烏斯・弗拉庫斯，他接任馬略擔任執政官；西元前八三年的執政官是西庇阿；馬奇烏斯・森索里努斯這個具威脅性的人，也曾以貴族自稱。秦納連任執政官直到西元前八四年，在一場軍事叛變中遇害才終止任期，在最後兩年的任期裡，他的執政官同僚是格奈烏斯・帕皮律烏斯・卡波。西塞羅曾暗示這個政權是赤裸裸的專制蠻橫，他躲在了家鄉阿琵農，這或許是個好辦法，因為他曾效命於斯特拉波和蘇拉兩者麾下。這些年間的政治牽涉到秦納與更激進支持者，和其他在西元前八七年或多或少維持中立者，雙方之間達成了不安的妥協。

蘇拉習於將他的仇敵都看作是危險的民粹主義激進分子，縱使這與事實不符。他慣於在有關他的反對者（還有很多其他人）撒謊欺騙，這一點希臘作家蒲魯塔克曾舉出例證。他在西元一世紀末至二世紀初時，曾編撰一部蘇拉傳記，大量採用編輯過的摘要，這些摘要出自蘇拉在晚年所寫的二十部回憶錄。除了形容他的仇敵是社會革命的支持者，或者就馬略的例子來說，是被高估的昏庸者，蘇拉的重點都在他畢生所得到的神明指引。蒲魯塔克記載了數不清的「奇蹟」，來「證明」蘇拉的舉止都得到了神明允許。若不是有這麼多的神明認可，人們或許會把蘇拉看作是造成大屠殺的叛徒，應該為無數違背人性的犯罪事件負責，即使是按羅馬標準也不為過。

多虧了希臘當代史學家波希多尼（Posidonius，他曾經重製、甚至潤飾過蘇拉的宣傳），我們才得以見識到反羅馬政權的精采描述；這些反羅馬政權是在米特里達梯征服羅馬小亞細亞行省之後，在雅典建立起來的。這個政權的領導人是阿特尼翁（Athenion），是位激進的哲學家，在米特里達梯獲得勝利後被任命為使節，派去本都王國（希臘城邦以這樣的方式僱用文化界人士，是相當典型的做法）。阿特尼翁抵達王宮時，想方設法迂迴將自己滲透到本都王國的核心集團內，不久就被視為國王的正式好友之一。他從那裡寫信去雅典，承諾解除債務、社會和平，並且在米特里達梯的華麗新世界裡得有一席之地。

阿特尼翁遵照他的書信所言，風塵僕僕回到雅典所在的阿提卡，受到熱情群眾的迎接，據說他身著鮮紅色袍子，被眾人以帶著銀腳的轎子送進城裡。波希多尼寫道：「沒有羅馬人曾以如此娘娘腔的奢華表現來羞辱阿提卡。」（Fr. 253. 42–3）這充分證明了整個希臘人社區對羅馬人的期待，而羅馬人在東方通常以其銀行業務和收稅技巧而聞名遐邇。確實，可能是為了讓他的反羅馬精神深入人心，阿特尼翁把自己安頓在一位與提洛島的羅馬人做生意致富的希臘人家裡。

根據波希多尼的說法，米特里達梯去信阿特尼翁，描述他在前一年戰勝羅馬人，並聲稱他是與亞美尼亞、波斯國王們攜手結盟的，並且他正積極與義大利叛軍聯繫，而神諭預言了他將會戰勝羅馬。的確，當阿特尼翁正在雅典建立他的「獨立」政權時，米特里達梯正在大舉揮軍西征。波希多尼也告訴了我們，阿特尼翁在企圖控制提洛島時慘敗，希俄斯島人則因為遲遲不肯投降，被貶為他們自己奴隸的奴隸。

即使是透過一位親羅馬的代理人以如腹語術般地婉轉表達其支持羅馬的觀點，但是羅馬敵人的聲浪卻以其遍及地中海而顯得驚人，而且只要米特里達梯持續茂盛繁榮，從地中海盆地一端到另一端便會持續出現有個龐大國際陰謀正在進行的謠傳。波希多尼提及的其餘傳世的這類古老神諭，預測將會有一位了不起的國王崛起於東方，對過去的敗仗進行復仇。其中一則出自於會說話的死屍（talking corpse），被想像成是在羅馬於溫泉關戰勝安條克三世後，從他口裡說出了預言。來自過去先知的這類神諭在後亞歷山大時代，已經成為社會評論的重要形式，使得非希臘人和希臘人都能對國際聽眾講出他們的憤怒。這類神諭都提到了羅馬，應許將會有一位救世主（在這個例子裡就是「強而有力的戰神阿瑞斯」）摧毀羅馬的勢力。

在過去數十年裡，東遷的羅馬人在這類文本裡顯而易見的仇恨煽風點火，製造仇恨的證據。在未來二十年裡，西塞羅在演講裡提及與包稅人企業關係密切的各種羅馬商賈，他們借出大量錢財給資金短缺的城市，而貸款條件卻會讓對方生活困境雪上加霜。羅馬金融界放縱貪婪，拿武力威脅作靠山，還有心甘情願將礙眼的行省總督定罪的陪審團撐腰，再加上，他們不願意讓本地人在這門生意裡分一杯羹，凡此種種都在整個地中海東部製造了名副其實的災難。為了能有效申訴，各行省都需要羅馬恩主。那些恩主可能出於國內的政治原因而支持他們，但為受壓迫的人伸張正義卻很少是國內的問題。迄今為止，行省的煩惱不可能變成羅馬的政治憂慮。事實上，假如大家希望日子好過點，但此時此刻除了米特里達梯，無人能讓大家轉身投靠。

波希多尼史書的另一大主題是亞歷山大大帝繼業者所建立的王國，在領導階層一敗塗地。塞琉古的統治者陷入無止境的內戰之中，這些人與帕提亞統治者相比是毫無希望地遜色，而相形之下後者則被呈現地相當有趣。另一方面，托勒密王朝簡直荒唐至極，被自己的派系鬥爭弄得四分五裂。托勒密十世．亞歷山大在位時，正值米特里達梯展開侵略大戰，據說他是如此肥胖，以致無法自行如廁，飽受自己人民唾棄。

波希多尼對人群與地方的興趣廣泛，使他能向他的希臘聽眾說明，說別處草地也青翠不到哪裡去；不論結果如何，反正他們都會被他們曾經譏諷為蠻族的人統治。在這種情況下，儘管缺陷一堆，但羅馬人堪稱萬中選一。

＊

如果不提羅馬統治體系裡特色之一的猖獗暴利，那麼羅馬社會仍然可被視為是安定的——不消說，這一點是蘇拉在回憶錄中所強調要努力讓人理解的。根據他的記載，米特里達梯將債務一筆勾消，授予逃逸奴隸公民權（通常在希臘城邦拿不到公民權），塞滿希臘各城邦，然後又給更多奴隸自由身，好讓他們晉身新公民。這個做法被看作是錯誤一舉，導致東方容易激動又不穩定的公民更加不理性，更加對富人的福祉毫不關心。米特里達梯只不過是把羅馬模式強加於人，因為被解放的奴隸在羅馬會自動變成公民，而且一直都是如此。

根據蒲魯塔克著作《蘇拉傳》（*Life of Sulla*），以及後來的羅馬史學家阿庇安所寫的米特里達梯戰爭作品，蘇拉率五個軍團進入希臘後，軍事行動究竟如何，因為徹底受到蘇拉資料的汙染，很難重建事件真正的連結。這就是說，我們知道有一支米特里達梯部隊抵達希臘，大軍統帥名叫阿基勞斯（Archelaus），他帶著阿里斯提昂（Aristion，繼任阿特尼翁成為雅典政府的統治者）同行。在前往希臘途中，阿基勞斯試圖攻下提洛島，當地的羅馬人卻似乎預知他的行動，都遷移到希臘大陸的阿爾戈斯（Argos）避難。阿基勞斯抵達阿提卡時，他從各希臘城邦集結了一支軍隊，擊退頑抗的馬其頓行省總督格奈烏斯・森提烏斯（Gnaeus Sentius）。所有這些事件都發生在西元前八七年上半葉。那一年年底，當蘇拉到達，他下令森提烏斯待在馬其頓，由他圍攻雅典與其港口比雷埃夫斯（Piraeus），阿基勞斯和他的軍團正是部署在那裡。

雅典人如今陷入饑饉狀況（蘇拉說是經年累月肉食主義使然），第一個倒了下來。蘇拉處決了阿里斯提昂，下令部屬將雅典洗劫一空，對人民大開殺戒，對倖存者實施新模式的憲政制度，訴諸遠古先例，以杜絕未來社會不安。過了一段時間，在阿基勞斯不知如何脫逃，跑到波奧蒂亞（Boeotia）之後，比雷埃夫斯也被攻占。波奧蒂亞有來自米特里達梯的新軍隊與阿基勞斯會合，它們曾打敗過森提烏斯。

蘇拉在喀羅尼亞（Chaeronea）和奧爾霍邁諾斯（Orchomenos）兩處戰場上，擊潰了米特里達梯，接著揮軍直抵馬其頓。可是他無法前進，一直等到他能幹的部將盧基烏斯・李錫尼烏斯・盧庫魯斯（Lucius Licinius Lucullus）在西元前八五年返營馳援；盧庫魯斯奉命從埃及與埃及附庸國，還有土耳其南部一些獨立羅馬領地，招募人馬成立一支艦隊。與此同時，另一支擁有艦隊的羅馬軍隊，由西元前八六年的執政官瓦萊里烏斯・弗拉庫斯率領，躲開了蘇拉與米特里達梯的艦隊，在西元前八六年年底登陸土耳其西部。弗拉庫斯後來在一場叛變中身亡，叛變的主謀弗拉維烏斯・芬布里亞（Flavius Fimbria）奪權稱帥。

芬布里亞雖是殺人凶手與叛變主謀，卻是羅馬共和國的代表。秦納一掌權，很快就公告蘇拉是國家公敵。芬布里亞同時是一位相當優秀的將領，成功地將米特里達梯從愛琴海以東的行省驅除出境。此時，相當絕望的米特里達梯意識到，他更能從蘇拉那裡換得比從芬布里亞那裡更好的交易。因此，當盧庫魯斯拒絕與芬布里亞聯手出征時，米特里達梯趁機逃亡到本都王國，直到西元前八五年年底才同意與蘇拉和談。爾後蘇拉渡海遠赴土耳其，在古代特洛伊城附近圍攻芬布里亞。人數本來就遠遠不如的芬布里亞，他的人馬卻成群結隊落荒而逃。最終，芬布里亞也逃跑了，在帕加馬由旁人協助自殺身亡。

＊

蘇拉與米特里達梯之間的和談協定，本質上是羅馬國家兩大公敵之間的協議。這份和約提供了必要資源支持蘇拉策謀已久的侵略義大利計畫。米特里達梯退回其登基時統治的王國，將他的艦隊移交給蘇拉，然後釋放所有戰俘、逃兵與逃逸的奴隸，遣返他綁架的黎民百姓，並同意支付羅馬「戰爭所需開銷」。但米特里達梯似乎阮囊羞澀，無法實現承諾支付賠款。因此，蘇拉反而剝奪了亞細亞行省一些城邦的資產，因為他們曾經參與西元前八九針對羅馬人的大屠殺事件。在召集這些城邦開會時，蘇拉頒布了一項法案，要求立即支付五年的賦稅，替代米特里達梯的「戰爭所需開銷」。在歷經連年征戰後，這些城邦形同槁木死灰，很多人都必須將公有財產和別墅拿去緊急貸款借錢，好支付蘇拉的要求。他們所交付給蘇拉的現金，很可能是死灰復燃的羅馬銀行界借給他們的，利息驚人，乃至於十年間所有的債務比最初的數目翻了六倍。

蘇拉運用了行省治理的工具，特別是他吸納了東方的承包人到他的軍政體系裡，這就是所謂羅馬財政與軍權合一的制度。蘇拉所做的基本上是想讓承包制度私有化，在這個時候來援助一支私人的部隊。更有甚之，他從與米特里達梯簽署的和約所獲得的自然資源，加上他從亞細亞行省所搜刮而來的財物，使他擁有的戰備基金比秦納的更加堅實。

就我們所知，秦納幾乎一無所有。在義大利戰爭期間，羅馬的貨幣產能全開。在西元前九〇年時負責監督貨幣的官員們，一方面曾經複查過大約兩千個模具，另一方面降低鑄幣的含銀量百分之十五。在西元前八九與八八兩年裡，他們使用了大約八百個模具，同時改良含銀純度，可是仍發生了金融危機，證據在西元前八九至八八年間的債務相關提案中可見一斑。西元前八七年，模具的數量下降到不足五百個，八六年只有五百多個，到了八五年是六百多個，而到了西元前八三年只有一百五十七個。

鑄幣量陡然下降不只與早年高昂開銷有關，也與羅馬在米特里達梯入侵後，羅馬與地中海東部重要的金融交易和貿易關係中斷，脫不了關係。而且人心惶惶，不知道什麼東西才值錢，也不確定他們能否償還得了積欠的債務。西元前八六年，政府實行了一個措施，准許債務人得以償付本金的四分之一，一年後，小馬略．格拉提努斯頒布了一項法令，規定所有銀幣應按照幣面價值進行匯兌。人民或許很滿意小馬略，可是這麼做並未扭轉事實，國家依舊短缺現金，秦納政權的經濟窘境愈陷愈深。

西元前九〇至八八年間鑄造的貨幣理應尚未從地表上消失，而是已經從國家的金庫，轉移到一些私人口袋裡。有確鑿證據顯示戰爭爆發期間，少數人有足夠金錢支付私人部隊的軍餉，其中一人就是年輕的格奈烏斯·龐培；他在一樁因為繼續持有父親斯特拉波之前本就該歸還國家的款項，而被起訴，但判決無罪後，退居到他祖先在皮切奴的產業。除非下令徵收新稅，或者再來一輪充公沒收（兩者似乎都行不通），秦納是難以取得現金，除非他想和龐培這樣的人交涉，但他顯然和對方關係欠佳。

此外，有相當多民眾前往希臘投靠蘇拉，這簡直是對羅馬這個政權的安定性缺乏信心所致。還有一些人始終和這個政權意見不合。在這些人當中最引人矚目的是凱西里烏斯·梅特盧斯，當秦納攻打羅馬時，他一直都在薩莫奈山區執掌兵符。然後他從那裡逃亡到阿非利加，無庸置疑，他攜帶了巨款潛逃。西元前八三年，梅特盧斯率領以自有資金組成的私人軍隊登陸北義大利。已故的馬庫斯·李錫尼烏斯·克拉蘇的兒子（跟父親同名）投身在梅特盧斯麾下，他在這段期間一直住在西班牙，有時候據稱住在洞穴之中。

究竟經營一支軍隊，一年的軍餉需要多少花費？剛好我們偏偏有極為精確的數字，看似直接來自西塞羅書中對於某位資深行政長官的帳冊，當時西塞羅正要起訴西西里島行省總督蓋烏斯·韋雷斯（Gaius Verres）；因為他被指控在西元前七〇年代晚期有貪腐行為，當韋雷斯是財務官時，他被委託了五十五萬八千八百五十四第納里烏斯銀錢，這筆錢本來是要支付駐守北義大利執政官軍隊，大約九千名士兵的四個月所需。他在逃逸投奔蘇拉前，支出了四十八萬零八百五十四第納里烏斯銀錢作為軍餉、糧食與行政薪資所用，卻拿走了剩下的七萬八千第納里烏斯銀錢。

西塞羅的證據顯示，士兵希望軍餉能以現金支付。如果秦納遇到現金流的困窘，那就能解釋為什麼他的部隊會叛變，也能解釋為什麼當他在西元前八三年春天抵達南義大利時，想協調反抗軍來對抗蘇拉一事會如此困難重重。另一個窘境是，蘇拉受教於馬略，通曉兵法，而且多年來一直帶兵，是位相當出色的軍人。

秦納生前來不及看到蘇拉重返義大利。西元前八四年他一直在採取他所能做的預防措施防堵那即將發生的事；他要派兵渡過亞得里亞海，占領蘇拉大舉侵略所需要的基地。但說時遲那時快，秦納的人馬叛亂，殺害了他。越過亞得里亞海的這批軍隊重返基地，而不論秦納動用過什麼艦隊，如今史料全無記載，他們都沒做任何事來遏止蘇拉隔年於布林迪西姆登陸上岸。

也就是在這個節骨眼上，隨著義大利淪入區域性軍閥的狀態，為資助義大利戰爭而鑄造的大批錢幣開始重現江湖。在義大利戰事爆發前，私人組軍已經成為軍事行動的特色，我們聽聞到來自埃克拉諾（Aeculanum）的米納蒂烏斯・馬奇烏斯（Minatius Magius），對這場戰爭中的羅馬人表現出如此至高無上的忠誠，在提圖斯・迪迪烏斯（Titus Didius，西元前九八年執政官，後在坎帕尼亞出任軍團司令）隨同下，率領他在荷爾皮尼人（Hirpini）裡自行招募的軍團，攻占赫庫蘭尼姆（Velleius Paterculus, *Short History* 2.16.2）。馬奇烏斯是財務方面很成功的階級代表，這個階級的人發現他們可以透過軍事承包事業來強化他們的地位。這樣的軍事承包人當中，年輕的格奈烏斯・龐培是箇中翹楚。一發現執政官卡波不喜歡他，龐培就從自己的轄區招募了三個軍團，揮軍南下，避開那些看起來也是由區域領導人以相同方式組軍，來阻擋他的勢力。假設龐培計畫自費負擔兵馬軍餉一年，那麼他自己手頭上必須有扎扎實實大約兩百五十萬第納里烏斯銀錢的現金，才有辦法募集他的兵力——這並不奇怪，因為他的父親斯特拉波留下很多戰利品。而對抗他的武力也得有類似的財力支付開銷，那樣的人似乎也是在地領袖人物。

龐培投奔蘇拉時，為蘇拉的軍團數量增加到八個。最終他們會集結到二十七個軍團，這是一支比第二次布匿戰爭更大的武力。蘇拉在他的回憶錄中一段相當有利於他的陳述裡聲稱，他的仇敵動用了四十個軍團。這未必全錯，雖然它們有些在戰爭結束前逃兵去投靠蘇拉。若考慮在雙方陣營重複計算的軍團單位，在這次動亂中可能有大約六十個軍團參戰。這個數量已經超越了後來發生的所有內戰規模，也代表義大利某種程度的軍事化，光是這個規模，就超越了西元一世紀時整個帝國裡羅馬軍隊的正規編制。

這場戰爭中的兵力如此龐大，是完全合理的：首先，義大利早已因義大利戰爭而高度軍事化。其二，許多為對抗蘇拉而成立的軍隊並未一直都在沙場上服役。衝突造成的經濟混亂程度十分龐大，義大利各地的人們利用亂局與當地仇敵解決舊仇恩怨。比方說在北義大利，我們知道有個作家奈維烏斯，他詳述了秦納的一位支持者幫助某位昆克修斯家族人士經營農場，卻企圖霸占對方家產。在拉里努姆，某位昆克修斯家族人士即使娶了他第一任妻子的母親，又因囚禁她的兒子被判有罪，卻仍有辦法透過他和蘇拉的關係重返政壇，出任地方上的顯赫職位。這類驚人之舉當然在整個義大利層出不窮。

姑且將這類枝枝節節暫擱一邊，主要軍事行動爆發於西元前八三年底，亦即蘇拉在布林迪西姆登陸後。蘇拉的計畫是將義大利瓜分為二，從而切斷敵人自南義大利取得補給的安排。為此，他繼續北上，通過米努西亞（Minucia），這裡是亞得里亞海沿岸最好的捷徑，然後在卡西諾山（Monte Cassino）擊敗了執政官蓋烏斯·諾巴努斯（Gaius Norbanus），接著翻越亞平寧山進入坎帕尼亞，與另一位執政官盧基烏斯．科內留斯．西庇阿（Lucius Cornelius Scipio，大西庇阿的玄姪孫），在提亞努姆（Teanum）相遇。軍事技能似乎沒有關照到這位西庇阿家族成員。科內留斯．西庇阿沒注意到蘇拉正在策反他的軍隊，而他的兵馬隨即背叛了他。蘇拉讓科內留斯自由離去，可能是基於西庇阿血統之故而作態，而不是指望要對他另有重用。

科內留斯．西庇阿軍隊叛逃一空，也結束了戰爭。蘇拉在整個冬天裡都在提高他的地位，向義大利各行省保證他無意撤銷秦納對公民權的安排，也無意在他個人的周圍糾集某種元老院。蘇拉密切招兵買馬，以便他的軍隊在春回大地時，有能力應付兩次軍事行動。他將開始在坎帕尼亞展開行動，這時梅特盧斯被派去進攻北義大利。

梅特盧斯繼續挺近亞得里亞海，攻克了法務官卡里納斯（Carrinas）率領的一支部隊；卡里納斯是元老院新進元老，出身自翁布里亞或伊特魯里亞，由於他對戰爭武力很重要，因此據猜測在早年幾輪戰鬥裡應該曾扮演某種重要角色。梅特盧斯在與龐培聯手下，贏了兩場戰役，一場是在愛思河（Aesis）贏了卡里納斯；另一場是在塞尼．加利亞，這次他的對手是森索里努斯，此人是西元前八七年殺掉執政官屋大維烏斯的凶手。從那裡，梅特盧斯推進拉溫納城（Ravenna），進一步與敵軍交戰於波河河谷，在普拉森提亞打敗諾巴努斯。之後，森索里努斯迅速跳離這快沉沒的船隻，逃往羅得島，後來在島上自我了斷。這次軍事行動的最後一場戰鬥留給盧庫魯斯，他在菲登夏（Fidentia）大勝終結了一切。

✳

南方的軍事行動拖得更久、更血腥。蘇拉在蒂法塔姆山（Mons Tifatum，沃圖努斯河流經此山山腳，進入坎帕尼亞）旗開得勝，擊敗年輕執政官小馬略，以及諾巴努斯指揮的一支軍隊（諾巴努斯在上面所提的敗仗後撤往北方）。蘇拉將他們驅趕到普里尼斯特，在那裡小馬略被緊緊圍住，接著安頓下來，和以克魯希姆為基地的卡波合作進行一場激戰。北方的勝利消息傳來，令卡波絕望洩氣，他放棄大業，逃亡北非。

截至目前為止，蘇拉一直都遠離羅馬，但留下可觀的兵力來圍攻普里尼斯特——這決定鑄成不幸的後果。小馬略自己無力攻破普里尼斯特，於是派了信差去見那時的法務官布魯圖斯．達馬西普斯（Brutus Damasippus），命令他格殺元老院所有被懷疑親蘇拉的成員。布魯圖斯照辦。也因此導致蘇拉改變他前一年帶有懷柔意味的政策，轉為大屠殺。

現在是西元前八二年秋天，曾參與義大利戰爭的盧坎尼人和薩莫奈人老將鐵列西努斯（Telesinus）和蘭潘紐斯（Lamponius）招募了一支大軍，解圍普里尼斯特，保衛羅馬對抗蘇拉。聽到風聲後，蘇拉立即轉移他的兵馬到羅馬，然而當時卡里納斯和森索里努斯的兵馬還與南方來的軍隊會師。十一月一日，戰爭的關鍵一役在羅馬城東側的科林門（Colline Gate）爆發。在鬥爭亂局裡，親蘇拉路線的史學家們這樣描述：為保衛現在的後秦納政權（包含仍在義大利的一位合法當選的執政官）而聚集的部隊致力於殲滅羅馬。其中有位抱此態度的史學家，在西元一世紀初，甚至主張鐵列西努斯曾告訴他的人馬：「羅馬人的末日到了，羅馬城必須殲滅摧毀……竊取義大利自由的狼群不會消失，除非牠們慣於藏匿的森林遭到毀滅。」（Velleius Paterculus, *Short History* 2.27.2）。事實上，在羅馬當選的行政長官主持下，中義大利的軍隊已經抵達羅馬城來平亂捍衛它。但他們的正義之舉並沒有為他們帶來好運，在一場硬仗中他們慘吞大敗。

蘇拉大獲全勝的隔日，下令將最近投降的戰俘（大約是六千或八千人左右，視資料來源不同），押解到戰神廣場的弗拉米尼烏斯競技場（Circus Flaminius）。戰俘在此處遭處決時，蘇拉就在附近的貝羅納神廟（Temple of Bellona）召開元老院大會演說。之所以挑選這個位置處決人犯，是因為它位在城市周圍的聖界（城市的神聖邊界）之外，因此蘇拉能保有他的指揮權，要是冒犯聖界，就可能失去指揮權。除了顧慮憲法的細微差別外，之所以這麼做的另一個原因可能是擔心元老會聽到死者的哀嚎。晚了一天遭到逮捕的森索里努斯和卡里納斯也被處決；鐵列西努斯早已戰死沙場。小馬略受到殘暴的凌虐，遭到斯特拉波的一位前部屬喀提林（Catiline）分屍。

十一月二日的大屠殺，只是更多殺戮的序曲。隔日，蘇拉召集了另一次的元老院大會，會中他提出一份名單，羅列八十人，只要被列在上面就表示要處決或放逐（proscribe 出自拉丁文動詞 proscribere，意指「寫上去」）。先前為了制裁蓋烏斯・格拉古和薩圖爾尼努斯簽署了緊急法，蘇拉似有意合理延伸實施該法，有元老對此提出異議。然而，少數人的疑慮根本起不了作用，八十人已經注定要死。

雖然蘇拉留在聖界外，他下達的法令卻張貼在雷吉亞（Regia）前面的白板上；雷吉亞是古羅馬王政時期的王宮，坐落在廣場正中心。除了宣告不論是誰殺掉名單上任一人，將死者頭顱送去給當差的財務官，就能領取一萬四千銀錢，這道法令的官方措辭還有：任何能提供消息協助制裁名單上的人，將能領取獎賞。所以比方說，如果是奴隸就能獲得自由身，被捕者的財產也一律由政府充公（其中一項用途是轉作賞金）；名單上的人禁止居住在羅馬國家境內；任何人窩藏或包庇名單上任何人必將受到懲罰；還有，被誅殺者的遺體不得依禮俗下葬，也不准追思紀念。

羅馬國家已經落入大規模軍事承包人的手中，這些人的資金最初是得自羅馬滿懷怨恨的仇敵。蘇拉的成功歸功於他的高度組織技能，還有仇敵的弱點，以及他自身善於利用財源的才幹，這些財源遠遠多過羅馬政府當局所掌控的。蘇拉是將政府資源私有化的制度下的產物。剩下的問題是，他是否能創造一套制度，讓人無法仿效他所立下的榜樣。

第十七章　蘇拉的羅馬

蘇拉充分意識到他自己的事業生涯是非法的；從他的回憶錄裡很清楚可看到，他非常強調自己的行為受到神明的允准，而且如今他在塑造羅馬新政權時，明確地強調在表面上的合法程序。蘇拉對自己的才智了解甚深，也確實博覽群書，摧毀了共和體制，現在他必須用新的政體取而代之。

因此，緊接在「公敵宣告」（proscription）之後是進一步操弄憲法。蘇拉下令，凡事都要垂詢占卜官，亦即負責解釋徵兆的祭司。祭司所要問的問題是，在未曾諮詢執政官的情況下，設立臨時攝政（interrex）是否合法。臨時攝政在技術上是非常古老的職位，意思是「臨時的國王」，咸信這可回溯到羅馬的王政時期，國王透過選舉產生，而非世襲。占卜官適當地主張選舉臨時攝政當然合法。西元前一〇〇年執政官弗爾維烏斯・弗拉庫斯被選中出任臨時攝政；若干年前他曾努力調解蘇拉與秦納之間的磨擦。接著蘇拉寫信給他，說明對他擔任技術上一國之君的期許。技術性的一國之君也不負所託，在投票選舉獨裁官的前二十四天，弗拉庫斯提出一項議案，大意是說需徵詢百人團大會的意見。十二月初，百人團終於召開大會，通過《瓦萊里烏斯法》（*Lex Valeria*），准許臨時攝政得以指派一名獨裁官，法案中將其權限（包括撰寫法條、重建國家）說明得相當仔細。

蘇拉成為獨裁官的程序，反映出他迷戀羅馬早年的歷史和其制度上的發展。西元前八八年他占領羅馬城期間，這份興趣便已昭然若揭；當時他宣稱要恢復比平民護民官更早之前的「塞爾維烏斯憲法」（Servian constitution），據信頒布塞爾維烏斯憲法是為了解決共和國成立最初期間所遭遇的一次政治危機。獨裁官制度的誕生，以及主張可透過立法程序創造獨裁官制度的這個想法，則是歷史寫作的另種幻想。

李維認為，第一任獨裁官的名字之所以青史留名，是因為西元前四九四年元老院頒布的一項法令所致。獨裁官職位的基本條款是不論議題是什麼，都沒有人可以對獨裁官的決定提出異議。蘇拉創造獨裁官的方式，顯然相當不一樣，不過西元前二一六年時馬克西穆斯當選獨裁官，百人團大會的參與應該有一點功勞。借用臨時攝政來通過立法，可能要歸因於早年的某些措施，那時候是為了在沒有駐地行政長官的區域進行選舉。

認為獨裁官應該具有某種特定作用（譬如寫法條與重建國家）這樣的想法，得自早年獨裁官職位是為某項特殊目的而指定的習慣，雖然這些目的通常都是一些職責，諸如主辦選舉、監督宗教儀式之類。在很多情形裡，這項任務的特殊性會限定獨裁官的在職時間；只要釘子已經釘牢，就不再需要獨裁官（這是和密涅瓦神廟有關的宗教儀式，「去釘牢釘子」）。但有的情況卻是有六個月的期限，比方西元前二一六年馬克西穆斯的例子。其他人的例子是不限時間長短。至於這項新法令描述蘇拉實際職位的其他部分，大概是護民官不得否決他的法案，以及沒有提出異議反對獨裁官決策的權利，並且獨裁官得以簽署具有法律效力的命令。

＊

西元前八一年一月二十七至二十八日，蘇拉為戰勝米特里達梯舉行了凱旋式慶功（或許他認為張揚戰勝羅馬國家不是件好事），並且搶在百人團大會之前提出關於「公敵宣告」的新法案，法案適時通過。他也交付他所作所為的公開摘要，並正式採用「菲力克斯」（Felix，意指幸運）別名，來提醒他之所以成功的原因。

蘇拉「公敵宣告」的新法案比原本的法案涵蓋面更廣。透過鼓勵人民檢舉他們討厭的地方上仇敵，這項新法案將他的政權延伸到整個義大利半島。這項法令的新條款是黑名單始終開放給新的人加入，直到西元前八一年六月一日為止。接著，在蘇拉經常離開羅馬的一年當中，還有一些重大的法案說明了他對未來的展望。這些法案要改造元老院，重整主要的祭司團，為官職制訂新的最基本資格，處理羅馬城的糧食供應、非必要奢侈品，以及安頓他的除役老兵，並且沒收沃爾泰拉的土地。

蘇拉對元老院的改革，依據的是希臘哲學裡很重要的概念，主張制度可以塑造個人。套句波利比烏斯的話，民主體制可以塑造依民主行事的人，以一般人的利益為先。而根據波利比烏斯的說法，貴族政治是貴族政權成員以他們自己的利益永續為優先。這未必表示統治管理很糟糕（理論上），而是這會有一致的方向，在（理論上）對每個人都好。蘇拉所要做的，是透過他改革元老院，並對其成員設定新的期許，創立一套制度，從而調教貴族人士，以便於他能在處於最佳狀態下運作自如。如此一來便能創造未來理想的國家。

元老院的改革有三大部分：成員資格、事業生涯結構與功能。最重大的改革是功能，包括創設八個永久的刑事法庭，陪審團全數都是元老，並且對護民官的權威將有嚴格限制。當新法庭召集五十一名陪審員時，新制度就會要求元老院增加它的成員要超過四百人。我們可以假設，元老數額持續減少，是近期內戰與實施的「公敵宣告」所造成的後果，但反正也可能需要更多人。蘇拉從騎士階級裡任命三百人為元老院新成員，雖然他似乎曾經禁止他們發言，除非他們成功當選官職。這麼一來可能使得全部人數變成多達五百人，蘇拉當然覺得這樣才對。

進入元老院的年齡如今限定為年滿三十歲，也就是能競選財務官的年齡下限。對財務官得授予元老身分，每年有二十名財務官名額，而公職候選人必須先服役若干年。看起來，服役的年齡下限是十七歲，但附帶條件是原本應該服役十年才能接任官職，現在降低為在騎兵隊服役三年或在步兵隊服役六年。

如今法務官有八名，年齡下限是三十八歲，而執政官的年齡下限則是四十二歲；但如果是貴族或曾有英勇表現的人，不無可能提早一年接任官職（凱撒就是兩者都符合的人）。蘇拉未曾改革市政官，但是平民護民官不得競選進一步的官職，也不得在大會前提議法案，也被剝奪了他們的否決權。留給他們的一項權力是「上訴權」（provocatio），用來捍衛羅馬公民不受行政長官獨斷作為（許多史學家認為這是行政長官原本的目的）所害。

元老院規模的改革、支持卡波的許多資深成員遭殺害，以及新陪審法庭的成立，意味著前任行政長官再也不會擅權，就像之前世代的情況那樣。權力重新回到現任的行政長官手上，他們現在會在任期內都駐守在羅馬城。如今他們可以有效壓制那些落選人，不讓他們發揮，或在這些人事業生涯早期需要更多具影響力的支持時，來加以壓制。蘇拉的立法制度也帶來另一個影響（這當然並非無意為之），那就是在法務官與執政官微小的年齡差異下，沒有財富的人很難成功當選最高官職。確實，在未來的三十年間，唯一登上執政官位子的「新人」是西塞羅，而且還是在某些相當例外的情況下辦到的。大多數元老甚至無緣成為法務官，這麼一來也減少了對護民官未來任職的限制；正如事件所顯現的那樣，他們絲毫不覺得應該為自己的職業生涯受到限制而保持沉默。法務官競爭激烈，提高了市政官的價值，因為透過大手筆的競技大賽，可以拉抬法務官和執政官的競選活動，以及有愈來愈大的壓力要去搜刮大批錢財，而被搜刮的對象，正是那些新政體下當選的行政長官所統治的倒楣人。

接下來的十年間，政府的貪腐程度之嚴重，簡直破紀錄，而且惡名昭彰的是元老院陪審團甚至不願定嚴重貪汙最為誇張的人的罪。

＊

蘇拉對義大利土地的決定性影響，甚至高過他對統治階層的影響。在科林門戰役後數週，普里尼斯特終於投降（小馬略在投降前便已自盡；稍後，蘇拉將薩莫奈戰俘從其他倖存者挑出來殺害），蘇拉統領了二十七個軍團。當蘇拉的軍團逐漸解除動員時，這些人馬都被安置在義大利各處的殖民地，很可能一個軍團去一個殖民地。被當局視為小馬略勢力範圍的地區，比他處的人受害更多。斯特拉波認為，薩莫奈人是蘇拉特別厭惡的對象，因此他們遭逢現代人所謂的「種族清洗」。薩莫奈人的城市發展被倒退，而且在未來百年裡，甚少薩莫奈人能晉升為羅馬的貴族階級。沃爾泰拉和普里尼斯特一樣，堅決反抗到西元前八一年，卻被剝奪公民權與土地；阿雷托姆也是如此。在新移民到來很久之後，有記載顯示蘇拉的殖民者與原住民之間彼此對立，因為前者似乎自認是征服的強權，但卻被安置在一群賤民中。新移民有更多錢財可供支配，他們的將領也一直都很慷慨獎勵他們。在未來數十年裡，主要殖民地伊特魯里亞和坎帕尼亞，將是動亂最嚴重之處。

蘇拉並沒有創造堅實而安定的領土，住滿著因為他所創造的安定而繁榮發達的人，而是開創一片充斥著被剝奪者的景觀。這些人會效忠於將他們的利益擺在第一位的任何人，不論這個人是充滿領導魅力的前角鬥士，抑或是惡棍貴族，還是革命將領。接下來的五十年裡，數十萬義大利人從軍服役，但他們的主要目的不是要捍衛國家；他們是為了金錢與特權而戰，且往往是為了未來能從別人手中奪得土地而戰。

第十八章　蘇拉的遺產

蘇拉持續掌握獨裁官一職，直到西元前八十一年末，在那時候他已經被選為即將來臨一年的執政官，他因此放下獨裁官職位。就在他擔任執政官那年，很清楚地他其實並沒有絕對的掌控局勢。龐培追捕卡波，一路經過西西里島直到北非，並擊潰卡波的少數倖存追隨者，之後逮捕了卡波再處死他。接著，龐培寫信給蘇拉，要求舉辦凱旋式慶功，並給自己冠上別名「馬革努斯」（Magnus，意指偉大），分明以現代亞歷山大大帝自居。

蘇拉對此很不滿意，但決定隨他的意。同時，在接下來數年間，前秦納任內西元前八四年時的法務官昆圖斯．塞多留（Quintus Sertorius）發動一連串軍事行動，威脅到中央政府對西班牙的統治。在東方，蘇拉的亞細亞行省總督刺激米特里達梯開戰，入侵本都，卻一敗塗地。在希臘的列斯伏斯島（Lesbos）上，麥特林人（Mytilene）叛變，卻一直到西元前八〇年才被攻下。期間在盧庫魯斯率領的軍隊下，年輕的尤利烏斯．凱撒以先登死士的身分奪得首功。

凱撒得以倖存意味著蘇拉內面出現裂縫。凱撒身為馬略的姪兒，又是秦納的女婿，自是該當處決的頭號人選。在往後的歲月裡，凱撒曾說過這故事：由於他拒絕跟秦納女兒離婚，觸怒了蘇拉，被迫東躲西藏，但被蘇拉最惡名昭彰的親信找到，一舉逮送獨裁官。在蘇拉面前，維斯塔貞女與凱撒的親戚、奧理略烏斯家族出身的科塔（他素有「堅定的蘇拉黨人」之稱）兩邊聯手，救了凱撒一命。蘇拉在百般不願下赦免了凱撒的死罪，評論說這位年輕人身上有「很多馬略的」影子（Suetonius, *Life of Caesar* 1.3）。

關於凱撒後來述說自己早年生涯的事情，很少是可以完全相信的。假如他真的是以「公敵宣告」的一員被逮捕的話，那他必定當場被格殺；假如蘇拉早已察覺到他會威脅到自己的政權的話，蘇拉就會殺掉他。但真相其實是就和眾多羅馬人一樣，凱撒也腳踏兩條船。問題是敵我的界線到底在哪裡，這理論上說來容易，實際做起來困難重重。同樣困難的還有當表現忠誠如此模稜兩可時，很難面面俱到討好雙方。凱撒撿回一條命代表蘇拉對自己陣營的一個角落做出讓步，而這些人與蘇拉最信任的幾個謀臣之間的矛盾，正逐步愈演愈烈。

＊

在軍事征戰中，蘇拉已經發展出一個行政結構，功能類似於東地中海某些王廷。這樣的結構對有效調動資源很重要，因為能夠支持背後有承包人團體在財務上贊助的私人軍隊。

這個新的朝廷體制，特色是下屬部門被分割成「圈內」與「圈外」兩種成員，其地位完全由對統治者所提供的服務來定義，而其職涯則是透過國家各項官職來定義（這兩者可能重疊）。同時，統治者的家庭被充作行政管理中心。這套體制的另一項基本特點是，以蘇拉的情況為例，某種形式的大眾意識形態溝通被濃縮在他的法律中。然而，「圈內」與「圈外」的出現導致潛在衝突，有些人以為自己的地位依賴出任的官職或祖先家世（這團體支持凱撒），而另些人的權力取決於他們與統治者有多親近而定。西元前八〇年的夏天，兩派人馬之間的角力破裂，確實造成充滿醜聞的法律訴訟，而這在實際上或象徵上是在審判蘇拉政權。

這樁醜聞案牽涉到一位色克都斯．羅西烏斯（Sextus Roscius），他是來自阿美利亞（Ameria）的伊特魯里亞人，父親名字也叫色克都斯。老色克都斯富可敵國，坐擁十三座農場，以及價值一百五十萬第納里烏斯銀錢的財富。西元前八一年春末，老色克都斯在羅馬城遇害。小色克都斯的仇敵於是要求蘇拉的自由民克里索戈努斯（Chrysogonus）將老色克都斯的名字寫在「公敵宣告」黑名單上，儘管時間已經過了名單截止日六月一日。額外將死去的老色克都斯名字加進黑名單，表示老色克都斯的莊園將會被充公，這樣克里索戈努斯便能以很低的價錢收購莊園。克里索戈努斯將莊園交給了老色克都斯的兩名親戚管理，再控訴小色克都斯弒父——在羅馬人的觀念中，弒父（母）是所有罪行裡最罪大惡極的一項。小色克都斯逃亡到羅馬城，在那裡得到梅特盧斯氏族的庇護；梅特盧斯氏族與他的父親素有往來。最後小色克都斯借住在凱西莉亞．梅特拉府上，她是蘇拉妻子以及凱西里烏斯．梅特盧斯的表親，後者曾是蘇拉麾下的部將，且在西元前八〇年將與蘇拉一同擔任執政官。

由於控訴很嚴重，這個案件理所當然引人矚目，但梅特盧斯氏族派了幾位成員協助負責辯護的首席律師。那名首席律師就是西塞羅，西塞羅在前一年曾成功為一個名叫昆克修斯的男子辯護成功。昆克修斯惹的麻煩是，他一直都與頑強的死硬分子秦納關係匪淺，而他的莊園被新政權的忠實黨羽竊占。西塞羅的成功崛起，靠的是他有能力吸引到一些對自己命運惴惴不安、又支持蘇拉「貴族條款」的人士。這些人士的家族成員在資格上都沒有明顯地親蘇拉，或者在事業上受到死硬派教條主義人士的猜忌。

西塞羅替小色克都斯做辯護，不同於他對昆克修斯的那次，因為他現在代表的是貴族派系核心分子所支持的人，顯然是對克里索戈努斯不滿的貴族，而克里索戈努斯雖然是蘇拉圈內黨羽，卻是不折不扣的自由民。假如小色克都斯被判無罪，那麼，在一大堆群眾面前，克里索戈努斯應該會被貶低好幾級。

小色克都斯確實被宣判無罪。西塞羅在答辯的緊要關頭，小心翼翼把蘇拉與其部將做了切割。他陳述克里索戈努斯曾阻止來自阿美利亞的使節要人去會見蘇拉，對方是來抗議拘禁小色克都斯，克里索戈努斯還以區區五百第納里烏斯銀錢收購了地產，設局讓小色克都斯的親戚來管理。西塞羅說，可是蘇拉對此是一無所知。怎麼會這樣呢？這不該如此，可是這一切全在意料之中：

> 即使是至高至大的天神朱比特，僅憑其點頭及意志，統治了上天、大地及海洋，經常以猛烈狂風及大型風暴，極度酷暑或無法忍受的嚴冬，殺死凡人，毀滅城市及摧殘作物，我們不將這些災難歸諸這神聖的安排，但我們相信它們是出自於自然本身的威猛力量以及浩瀚無窮。另一方面，讓我們獲益良多的好事，我們賴以滋養的光，還有我們呼吸的空氣，都是朱比特天神恩賜給我們的。因此，各位陪審團紳士們，如果蘇拉獨力統治這個國家並治理這個世界，也確定他透過武力及法律相助獲取帝國的威嚴，我們該懷疑錯過了什麼嗎？不該，除非人類的心智

達到神聖力量所不能達到的程度，這才是令人驚訝的。（Cicero, *On Behalf of Sextus Roscius of Ameria* 131）

西塞羅接著又說，克里索戈努斯在巴拉丁諾山有宅邸，靠近羅馬城的一處莊園，裡面滿是精美絕倫的希臘藝術品，以及最新穎的精緻鍋具，還有一大群奴隸，簡直是徹頭徹尾的一名惡棍。陪審團不應該從蘇拉授予他的權力方面來考慮，而應該意識到他根本沒有權力。「難道卓越的貴族勢力是否曾以金戈鐵馬收復國家，因而讓自由民與卑微的奴隸可以隨意壓榨貴族的家產，或是我們的性命與財富呢？」（Cicero, *On Behalf of Sextus Roscius of Ameria* 141）他的結論是，小色克都斯的判決不是針對蘇拉，而是針對克里索戈努斯。

陪審團支持小色克都斯，而蘇拉的權勢看似逐漸衰微了。蘇拉的亞細亞行省總督在沒有他的應允之下，挑起戰爭，結果在米特里達梯手下遭受尷尬的挫敗，而龐培在蘇拉沉默的抗議下舉行了他的凱旋式。蘇拉大概已經知道自己的健康狀況江河日下，於是告老還鄉，到鄰近那不勒斯灣的別墅安度剩餘的數月人生。他在那裡撰寫回憶錄，可是在西元前七八年前半辭世，未完成回憶錄。回憶錄後來由盧庫魯斯接續完成並公諸於世；盧庫魯斯終身都是最忠於蘇拉遺緒的人。

當局不顧西元前七八年一名執政官的反對，蘇拉的葬禮開銷是以公共支出來舉行的。當天葬禮盛大、大雨滂沱。葬禮隊伍裡有一萬名冠上他氏族名的自由人，葬禮上焚燒了兩座由香料製作、真人大小的前獨裁官芻像，哀悼者被蘇拉的香煙繚繞浸透了。

在蘇拉過世之前，西塞羅就遠走羅得島深造，在教育上精進。在他職業生涯的這一階段，他會去東方，向羅得島上知名的修辭學家阿波羅尼奧斯．莫隆（Apollonius Molon，凱撒也曾跟他學習）討教，這表示對胸懷大志的羅馬領導人物來說，了解希臘文化是多麼重要。

義大利本身也逐漸在轉變中。即使是以西元前二世紀的標準來看，流入私人手中的財富之多，令人驚訝。奢侈的別墅成了某些貴族高層成員象徵地位的標誌。新的建築物如雨後春筍改變了城市景觀。其中最為壯觀的是石砌的圓形競技場，那裡是角鬥士競技比賽的場所。最早的圓形競技場建於西元前七〇年代早期的龐貝，當時可能是為了提倡這些除役老兵新移民接受羅馬的生活方式。

如今亦然，有證據顯示大規模的土地占有狀況真的急遽增加（提庇留．格拉古認為這是西元前二世紀摧毀義大利農業的罪魁禍首）。起碼在這個部分上，這點是受到財富集中在蘇拉黨羽手中的刺激所致，這些黨羽很快就消耗掉蘇拉黑名單和其他充公管道下沒入國庫的財產。不過，雖然這些人富有，但單憑一己之力，他們難以對經濟擴張有所貢獻。在翁布里亞這類農村地區，雖未直接遭受蘇拉充公政策的影響，但情況的變遷仍令人震驚。大家現在都移居到城市中心，拋下農村的聖所；這些聖所對早年的社會組織形式非常重要。而且，刻在不易腐化材質上的拉丁文銘文的出土量愈來愈多，由此判斷拉丁文如今也成了愈來愈普遍的語文，成了義大利各城邦的官方語言。

不過義大利半島上的經濟與文化變遷，並非在一片歌舞昇平、和睦融融下進行的。那場把蘇拉葬禮上的火葬柴堆淋得濕透的大雨，在蘇拉的傳奇受到嚴厲攻擊之前還沒有停歇下來。護民官要求恢復他們的全部權力。執政官埃米利烏斯．雷比達回絕他們的請求：他想自己扮演護民官，推動法案來增加糧食補貼，並廢除蘇拉在義大利部分農村設立的殖民地，因為那些地方早已出現動盪不安的跡象。一場叛亂爆發促成非得出動武裝部隊，該部隊由喀提林率領；喀提林早在淩虐小馬略致死時，已充分證明了他的精神狀況有些許失常。接著伊特魯里亞的費耶索里爆發叛變，當地人攻擊除役老兵殖民地，蘇拉黨羽在抵達當地時建造了一座軍事堡壘，這清楚表示他們對自己的出現，並未期待會受到歡迎。

夏天結束時，雷比達自命為軍隊統帥，出馬鎮壓伊特魯里亞叛亂，他相當稱職，可是接著卻拒絕返回羅馬城，也不肯解散部隊：他說，他隔年要去南法出任指揮官時需要軍隊。就在新的一年開春之際，他竟率領那支軍隊進軍羅馬。後世史學家認為，這個在當時被視為蠻橫的行動，其主要目的是要復興蘇拉的殖民地方案，並且確保自己能再次連任執政官。

雷比達在抵達羅馬城之前，與卡圖盧斯和龐培率領的部隊短兵相接；卡圖盧斯是西元前八七年的執政官，至於龐培，就我們所知，他已經靠自己的財力又再組成了一支私人軍隊。雷比達在城外遭遇大敗，取道伊特魯里亞，帶著軍隊開拔到薩丁尼亞。抵達該島不久他就殞命；他的人馬大多數搭船潛逃西班牙，在那裡投靠塞多留。於此同時，在義大利，由於龐培拒絕交出統率權，爆發了另一場憲法對決；最後眾人決議同意他率兵前往西班牙攻打塞多留。龐培在文人治理毫無經驗，而且還太年輕，就連擔任財務官都嫌太早，但他明白知道想在國內獨霸一方，就要在海外取得軍權。在西元一世紀前半葉裡，他是不曾向共和國政府宣戰的最有力人士，這將預示他的成功。

塞多留的故事反映了當代地中海區動盪不安的局勢。離開義大利之後，就在卡波事業一敗塗地許久之前，塞多留已經企圖建立他自己在西班牙的地位，卻在抵達西班牙時沒有拔得頭籌（確實，他還歷經一連串挫敗），反倒讓自己陷入反對茅利塔尼亞（Mauretania）國王的政變中（約莫是現代的摩洛哥）。蘇拉與該王室的聯繫可以追溯到西元前一〇六年他俘獲朱古達，蘇拉派了一支小型部隊來支援國王。可惜來得太遲；在部隊統帥被殺後，整支軍隊被塞多留接收。

前蘇拉的軍隊形成了一個反蘇拉叛亂的新核心集團。借助盧西塔尼亞（Lusitania）部落首領的勢力，在西元前八〇年塞多留展開了一次更為成功的西班牙軍事行動。值得注意的是，塞多留再次喚起了新世界秩序的美好感受，努力延攬他的地方盟友加入他的指揮結構裡，同時為他們的孩子提供良好的拉丁文和希臘文古典教育。他一面訓練了一些西班牙盟友學習羅馬人的戰術，一面保留其他部隊以備小規模衝突之用。那一年年底，塞多留擊敗了西班牙南部與北部各行省總督後，被視為一大威脅，以致於梅特盧斯被派去處理他。

梅特盧斯出師不捷。到了西元前七九年底，梅特盧斯在西班牙南部遭塞多留包圍，而北部的總督也已經被塞多留部將所率領的軍隊擊潰。其後，隨著蘇拉身亡以及雷比達政變初期階段正占領羅馬政壇，西元前七八年沒有援軍前來救援梅特盧斯。西元前七七年，雷比達政變的倖存者集結成大約五個有餘的軍團，在馬庫斯．佩爾佩納指揮下從薩丁尼亞島移師外地。經過幾番混亂（佩爾佩納一開始並不願意在塞多留麾下稱臣），新的部隊加入了塞多留。龐培就在後方不遠處。

龐培的到來並未帶來他預期中的有利影響。塞多留將梅特盧斯擋在西班牙南部，防範龐培和梅特盧斯的軍隊會合。情勢又因為羅馬國家再次陷入金融危機而更加複雜。雖然西元前七九年的鑄幣匠人用掉了六百個正面模具，但之後數量持續下滑，甚至有單獨的鑄幣廠在西班牙為梅特盧斯和龐培工作。包含那個鑄幣廠在內，西元前七七年羅馬國家用了大約四百六十個模具，但並不足以支付當時在戰場上的二十四、五個軍團薪餉所需。也難怪，還記得當年事件的史學家撒路斯提烏斯會以「短絀」作為那些年的主題；西元前七四年，元老院接管了二十年前托勒密．阿皮翁（Ptolemy

Apion）國王遺囑中要留給羅馬的昔蘭尼加地區，寄望著該地區在經歷幾十年不穩定的政府統治後，能產出超過支付其管理所需的稅收；恢復護民官的權限代表著要求行政體制變革的騷動正在發生。

還有個貢獻的因素是「海盜行為」的威脅，再度形成嚴重問題。塞多留當年登陸摩洛哥時，曾受惠在海上交通來去自如的可觀勢力。西元前七九年的執政官曾奉命前往南土耳其去殲滅海盜。這名執政官聲稱他旗開得勝，但是犯罪的人，他們似乎隸屬一個逐漸變得愈加複雜的網路，代表著環地中海四周的邊緣社區，仍然十分活躍。

當撒路斯提烏斯在寫蘇拉死後那偉大歷史的這幾年時，在他為西元前七五年的執政官馬庫斯·奧理略·科塔（Marcus Aurelius Cotta）和龐培捏造的演講中，呼喚出這樣的危機意識。撒路斯提烏斯認為，龐培威脅恫嚇，如果不能獲得適當的支持，就要率領他的軍隊從西班牙返國；他的人馬一直沒領到軍餉，而且西班牙飽受蹂躪，導致統治西班牙的成本比預期高很多。他懇求元老院要謹記元老院與他的利益是一致的。大致來說，認為國家的公僕（如果定義寬鬆）也能有自己的利益，這是蘇拉的遺緒，而龐培當然不是抱持這樣意見的最後一人。在撒路斯提烏斯描述下，科塔總結國家所處的狀況：

> 我們在西班牙的統帥們，正要求軍餉、兵馬、武器與糧食，形式逼他們不得如此做，因為我們的盟友退出，塞多留遁走山路，為了防範他們接戰或取得軍需。由於米特里達梯極大的勢力，因此軍隊仍需駐防在亞細亞行省與奇里乞亞行省。馬其頓遍布敵人，義大利與各大行省沿

海地區亦然。而此時，受戰爭影響，我們的財政收入短絀也不穩定，僅能滿足我們一部分開銷……帝國的勢力牽涉極大的焦慮感，沉重的負擔多不勝數。當所有行省與王國，陸地與海上都充滿怨憤，或因為戰亂筋疲力竭，想解決困境，追求和平與繁榮，是完全徒勞無功的。

（Sallust, *Histories* 2.44.6–7; Fr. 14）

這便是西元前七五年夏季的情勢。有些人已經在質疑蘇拉制度的存廢，尤其是關係到護民官的確，根據撒路斯提烏斯的記載，曾經解救凱撒的科塔來自「中間派的集團」，他通過一項法令，廢除了蘇拉不准護民官尋求更高官位的禁令。

西元前七五年也是壞事連連，不久又每況愈下。米特里達梯再度行動，這一次，他有幫手支持他。米特里達梯接見了塞多留派來的使節，向他索討金錢，用來訓練米特里達梯現在正要開始組建的軍隊。這些使節利用與海盜的關係，來回穿梭於地中海。同時，俾斯尼亞的國王尼科美德四世的健康狀況明顯日迫西山，他一直都嚴重仰賴羅馬的金援。尼科美德立了遺囑，剝奪了他與米特里達梯女兒所生兒子的繼承權，以便讓羅馬繼承他的王國。而此時羅馬共和國正值即將吞併昔蘭尼之際，不想拒絕俾斯尼亞贈予的遺產，並開始整軍待發攻打米特里達梯，等到年底尼科美德四世過世，這場戰役已然勢在必行。

正當對米特里達梯的備戰如火如荼展開時，新的議案又起，這次是要對付海盜。西元前七四年的法務官馬庫斯・安東尼烏斯被賦予一項新形式的統率權：地中海區的「不限定範圍的指揮權」（imperium infinitum），這表示他得以號令任何一個行省提供他所需要的反海盜資源。雖然在這一年當中，安東尼烏斯的行動被侷限在西地中海區，但是在西元前七三年，他就轉移軍事行動到克里特島。在某些方面上，這項統率權可以看作是回復早年的指揮權，其權限與任務有關，而非與行省有關，在此之前，並不存在一個行政長官能在另一個「任務範圍」發號施令的問題。安東尼烏斯有權這麼做，可以被看作是指揮權的分級概念的延伸，也就是說一個人的指揮權高於另一人，這也出現在《瓦萊里烏斯法》裡，也就是當年助蘇拉的獨裁統治一臂之力的法律。

至於和米特里達梯的戰爭，初次的配置包括了科塔被分配到一支艦隊，得以航行於本都海域內，同時他的執政官同僚盧庫魯斯奉命要奪下奇里乞亞，當時奇里乞亞行省的總督突然身亡。盧庫魯斯身為蘇拉的前任財務官，也在東方戰功彪炳，由他接任當之無愧。盧庫魯斯也知道，反羅馬的情緒達到有史以來的高峰，曾經借錢給行省各大城市支付蘇拉費用的那些羅馬銀行家，收取的利息高達百分之四十八。有些城市透過積極外交手段想盡辦法不讓自己暴露在危險中，但這些都是例外。其他則有種種隨機行為的行政暴力可說，譬如羅馬官員在蘭普薩庫斯性侵一名傑出公民的女兒，還有各種財政壓迫的故事。

前亞細亞行省總督已開始接收俾斯尼亞，因此，科塔率領他的艦隊前往馬摩拉海，奧援羅馬人的併吞行動，但卻搞砸軍事行動，結果在基齊庫斯（Cyzicus）反遭到米特里達梯發動全軍圍攻。盧庫魯斯從奇里乞亞招募了五個軍團，身為徹徹底底的現代羅馬將領，他要證明他了解人未必要戰才能贏的道理。他占領一個可以切斷米特里達梯的補給的地點，很快就使得圍攻基齊庫斯的人陷入饑饉。米特里達梯的軍隊撤退到本都，盧庫魯斯如今統領奇里乞亞、亞細亞與本都，緊追不捨。

夏季剩餘的時光，盧庫魯斯都在按部就班奪取本都各大城，進而拔掉米特里達梯未來的行動基地。這項軍事行動一切順利，直到了冬季來臨，盧庫魯斯不得不放棄。可是，米特里達梯聲名狼藉，無法重振雄風。這個時候較不明顯的是，盧庫魯斯龐大的統率權意義為何。他不僅統治三大行省，而且只要他認為合適，也可以自由擴大戰區。羅馬為了能夠在一大片領土內行使完整的控制權，因此設下這個金科玉律，對此未來二十年裡成功鼓舞其他人有志之士心嚮往之。這麼做也為拆解共和體制政權打下基石。

＊

在西班牙，戰事方興未艾勝負皆有，但結果對龐培和梅特盧斯有利。在義大利的局勢卻是雪上加霜。某次有一群據稱曾在靠近卡普阿訓練場地被拘禁的角鬥士逃獄而出，他們流亡至維蘇威（Vesuvius），和其他的不滿分子結夥，襲擊當地，可是當地政府無能為力對付這些人。最終角鬥士在斯巴達克斯（Spartacus）的帶領下，繼續在其他地方鼓動暴亂。

在當今世界中，斯巴達克斯比許多在當時看來更應該被載入史冊的人，吸引了更多人的注意。就如同另一位人物拿撒勒人耶穌（Jesus of Nazareth）一樣，他也被視為領導受壓迫者的頭號分子，也是帝國壓迫下的受害者。對於這兩個被釘死在十字架上的人物，並非現代史學家不合理地給予同情，因為他們認為那是十分恐怖的處決方式，是典型的羅馬作為。但事實不然，就像他們最令人不安的大多數習慣一樣，這種懲罰形式也是羅馬人從迦太基、希臘和埃及等地引進的舶來品。一部分原因是因為斯巴達克斯身為職業角鬥士，現代人卻常視他為某種原始馬克思主義革命分子；他出身於最壓抑、最受到扭曲的環境，卻生就一副高貴靈魂，促使他起而鼓舞他人挺身對抗壓迫。

現代人在重建斯巴達克斯的生平故事時，有很大成分是虛構而非事實。首先，羅馬的角鬥士並不被認為是貧窮或受壓迫的人。雖然他們從事的是有危險性的行當，但幾乎不是羅馬娛樂產業裡唯一有危險性的工作。許多角鬥士都是自由之身，為可觀的收入出戰；奴隸角鬥士則很昂貴，而且幾乎不會輕易遭到汰換。此外，不論是哪一種角鬥士，都很容易在圓形競技場外也找到工作機會，他們可能出勤擔任富人名流的保鏢，也可以在政治劍拔弩張之際充當必要的「流氓打手」。

斯巴達克斯的叛變並非奴隸叛變。他的軍隊之所以危險，正是因為他們能如軍隊般作戰。我們所得到的資料來源清楚顯示，斯巴達克斯的人馬能和羅馬軍團正面對決。然而毫無疑問，未經大型陣仗受訓的角鬥士，幾乎無法從無到有組成一支軍隊。不過在十年後爆發的一場農村叛亂裡，斯巴達克斯的追隨者已經是受訓過的軍團戰士了。被蘇拉剝奪財產的人，對後蘇拉時代的嚴重經濟不公平引發的怨憤，使得這些人的生活被快速變化破壞。斯巴達克斯的叛亂開始於一般的抗議活動，後來才演變成農民起義。斯巴達克斯本人應該格外充滿領袖魅力，但他也極為殘酷，例如他有獻祭活人的不健康嗜好。

這場叛亂一開始旗開得勝，要稍微歸功於羅馬最傑出的將領都人在海外，而且最精良的士兵要不是沒有參與平叛，就是都已經除役了。政府當局對叛亂的第一個反應是派出兩名執政官，率領倉促成軍的部隊，斯巴達克斯要不先行迴避了他們，就是輕易地打敗了他們。

戰事僵持到隔年，兩名執政官都部署在義大利。斯巴達克斯的武裝部隊分成了兩部分，一隊由名叫克雷克斯（Crixus）的男子領軍，但遭到執政官盧基烏斯．格利烏斯（Lucius Gellius）擊潰。然而，羅馬對付斯巴達克斯的戰力卻陷入敗戰泥沼。斯巴達克斯從坎帕尼亞移師，翻越亞平寧山進入皮切奴地區，擊敗了兩名執政官的聯軍，接著是山南高盧（Cisalpine Gaul）的駐軍。在那個時候倘若如傳聞所說，他其實企圖率軍越過阿爾卑斯山逃亡，誰也沒辦法阻擋他。可是，他反而再度南下，又一次越過亞平寧山洗劫坎帕尼亞，接著開拔進入盧坎尼亞，攻占了圖里城。到了這個時候，羅馬在陣前奪去了執政官的兵權，改由法務官克拉蘇接掌，此人不久前才因疑似玷汙了維斯塔貞女遭起訴，最後獲判無罪。

克拉蘇是內戰經驗豐富的指揮官老將，對自己的部隊軍紀嚴明，他有個讓人不悅的老派作風，他認為十一抽殺律（decimation，犯錯的單位每十人處決一人）是古代傳統認可的刑罰，因此也對自己的部隊實施這樣的律法。他後來打算將與斯巴達克斯的衝突扭轉成陣地戰，就像盧庫魯斯在東方戰役，以及梅特盧斯與龐培在西班牙所做的那樣。斯巴達克斯的應戰方式是疏散他的兵力到西西里島，尋求奇里乞亞海盜艦隊的援助。此時海盜的威脅非常嚴重，以致於西西里總督韋雷斯改採積極方法來防範對方越雷池一步。可能是因為韋雷斯自己與同一批海盜也素有淵源，因此進行協商，才終止了對方與斯巴達克斯合作。

＊

西元前七二年，對羅馬算是個不算壞的年頭。海外的事務進行順利。盧庫魯斯出征本都所向皆捷，迫使米特里達梯逃亡投靠女婿，亦即亞美尼亞的提格尼二世。在西班牙，戰事突如其來結束。一向無法屈居人下的佩爾佩納，在一場宴會裡殺害了塞多留。然後，佩爾佩納發現自己得不到什麼支持，於是歸降了龐培。龐培立刻處決了佩爾佩納，同時演了一齣戲，假裝未讀佩爾佩納交出的塞多留信件，據說信中有各種豐富精采的叛國材料。在西元前七一年返回義大利前，龐培一把火燒掉了這些信。

抵達義大利之後，龐培發現克拉蘇最後終於歷盡千辛萬苦，在塞內爾基亞（Senerchi）征服了斯巴達克斯的軍隊。據說，斯巴達克斯戰死沙場。然後克拉蘇將六千名戰俘釘死在十字架上，沿著阿庇安大道（Appian Way）一路排開，手法之殘暴，若一起考慮他對自己部隊人馬的殘忍處置方式，可能會讓他的羅馬同袍不願意把結束戰爭的功勞完全歸功給他。結束戰爭的功勳後來盡歸龐培。龐培圍捕了一批斯巴達克斯的黨羽，然後班師回朝返回羅馬城，舉行了一場盛大的凱旋式慶功大會。可想而知，克拉蘇氣急攻心。

但是眼前還有更多事迫在眉睫等待處理。龐培和克拉蘇雙雙當選執政官。此番也選出了自西元前八六年以來的首批監察官，而恢復護民官權限、消滅公共生活中的貪腐行為也在進行中。

西元前七〇年初，護民官的權限被恢復了。另一項民怨瀆職焦點是蘇拉的陪審制度，這套制度本身，連同西西里島總督韋雷

圖12　西塞羅的半身像，年代約在他辭世後一世紀，塑像反映出羅馬人始終如一對西塞羅的迷戀，視他為那個世代決定性的文化大師。

斯，一起接受了審判；韋雷斯因貪腐和勒索罪名被送上法庭受審。檢察官是西塞羅，而陪審團在這個案件毋庸投票，韋雷斯因為明顯罪孽深重，以致於在西塞羅所召集的證人在完成作證之前，他便逃亡出國。同樣地，在西塞羅發表的演講稿裡，他猛烈抨擊舊政權。他宣稱韋雷斯背叛卡波應受到譴責，並且稱「公敵宣告」是國家的大不幸，而且還這樣說蘇拉：

> 他權力如此之大，倘令他不願，則無人得享財產、家鄉或生命；他膽大至極，乃至於他在一次公開會議上說，他出售羅馬公民的物品，是在賣他自己掠奪而來的戰利品，然今天我們保留了他的法令，甚至因害怕更壞的事而用公權力為他那些行為辯護。（Cicero, *Verrines* 2, 3.81）

西塞羅並非呼籲改革的唯一一人。在韋雷斯的審判抽絲剝繭之際，執政官的弟弟馬庫斯．奧理略烏斯．科塔（時任法務官）也推動立法，改革陪審團的組成方式，讓其成員能選自三大群體：元老院、騎士階級和司庫階級（tribuni aerarii，如同騎士階級，也屬於人口普查的第一級）。即使是監察官也參與行動，撤職六十四位元老，無異於宣示那個令人敬畏的組織裡被認為貪腐的程度。被撤職的人包括倫圖魯斯．蘇菈（Lentulus Sura），他是前一年的執政官。蘇拉很可能以為自己是在開創一個更傑出的羅馬國家，設計了一套制度，讓擁有指揮權的行政長官說了算。但蘇拉實際上創造的卻是一個竊賊統治政權（kleptocracy），其缺乏效能現在甚至也震驚了他的支持者，如今支持者正透過糾舉行政長官的不當行為，試圖恢復國家的體面。

雖然克拉蘇和龐培都說他們支持恢復護民官的權力，而且龐培至少還公開抱怨元老的腐敗，但其實兩人在任期內對推進護民官案件幾乎毫無作為。兩人相互間的嫌惡阻礙了共同的行動，直到某個關鍵時刻克拉蘇設計演出一場奇蹟：有名男子現身廣場，聲稱他看見朱比特天神顯靈，天神宣布所有執政官在正式和解前都不能離開職務。兩人遵照神靈的指示，也都沒有為來年指定一個任務範圍，雖然這也可能是因為沒有理由拔除盧庫魯斯討伐米特里達梯的統率權，因為他一直有條不紊地殲滅本都各城市，現在正要求派出十位委員，確認在攻占領土內他所做的安排，因為戰爭就快要告一段落了。

*

縱使盧庫魯斯要求召集委員，但他並不想結束戰爭。盧庫魯斯現在進攻提格尼二世的亞美尼亞王國（米特里達梯仍在那裡出沒），並在美索不達米亞北部城市蒂格拉諾塞塔（Tigranocerta）打敗提格尼的軍隊。他的這次勝仗十分轟動，但是發生背景應該已經引起羅馬當局的警覺，因為盧庫魯斯在沒有徵求元老院同意的情況下，就發動了一場延長現有戰役的大戰。而且即使功勳彪炳如他，也無法結束他發動的戰事，因為縱使提格尼和米特里達梯被打敗了，但他們仍然在逃。西元前六九年盧庫魯斯再度擊敗提格尼，再次將他趕出他的王國，不過戰爭還未了結。

在西元前六八年盧庫魯斯進一步在本都對戰後，他在底格里斯河畔的尼西比斯（Nisibis）紮營。他的軍隊逐漸開始躁動，但盧庫魯斯似乎考慮推進軍事行動，介入鄰邦帕提亞王國蠢蠢欲動的王位繼承內戰。接著是包稅人的問題，他們對行省的掠奪一直都受到盧庫魯斯的牽制。如今，盧庫魯斯的權勢不再暢行無阻，因此隔年初政府派了一名總督來亞細亞行省取代他。在尼西比斯，很顯然盧庫魯斯的主力部隊已經筋疲力竭，某位令人討厭但人脈關係很好的年輕軍官普比留斯・克洛狄烏斯（Publius Clodius）[1]的叛變行為，又讓大家的不滿火上加油；他是我們在本章開頭讀到的凱西莉亞・梅特拉的兒子。最後，二十多年前由弗拉庫斯和芬布里亞領軍下來到東方的軍團，也拒絕服從進一步的命令。

西元前六七年時，新任總督奉派到俾斯尼亞和奇里乞亞，盧庫魯斯的任期劃下句點。他的指揮權燕發，隨之與羅馬任何對抗米特里達梯任何意義的整合也煙消雲散。而且，還有海盜問題，因為有些海盜在坎帕尼亞海岸綁架了兩名法務官，藉此勒索贖金。西元前六七年的其中一名執政官遭懷疑涉入極度大手筆的賄選事件，對局勢改善沒有好處。確實，敗戰與醜聞使得政府陷入危機。兩名護民官奧盧斯・加比尼烏斯（Aulus Gabinius）和蓋烏斯・科內留斯（Gaius Cornelius）推動大規模立法，試圖搶救局面。兩人都是龐培的前任軍官，因此毫不意外，解決方案之一就是要他立即回歸公共生活去處理海盜事件。

後世史學家卡西烏斯・狄奧認為當局對海盜事件的反應，是共和政權告終的開始。但這個說法言過其實，因為護民官加比尼烏斯在西元前六七年夏天提出的《加比尼烏斯法》（*lex Gabinia*）中，主要法條利用的是之前反海盜法的要素。加比尼烏斯的議案和以前幾個的差別在於實施的規模不同。《加比尼烏斯法》主張，要授予討伐海盜的統帥一支兩百艘戰船的艦隊、十五個軍團、一筆很大的預算，以及三年得以號令沿海行省各總督的權限。這套新法的關鍵在於借用了馬庫斯・安東尼烏斯早年的指揮權，也就是「不限定範圍的指揮權」的概念，這表示該指揮權不受任何特定「任務範圍」限制，也因此這種指揮權比其他人的指揮權來得更大。這項權限可以挑選十五位代表，包含各種軍階，使得這個官位上的統帥有莫大影響力，因為他能指派任何可能有利可圖的指揮官職位。不過，這個法案之所以別具爭議，很明顯的原因是這個統帥位子是專為龐培所設。

法案發布時只有尤利烏斯．凱撒這一名元老支持。希望保留蘇拉政體的那些黨羽的首腦卡圖盧斯，夥同兩位護民官意圖否決法案。其中一位護民官特瑞伯利烏斯（Trebellius）正打算提否決時，加比尼烏斯拿著提庇留．格拉古著作的一頁提案，主張藐視人民意願的護民官應革職。表決結果一面倒贊成加比尼烏斯，特瑞伯利烏斯因此打消否決念頭。制裁海盜的法令通過時，加比尼烏斯又再提一案，這個提案是要授予龐培指揮權。第一個法案所指派的軍團司令，隨後以「凱旋將軍龐培的代表」自居。就我們所知，這是頭一次，單一法令所產生的官員向另一則法令所產生的官員俯首稱臣。

另一位護民官科內留斯立法的主旨是反貪腐。他推動了一條法規，嚴禁元老借錢給外國使節，因為元老能從使節身上賺取利息，因此這類借貸會誘使元老做出有利使節的舉措。但這條法令未能通過，於是科內留斯再提案新法規，打算管制選舉活動中的行賄。接著，還有一條法令規範只有人民能給予法律豁免權，但這豁免權向來都是元老的特權；此外的另一條法律，強制法務官執法時得遵守他們在如何執行司法事務時所公布之法令的規定。

頭一條法規未獲支持，導致素來貪腐嫌疑濃厚的執政官皮索自行提出一條與懲治賄賂有關的法規。或許是因為想捍衛他的威權，人民竟然通過這條法規。禁止借貸的科內留斯法未能通過，為加比尼烏斯提案另一條同樣議題的法規開啟康莊大道，而這次的法規奏捷通過。法律豁免權的法案獲

1 編按：克洛狄烏斯為爭取西元前五九年平民護民官，而將貴族名「克勞狄烏斯」改為平民名「克洛狄烏斯」。

得通過，但形式上有所妥協（元老院院會時必須達到兩百人次出席才能行使豁免權），另一條要求法務官遵守自己頒布之法規的法案也成功通過。同年稍晚，第三名護民官昆圖斯．羅西烏斯提出了一項法案，要恢復以前的法規，保留劇場前十四排座位給騎士階級。這條法規的重點是要讓劇場成為展現羅馬社會井然有序的場所，但在這個時間點上，這樣的做法早已顯得落伍。

科內留斯所召開的會議，有好幾次都沾染暴戾之氣，而這一年的顯著特色就是他在很大程度上訴諸暴力來支持他的立法規劃。皮索在提案嚴禁賄賂法規時，科內留斯唆使那些發送候選人致贈各部落成員「禮物」的人，起而破壞議事。先前他在有關元老院使節團進行提案時，他已經從每年一月慶祝守護神拉爾祭典（Compitalia）的古老祭祀社團（collegia）之中，招募「流氓打手」。起初，這項祭典是祝禱居住在十字路口的神靈，但是到了西元前一世紀時，這個祭典的重點卻是凝聚鄰里向心力。理論上，祭祀社團是指羅馬建城以前就已經存在的一些團體，譬如俄彼安山（Oppian Mountain）的山地人，或賈尼科洛山（Janiculum）的村民。這些社團曾經都擁有貴族恩主（卡必托里山有一則和他們有關的銘文，提及一名騎士），可是，隨著祭典變得愈來愈喧鬧，以及「領袖」（magistri）沾沾自喜穿戴起貴族裝束，他們似乎已經放棄恩主的庇護。此外，舉行守護神拉爾祭典的時間都在一元復始之際，巧逢護民官可能需要召開表決大會審議新法案的時間點。

西元前六六年初，蘇拉設想中的改革後的共和國已經崩潰了。街頭巷尾的幫派被徵召起來支持危害政治制度完整性的法案，而且立法程序紛紛通過破壞共和政體傳統的新指揮權。該為這個國家內政事務負起最大責任的人，非盧庫魯斯和龐培莫屬，因為他們兩人是蘇拉最重要的左右手。蘇拉政權是從內部開始瓦解的。

第十九章　後蘇拉時代的政治

迄今為止仍是歷史小角色的尤利烏斯・凱撒，他在政壇的崛起，首先反映出他對政治秩序瞭若指掌。在羅馬城時凱撒尚未嶄露頭角。西元前七〇年代初期他從東方返國，高調起訴蘇拉麾下一名統帥將領，雖然功敗垂成，但接著他便成功舉發了另一名蘇拉主要的部將，對方在統帥入侵義大利之前曾洗劫了希臘多個城邦。接下來，凱撒再度出行東方。不過他逐漸崛起如日中天。西元前七四年，在他返國時，祭司團接納他成為一員。七一年凱撒出任軍事護民官，次年便大聲疾呼要恢復護民官的權利。

過了一年，在凱撒擔任財務官期間，他的髮妻科涅莉亞（Cornelia，秦納之女）因難產過世。在妻子的喪禮上，他盛讚她的家族；有長達十餘年，羅馬根本無人膽敢公開讚揚秦納。同一年，凱撒的姑母尤莉亞（Julia）去世，他在羅馬廣場發表追悼演說。這一次，群眾隊伍注意的焦點是他的家族（他們自稱埃涅阿斯後裔），而現場也展示了已逝尤莉亞的丈夫馬略的肖像。以下所附報導，是他在尤莉亞喪禮致詞的一段內容，也是我們所看到的凱撒首次公諸於眾的聲明。在這份聲明當中，他表現出對於自身為神話及歷史寫作幻想裡的貴族成員感到喜不自勝：

> 敝人姑母尤莉亞的娘家出身王室，夫家與不朽的眾神淵遠流長。馬奇烏斯．雷克斯氏族（Marcii Reges，尤莉亞娘家族姓）來自安古斯．馬奇烏斯（Ancus Marcius，羅馬王政時期第四任國王），我們尤利烏斯氏族也跟女神維納斯有淵源。我們的族系裡有國王的正直，他們擁有凡人中最大的權力，也有神的神聖性，而神的權柄就是一國之君。（Suetonius, *Life of Caesar*, 6.1）

凱撒自吹自擂與馬略關係匪淺，或許並不算非常激進也不危險，因為看得出來這是後世作家的傑作。觀點一向從不激進的西塞羅，經常在演說和其他出版著作裡，用馬略當作角色典範。而且同樣不容忽視的是，凱撒強調自己族系淵遠流長。

重新回想起馬略的好，也代表重新回想起蘇拉有多壞。龐培自己很明顯就是蘇拉修正主義者，因此凱撒才能悠遊於羅馬的政治圈，因為只要和死硬派蘇拉黨人唱反調，就必然不會被視為革命分子。確實，凱撒挺身支持《加比尼烏斯法》的那一年，娶了龐培烏斯．魯弗斯的女兒龐培亞（Pompeia，凱撒的第二任妻子），也就是蘇拉的孫女。從個人觀點來看，這段婚姻是失敗的。凱撒很快就外遇塞薇利亞（Servilia），對方是馬庫斯．尤尼烏斯．布魯圖斯（Marcus Junius Brutus）的前妻，而布魯圖斯曾是秦納黨人，秦納則在西元前八二年遭龐培殺害。塞薇利亞同時也是馬庫斯．波爾基烏斯．加圖（跟祖父老加圖同名，以下稱為小加圖）的姊妹，小加圖很快就因強烈反對龐培與凱撒兩派勢力，在事業上飛黃騰達，儘管那兩股勢力關係從未曾好過。

比起凱撒隱諱的私生活，或許更重要的是，凱撒的事業在某種程度上仰賴著他與有權勢的女性的裙帶關係。起初，他的飛黃騰達是靠他的姑母與髮妻來鞏固的，他的髮妻可能陪嫁了可觀的嫁妝。也因此龐培亞很可能富甲一方，另一方面，塞薇利亞過著獨立生活（比她大幾歲的第二任丈夫卻視而不見）想必也可能相當富裕。在羅馬，法律准許女性可以擁有財產，她們的嫁妝在離婚時歸還給女方。如同在西塞羅的例子裡，金錢是事業的發動機，西塞羅較富有的妻子特倫提亞（Terentia）不僅出資幫助他步入政壇，同時也助長了他一些揮霍的癖好。

本身在政治圈裡有能力呼風喚雨的貴族女性，不能看作只是個人私產，被她們的父親當成政治交易嫁出去。羅馬的「父權」（patria potestas）是羅馬男性操控家庭裡每個分子的手段，只有他的妻子能倖免（大多數羅馬女性在婚後並未進入丈夫的權力之下）；儘管理論上如此，但羅馬的人父通常會推託女兒所選擇的結婚對象，或起碼不會強迫她們嫁給覺得厭惡之人。不過離婚對任何一方都可能是個麻煩。龐培聲稱，他發現他的第三任妻子穆西亞（Mucia）竟是妓女時震驚萬分。因此他休了妻，與妻家家族關係破裂，而對方也覺得她遭到羞辱。龐培後來愛上凱撒的女兒尤莉亞，在西元前五九年娶了她，也算是穩定了兩人之間原本艱難的夥伴關係。此外法律允許女方可以訴請離婚，這麼一來財務負擔過大的丈夫，可能會造成經濟損失。

儘管蘇拉認為自己正在逐漸恢復神話般歷史的某些黃金歲月，但他實則為貴族女性開創了更多的空間，讓她們得以施展她們的影響力。「公敵宣告」使得她們在丈夫的財產遭到充公時，能保有家產。這些女性的婚配對象自認是世界的統治者，但她們卻非被生養來做唯唯諾諾的配偶。的確，在這段時期的記載中，女性愈來愈常出現，當她們的丈夫之間無法直接對話時，她們扮演傳話筒，又或者她們會獨立發聲表達意願，要求配偶尊重她們。克洛狄烏斯的妹妹克洛狄亞（Clodia）便在西塞羅和貴族之間進行談判時充當傳聲筒，縱使西塞羅是他哥哥的死對頭；也有一說，若想得到蘇拉的垂憐，最好的方法就是找蘇拉的妻子凱西莉亞好好聊一聊。

＊

在後蘇拉時期，義大利動盪不安的社會中，不僅僅只有貴族婦女的地位有長足改善而已。西元前二世紀時，已經能見到劇場文化的盛行，而且在西元前六〇年代的發展速度日益加快，因為當時的經濟狀況開始有了起色。投身於舞台事業的男男女女都有很好的發展，收入也往往比那些元老還優渥。他們的演藝內容不限於傳統藝術形式。有愈來愈多以神話為主題的音樂劇演出，根本就是古典情境劇，需要很多新的角色。從繪畫中女性所呈現的樣貌來看，很可能這些畫中形象都源自於舞台劇。舞台劇需要女演員衣著暴露模仿神話中的女英雄們。

在上流社會裡，男女演員都能自由自在與統治階級往來（各種運動員也是如此）。在較下層社會中的性剝削半下流文化下，女性則可能是收取高價費用擔任年輕男性的女伴。富有的羅馬男性婚前（婚後也很可能如此）會花錢買春，但他們的姊妹也玩著同樣的遊戲。格拉古家族的一名女性後裔曾這樣描述：

> 熟悉希臘文與拉丁文，會歌唱舞蹈，是地位尊貴的女性絕對必備的才藝，還要擁有許多其他特質，懂得奢侈玩意兒。所有一切都比名譽和貞潔更來得重要，人們幾乎難以分辨她到底比

較吝惜的是金錢還是名聲。她熱情如火，更常追求男性，而非受到男性追求。（Sallust, *Conspiracy of Catiline* 25.2–3）

凡此種種並不表示這是受稱許的，但它的確顯示了戲劇文化的影響，因為人們開始把自己看作是在自己的生命中扮演重要的角色。凱撒在這樣的社會中崛起——他與龐培亞的「開放式關係」也許令卡圖盧斯感到震驚憤慨，但是這卻讓凱撒在他的世代裡躋身富人階級。

凱撒如今絕大多數時間都在都市舞台上盡情發揮，雖然他曾支持未能通過的法案，在推廣羅馬公民權到波河河谷以北的各大社區一事上，功敗垂成。他是否已經察覺到這裡便是他的前途所在？我們無從得知，不過值得注意的是，北義大利的商賈已經出現在俾斯尼亞一帶，凱撒在此地亦有豐厚人脈。這些人是東方財富的姍姍來遲者，過去東方財富都為義大利中部人士所獨占。若非如此，凱撒的黨羽，以及西塞羅或加圖的擁戴者，將不同程度依賴羅馬的貴族文化。政府完全未能改善城市的設施，例如自西元前一二五年以來，未曾修建新水道，但羅馬城的人口從大約四十萬發展到西元前六〇年代中期的七十萬左右。這些人當中有許多人是暫居者，男性多於女性，他們在二十多歲時搬到當地，後來又搬走。其他有的是奴隸，或是獲得自由身的奴隸。對絕大多數人來說，生活非常艱苦，他們可能要拿年收入的一半付房租，比方說兩百五十第納里烏斯銀錢。然而，低價配給的糧食對一個人而言已經足夠，這表示大家常常一起住在租屋裡，城裡一大堆人都擠在這樣的平民公寓裡。

羅馬人的社交圈取決於當事人的工作場所，若無身孕或照顧孩童需要的話，女性都會工作。遇到有人過世時，同伴都會想辦法確保往生者能有個體面的喪禮。否則的話，遺體就會淺葬在城外的萬人塚裡，任憑野狗啃食。在生活上，很多人租的是平民公寓高樓層的日租房，也有些人住在茅屋裡，甚至窩居在城門外的墓園內，睡在乾草堆上，唯一的衣物就是身上的那套。大多數時候，他們在小酒館（tavernae）填飽肚子，食物通常很簡單，諸如麵包、橄欖油、葡萄酒，再加上一些大概是燉煮過的肉食，儘管這點也被看作是時代和人口不斷變化的徵兆。據說西元前二世紀中葉以前的羅馬尚無公共的烘焙師傅，在那之前婦女都會在家裡烹烤所需的食物。富人往往會認為，有味道的食物都和有味道的人有關。羅馬城本身臭氣燻天，糞便無所不在。

一般羅馬的大街上並非安全無虞，沒有警察巡防，若發生火災，要不是現場受災戶自行撲滅火勢，就是交由私家承包人出面滅火。克拉蘇最為人詬病的是他擁有一支私人的消防隊，每每在慘遭祝融的建築前現身，要求屋主用低價賣掉房子方才動手滅火。房屋所有人都未能妥善維護他們的建物，因為他們把建物當作是獲利的來源。西塞羅曾在波佐利（Puteoli）坐擁一大套平民公寓，但連他自己都承認，屋況堪慮。

羅馬人口毫無章法又欠缺服務地暴增，對蘇拉一度譴責的政治操作帶來了顯著的影響，而這也是為什麼他努力想阻撓護民官在部落大會提案立法。在此時，由於護民官已經恢復了立法權，因此大約有七萬平民百姓得以參與選舉；選舉現在已經成為常規活動，在戰神廣場舉行，而非在相形之下較狹窄的羅馬廣場區域。這些逐漸增加的數字透露出城市人口與整體公民數量，在西元前八六年人口普查後，皆大幅增加。加比尼烏斯在西元前六七年戲劇般的演出，正是迎合這樣的集會場面，劇中窮人投票能輕易地勝過富人。

恢復護民官立法權以及改變陪審團結構的法規，都是西元前七〇年很重要的改革，這兩項法案皆非經由部落大會投票通過，而是百人團大會通過的。由於要列名人口普查第一級的財產要求數百年來未曾改變過，因此百人團大會再也不是金權政治特別的角力場。在西元前五〇年代末期，西塞羅論及理想的羅馬憲法的一部著作裡，他設定的場景是小西庇阿與友人對話，文中小西庇阿評論說有智慧的立法者在組織選舉活動，會讓「最多數者不應擁有最大權力」（Cicero, *The Republic* 2.39），但即使是小西庇阿也預見到這麼一套制度，那就是人口普查第一級未必只涵蓋極為富有者。當他以木匠百人團（他說這是有用之人）來形容人口普查的第一級時，他認為人們未必要特別富有才能躋身第一級。躋身第一級所需的財產仍然只要六千兩百五十第納里烏斯銀錢，換算相當於西元前二四一年時成為第一級成員所需的十萬阿斯青銅幣（bronze asses）。

在凱撒的年代裡，人口普查第一級，一方面包含類似司庫階級，其財富與一同擔任陪審團的騎士階級不相上下，或者是類似西塞羅這種包租公。另一方面則包含商店老闆、烘焙師、學校教師和比方說擁有財產、但不是非常多的人。還有就是士兵，他們的出現足以左右執政官選舉。凱撒從他在高盧駐軍中派遣去參與西元前五六年執政官選舉的士兵，都是現役軍人，可是，如果他們的出現會影響選舉結果的話，他們就不可能名列人口普查的最低階級。當西塞羅在辯論被控涉嫌賄選贏得執政官勝選之人時，西塞羅說是「資產較為有限之人」（Cicero, *On Behalf of Murena* 71）在元老競選時出面相挺，從元老那裡得到好處，因為這些人只能報以他們的選票。顯然西塞羅認為，這些他稱為「較窮之人」（homines tenuiores），還是具有一定份量。

在細數「羅馬好人」時，西塞羅會涵蓋騎士階級、司庫階級、商賈、城鎮賢達，以及自由民。

他認為國家要好，取決於人們擁有共同的利益，他們來自不同的社會背景，但卻有些共同的東西，像是人們會在廣場聽演講、會去劇院看戲、會去投票。這些人有充分閒暇時間在廣場到處轉轉，也不會自負到去與權貴家族的奴隸攀談，因為那些奴隸很可能會洩漏主人生活上的私密，選舉結果很可能就這麼一槌定江山。西塞羅對此知之甚詳，他的弟弟昆圖斯也了然於胸，他曾在寫給馬庫斯如何順利當選執政官的一本小冊子裡強調，千萬要善待奴僕——凱撒也懂得這個道理。凱撒知道，羅馬人欣賞寬宏大量，也推崇戰功彪炳；即使凱撒本身娶了蘇拉的孫女，但他察覺到，羅馬人會支持願意對付蘇拉體制內最保守派系的人。對凱撒而言，蘇拉主義作為議題不僅僅是效能的問題，也是國家對投票群眾需有所回應的問題。

選舉因為關乎人格，可以在公開辯論以及經常透過法律訴訟來加以形塑，而在廣場召開的法庭因此提供舞台，在那裡原告與被告的公共形象能針鋒相對。假如有人能對窮人煽風點火，就能支持他們視為自己恩主的候選人。中間階級的各個部落以及（在得到允許下）社團組織（不論是匠人或者是歡慶拉爾神祭典的祭祀團體），都會受到與自己淵源很深的領導人物來動員。這類團體可能是站在科內留斯所動員的黨人後面的後盾，在背後力挺克洛狄烏斯和其死對頭提圖斯．阿尼烏斯．米羅（Titus Annius Milo），這類長年大權在握的領袖。

想成為執政官的人，都知道最好與這類人士保持一定距離。在事業萌芽初期或許有必要做這類團體的恩主，借勢部落大會順利上位，不過久而久之，就應該朝城外的團體開拓人脈關係，與能夠在必要時為己所用的人交好，強化在人口普查第一級裡的支持。西塞羅提及「小小人物」以及「鄰里情」的重要性（Cicero, *On Behalf of Plancius* 19），還有鼓舞民眾到羅馬支持來自家鄉、或曾有恩於故里的候選人也很重要。此外，西塞羅還提到替窮人辯護，就是為了在窮人圈裡贏得好名聲，因為他們的意見也有相當份量。這麼一來，競選更高階官職的行政長官便逐漸能呈現更寬廣的義大利觀點。

正如西塞羅的律師職涯所顯示的，他能給予支援的地方就是法院，即使並非始終如此，但大體上陳述都具有高度的針對性與高度的個人性。一個人必須謹慎挑選要攻擊的對象是誰，還有該和誰搭同一條船。當個「新人」是件好事，透過表現勤奮、正直，以及致力於受壓迫與受威脅之事，能讓一個人在江湖上走出一條路。但是一個人也可能走得太超過。並非每個被告都像西元前七〇年代末葉的韋雷斯那般願意配合，在尚未接受正式受審就先逃之夭夭了。起訴者可以被看作是個暴發戶，傲慢自大，不知道人生該站的適當位置，是個危及公共秩序的人，說謊者的朋友，欺騙鄉下人。某些人可能覺得西塞羅趾高氣揚又尖酸刻薄，不過他的敵人往往都是殺人凶手、惡棍、變態、酒鬼（還有舞者），全都是靠著貴族祖蔭留下的龐大財富過日子的反派角色。西塞羅知道，在法庭中聆聽律師辯護的群眾，他們的反應很有可能會左右判決結果，而他的法庭技巧是帶有明顯戲劇性的。法庭是個塑造民意的好地方。

沒有人是完美無瑕的。如果一個人聰明的話，就會公開一些經過精心選擇的敗德劣行。在凱撒身上，這個劣行就是性，但他既不酗酒，生活也單純。酗酒是貴族的詛咒，蘇拉就是個大酒鬼。盧庫魯斯儘管功勳彪炳，卻願意年復一年，等了又等，耗盡勝仗贏得的萬貫錢財，只為舉辦一次他該得的凱旋式（終於在西元前六三年夏末得償心願）。只不過到了那時候，他那些富麗堂皇的別墅和奢華的宴會都成為話題。龐培對法庭敬而遠之，他無力應付那裡的粗暴和起起落落，而且他也鮮少在公眾集會中發言。這樣的策略是有道理的：世上最偉大的人必須凌駕於傳統政治才行。

若說選舉政治是高度個人的事，諸如藉著立法規劃，並當著群眾的面滔滔雄辯一些大議題，那麼最好是以傳統的抽象概念來包裝精美。群眾的反應至關重要，如果受到青睞，法案無疑地定會通過，假如不受擁戴，就會遭到撤回。可是，人民決定國家發展方向的權力受到尊重了嗎？人民真正擁有那些統治世界的人所主張擁有的「自由」（libertas）嗎？行政長官是否奉行社會應該井然有序的概念，贊頌所有人共享的利益（concordia ordinum，階層和諧）了嗎？新人和騎士階級成員通常都會信誓旦旦秉持這樣的美德，正如適情適理的特質，即所謂的寬宏大量（clementia）。然而寬宏大量會淪為軟弱和紊亂，此時就可能需要嚴厲，只要別變相成了殘暴就好。

可以說蘇拉曾經很嚴厲，但不殘暴。高尚的人會公開他們的朋友圈多麼有力，努力拓展社會各階層的人脈。友誼（amicitia）是把井然有序的社會團結在一起的黏著劑。外邦人或許是羅馬人的隨從（client），不過好的羅馬人想要其他羅馬人都成自己的朋友——對羅馬人來說，隨從一詞就是「近乎死亡」的意思。好人的反面就是那種會耍陰謀和利用政爭來剝奪他人自由的人。「這些東西（政治聯盟）是好人當中的友誼，惡人當中的派系。」撒路斯提烏斯如是說（*Jugurthine War* 31.15），雖然沒有人自認為惡人，而且政黨指認是有彈性的，不免見仁見智。但儘管如此，我們還是可以同意國家的敵人以派系的方式共謀，僅僅只要少數人（派系總是這些人）就有能力使人民淪為奴隸（servitium），就可以建立宰制（dominatio），或者更糟糕的是建立王權（regnum），如近期的是在東方那些國家墮落的國王，也讓人想起（羅馬王政時期）末代君王「傲慢的」塔克文。最重要的是，利用國家的權力與人民作對，未經審判就開殺戒，這是錯的——當然，除非公民拋棄公民權的責任，把自己變成國家的公敵。既然通過了「終極法令」（senatus consultum ultimum）[1]，俾使行政長官能全力保護國家，換言之，除非事實證明最終法令是由一個派系或僭主所做下的決定。

友誼和優良秩序能夠透過立法鞏固，以促進共同利益，譬如廉價的糧食和土地分配。可是那些也可能只是某個無恥派系所霸占的工具罷了。成為群眾派（popularis）就是為人民利益努力，保護他們不受派系掌控。可是要成為一個「好」（bonus）人或「最好」（optimus）的人，卻是要遵守界線，凡是珍重安定社會的人都是最優秀的。好人是指一個卑微的人也敢毫無畏懼地仰望他的人，並且他在行使優先權時毫不蔑視別人。最優秀的人認得出偽裝的群眾派，因為對方往往是揮霍無度的人，他們的所作所為都是為了私利而非公共的利益。

統治階層的派系主義限制了政治公共話語中使用的話語。因為有抱負的政治家往往會從一個權宜的聯盟轉到另一個權宜的聯盟，然後用「友誼」來掩飾政治上的權宜之計，所以他採取的公共立場也愈來愈墨守成規。蓋烏斯．格拉古曾在備受大眾念茲在茲的一段論述裡強調，人民有權利決定所有的政策，他也提到貴族貪腐殘暴無情。人民有權利擁有土地並獲得糧食補貼。人民可以透過掌握法庭來鞏固那些權利，懲處藐視他們意願的行政長官，並且得以藉通過的法律條款強化人民的意志。雖然過去數十年來為爭取人民權力而殉道的烈士增加了，但是格拉古兄弟始終是大眾文化心目中最重要的聖徒。格拉古兄弟所帶來的安定，或許是因為雖然兩人都曾是暴力的犧牲者，但兩人都不曾採取暴力手段。不過他們思想的後繼者薩圖爾尼努斯、格勞西亞和蘇皮西烏斯卻不是如此，他

1 審定注：指元老院在緊急事態之下所通過的法令，授權執政官採取任何必要措施來解決危機。

們動用暴力手段就正中了貴族的下懷。貴族的論點在於愈來愈多人認為安定要仰賴於維繫「祖宗成法」（mos maiorum）[2]。羅馬人的祖先曾獎勵那些殺害野心僭主的公民，並透過他們優越的品德戰勝了羅馬的敵人，為所有黎民蒼生帶來和平與安定。

特定的團體會主張特定的美德。在貴族的眼中，特定的美德就是「好」或「最好」，還有「名揚四海」、「好運連連」、「豐足」、「傑出」或「顯赫」。這便是所謂的「貴族」或「領導人士」。然而，他們也可能是「少數人」、「宰制者」、「傲慢的人」，或者「魚池關心者」（這個詞彙似乎是近期盧庫魯斯建造他的別墅時開始流行的）。騎士階級的美德則可能是相當「光彩」或「出眾」，騎士擁有自己的「領導人」和他們自己的「尊貴」。平民要不是構成群眾，國家最高主權的「團體」，就是「烏合之眾」、「暴民」、「最下賤者」或「卑微者」。無疑地，在我們現存的資料中，這些負面詞語的一面倒，反映上層社會的偏見占了絕大多數。

凱撒認為，最明智的做法就是跨越藩籬建立結盟關係，吸引羅馬社會的廣泛參與。他避開法庭，與同僚祭司們一起餐敘，但也同時力求公然展現寬宏大度的風範，也就是西塞羅所謂選民期待的東西。他更力求表明自己據稱是戰神瑪爾斯、愛神維納斯與羅馬諸王的後裔，認為自己必然能夠贏得羅馬人民的愛戴。由於他的善良天性，他的寬宏大量，他的雄辯滔滔，他的睿智以及對朋友兩肋插刀的義氣，他愈來愈廣為人知。他是那種別人心目中雄才大略的人物。有些人對此前景滿懷欣喜，有些人卻不以為然。

2 審定注：其意義除了祖先做事的方法，還有「大多數人」做事的方法之意。

第二十章　西元前六三年

對我們所追蹤的三位人物的事業來說，西元前六三年是非同小可的一年。對龐培而言，這是他終結米特里達梯戰爭的一年。對西塞羅而言，這是他出任執政官的一年。對凱撒而言，這是他贏得兩次選舉，打造自己成為政壇新星的一年。這也是喀提林搞砸自己企圖推翻政府的一年。

龐培在西元前六七年下半葉出兵打擊海盜，贏得驚人勝利之後，取得攻打米特里達梯的統率權。他花了六個月時間，完成了前人未能完成的事，鎮壓了地中海區的海盜猖獗局面。雖然像龐培那樣宣稱威脅已經煙消雲散是誇大其詞，但之前數年無所不在的非法艦隊確實不復存在。龐培擁有極度優異的行政技巧，縱使誹謗他的人可能會有意見（比方說他曾是個少年殺手），但他並不愛大規模屠殺。因為他了解到，在克里特島和南土耳其經濟困窘的環境下，那裡的居民淪為海盜是為了謀生而做出的選擇，所以龐培重新安置了原本的海盜社區，讓他們在原地從事農耕自給自足，還有一些人則是遠離家鄉，他們以前是海盜遠赴昔蘭尼加甚至北義大利作案。當他們知道能與龐培達成交易，與其跟羅馬軍團冒險一搏，不如接受這明顯更好的交易條件，因此克里特島的海盜集團紛紛派出求和使節，去面見身在奇里乞亞的龐培。

正當龐培忙著對付海盜的之際，對米特里達梯的戰況變得惡化。米特里達梯在西元前六七年返回本都，並且在那年秋天大敗羅馬駐軍，接著征服了盧庫魯斯麾下軍團司令特瑞阿流斯（Triarius）所統率的一支部隊；當時新任的總督格拉布里奧要到年底才會到職。盧庫魯斯的部隊叛變，他自己也一籌莫展；他被告知，等到格拉布里奧抵達當地時，要將半數軍隊移交給對方，並且解散叛變的芬布里亞軍團，並帶著那些返鄉之後就要除役的士兵回到義大利。如今盧庫魯斯難以對抗本都的米特里達梯，而取代他出任奇里乞亞總督的人，之所以被選上，是要去干預安條克十三世，當地氣數將盡的塞琉古王國已經陷入一片混亂，可是盧庫魯斯已經無法對北部崩潰的局勢採取任何行動。

特瑞阿流斯戰敗的噩耗傳到羅馬城時，眾人一片慌亂，特別是那些剛拿到亞細亞行省包稅合約的人。顯然沒有人認為格拉布里奧能擔起總督重任，必須另謀現成的解決之道。十二月十一日，護民官曼尼里烏斯（Manilius）推動一項法案，要將討伐「諸王」（提格尼和米特里達梯）的戰爭指揮權轉移給龐培，因為他當時已經很合宜地駐防在奇里乞亞了。這項法案主張授予龐培兩個行省，俾斯尼亞和奇里乞亞，並額外給予決定由誰出戰的權利；先前擁有這項權利的是盧庫魯斯。但一切行政管理都必須由元老院選出的十人委員會聯合處理，並在充分的時間內得到他們的確認。這一次，反對這項法令的人比較少，像是西元前六六年的法務官西塞羅還發表演說支持，凱撒也是，但同時也有不少前執政官搶搭龐培這列車。部落大會在一月初通過了這項法案。

如果沒有做出一番成績，龐培將一無是處。在與米特里達梯斷斷續續談判了幾回，在意料中協商破局後，龐培將部隊移師到本都，與米特里達梯國王的武力正面對決。如今他感到相當滿意，一如在西班牙時一樣，他發動了一次陣地戰，避免了一場大戰，直到他可以預期規模比自己部隊小得多的敵軍士氣無比低迷。開戰之後米特里達梯的軍隊就一蹶不振。從羅馬人的觀點來看，這場勝利幾乎不曾流一滴血，這是我們從記載所了解的情況，這些記載或是根據龐培自己的記述，或是他的支持者留下的紀錄而來的。

米特里達梯國王帶著碩果僅存的寶物和他的軍隊，取道現在的喬治亞共和國亡命天涯，也就是黑海沿岸至克里米亞半島一帶，那裡由他的一個兒子統治。龐培一路追捕米特里達梯直到喬治亞南境，擊敗了當地諸王組織的一支軍隊。緊接著，龐培轉移注意力到南方，緊盯還在逃亡的提格尼，這也意味著龐培還得應付帕提亞人，但那不算什麼難事，因為對方才剛剛打過一場內戰，而且新任國王弗拉特斯三世（Phraates III）急於避免和看來想效法亞歷山大大帝的人發生衝突。更離譜的是，弗拉特斯三世甚至支持龐培的一眾軍團司令，阿弗拉紐斯、梅特魯斯和弗拉庫斯（所有這些人我們將會再度提到）率領羅馬士兵縱隊入侵亞美尼亞。龐培自己和當時在帕提亞王國宮廷尋求庇護的提格尼兒子達成協議，龐培承諾會讓提格尼之子繼承王位。

但龐培言而無信。他接受提格尼歸降，並逮捕了其子。接下來，龐培必須決定提格尼王國的疆界多大，因此他派加比尼烏斯揮軍南下，對現在摩蘇爾（伊拉克北部城市）附近地區進行考察。弗拉特斯三世心甘情願讓龐培在現在的巴格達附近成立附庸國（client kingdoms），只要他們遠離他的首都泰西封（Ctesiphon）；弗拉特斯三世可能曾經干預亞美尼亞王國，因而被限制活動範圍只侷限於托魯斯山脈（Taurus mountains）以北地區。

在西元前六六年底、六五年初時，龐培體認到一件很重要的事，那就是這裡不是屈於羅馬人世界的一部分。這裡沒有那些令羅馬人感到舒適的市中心，加上還得從米特里達梯的古老本都王國成立一個羅馬行省，真是太超過。這麼做純粹是為了防範，讓國王永遠不得返國，而這麼做也牽涉到創建城市給自己名留青史——這是一種當地的傳統，始作俑者是亞歷山大大帝自己。如今龐培在本都王國的兩大基地（諷刺的是，現在會與米特里達梯最初的夢想俾斯尼亞，結合在一起）是尼科波利斯（Nicopolis，勝利之城）和龐培波利斯（Pompeiopolis，龐培之城）。

安置亞美尼亞王國給龐培留下另一個麻煩：該如何處置敘利亞？塞琉古王國的舊中心遭到提格尼併吞，接著盧庫魯斯將它解放，讓一位塞琉古的王室成員復位登基為王，稱為安條克十三世；安條克十三世是溫文儒雅之士，他的政治生涯也說明了近親通婚有害王室發展。西元前六七年他遇到某種麻煩，奇里乞亞前任總督因而現身他的王國。

龐培下定決心，不再忍受。古老的塞琉古王國核心包括好幾個希臘類型的城邦，而這些城邦原本可能在龐培的計畫中是要建設為行省的。龐培留下幾名部將在亞美尼亞維持秩序，派遣他的財務官埃米利烏斯．斯科羅斯到敘利亞，當地王朝君主們鯨吞蠶食前塞琉古核心領土，局勢一片混亂，或者像以耶路撒冷為中心的猶太人國家一樣，彼此討伐征戰不止。龐培要維持和平，罷黜了安條克十三世。他留下斯科羅斯處理敘利亞建省的工作，同時他結束對本都，以及卡帕多奇亞與科馬基尼等國的處置，留給它們自己的國王自行視事；至於加拉太，亦即土耳其中部的凱爾特人地區，也讓當地王族自治。這些新任統治者毋須向羅馬進貢，但看起來它們開始向羅馬銀行家借貸。有些人，可能是大多數人，和龐培有關聯。很可能當地賦稅的收入無法支應羅馬直接管理所需的行政費用，而這些國王的資金需求必須讓龐培收取豐厚利息。

正當龐培努力重建東方秩序時，凱撒與西塞羅正在西方衝刺他們的事業。西塞羅多數時間都致力於集結支持，力求在西元前六四年勝選次年的執政官，而凱撒也有自己的一幕大戲上演。凱撒曾任西元前六五年的市政官，恢復了馬略戰勝辛布里人和條頓人的紀念碑，並且承諾會密集舉辦大手筆的角鬥士表演。這件事激怒了那些已經懷疑凱撒其實只是表面上尊重現狀的人，所以他們提出一項禁止表演的法案，結果他們就必須概括承受已經對這表演多所期待的人們，必須承受眾人的責難。這是一些類似事件的第一件，而凱撒在這件事卻給予他的敵人兩個令人不太愉快的選擇。最後凱撒雖然在實際上並沒舉行大型氣派的表演，但他仍因為至少嘗試過，而得到肯定。

凱撒重新經營北方的義大利人；克拉蘇於西元前六五年擔任監察官時曾打算申請那些人成為公民，但卻遇到同僚盧塔蒂烏斯．卡圖盧斯的阻撓。卡圖盧斯也阻擋了併吞埃及的一項法案，那個法案是托勒密十世留給羅馬的遺囑；西元前八八年托勒密十世被奪走了王位，他為了尋求羅馬人支持他重返王位而寫下這份遺囑。克拉蘇與卡圖盧斯之間的爭執嚴重到不顧人口普查尚未完成，就辭官離去；西元前六四年當選的新任監察官，重要任務就是要完成公民登記，卻在護民官的反對下辭職。

＊

監察官上任失敗不是這些年裡唯一的醜聞，當選西元前六五年的執政官，有一人是蘇拉的姪子；該年兩名執政官都因賄賂而被定罪，因此被禁止就職。這一年在威脅和創新的背景下展開。無的放矢的謠言紛傳，說被起訴的執政官意圖謀害他們的接任者，同時，位於卡必托里山的朱比特神廟遭雷擊。針對義大利戰爭的史學寫作正在發展，回想起所有種類的神聖憤怒跡象的那一刻，如此事件頻傳會造成真正的壓力，嚴重到數年過後回想，依然令人心生畏懼。

對這幕政治光景的觀察者也可能已經發現到，有些重大審判的結果難以預料（或者就是毫無道理可言）。因此，在西塞羅現身辯護下，有一群蘇拉黨人無法定科內留斯在西元前六七年護民官任內涉嫌叛亂的罪，而曼尼里烏斯卻遭到一名相對沒沒無聞的律師起訴，起因是提案授予龐培統率權的行為，但卻遭到判刑。接著還有無法對喀提林在阿非利加總督任內的貪腐行為定罪。據說，陪審團都被收買了，這無助於喀提林已經堪慮的名聲，而這場審判讓喀提林喪失一次競選執政官的機會。西塞羅曾經暫時考慮過和他合作，而非競爭參選，甚至還現身為他辯護；這辯護喀提林的任務落在剛從東方冒險返國的克洛狄烏斯身上。

西元前六四年的執政官選舉重頭戲全放在前一年的醜聞和馬略的紀念碑上。蘇拉的姪子必須靠賄賂行事，這樣的事實說明了若有誰能以蘇拉之名出馬，那麼當仁不讓者唯有他。然而他事實上並無法做到，而這顯示出蘇拉體制的裂痕有多深，也不能表現出傳統政治規則改變程度如此之大，乃至於極端的蘇拉主義已經變成了包袱。但是，規則改變是否大得足以使某位「新人」崛起？此人祖先無人當過羅馬行政長官，但他卻能在七人中脫穎而出，另外六人有兩人是世家貴族、兩人的父親是執政官、兩人有行政長官的祖先淵源。倘若西塞羅贏得勝選，那麼他將是三十年來第一位出任執政官的「新人」。

打從開始法律生涯以來，西塞羅始終在玩同一副牌，主張「新人」，亦即沒有高官權貴祖先可資庇蔭者，必須格外高風亮節且才幹過人。他只執行過一次起訴工作，對象是人人都認為越軌的韋雷斯。西塞羅一生是徹徹底底的辯護律師。在他的辯護下，他已經透過與騎士階級和義大利城市建立起關係，希望能與那些可能投票給他的人建立良好關係，更不用說他曾經為之辯護的個人了。除了金錢，影響大家投票的關鍵因素還有互惠的義務、想要得到更好的東西，以及個人與候選人的密切關係。西塞羅遍遊義大利招攬支持，強而有力說服義大利人他們身為潛在的「新人」，與他共享體面、堅定及效能的價值。

西塞羅的頭號政敵喀提林和蓋烏斯・安東尼烏斯（Gaius Antonius）各有主張，大相徑庭。喀提林出身世家貴族，雖然他的家族自西元前五世紀以來就沒有出過半位執政官，而且他最傑出的近親出任法務官也已經是一百年前的事了。蓋烏斯・安東尼烏斯是執政官兼著名演說家馬庫斯・安東尼烏斯的兒子，西塞羅曾跟隨馬庫斯學習他的演說專長，但是兩人同樣惡名昭彰。凱撒曾起訴蓋烏斯・安東尼烏斯，罪名是他在希臘出任蘇拉騎兵部隊指揮官期間行為備受指責。最後他獲判無罪，不過那是在元老院陪審團年代的事，而人們普遍同意他的行為很糟糕。喀提林不僅在為蘇拉牟利上舉措極端殘暴，而且人們多半認為他用賄賂的方式擺脫了阿非利加人民對他的勒索指控，還有他曾涉及西元前六五年被認為的反叛執政官陰謀。在為選舉受賄的人進行辯護時，西塞羅會主張，原告（在他經手的案件裡，總是落敗的候選人）坦承在爭奪公眾支持的戰鬥中處於落後地位時，他們會醞釀賄選行為。對西塞羅來說，這樣的戰略路線很能奏效。不過在西元前六四年，他的戰術轉為經營個人政治優勢，他在元老院發表了一篇尖銳的演說，指控安東尼烏斯和喀提林公然企圖腐蝕選民。這一回，此番控訴令人想起其政敵安東尼烏斯的法律問題。大選之日，西塞羅贏了。安東尼烏斯得票居次，據說是因為大家都還記得他的父親。

假如執政官選舉攸關的是個人人品而非議題，那麼這次選舉並不意味著政壇欠缺值得討論的嚴肅議題。那些會由部落大會去應付。雖然對於世界應該如何運作並沒有統一的「群眾觀點」，但部落大會已經再度變成制訂政策，以及表述民意的首要執行者。最重大的問題仍舊是蘇拉的遺緒，因此針對這個議題，儘管和蘇拉有姻親關係，但凱撒特別積極以對。

凱撒的主要問題是獨斷裁決死刑的非法性。他的立場是「上訴權」，也就是羅馬人民針對行政長官的行為向羅馬人民提起上述的權利，這是羅馬公民的關鍵權利。在羅馬共和國初期不斷擴張的歷史裡，古老的問題「階級衝突」也出現了，統治階層（亦即當代的貴族）對抗平民護民官，在不見天日的西元前四世紀，後者為了平民的上訴權和債務豁免權而努力。因此在西元前六四年，凱撒和小加圖攜手（或許是他一生當中唯一一次）對蘇拉制度下給予殺人凶手的豁免權提出質疑，而同時其他人則企圖恢復褫奪公權者子女的公民權。身為法庭庭長（iudex quaestionis，當法務官分身乏術時出庭主持審判的法官）的凱撒，曾經准許針對一些仍然以貪腐行為獲得的收入為生的人，來提起控訴，直到喀提林被解送到他面前為止。由於凱撒與喀提林素有某種淵源，他撤銷了提告。不過重點已經挑明了。

轉眼就要過年，即將在西元前六四年十二月十日就職的護民官提出許多議案。有個議案看似無害，主張改變挑選大祭司團成員的制度。西元前一〇四年，當時馬略權勢如日中天，在護民官多米迪烏斯．阿海諾巴布斯吩咐下，人民通過了一則法令，把委員會改為民選制。蘇拉曾把這條法令棄之不顧，但如今護民官提圖斯．拉比埃努斯（Titus Labienus，無人不知他是龐培的支持者）提案，要恢復多米迪烏斯的選舉制度。同一時間，另一位護民官盧魯斯（Rullus）提案要指派十人組成土地委員會，這些委員擁有最高指揮權，也獲准能在義大利與新殖民地的行省，進行土地分配工作，未建立殖民地，還能動用公帑與戰利品。還有一個議案主張恢復褫奪公權者子女的公民權；此案與另一個議案互相平衡，該案受到即將上任的執政官安東尼烏斯的支持，後面那個案子意圖恢復西元前六五年執政官當選人的公民權，他們已經隨著他們的職位一起喪失了公民權

關於前任執政官當選人的議案毫無進展，而且西塞羅想方設法說服大家相信盧魯斯的提案糟透了。他認為人民的真正朋友不會把施捨行為當作保障羅馬公民福利的一種方式，而是認為這是加強國家穩定和財政資源的方法。西塞羅找到一位護民官否決此案，盧魯斯也未強行推案。

雖然盧魯斯的法案功敗垂成，但其強而有力的土地委員會意味著政壇人物愈來愈察覺到元老院絕不會通過有價值的議案。官員必須採取有效的行動，有效的行動就是要官員不受傳統職位限制，而由於盧庫魯斯仍守在羅馬城外，等候元老院批准該給他的凱旋式典禮，這個想法可說相當合理。另一方面，他仍穩坐權位同時也被視為是一個警訊，告誡著龐培可能也不能隨心所欲。盧魯斯的法案遵循的是提庇留．格拉古的範例，以土地委員會來拍板定案，但這與政府的其他策略並不一致。龐培在贏得看似必然的凱旋之征重返國門時，仍必須交出他在東方所做的安排，聽候元老院批准。

核准直接民選大祭司的法案，其結果或許比原先所預期還來得更有重要性。要是它沒有通過，祭司團就可以自選一名成員進駐坐落於廣場正中心的大祭司官邸。若果如此，假如自西元前八〇年以來擔任大祭司的梅特盧斯去世的話，那麼舊的蘇拉親信就會奪得這個職位。地位崇高、但打擊奇里乞亞失利的塞爾維利烏斯，也可能是人選之一。另一名人選是卡圖盧斯。卡圖盧斯可能是最受青睞的人選，因為他曾經負責重修朱比特神廟。但結果爆出冷門。就在這項方案通過以及梅特盧斯辭世後，凱撒宣布自己是候選人，而他也順利當選。對某些人來說，這或許是個令人震驚的結果，不

過凱撒知道這麼做要冒何種風險，也察覺到近幾年來他的反蘇拉行為所引起的反應。曾經恢復馬略紀念碑的人，遠比對此頻頻抱怨的人來得更孚眾望，如卡圖盧斯便是如此。

在三十七歲時凱撒儼然成為同齡政治家當中最具實力的一人。他的當選也意味著一旦有對的候選人參選，投票就可能會帶著意識形態的色彩。卡圖盧斯代表老派的蘇拉主義，凱撒代表的是要坦承過往錯誤的那想法。

凱撒認為當局最大的錯誤就是延續了元老院擱置人民的上訴權。在拉比埃努斯協助下，凱撒如今再次重提這個議題。除了推動民選大祭司之外，拉比埃努斯還提出他的叔父曾跟薩圖爾尼努斯一同被殺害，他提出一項被稱為「叛國罪」的訴訟：這個詞彙的定義，不是要削弱羅馬人民的權威，因為在蘇拉制度下已經有一個常設的法庭；所以這個詞彙是指觸怒神靈的那種叛逆罪，其結果將危及國家存亡。治罪程序，或許是為了這樣的情況創造出來的，包括在兩名法官面前進行審判（其中一名法官將是凱撒，另一名是他的表親，西元前六四年的執政官），假如被告被認定有罪，他可以在部落大會向人民提出上訴，然後由抽選出來的十七個部落進行表決，這在盧魯斯法案以及民選大祭司法案，也都提出這樣一個程序。因為叛國罪的法定懲罰方式是十字架酷刑，所以可以確定人民會被召集起來。

西元前六三年，拉比埃努斯透過在廣場豎起一個十字架來宣傳這次的審判，對一位名叫拉比里烏斯（Rabirius）的年邁元老提起訴訟。西塞羅反對這樣，他強調一個重點，說行政長官提出的法令不論透過什麼樣的步驟，都必須顧及自奧皮米烏斯當年以來捍衛國家的措施，如今稱之為「元老院緊急決定」（senatus consultum ultimum，也稱「終極法令」）。西塞羅對自己的表現很是得意，因為他之後將演說內容付梓出書，雖然解救拉比里烏斯的不是這個，而是另一種古老的措施。法務官梅特盧斯・凱雷爾（Metellus Celer）降下了賈尼科洛山遍野飄揚的紅色旗幟；從前，紅旗是看到敵軍迫近時發出警告用的，並得以結束所有的公共事務。

凱撒或許並不在意這些。他早成竹在胸，再也沒重提此案。此外，夏季到來時，東方傳來了大消息。

*

米特里達梯六世死了。其子在克里米亞逼他自殺。同一時間，龐培仍深陷敘利亞複雜的政治泥淖裡，努力捍衛他的新行省希臘核心地帶不受敘利亞南部與約旦的阿拉伯部落攻擊；這些阿拉伯部落近年來一直都在當地劫掠。並且，龐培還捲入兩兄弟之間的齷齪內戰，這場內戰正席捲猶太人的巴勒斯坦國家。龐培揮軍耶路撒冷，讓兄弟中的一人出任大祭司，逮捕另一人，但接著他發現被捕那人的支持者早已攻占了聖殿山（Temple Mount），繼續抵抗。龐培於是攻下固若金湯的聖殿山，屠殺反抗者，與耶和華打了個照面後繼續上路。然而，他確實無視於聖殿財寶的誘惑——他已經足夠富可敵國，而且也是時候該回家了。

正當龐培一路往西行時，西元前六二年的大選也展開了。凱撒當選法務官，喀提林再次輸了執政官選舉。喀提林開始籌謀特殊的復仇大計要對付那些擊敗他的對手，而另一名落選的候選人則提告某當選人涉嫌貪腐。西塞羅挺身為被告說話。西塞羅坦言，或許是有一些小小的違規行為（其實是公然違法的情事），但當選的執政官穆雷納（Murena）過著如此的模範生活（他畢竟是個軍人），那一點點小錯，微不足道。重要的是人人都愛戴他。「軍功彪炳勝過一切」，被告律師這樣回應，而羅馬人民終歸真心愛戴「公益的慷慨大方，正如他們看不起個人炫富奢華。」（Cicero, *On Behalf of Murena* 22; 76）此外，落敗的候選人是個魯鈍的法官，其起訴時的共同律師小加圖也是個令人討厭的傢伙，死守著希臘哲學斯多噶學派的教條不放，根本在現實人生難有作為。

穆雷納在一場國內危機中被獲判無罪，在西塞羅的政治生涯投下長期的陰影，因為西塞羅認為自己的一切主張莫不是為了拯救國家。問題是喀提林。十月二十七日，一位名叫曼利烏斯的男子在伊特魯里亞高舉反叛旗幟，而且謠傳其他一些地方也發生初期的暴動。西塞羅讓元老院通過一項法令，授權行政長官得以採取必要行動來捍衛共和國，這項非常法令曾在拉比里烏斯的審判中備受質疑。

曼利烏斯所組織的部隊，大概類似於曾經追隨斯巴達克斯的武裝勢力，主要是被剝削的除役老兵，自備武器。西塞羅形容他們是各階層墮落的烏合之眾。撒路斯提烏斯則特別提到，軍隊裡有許多人以前是蘇拉的拓荒者，這樣的評語暗指他們是不受歡迎的蘇拉殖民者，但曼利烏斯擁有一只曾隨馬略軍隊征戰的老鷹軍旗，所以不太可能會對蘇拉黨羽做如此這般的嘲笑。十一月六、七日在羅馬城，喀提林派了一名同謀去西塞羅宅邸刺殺對方。任務失敗，次日西塞羅召集元老院院會，譴責喀提林。喀提林在盛怒離去前，中傷西塞羅的門第出身，怒罵對方是「移花接木」（Sallust, *Conspiracy of Catiline* 31.7）。那一夜喀提林離開羅馬城。有人說他自願流放到馬賽。結果他卻是前去投效曼利烏斯的叛軍。

羅馬大軍對曼利烏斯的反應只能說漫無計畫，部隊在羅馬城內等著舉辦凱旋式慶功典禮，但元老院根本還未批准。接著在十二月初，喀提林在羅馬城內的餘黨做了蠢事。他們的領導人顯然計畫要領著曼利烏斯的軍隊開拔到南法去。他的好友欲出手援助，派出使節接觸一些阿洛布羅基人（Allobroges），對方是高盧南部一支強悍的部落。可是阿洛布羅基人立即知會西塞羅，而西塞羅安排了幾位法務官來掌握罪證，逮捕了這些使節。十二月三日，西塞羅提及文件，在元老院指控這些羅馬的共犯，元老院下令拘捕他們。十二月五日，西塞羅召開另一次元老院院會，提案主張共謀者應處死刑。元老們按階級順序發言：前任執政官總是第一個發表意見的人，除非當事人正在參選執政官，那麼就由執政官當選人先發言；接著是前執政官、法務官當選人、法務官，然後是前法務官等等。

在輪到凱撒發言之前，大家都一致同意西塞羅的立場。凱撒發表了流暢的訴求，要求饒恕這些共謀者一命。他說應該終身監禁他們，他所表達的觀點也吻合他一直以來對「不合憲的屠殺行為」所做的批評。他的觀點看似即將成功，直到護民官當選人小加圖登場；他發言贊成死刑。就在這一天，死刑最後被通過，這是演說技巧的政治意義發揮得淋漓盡致的一天。

西塞羅領著這些備受譴責的共謀者前往廣場上的國家監獄，親自監督他們受刑。西元前六二年冬季某個時候，一支由前執政官安東尼烏斯率領的軍隊追上了喀提林，在皮斯托亞（Pistoria）鏖戰中擊潰對方。喀提林戰死沙場。

＊

西元前六三年的事件透露著後蘇拉政府陷入的困局。國內政治泰半保守退縮，此時的核心議題依舊是蘇拉謀殺免責權的合法性。蘇拉的法律與法令有多少會留存下來？儘管西塞羅以拯救國家於喀提林之亂自居，但他無論如何在這個時候都不敢妄稱他進一步改善了羅馬人的生活。他對名聲所提出的最有力主張是他在這一年結束時，他已經團結人民來對抗喀提林，當時他最顯著的行為是除了避免讓事情發生，也成功為那些犯罪的人提供辯護。大體上，元老院沒有能力做決策，而部落大會除了那些會否決護民官否決權的強悍角色以外，毫無用處。

這與在東方的事件相較起來，令人震驚。龐培將「友好」諸王整合到以行省結構為基礎，為邊境體系奠定根基，這樣一個安排足以保用百餘年。確實，一百五十年後，他為俾斯尼亞—本都新行省制訂的行政體制仍行之有效。同樣不容忽視的還有他在整個帝國的可見度。就在羅馬還仰賴家族人脈或區域關係作為執政的決定因素時（如果是這樣喀提林大可藉著嘲笑西塞羅的出身，來占他便宜），龐培卻起用一名西班牙仕紳，還有土耳其的一位人才，擔任他的高階副官，他們沒有正式的官職，不過大家都知道想做什麼，都得透過這兩人。龐培的手下給後世帝國行政體系樹立了典範。就像凱撒一樣，不論有意識無意識，龐培訴求的是歷史上曾經締造羅馬偉業的那些特質。

喀提林一命嗚呼之後，蘇拉共和還有十三年可活。

第二十一章　法律和失序

在喀提林死後的十年間，以獨立的財政—軍事組織為基礎的網絡而茁壯發展的類似朝廷機構，撕裂了羅馬現有的國家結構。其中一件與戰功彪炳的龐培有關。西元前五八年之後，該組織又加入了一個網絡，好支持凱撒在法蘭西的戰役。這些圍繞著凱撒與龐培而發展的組織，並不代表其他的羅馬人就會自認是二流角色。這些年的國內政治，反映出西塞羅、小加圖、克洛狄烏斯、克拉蘇及加比尼烏斯這些人致力於利用傳統機構來維護自己高人一等的地位。高盧和西班牙準君主制的支持者，和那些利用較老舊結構來力圖掌權的人，雙方之間劍拔弩張的關係，在羅馬的派系出手攻擊高盧的一個新興勢力時，突然一發不可收拾，違背了當初建國所通過的種種法律，因此引爆了一場內戰。

國家從準民主形式發展成某種準君主制，是可以預料的。西元前五〇年代下半葉，西塞羅曾想像過羅馬共和國的優化版，需要有個仲裁者，而他願景裡擔任那個角色的人就是龐培。假設「所有人判斷一致，（龐培）是迄今為止國家第一號人物（princeps）」（Cicero, *Concerning His House* 66），然而西塞羅認為這位偉大的人物不可能獨力應付得來。就像小西庇阿在西塞羅討論共和國的對話中提到的這個想法：龐培是需要明智的朋友，而西塞羅永遠奉陪。

但龐培欠缺成功處理內政必要的耐性。在那些擁戴共和體制的人看來，龐培欠缺政治技巧一事顯得特別不幸。龐培認為傳統的共和國提供了劇場，讓他在其中光采四射、昂首闊步。他之所以未能實現這份野心，問題就在他樹敵太多，其中帶頭的是盧庫魯斯，此人很懂得如何打亂國家機器。這結果使得龐培在政治上必須更加依賴精明之士來達到自己的目的。這種依賴心很快就使他落入凱撒的手掌心。

龐培在西元前六二年十二月抵達布林迪西姆。過了八個月，他花了兩天舉行他擊敗米特里達梯海盜與提格尼的凱旋式；凱旋式始於西元前六一年九月二十八日，他的生日當天。西元前五九年一月，他仍在等候元老院批准他在東方所採取的一切措施。之所以被推遲，一部分錯在他身上；龐培與盧庫魯斯不同，人家的安排都經由必不可少的十人元老院使節委員會處理，但這點龐培卻脫序，甚至不耐煩跟使節約時間會面。盧庫魯斯堅持元老院要審查龐培的每一個行動，但同時卻已經批准建立行省的一切措施，使國庫歲入從五千萬第納里烏斯銀錢提高到八千五百萬第納里烏斯銀錢，不過這並未涉及到龐培和東方諸王所做的安排。盧庫魯斯和其他人會認為，那些安排的最大受益者是龐培，而不是國家。要成為世上最有名聲和權勢的人，需要很大一筆金錢，而對龐培來說，估算出東方諸王朝的財富究竟有多少，是必要的。

除了由小加圖帶頭，並有各方老一輩元老撐腰，來直接了當橫加阻攔外，令人不安的醜聞和迫在眉睫的危機，分散人們對政府事務的注意力。西元前六二年十二月五日，克洛狄烏斯被發現出席凱撒府邸一場「純女性」的聚會。這是一場維斯塔貞女的聚會，會中聚集各方有頭有臉的婦女，是一場良善女神（Bona Dea）的慶典。據說，克洛狄烏斯出現在會中，是為了與龐培亞發生關係。凱撒旋即與妻子龐培亞離婚，說身為他的妻子必須不容質疑——這看似個冷笑話，因為凱撒自己的婚外情史曾遭蘇拉的前任副將古里奧（Curio）打槍，說他是「每個男人的妻子和每個女人的丈夫」（Suetonius, *Life of Caesar* 52.3）。凱撒隨後離開羅馬，赴遠西班牙擔任總督。

西塞羅應該接受提醒去遵從凱撒的案例，別和良善女神的醜聞事件牽扯上。但是他沒辦法。當克洛狄烏斯要西塞羅提供不在場證明時，西塞羅一口回絕，還在審判時作證不利於他。克洛狄烏斯被判無罪，據稱是因為陪審團成員受巨額賄賂所誘。接著克洛狄烏斯便宣布自己是西塞羅的致命死敵。

同一時間，西塞羅埋怨，他為了擊敗喀提林而建立的同盟，因為龐培的利益計畫並未付諸實行，加上拒絕調整承攬亞細亞包稅公司所欠的款項（但其實是包稅人標價過高），而遭到分化瓦解。小加圖是絆腳石，在元老院進行沒完沒了的演說，而這時西塞羅也轉而抱怨他好像「生活在柏拉圖的理想國，而非羅穆盧斯的糞坑」（Cicero, *Letters to Atticus* 2.1.8）。然而在這裡卻什麼也沒做，同樣也沒有處理高盧正在醞釀中的真正問題。

西元前六二年，南高盧的阿洛布羅基人造反，但沒有明顯結果。接著在西元前六一年，坐擁隆河與萊茵河之間領土的部落塞夸尼人（Sequani），一舉擊敗羅馬在隆河河谷北境最重要的盟友埃杜維人（Aedui）。塞夸尼人引進隆河對岸的傭兵將領阿里維斯塔斯（Ariovistus），此人是他們占上風的大功臣。埃杜維人向羅馬求援，可是，除了一些深表同情的姿態外（羅馬派出使節團，並將高盧行省的任務指派給西元前六〇年的執政官），並未給予立即的救援。

當元老院的僵局與高盧相關局勢愈來愈嚴重，凱撒從西班牙返國；他在盧西塔尼亞攻打眾多部落，贏得相當豐厚的錢財。他要求舉辦凱旋式，並宣布要出馬競選執政官。那些討厭他的人推遲了凱旋式的表決，希望把他滯留在城門外，因為他必須放棄他的指揮權才能有候選資格，才能有權利要求凱旋式。凱撒決定不要凱旋式，結果在執政官投票中拔得頭籌。

凱撒在西元前五九年一月一日上任執政官，他的同僚執政官馬庫斯．卡爾普爾尼烏斯．比布魯斯（Marcus Calpurnius Bibulus）是他的死對頭。但那不打緊。比布魯斯不是很聰慧的人，而且他的壞脾氣會任憑凱撒將他玩弄於股掌間。凱撒在上任前一個月去找了龐培，提出他會支持批准龐培在東方的豐功偉業。接著他邀請西塞羅加入，這實際上會導致立法政變。西塞羅拒絕了。凱撒同時也接觸克拉蘇，對方也不同意。凱撒認為，單靠一條路是辦不到的，因此不惜多頭進行，搭配協調直到他達到目的為止。他的主要目標是要得到一個更好的行省，要比他現有的更有展望才行——若只是「義大利的丘陵與山谷」[1]，他僅能維持鄉村治安而已。但主宰羅馬國家是他的下一步。

凱撒在執政官任內啟動了為期十年的立法之路，其多樣性和影響是無與倫比的。雖然就功能與那些總是會當選的人而言（只有貴族會當選執政官），民選官員的基本結構並無改變，但這些立法程序創造出新規定、新的官員委員會，以及新的行省。在這些年間更值得注意的事件是，有一場未經元老院核准的重大軍事災難，引發了羅馬與帕提亞王國的衝突；還有入侵埃及（同樣也未獲批准）；以及在事後才追認的主動出擊：將整個之前被分為三部分的高盧給統合起來，並置於羅馬國家名義的統治下。

西元前五〇年代所有立法案有一個共同點，那就是它們全數都是由龐培提案、為龐培提案、或是由獲得龐培心照不宣支持的人提案。龐培這「一人為首」（principate）的原則出自於他跟其他一些人的共同認知，認為真正的權力掌握在能夠遠離傳統元老政治的喧囂，且能獲得行省或王室資源的那些人手裡。

*

在維持權力均衡方面（龐培擁有的權力比他的多），凱撒就任執政官那年在元老院宣布，現在要將議事紀錄公諸於眾。他研議了一項法案，肯定龐培所有彪炳功勳，接著又宣布一項分配義大利土地的法案，這法案設有一個非常大的委員會（其中包括龐培及克拉蘇），這會將從個別之人手中買下土地，併入後再分配出去；還有另一項法案是，削減亞細亞行省包稅人三分之一的賦稅標價。對此小加圖威脅要進行一整天的杯葛演說，但這時凱撒逮捕了他，送往大牢。隨著很多元老選擇站出來加入凱撒，羅馬的民眾也好好看清楚了，是誰在反對他們大體上都喜歡的法規。

凱撒接下來將這件事訴諸民眾。他以土地分配法案開場，在元老院建築前面的講台上演說，兩旁站著龐培與克拉蘇。二月，議程的掌控權移交給護民官瓦蒂紐斯（Vatinius），而輪到另一位執政官比布魯斯主持元老院院會。是瓦蒂紐斯推動這些法案，確認龐培在東方的協議。三月，凱撒提出更多法案，包含要改變亞細亞行省稅收投標方式，以及另一個（為此他拿到非常豐厚的收入）認可

1 審定注：這是元老院為杯葛凱撒而指派給他卸任後的「任務範圍」。

托勒密十二世為埃及國王。

五月初，凱撒再研議了第二項土地法，令西塞羅格外煩惱，因為這項法案要分配的土地是羅馬從第二次布匿戰爭沒收而來的卡普阿。西元前六三年盧魯斯所提的土地法中就提過這個議案，當時西塞羅強烈反對，主張羅馬無法放棄這項租金收入。而凱撒的觀點可能是認為，有了龐培帶進來的新資金，羅馬根本不需要坎帕尼亞的租金。

凱撒很可能意識到地方輿論。他在那不勒斯灣北岸貝亞（Baiae）時尚渡假勝地有一幢別墅，而且在卡普阿還養著角鬥士，他的新婚岳父皮索在維蘇威火山腳下的赫庫蘭尼姆城也有一幢壯麗的別墅。

五月，有關第二次土地法通過的過程裡所發生的事件，對羅馬影響至為深遠。當法案被提出時，凱撒的執政官同僚比布魯斯表示反對，卻遭到民眾潑糞，他大概沒料到如此，全身沾滿穢物地返家，這一年不再踏出家門，宣稱他在觀測天象，無法執行公務。而且他在前門張貼羞辱凱撒的東西。

有鑑於羅馬人並不常提糞桶進入會場，這很可能是凱撒設局安排的意外事件，目的是要讓比布魯斯顯得既笨又蠢——當然對方也確實如此。對比布魯斯沒有太多意見的民眾同樣感到震驚。這麼一來令凱撒更加感到滿意，沒有執政官同僚阻撓，他可以自行運作所有的元老院院會。而另一方面雖方便如是，但這或許會去質疑另一件關鍵之法所具有的合法性：瓦蒂紐斯提案授予凱撒一個行省，包含山南高盧與伊利里亞地區；山南高盧介於阿爾卑斯山與盧比孔河之間，就在現在義大利的里米尼（Rimini）北方；伊利里亞地區指的是山南高盧以東一個地形不規則的地區。這項指揮權效期五年，附加條款是終止日期為西元前五四年三月一日。

西塞羅再次謝絕另一項職務，擔任第一個土地委員會的委員，這將使他得以遠離羅馬城，還能保護他免受審判。他對凱撒的內政立法有很多話要說，但沒一句好話。然而，他在傳世的這一年書信裡卻沒提到他後來相當欣賞的瓦蒂紐斯法案重要性，也沒提到後續法案，也就是將六月時死了總督的山北高盧行省納入凱撒的統轄內。說不定沒有人認為凱撒能靠著四個軍團達成多大成就，而且看起來高盧的局勢正慢慢降溫。可能是在二月，由比布魯斯擔任主席的元老院表決通過，追認塞夸尼人的傭兵將領阿里維斯塔斯是羅馬人民的「好友兼盟友」。把山北高盧劃歸凱撒統轄，並不是要凱撒或其他人試圖安頓隆河河谷紛擾的任何宏大計畫的一部分。

到了夏末，西塞羅說服自己接受「三頭怪獸」（他對龐培—克拉蘇—凱撒集團的稱呼）的權力正逐漸式微。他在一場特別不明智的演講裡攻擊三人，凱撒在保護西塞羅的同時所得到的利益也消失殆盡了。凱撒與龐培監督著克洛狄烏斯從世家貴族階級身分轉換到平民階級身分的過程，以便他可以參選平民護民官。

西塞羅將會對自己的一些決定後悔莫及，不過最令人震驚的就是，他對正發生的一切所做的判斷是如此錯得離譜。執政官選舉的當選者是凱撒的岳父皮索，以及加比尼烏斯（給予龐培統率權攻打海盜的法案提案人）。這兩人都和「三頭怪獸」交情匪淺，在投票結果名列前茅，這分明就意味著人口普查最高階的成員並不反對凱撒的所作所為。部落大會的成員最近才通過公民投票表決讓剛成為平民的克洛狄烏斯擔任來年的護民官；部落大會的成員似乎也對事情的結果頗為滿意。

克洛狄烏斯在地方嚴重遭人猜疑，西塞羅只是其中之一；很多人認為克洛狄烏斯褻瀆眾神應該被判有罪。[2]盧庫魯斯憎恨他，還有那些記得他曾在西元前六五年的貪腐罪審判中，幫喀提林辯護的人。另一方面，克洛狄烏斯野心勃勃，因此凱撒寬宥他的不檢點。而且克洛狄烏斯適應力頗佳，能屈能伸：凱撒和龐培將從克洛狄烏斯承諾提出的立法護航中獲得利益，克洛狄烏斯得到的回報是他們不會阻撓克勞狄烏斯去報復西塞羅。有一份法案明定類似比布魯斯觀測天象的行為是違法的，以便攔截五月的騷亂過後所通過的法案都是非法的主張，因為假如有個執政官一直都在觀測天象，那麼政府的立法事務將窒礙難行。

克洛狄烏斯的規劃裡有相當多的遠見。他提議的第一批法案當中，有一個是要恢復拉爾神的節慶，該節慶在西元前六四年被認為有害公共秩序而遭禁止。西元前五八年一月一日就任執政官的皮索甚至准許就在那一天慶祝這個節慶，想必是因為他認為克洛狄烏斯在十二月十日提議的這項法案將會通過。另一項同時提出的法案主張改革糧食補貼制度，改為直接分發，而只要接受托勒密十世遺囑是合法的，羅馬就有資金可用。托勒密十世在遺囑中將他的王國贈予了羅馬，雖然他真正的用意仍有待商榷。迄今為止，這份遺產始終被解讀為埃及本土，而西元前六三年盧魯斯提出他的土地法時有過一些和併吞相關的爭議。不過，由於托勒密十二世才剛剛被認可為埃及國王，倘若羅馬要接受托勒密十世的遺囑，那麼這相關的王國遺產就應該是賽普勒斯，因為這裡才是他駕崩時統治的所在。

小加圖被選派去監督這過程。同時，克洛狄烏斯提議了一個互換行省的法案，把馬其頓給了皮索，敘利亞給了加比尼烏斯，這兩個地區都有參與軍事行動的機會。外交政策正為了遷就政治野心而轉彎。

西元前五八年三月，許多羅馬人很可能都被一項法案嚇到了，這項法案主張可以流放任何未經審判便處決羅馬公民的人——其實法案適用對象只有一個人，那就是西塞羅。緊接著下一個法案就是指明只要西塞羅逃出羅馬城，就流放他。這時，凱撒不斷收到羅馬[3]傳來的報告，說克洛狄烏斯會宣布國家進入緊急狀況，唯一解決方法就是由他率領他的軍隊到山北高盧以北。

當凱撒著手開始征服高盧（我們不久就會回到這個事件上）時，隔年出現了幾個重要的立法時刻。其一，要召回流放的西塞羅，這和克洛狄烏斯企圖多方面惹惱龐培不無關係。西塞羅大張旗鼓得意洋洋地返國，龐培的支持者利用反克洛狄烏斯的現象湧入羅馬時，紛紛現身表決，要讓西塞羅返國，並通過法案，來為他們的人創造新的工作。在十五位軍團司令的助陣下，龐培掌管糧食供應，擁有指揮權，相當於帝國境內任何一處行省的總督。儘管羅馬既未統治或還未開發過這些往後要提供豐厚糧食給羅馬的土地（位於北非與埃及），而且由於克洛狄烏斯的法案讓糧食認領人激增（民眾釋放了很多他們的奴隸還以自由身，讓國家來養），這是必要的一步。這個步驟也顯示了一個事實，那就是元老院除了巧立特設委員會之外，別無他法可以解決結構性問題。

就在新委員會創設之際，龐培處理糧食供應的能力，以及他在羅馬的整體傑出表現，急轉直下。這狀況是托勒密十二世大駕光臨。埃及國王因為羅馬併吞賽普勒斯等種種事件，而被憤怒的子民罷黜趕離王位，如今他現身龐培坐落於阿爾巴諾山的別墅，寄望別墅主人能助他奪回王位。托勒

2 編按：這裡指克洛狄烏斯參加維斯塔貞女非法聚會一事。

3 審定注：原文似乎誤為「高盧」。

密國王帶了女兒克麗奧佩脫拉（Cleopatra）同行，她正打算接受羅馬的教育。

對龐培很可惜的是，托勒密國王的行徑演變成醜聞，還引發兩次在這時或羅馬史上前所未聞令人最難忘的拉丁文謾罵。第一次是，西塞羅為其青年朋友凱里烏斯・魯弗斯（Caelius Rufus）辯護時所做的演說；魯弗斯被控企圖毒害克洛狄烏斯的妹妹。這案情因為魯弗斯被認為捲入殺害亞歷山卓使節團而更加複雜；該使節團的任務是來請求羅馬不要允許托勒密國王返國。另一次是詩人卡圖盧斯寫了一篇格外淫穢的詩；卡圖盧斯是當時最偉大的詩人，恰巧又是克洛狄烏斯妹妹的前任情人，他將之前一首獻給埃及女王的希臘頌詞改寫成亂倫強暴的研究。這些作品是為了塑造托勒密國王是性偏差的惡棍，反映著某些受教育的羅馬人看法。

龐培無法掌控與托勒密國王往來對他所造成的名譽損害。結果一整年裡大半時間人們都漫不經心地辯論究竟要不要、以及如何讓國王返國復位，還有那個人應該是誰。而當負責保管新收集的西比爾神諭的「十五人獻祭委員會」（College of Fifteen for Making Sacrifices）中的一名成員，發表了一則神諭，說埃及國王不得憑藉「一群人」（意指「一支軍隊」）復位，事情就變得更為複雜（Cicero, *Letters to His Friends* 1.7.4）。最終托勒密國王放棄，在西元前五六年底離開羅馬，另尋行賄對象。他找到加比尼烏斯家族的一個人，此人無視於元老院禁止用武力干預，讓托勒密在西元前五五年復辟成功。

龐培在面對埃及事務上的弱點，振奮了他的仇敵，滿懷希望想做點什麼事來扭轉權力的政治平衡，這包括了在行省裡取代掉凱撒。西元前五六年春，凱撒與龐培在盧卡舉行緊急會議，同意龐培再度與克拉蘇搭檔出馬競選執政官，兩人理所當然當選；而且護民官蓋烏斯・特萊博尼烏斯（Gaius

Trebonius）通過一項法令，宣布近期紛擾不斷的西班牙，以及敘利亞，將是西元前五五年的執政官行省。總督任期五年，得以採取任何必要行動攻擊毗鄰的民族。龐培與克拉蘇接著執行一項法規，延長凱撒在高盧的統率權，他們認為也是為期五年。不過這條措辭語焉不詳的律法似乎是在說，凱撒的統率權將展延為「依此法為期五年」（quinquennium ex hac lege），自法令生效起算，而非按凱撒在《瓦蒂紐斯法》（*lex Vatinia*）統率權終止起算，這解釋空間很大。兩種解釋在未來幾年內並存。

西元前五五年之後，龐培心滿意足留在羅馬，透過軍團司令統治西班牙。出於方便起見，他在現代的梵諦岡內有幢房子，避免住在羅馬市中心內的住宅區（當他是行省總督時，這裡會被劃為禁區）。他還捐贈了羅馬城內首座永久劇院，位於戰神廣場，其空間也能作為元老原在「聖界」外的集會場所，如此一來就不會限制他出席會議了。而克拉蘇迫不及待離開，解除加比尼烏斯的軍權，繼續討伐興戰的帕提亞王國。

*

凱撒在高盧的統率權樹立了克拉蘇所嚮往的獨立行事標準。那些年間凱撒的記載同時透露出元老院的控制在實際上和在政治上的侷限，以及在欠缺永久職的官員下，治理一個帝國時所出現的結構性問題。其中一個政治侷限是，護民官立法權剝奪了元老院的監督權，因此遇到重大案件時，不再能根據格拉古有關執政官行省任用權的舊法（技術上仍正式記錄在冊），來控制任命。凱撒出征的開始透露出結構性困難的程度。沒有永久職的官員，就沒有人負責收集情資。在低度開發的地區裡，資訊仍得經由總督官署篩選給元老院，要不然就是由使節團來轉達。可是，萬一沒有使節也沒有總督時，該怎麼辦？西元前五八年春天，山北高盧邊境所爆發的狀況，正是如此；當時凱撒滯留在羅馬城外等候西塞羅被流放，便是一例。

隨著總督辭世，可能是在西元前五九年四月，山北高盧的行政大權落到財務官手中。但這名官員（姓名未見記載）似乎沒被通知事情的新發展。這些新發展包括，羅馬與赫爾維蒂人領導階層裡的派系，在埃杜維人與塞夸尼人領導階層之間談判斡旋，想遷徙大量的赫爾維蒂人到埃杜維人境內，從而提供額外兵力來剷除羅馬的「好友兼盟友」阿里維斯塔斯。為了達到這個目的，赫爾維蒂人理當取道羅馬在隆河南岸的勢力範圍。當凱撒聽聞赫爾維蒂人在三月二十八日出現在日內瓦要求過境時，他驚訝萬分。那一天，凱撒的三個軍團駐防遠在四百英里外，位於義大利東部的阿奎萊亞。

凱撒雖然驚訝，但是赫爾維蒂人的出現給凱撒製造了良機，使他得以展開圓夢行動。但是他準備嚴重不周。他調遣他的部隊全速前進阿爾卑斯山北面，卻不知道這樣的兵力夠不夠（可供他隨時調遣的人力是兩萬）。他從羅馬飛馳到日內瓦，大約一天九十英里的速度，充分利用總督的大權以緊急名義招募新軍。他個人將負擔這些人員的軍餉，這顯示他真的認為情況很緊急。

當構成他《高盧戰記》開頭幾章內容的報告傳回到元老院，為了讓國內聽眾消費，其中的緊急狀況必須以那些會呼喚起過去令人害怕時刻的語言來表達：縱使對赫爾維蒂人到達時該怎麼對付，凱撒並無清楚的計畫，但是他迅速做出結論，那就是他所採取的任何行動，都必須超越地方格局。他所面臨的威脅無疑的也是「所有高盧人」的威脅。

凱撒費盡心思誇大赫爾維蒂人會帶來的危險。比方說來者為數眾多，都是神乎其技的戰士，他們的威脅性不亞於辛布里人和條頓人；他們的遷徙習慣令人想起史上其他民族長距離移動，翻越阿爾卑斯山，而正是這些民族曾在西元前三九〇年進犯洗劫羅馬城。還有個人因素在其中：大約五十年前，凱撒妻子的祖父就是在服役軍中時與赫爾維蒂的一個小部落短兵相接時慘死。這足以合理化凱撒率領部隊越界追捕赫爾維蒂人的舉動，但其實赫爾維蒂人根本不會威脅到高盧行省。接下來的軍事行動喚起了馬略與辛布里人的鏖戰。正如西元前一〇二年馬略所做的那樣，凱撒渡河時首度擊敗了一支敵方小部落，而殺害了他妻子祖父的，就是這支小部落的祖先！幾日過後，殘餘的蠻族組織一支龐大的軍事方陣攻打上山，就像辛布里人在埃奎亞．塞克斯提亞那樣，但遭到羅馬重標槍齊射潰不成軍，一路撤退。投降後，少數殘部被遣送返鄉。凱撒後來從赫爾維蒂人的普查紀錄（以希臘文寫成），能夠記錄下這場屠殺。原本遷徙的族群總數三十六萬兩千人，僅十一萬人倖存。

凱撒所記載的赫爾維蒂人數明顯有錯，但他聲稱赫爾維蒂人使用了希臘文的紀錄卻未必有誤。地中海的文化長久以來都透過馬薩利亞（Massalia，即現代馬賽）作中介，這個港口是西元前六世紀時由希臘殖民者所創建的。巧合的準確度或許有助於掩蓋刻意的捏造，隨著凱撒繼續講述西元前五八年夏天的故事時，這類捏造情事也愈來愈創意十足。五月中至五月底，代表「所有高盧人」的首領團來祝賀凱撒的勝利，有些首領在祕密會議中坦承，阿里維斯塔斯這個人並不好相處（死了這條心吧！）。阿里維斯塔斯殘酷暴虐，奸詐不忠，壓榨長久以來的好友盟邦埃杜維人。不久事情明朗了，阿里維斯塔斯並不了解所謂被接納為「好友兼盟友」代表他必須聽命羅馬行事。他甚至更無知的是，多虧了法比烏斯．馬克西穆斯和多米迪烏斯．阿海諾巴布斯在西元前一二一年打了勝仗，所有高盧部落才成為羅馬的一個行省。只不過，高盧始終未被占領，倘若羅馬想要維持太平，那麼這需要一番整頓。

凱撒提醒高盧人（以及他的讀者），才不過區區兩年前，元老院曾經指示高盧總督確認這個行省一切安然無恙，這點不論當時或現在都至關重要。他們應該要知道，阿里維斯塔斯和羅馬某個想要他（凱撒）命的人有過接觸，而且他正帶來了萊茵河對岸的新日耳曼人。阿里維斯塔斯甚至曾經在談判期間企圖謀害凱撒，因此凱撒別無選擇，只能消滅他。夏末在維森提奧（Vesontio），凱撒辦到了。凱撒當時正要折返阿爾卑斯山南麓履行司法職務，他將軍團留在萊茵河沿岸紮營，這樣看起來最好。

凱撒以堅定的傳統主義者之姿現身，儘管在他的高盧戰爭的記載中，他從未採用傳統詞彙來描述羅馬國家的全名「元老院與羅馬人民」（Senatus populusque Romanus）。他現身單純只是為了代表「羅馬人民」。他的行為應該配得上他們。他的仇敵包括被縱容的高盧貴族，他們剝削族內的侍從，且圖謀以法律外的方式壓迫人民，熱衷酷刑毫無信仰，崇拜那些要定期獻祭人類的眾神。他的仇敵的種種行為激起了大家過去記憶中最駭人聽聞的往事。災難隨時可能發生，對大家都顯而易見。

西元前五七年，高盧的一支部落貝爾蓋人（Belgae）密謀攻打雷米人（Remi），他們是高盧諸國聯盟的一員，在現代的比利時與法國西北部；和西元前二六四年的瑪末丁人一樣，雷米人也歸降羅馬，因此羅馬必須保衛他們。西元前五六年，長於航海的威尼提人（Veneti）在英吉利海峽一帶俘虜了一些羅馬使節，因而遭到凱撒出兵懲處。西元前五五年，日耳曼部落渡過萊茵河，不懷好意與凱撒談判（凱撒是這麼說的），因而招致滅族。他們明顯居無定所，是最糟糕的蠻族，而凱撒的讀者可以從先前的記載中得知，他們是原始的大自然崇拜者，無法從事農耕或過定居生活。凱撒殲滅了這些日耳曼人之後，為了他個人也為了羅馬人民的體面，必須渡過萊茵河，因此他建了橋梁。

那一年稍晚，就連不列顛（Britain）這不斷在高盧興風作浪之部落的家鄉，凱撒也前去拜訪。

向來不是凱撒發燒友的詩人卡圖盧斯讀到他的記載時，依舊不為所動。他對凱撒沒半句好話，他說他壓根兒不在乎凱撒是什麼身分。這措辭帶刺傷人，就如同他宣稱凱撒帶著他稱之為「勃起先生」（Mr Prick）的參謀長馬穆拉侍寢一樣。卡圖盧斯同時也嚴詞抱怨馬穆拉的新財富。凱撒後來召來卡圖盧斯的父親，然後請卡圖盧斯共進午餐。到底發生了什麼事情，並無記載可查。不過不久之後，卡圖盧斯寫了一首詩，他在詩中想像跨越攀越阿爾卑斯山見到「偉大的凱撒、高盧的萊茵河、令人生畏的大海，以及最遙遠的不列顛。」（Catullus 11.9–12）一切意在言外。

到了現在，凱撒可以自居其功，是他將帝國幅員拓展到世界的極西之境，正如龐培擴展到極東之境。如今，西塞羅公開與凱撒和解；西元前五五年三月，他在辯論執政官行省任務分派時，將讚揚凱撒的豐功偉業。他說，諸位前輩將領曾讓羅馬擺脫對高盧居民的燃眉之懼；偉大的馬略擁有「天縱過人的美德」，曾遏制北方人禍逼進義大利。而凱撒則征服之前只能被威逼的民族。他不僅擊敗了素以優異好戰本領著稱的日耳曼人與赫爾維蒂人，還打敗了沒有人聽過的民族。在不到兩年時間，「他有能力藉由恐懼、希望、懲罰、獎賞、武器或法律，以永恆的連結凝聚所有高盧人。」（Cicero, *Concerning Consular Provinces* 34）因此他完全有資格統治高盧一兩年以上，因為他必須完成這項征服大業。凱撒不再被看作是單純的激進派政客，而是羅馬的救星。

這就是凱撒要人民接收到的訊息。西塞羅的弟弟投入凱撒麾下做事，他的一名年輕隨從，特雷巴修斯（Trebatius）亦如是。

西塞羅一方面宣傳他對凱撒新發現的欽佩之意，一方面藉機指出必須將加比尼烏斯和皮索從他們的行省召回。皮索在馬其頓行省一事無成，不過加比尼烏斯在敘利亞行省的總督兼差工作，在許多方面都比凱撒更惹人心煩。凱撒可以拿出以往的危機和自己的成功，來為他的行為找到正當理由，而加比尼烏斯即使到現在都還在為出征帕提亞王國尋求支持，但元老院百般不願，或是無能為力，去約束一個野心勃勃的總督。

加比尼烏斯毫不懷疑自己的價值。在執政官任內提出某項法案的序言中，他宣布給予提洛島免稅特權：「海盜，使得世界荒蕪多年，掠奪眾神的聖所、神龕和肖像，以及最神聖的聖地……如今已遭《加比尼烏斯法》擊潰並根除。」（*RS* n.22）加比尼烏斯身為敘利亞行省總督，他未知會元老院便改革稅收制度，並在西元前五五年初，自作主張動用他的軍隊幫托勒密國王奪回埃及的王位。加比尼烏斯留了一批相當可觀的兵馬在埃及，捍衛托勒密的王權，而國王則僱用另一名拉比里烏斯家族成員——他是一位金融家，是在西元前六三年主持過凱撒「叛國罪」審訊的那個人的兒子（這肯定是一個不記恨的家族），負責催收國王仍積欠龐培與凱撒的債款，以及如今積欠加比尼烏斯的錢財。在羅馬學習政治權謀之術的托勒密國王之女克麗奧佩脫拉，有更進一步的發展，她似乎曾與加比尼烏斯麾下的青年官員馬克．安東尼短暫閒聊。

開始於一年前的埃及遠征，打斷了加比尼烏斯對帕提亞王國的干預。西元前五七年，龐培早在西元前六〇年代曾霸凌過的受害者弗拉特斯國王三世，遭謀害身亡。殺手是他的兒子奧羅德斯（Orodes）和米特里達梯，而此二人如今互相交戰爭奪王國統治權。奧羅德斯壯志在胸，想重建古波斯帝國，將國界從阿富汗擴展直抵希臘的規模，很快就取得優勢占了上風。米特里達梯現在是伊朗西北邊米底亞．阿特羅帕特尼（Media Atropatene）王國的國王，他向加比尼烏斯求助。可是加比尼烏斯尚未給出回覆之前，托勒密國王出現了。面對應該先幫誰復位，加比尼烏斯選擇了托勒密。當加比尼烏斯從埃及回來時，米特里達梯的處境已然惡化，只好逃到了羅馬境內。

當米特里達梯進犯帕提亞王國時，加比尼烏斯支持了他。羅馬人對帕提亞王國的想法，不如對待提格尼在位的亞美尼亞王國那般在乎，對加比尼烏斯而言，痛擊帕提亞王國可能是好事一樁。但他不會有機會。加比尼烏斯的埃及冒險，加上敘利亞包稅人對他的行徑抱怨連連，使得加比尼烏斯在羅馬的政治圈裡非常不受歡迎。就在西元前五四年夏天重返羅馬時，加比尼烏斯因在埃及的所作所為，被指控叛國罪（在此案中稱之為maiestas）。據說龐培的影響力和金錢使得加比尼烏斯得以脫罪。可是這一招在同年後來的敲詐案中卻不管用了。西塞羅被迫為他辯護，卻徒勞無功。這次加比尼烏斯遭到流放。

克拉蘇成立一支龐大的部隊入侵帕提亞王國，不過元老院未曾正式對帕提亞王國宣戰，而且有些元老極度強烈反對任由克拉蘇為所欲為。克拉蘇有一部分的軍隊是正規的駐軍，但扣除曾與托勒密待在埃及的人馬，國庫公帑很可能補足了先前分配的軍團總額。此外，克拉蘇獲准可以在義大利招募軍隊。後來的部署意味國家出資的分遣部隊有兩個軍團。然而當克拉蘇進犯帕提亞王國時，他統率了七個軍團，這表示他自己也投入非常雄厚的資金，可能足以養多達五個軍團。必須收回這項投資的成本，可能有助於解釋為什麼克拉蘇要這麼做——這不是出於戰略目的，而是私人企業的戰爭。當時值得注意的是，他實際上很擔憂錢財問題。

克拉蘇在西元前五四年的下半葉建立了一個橋頭堡，以便挺進美索不達米亞的奧斯若恩（Osrhoene）。他聯繫亞美尼亞國王阿爾塔瓦茲德（Artavasdes，提格尼二世之子），對方正與帕提亞王國的奧羅德斯二世交戰；而且他可能也準備援助在塞琉西亞（Seleucia）遭圍困的米特里達梯。塞琉西亞是帕提亞王國的核心城市，就坐落在首都泰西封對面，其居民對塞琉古統治時期所擁有的特權地位記憶猶新，因此往往對帕提亞王國充滿敵意。但塞琉古人卻無力反抗帕提亞奧羅德斯國王的主要大將蘇雷納（Surenas），當克拉蘇還在美索不達米亞北邊時，塞琉西亞人竟投降了。西元前五三年春天，克拉蘇發動了大規模、但有些晚的侵入行動，直搗塞琉西亞。這表示克拉蘇不想理睬阿爾塔瓦茲德，但若他想在美索不達米亞北境興戰，對方可能還會出手相助。克拉蘇也疏遠奧斯若恩王國的國王阿布加爾（Abgar），對方後來變成帕提亞王國的代理人。

克拉蘇揮軍直搗塞琉西亞並沒有很大進展。六月九日，就在克拉蘇離開卡雷（Carrhae）次日，他的軍隊在拜利蘇斯河（Balissus）河谷遭到帕提亞王國軍隊攔截襲擊，統帥正是蘇雷納，羅馬軍隊無法抵擋帕提亞王國威力十足的弓騎兵與重騎兵，遇襲後止步不前。經過一日可觀的損傷，克拉蘇下令撤退到卡雷，這時他的兵力已潰不成軍。在克拉蘇的財務官蓋烏斯·卡西烏斯·隆吉努斯（Gaius Cassius Longinus）指揮下，有些人（至少有一個軍團）逃離。在克拉蘇設法（或者他如此想）協商條約，卻在帕提亞人企圖綁架他而遭到謀害後，其他人也投降了。

*

羅馬現在手上正在打一場真正的戰爭，雖然幸運的是帕提亞王國的政治阻礙了一場入侵行動。該如何是好？答案是，什麼也不用做。卡西烏斯執掌兵符超過一年，而此時國內政治危機幾乎吞沒了羅馬的憲政體制。

問題出在克洛狄烏斯身上。西元前五二年一月十九日，克洛狄烏斯遭到長久以來的政敵米羅殺害，而米羅素來與西塞羅友好。當晚，克洛狄烏斯的僕人將他的遺體帶到他位在巴拉丁諾山的寓所，克洛狄烏斯的妻子弗爾維亞（Fulvia）與支持者（包括蘇拉的孫子，凱撒前妻的兄弟）將遺體陳列在此處。隔日早晨，廣場裡萬頭攢動來瞻仰遺體，有一名克洛狄烏斯很信任的黨羽將遺體帶進元老院，接著群眾縱火焚燒元老院議事廳。毗鄰議事廳的波爾基烏斯大會堂（Basilica Porcia）也遭火吻。失序的群眾在城裡遊蕩，最後終於拿起束棒到龐培的花園，那裡靠近現代羅馬的貝佳斯公園（Villa Borghese），要求龐培他表明自己是執政官還是獨裁官。束棒是官方的權威象徵，通常用於在埃斯奎利諾山（Esquiline Hill）上喪葬女神利比蒂納（Lucus Libitinae）神廟所舉行的公開葬禮。

使情況變得複雜的是，當時根本沒有執政官在位。儘管東方危機重重，但政治紛擾早已迫使大選延期至新年度。激烈爭吵後隨之而來的是西元前五四年的可怕選舉醜聞，醜聞導致五三年的執政官始終無法就職，直到七月才就任。西元前五四年的問題，不是兩位候選人提供豐厚錢財做誘餌，外加讓現任執政官挑選行省，如果他們願意操縱選情；問題是在其中一名候選人愚蠢至極，在元老院院會中洩漏內情。到了西元前五三年執政官就任時，爭奪五二年官員的暴力競選活動已經如火如荼。米羅爭取執政官一職，克洛狄烏斯競逐法務官，而亂象遍布大街小巷。

克洛狄烏斯的葬禮結束後好幾週，暴力還持續不斷。有好幾個月，脫序群眾接二連三阻止臨時攝政任命新的執政官，之後元老院在二月十八日集會通過一個「終極法令」，要求當時龐培、護民官及在位行政長官採取一切必要行動，恢復城內安定。龐培的回應是召集軍隊，並且以謀殺罪名起訴米羅，以鼓動暴動來起訴包括弗爾維亞在內的各種克洛狄烏斯支持者。最終依舊議而不決，也沒有選出執政官。理由是，凱撒當時所在的基地拉溫納距離羅馬很遙遠，而且沒有什麼事情會發生，直到凱撒和龐培達成協議為止。西塞羅是中間人。

但是直到三月中旬，才有了解決之道：龐培將出任唯一的執政官，也會推行法案終結過去數年的政治亂象，並且會捍衛凱撒的利益；凱撒宣布他將出馬競選西元前四八年的執政官。這些法案的第一項是由全體護民官委員會提出，內容表示凱撒得以毋須放棄指揮權（在這個案例中是給予「缺席參選權」，ratio absentis）來參選。

另一項法案則從基本上改變了分配行省的方式。新的「龐培行省法」（Pompeian Law on the provinces）採用針對西元前五四年醜聞第一次提出、但從未付諸實施的議案，取代舊的《塞姆普羅尼烏斯法》（*lex Sempronia*），規定任何人不得從執政官或法務官，直接轉任行省，並規定今後五年內，總督將由以前沒有擔任過省級總督的前地方官員當中挑選。但有個奇怪的漏洞是，該法案允許護民官可以否決省級任命（這是《塞姆普羅尼烏斯法》所禁止的），並指出一個重點：總督職務唯有服務，而非為自己謀利的機會。其他的法案還包括：一、控制大家目睹的幫派暴力；二、限制選舉貪腐，兩項法案都施行加重懲罰，並且有縮短審判時間的條款；三、規定要求參選官職的人必須親自出席表明其參選資格（雖然據稱萬一這項法案通過的話，龐培就會去國家史料館加注法規，豁免凱撒這項要求）。

凱撒未留在拉溫納觀察龐培的整體表現，這或可解釋為什麼一個剛開始深受十位護民官青睞的立法程序會走了樣。可是凱撒別無選擇：高盧的情況迅速失控。確實，有一陣子事情變得很棘手，高盧的部落首領對他的施政適應程度不一。有些人發現幫凱撒做事有賺錢機會，有些則認為與羅馬合作是在家鄉順利從政的捷徑，還有一些人滿腹怨恨。西元前五四年初，凱撒正在籌備第二次入侵不列顛之際，暗殺了素來跟他關係惡劣的埃杜維人重要首領。到了秋天，由於農事歉收，又必須餵飽軍隊，凱撒將軍團分散到高盧北部，而不是集中在單一的營區內。這麼一來，給了當地貝爾蓋人首領安比奧里克斯（Ambiorix）有機可趁，散布陰謀叛變的謠言誘騙駐軍離營，然後伏擊殲滅這縱隊。叛亂在貝爾蓋人之間擴散，但被親自出馬的凱撒敉平了。

西元前五三年的剩餘時光裡，凱撒都在處理叛變的後續問題，並應付其他不滿情緒，不過他處決了另一名高盧重要首領一事，引起相當大的反感。正當他被留置在義大利，高盧中部發生了一場很嚴重的新叛亂，當地部落屠殺了轉而支持占領的羅馬承包人社群。暴力行為擴散開來，並且找到了一名能幹的首領維欽托利（Vercingetorix）。夏末時，維欽托利曾在阿萊西亞（Alesia）被迫投降，但羅馬這場戰役打得很艱難，凱撒親上戰場，卻在進攻高盧人的城鎮日爾戈維亞（Gergovia）時苦吞敗仗。西元前五一年凱撒都在努力重整高盧統治權。

為了彌補西元前五三年時輸給安比奧里克斯的軍隊損失，凱撒向龐培借了一個軍團（推測起來大概是西班牙的駐軍），自己再另組了兩個軍團。西元前五〇年夏季，元老院敦促凱撒與龐培要從公帑負擔的軍團當中，各提撥一支來保衛敘利亞（可能是要取代在卡雷損失的國家武力）。龐培要求凱撒返還他出借的軍團：因此因應元老院的要求，所有提撥的武力都來自凱撒的部隊。

龐培之妻，亦凱撒之女尤莉亞在西元前五四年難產去世，但這件事並非兩人關係趨冷的第一個徵兆。在尤莉亞過世之前，凱撒就已經開始細心確保要在市中心修築代表他的建物。他以「先祖」維納斯神廟（Temple of Venus the Ancestor）為中心而興建的新廣場，久而久之，愈發顯得威脅挑釁龐培所建的劇院的中心位置。西元前五二年，龐培再婚，這次對象是梅特盧斯・西庇阿（Metellus Scipio）的女兒，他與西庇阿曾一起擔任西元前五八年下半葉的執政官，西庇阿對凱撒深惡痛絕。次年，另一個凱撒的死對頭，也是現任的執政官馬可盧斯對曾任科摩（Novum Comum）行政長官的一名男子施以鞭笞刑罰，此事加劇了凱撒與龐培之間的緊張局面。這名男子是羅馬公民，理應豁免這樣的對待方式，可是馬可盧斯認為，在西元前五九年因《瓦蒂紐斯法》而殖民於科摩的人，在他的觀點裡不算是公民。雖然西塞羅和其餘如他一般的人都覺得這樣的觀點太偏激，但眼前卻有夠多的極端分子想把凱撒逐出高盧。對於龐培行省法的意涵（究竟凱撒的統治期限要到西元前五〇年還是四九年的二月二十八日），元老院爭論不休。然而龐培大概在起草法案時就知道凱撒的意思了，他早在西元前五一年的十月著手改革，在五〇年三月一日之前，就已推遲了有關凱撒續任的討論。

西元前五〇年的那個夏天，龐培早已向他的好友們保證，說他只要腳一跺，就會從義大利的土地上蹦出軍隊來，可是他卻病得非常嚴重。那一年的年尾，問題再清楚不過：若是凱撒出馬競選西元前四九年執政官時動用了他的缺席參選權，他還能擁有他的軍隊嗎？

歷經這十年，立法機構在此期間一再通過一件又一件不正常的法律，所以最後導致內戰的正式事件會被呈現為對法律用字的爭執，也是滿恰當的。

第二十二章　龐培和凱撒

西元前五〇年夏天，執政官選舉來了又去，面對凱撒指揮權的問題束手無策，兩位反凱撒派系的死硬分子當選次年的執政官。凱撒的支持群眾認為這樣的結果必然有詐，因為選民興奮支持凱撒的財務官馬克．安東尼，他曾在西元前五四年夏天大選中擊敗反凱撒的執政官、小加圖的連襟盧基烏斯．多米迪烏斯．阿海諾巴布斯（Lucius Domitius Ahenobarbus）。義大利的民眾情願執政官是凱撒親信，起碼凱撒最信任的將領奧盧斯．希爾提烏斯（Aulus Hirtius）回憶時是這樣說的。

希爾提烏斯的說法有其重要性。希爾提烏斯在撰文時，凱撒早已辭世，而希爾提烏斯正打算拿下西元前四三年一月一日的執政官大位，希望能和同一位安東尼一決勝負，他說，凱撒很欣賞安東尼。他是在提醒已故凱撒的難以捉摸的支持者，他才不過幾年前曾經捍衛過的事情。他記得凱撒的敵人是由「一些人」組成（Hirtius, *Gallic War* 8.52.3），他們扭曲在西元前四三年一月一日後，整個義大利都有發言權，正如整個義大利將有角色能扮演那樣的政治程序。希爾提烏斯提及羅馬以外地區的輿論對羅馬政治的重要性，這顯示出在蘇拉辭世後漸趨成熟的這一代人，其政治社會已經擴大到什麼程度。這種改變更進一步的提醒是：希爾提烏斯在西元前五〇年擔任凱撒幕僚時，他的同僚普比留斯・文蒂迪烏斯（Publius Ventidius），在西元前八八年孩童時期曾參加龐培烏斯・斯特拉波的凱旋式，而他的父親始終都是革命的領頭羊。

希爾提烏斯的記載裡，毫無疑問的是，西元前五〇年意味著是凱撒任期的最後一年。這一點始終都不成問題，只要國家的選舉與立法機制允許其配合人民意志運作的話。希爾提烏斯特別強調這一點，透露出他的記憶被蒙蔽的程度有多嚴重：他迫切想隱藏凱撒心意早定，萬一事情不如所願，凱撒便要舉兵義大利。希爾提烏斯說凱撒留下四個軍團和貝爾蓋人，以及四個軍團與埃杜維人同營駐防，自己僅帶著第十三軍團駐防在拉溫納，這個軍團取代了他出兵討伐帕提亞王國的那個軍團。這根本是個謊言。

＊

西元前四九年一月，西塞羅抵達羅馬近郊，他沒有進城，因為他希望自己在奇里乞亞的小小軍功能贏得一個凱旋式，但結果顯示是他誤判情勢。他在辯論凱撒統治期限的議題上並未直接參與，因此不了解兩方的焦慮程度。一月十二日，西塞羅寫信給至親家族，說明他把事情搞砸了：

> 一月四日抵城時，我所受到的接待再虛榮不過。然而我已經陷入國內意見不合的火海，或更確切地說，是戰火。我試圖匡正局面，因為我認為我可以辦到，可是這卻有違某些人的意願（兩方人馬都有主戰鷹派）。簡而言之，這就是事情經過。我的好友凱撒送了一封語帶威脅又刻

> 薄的信給元老院，寡廉鮮恥違背元老院的意思，堅持要保有他的軍隊和行省。我的好友庫里奧慫恿他。我們的好友安東尼和克拉蘇（在沒有遭受暴力之下）被驅逐，隨庫里奧去投奔凱撒。接下來，元老院召集執政官、法務官、平民護民官，以及我們那些延任執政官（proconsul）[1]齊來確保國家不受傷害。國家陷入史無前例的危難，壞公民未曾有準備更齊全的領袖。這一邊樣樣事都很努力備妥。這是透過我們好友龐培的權威及熱情來完成一切的，龐培近來開始害怕凱撒。（Cicero, *Letters to His Friends* 16.11.2–3）

在一月七日這場西塞羅正在報告的會議上，元老院宣布國家進入緊急狀況，因為凱撒的三名黨羽一路向北。元老院沒做的事是宣布凱撒是正式的國家公敵。某些地區仍抱著一絲希望，認為談判還有機會。實則不然。一月十日晚間，凱撒向第十三軍團人馬發表談話，敦促他們要起而捍衛他的尊嚴與名聲，捍衛護民官與羅馬人民自身的權利。在獲得軍團首肯後，凱撒率軍渡過盧比孔河，次日清晨占領里米尼。

凱撒在他自己撰寫的內戰史裡並未提及他取道盧比孔河一事，不過另有他人用眾神干預的故事為此事加油添醋，讓人想起凱撒在渡河時的感嘆，「骰子已擲下」（alea iacta est）（Suetonius, *Life of Caesar 32*）。凱撒也未曾記錄他籌謀此役的程度。他曾經很清楚預測到，他在一月一日給元老院宣

1 審定注：除了延任執政官，proconsul 亦可譯為「代行執政官」。「延任」是指該人在執政官卸任後，繼續服務的「身分」，「代行」則指該人執行執政官權力，但沒有職位。兩者皆可用來解釋 proconsul，本書則統一譯為延任執政官。

讀的信件會得到什麼樣的回覆，並且他也已經啟動五個軍團；五個軍團當中有兩個是老兵軍團，另三個是新近招募的，此外還有一個第十三軍團。凱撒緊緊跟隨龐培的腳步而來，三月初抵達布林迪西姆時，手中握有六個軍團，並且在科菲尼烏姆城（Corfinium）又增加另外三個軍團；他在科菲尼烏姆迫使阿海諾巴布斯投降。阿海諾巴布斯的父親曾經幫蘇拉工作而累積了龐大地產，因此那三個額外的軍團便是從阿海諾巴布斯的佃農裡招募而成，軍餉也由阿海諾巴布斯負擔。

龐培料準凱撒的行動，這也是為何他一聽到盧比孔渡河一事，便立即離開羅馬城直奔布林迪西姆的原因。龐培要求阿海諾巴布斯在那裡與他會合，可是阿海諾巴布斯拒絕。留存的史料顯示，龐培寫給阿海諾巴布斯的一封信裡，告訴他假如他抗命後果將會如何：

> 我認為在這件事上你精神與勇氣俱可嘉，然而我們必須十分謹慎以對，不要被分化，因為我們不是敵人的對手，他凱撒擁有強大的武力可供驅策，很快將會變得更強大。你無需任何先見之明來只考慮凱撒現在身邊有多少幫手來對抗你，而是凱撒在短時間內能調動多少步兵與騎兵。布森紐斯寫給我的信件裡，信中確認了其他人已寫過的內容，他說凱撒已經集結了在翁布里亞和伊特魯里亞所徵召到的軍力，開拔去和庫里奧會合。倘若這些武力集結一處，只要有部分部隊被調派到阿爾巴城（Alba），部分進軍你那裡，他不會攻打你，但他會把你從他的位置趕走。你會掉入陷阱，因為憑著你所擁有的武力，你將無法收集到補給來對抗他的群眾。
>
> （Cicero, *Letters to Atticus*, 8.12c）

事情的發展相當如龐培所料。阿海諾巴布斯被困在科菲尼烏姆。在此，他又收到龐培另一封信，說明無論如何都難以馳援他，阿海諾巴布斯舉措怪異，由他的人馬跟凱撒協議投降。然而出乎龐培或任何人預料的是接下來發生的一切：凱撒將阿海諾巴布斯的普通士兵整編到自己的軍隊裡，同時讓一大群和阿海諾巴布斯在一起的元老及顯貴自由離去。

凱撒的寬容仁慈之舉傳遍整個義大利迴響不斷。他不是另一個蘇拉。

儘管既無法預測、也不了解凱撒的寬宏大量，龐培仍將狀況簡單扼要說給阿海諾巴布斯聽，這顯示出凱撒和龐培的想法往往十分相近。撤退到布林迪西姆是早安排好的，甚至比在渡過盧比孔河之後，凱撒過去九年來的左右手提圖斯・拉比埃努斯改投敵營還早；這點還確認了龐培對凱撒軍力的訊息是正確的。龐培知道他不能在義大利打仗，因為凱撒手中可供驅策的老兵比他多。可是龐培在西班牙的確有一支部隊，而且他知道，凱撒若想要東進，就需要其他的老兵軍團才能應付得來那場衝突，而凱撒能取得那批老兵軍力的唯一方法就是攻打龐培在西班牙的部隊。

龐培離開了義大利後，凱撒的人馬開拔挺進西班牙。為了養一支能用來入侵義大利的軍隊，龐培現在得仰仗地中海東部比西部更優渥的經濟資源，以及他自己在整個東部的人脈。他自己或多或少有點不幸地說道：「蘇拉行，為何我不能？」（Sulla potuit, ego non potero?）（Cicero, *Letters to Atticus* 9.10.2）

接下來的十八個月裡，兩大偉大戰將展開不容半點差池的捉對廝殺。除了老兵軍團，凱撒最大的優勢就是擁有希望他成為世界領袖的手下支持他。龐培的最大劣勢是他的幕僚裡有阿海諾巴布斯、小加圖和比布魯斯這些人，他們只想恢復現狀。他們最終強迫龐培去打他想迴避、也可能可以迴避的戰鬥。

關鍵衝突發生在西元前四八年八月九日，地點在希臘色薩利的法薩盧斯（Pharsalus）。西元前四九年夏末，龐培的西班牙軍隊被凱撒逼得走投無路而投降：龐培大軍被迫退出北邊的伊勒達城（Ilerda）這個極佳的防禦位置，補給遭切斷。長年支持龐培的兩位指揮官盧基烏斯·阿弗拉紐斯（Lucius Afranius，西元前六〇年執政官）、馬庫斯·彼得雷烏斯（Marcus Petreius，曾是實際上擊敗喀提林的軍隊統帥）現在被派去加入龐培的幕僚。南西班牙行省總督、當代最偉大學者瓦羅的犯行受到寬恕，還找到工作擔任凱撒的顧問。西元前四八年，新當選執政官的凱撒利用比布魯斯管理龐培艦隊不善機會，儘管發生一些意外，仍讓自己的軍隊成功登陸底拉西烏姆城（Dyrrachium，現今阿爾巴尼亞的杜拉佐），那裡是龐培為入侵義大利所建的一處軍事基地。龐培發現自己被團團包圍，但這對他毫無損傷，因為他所得到的補給比凱撒好，而且他可以好整以暇，挑選時機來消除凱撒軍隊的戰鬥優勢。四月時，龐培突破了敵人的封鎖線。凱撒後來坦承，要是龐培更大膽一點，很可能就在此時此地結束了這場戰爭。

法薩盧斯戰役則是另一回事。這是一場固定的會戰，步兵比較精良的這一方比較占優勢。龐培之所以應戰，只是因為他和部屬之間的爭吵日益嚴重：大家指責龐培拖延戰事是為了他自己的目的，而且不想讓他們獲得勝利的獎賞——剝奪龐培權力之說議論甚囂塵上。出於個人對龐培的忠誠，一直拒絕凱撒邀請留在義大利的西塞羅，對此深感厭惡。他在法薩盧斯戰役結束後立即動身返鄉，身為營中碩果僅存的延任執政官，他其實可以成為反凱撒的掛名首領。

兩方的統帥都了解，倘若凱撒的優勢步兵能戰勝龐培的人馬，那麼勝利就會轉向凱撒。為此龐培做了他唯一能做的事：設法用他的精良騎兵包抄凱撒。凱撒看穿龐培的企圖，便調回六個隊列，組成一支特殊的後備部隊，等龐培真的採取行動要擊敗他時，加以還擊。龐培按住步兵不動，想為他的騎兵爭取更多時間。由於凱撒的步兵看到對方以平常速度的兩倍快速行軍，便停下來喘了口氣再繼續前進。就在他們這麼做的同時，凱撒的後備部隊擊潰龐培的騎兵，據說凱撒告訴他的人馬要瞄準最前面那些有錢年輕少爺的臉。當龐培見到他的騎兵潰不成軍時，知道自己已經輸了。沒等到步兵行動結束，龐培就撤退回到他的營帳，脫掉將領的披風。然後聽到凱撒的人馬步履接近，龐培便亡命天涯而去。

龐培在追兵趕上前抵達海岸，搭船前往列斯伏斯島的米蒂利尼，他的至交好友提奧法諾斯（Theophanes）就住在那裡，龐培也把妻子科涅莉亞託付在那裡。之後他們前往埃及，向托勒密十二世的兒子托勒密十三世尋求庇護。然而年輕的托勒密國王想對凱撒示好，要殺了龐培。龐培被刺殺身亡，九月二十八日在靠近亞歷山卓的一處海灘上遭到斬首。科涅莉亞找全了他的屍首，將他的骨灰葬在大墓裡，如今龐培墓可能依舊存在，就坐落在龐培位於伯維拉耶（Bovillae）的莊園附近。

＊

龐培被打敗了，可是龐培黨人並沒有。西元前四九年夏天，努米底亞的尤巴國王（King Juba）早已效忠龐培，掃蕩一支派來占領阿非利加的凱撒軍隊。現在，在法薩盧斯竄逃的人馬開始集結於北非，很快就會在西班牙掀起動亂。義大利也並非一切無恙。入侵導致巨大債務危機，短期債信市場崩盤，龐培在出發東征時也應該對此了然於胸。凱撒所面臨的經濟狀況，無異於秦納在西元前八〇年代時所遭遇到的。可凱撒不是秦納。在入侵義大利之前，凱撒用高盧戰役所取得的銀礦，鑄造了羅馬史上最大單一發行量的第納里烏斯銀錢貨幣，不論國內經濟走向變得多壞，都能確保他的軍隊能領到軍餉。在出發東征之前，他還讓法務官馬庫斯．埃米利烏斯．雷比達（我們很快就會聽到愈來愈多他的大名）通過一項律法，指派他為獨裁官。從西班牙返回後十一天，他實施了債務減免措施，紓解貨幣短缺困境；並引進一項法令恢復公民權，除了西元前五二年遭流放的米羅和幾個人例外（其中之一是加比尼烏斯）；還實行了另一項法令，恢復被褫奪公權者之子的公民權。

但義大利的政權仍未穩定，同時，就在希臘展開軍事行動的同時，克洛狄烏斯的妹妹克洛狄亞的前男友、法務官凱里烏斯設法阻撓凱撒的債務紓困計畫。計畫失利之後，凱里烏斯又提出激進改革，豁免一年租金，並取消債務。他同時也和米羅結盟，當時米羅已經不請自來回到義大利，唆使一些暴徒驅趕霸占他在巴拉丁諾山老屋的年輕女子（但沒有成功）。這名女子的丈夫服役於龐培的軍隊，但她有能力逗留在此。這反映出凱撒政權對那些不出面搗亂的人具有超凡的忍耐力。最後，凱里烏斯不得不離開羅馬城加入米羅的勢力；米羅如今在坎帕尼亞煽動叛變，但兩人在此雙雙遇害。

凱里烏斯與米羅的死並未終結義大利的紛亂，因為軍隊從希臘返回後要求退伍解編，但凱撒卻人間蒸發了。就在龐培死後兩天，凱撒追捕龐培到埃及，並且給托勒密十三世一份帳單，是托勒密十二世欠他的債務。凱撒聲稱自己對龐培的遭遇震驚萬分。他在那裡結識了克麗奧佩脫拉，她與弟弟共同統治的政權分崩離析，招致滔天不滿。就在凱撒到來之際，克麗奧佩脫拉正率領著一支來自敘利亞的傭兵部隊，要出發前往亞歷山卓。凱撒對她一見鍾情，結果她懷孕了，在西元前四七年六月二十三日產下一子，這意味著他們的私通姦情幾乎是凱撒一下船就展開。這或許也可以解釋為什麼凱撒幾乎立刻就捲入埃及內戰，在亞歷山卓被團團包圍。

來到埃及之前，凱撒曾安排好將之前龐培的好幾個軍團，從小亞細亞調派前來與他會合。當軍隊到達時，他立刻解決托勒密十三世，扶植克麗奧佩脫拉登基，並帶著她登船逆流遊玩尼羅河，並得知米特里達梯的兒子法納西斯（Pharnaces）正密謀重新奪回他父親的王國。夏天，凱撒在克麗奧佩脫拉產子前離開埃及，他在本都的濟萊（Zela）追上了法納西斯，雙方短兵相接打了一仗。名聞遐邇的金句完美詮釋了這個狀況：「我來，我見，我征服」（veni, vidi, vici）（Suetonius, *Life of Caesar* 37.2）。如今凱撒必須處理義大利的問題，以及阿非利加龐培黨羽方興未艾的威脅。

*

凱撒東方之行有個重點。這裡是龐培的國度，凱撒必須把自己介紹給那些因為其已故對手之故，才有地位的人。他還必須餵飽羅馬，因此他之所以干預埃及王位繼承戰，很可能是為了確保埃及會樂意供應多餘的糧食給他的祖國。

凱撒的東方之行或許有其必要性，不過義大利的問題仍然未解，而且由於凱撒自己的領導風格所致，狀況幾乎大致照舊。他的部屬都覺得他很令人生畏。那些熟識凱撒的人則認為他是他們畢生所見最聰明的人，因此都不敢自主決斷行事。所以凱撒在義大利的政權什麼事也不用做，只需維持現狀，儘管憂慮阿非利加會入侵。到了七月，這個政權在面臨羅馬新爆發的動亂時，就債務紓困問題陷入了爭執，也沒有辦法應付嚴重的兵變。從西班牙和希臘返鄉的九個老兵軍團始終都與他們營區所在的城市爭吵不休，現在他們要求支付積欠的軍餉，並讓他們退伍。

凱撒返回義大利時，再度成為獨裁官。他的待辦事項中的頭一件就是收拾他不在時發生的事情殘局，第一樁就是鎮壓兵變。第二件待辦事項是承認他在西元前四九年提出的債務紓困的保守措施有缺失。九月，凱撒回到羅馬，提出了較為激進的債務減輕辦法，並減免租金一年。同時，凱撒也下令，凡購買過知名龐培黨人地產的部屬（大多數都是龐培自己所有的），要按照戰前估價付款給國庫。他亟需給貨幣保值，因為貨幣是解決兵變問題的必要之物。儘管後來有人認為凱撒只用了簡單一個字就解決大患，他以「公民老百姓」取代「戰友弟兄」（fellow soldiers），就讓他的人馬解甲歸鄉。不過卻似乎等到四個軍團都退伍，而剩下的五個軍團已經拿到可觀獎金能繼續作戰，兵變才告一段落。

這場動亂的影響之一就是，直到年底凱撒都必須用毫無經驗的新兵前往北非作戰，要等到來年春天才能取得剩餘的老兵部隊。等到凱撒終於準備完整的兵力，能進行關鍵之戰，他才在塔普蘇斯戰役（Thapsus）痛擊龐培黨人的武力。凱撒再度要求他的人馬要饒恕投降的敵軍，可是他的部隊並未遵命照辦。相較於貴族階層，一般士兵對凱撒的寬宏大量沒有興趣。士兵認為寬容就是延長戰事，所以至少龐培黨羽的一員大將被處決，至於其他人，雖逃脫戰場上的屠殺，卻紛紛自我了斷，小加圖就是其中之一。倖免於難者都逃亡西班牙。

＊

西元前四六年是羅馬史上最漫長的一年，這點名副其實。這一年有四百四十五日，起因於凱撒在西元前四五年一月一日實施新曆法。這事一直醞釀著，凱撒這年出任執政官，返回羅馬，為其高盧、埃及、本都與北非大捷舉行凱旋式，並接受任期十年的獨裁官職位。四戰皆捷強調的是戰勝異邦，而非內戰告捷。但是描繪龐培黨人在北非自裁的畫作，證明了這是一場公關災難。

凱撒的重點放在這些人投靠了尤巴，但許多人看法卻不同——這是在慶祝戰勝其他羅馬人。凱撒接著又使問題惡化，他尖酸刻薄地公然批判小加圖的過往事蹟。在這件事上面，他的意圖是身為羅馬國家的成員涉及接納他的權威。並不是說人民不能批評他，例如他准許他的士兵唱淫蕩的歌來吐槽他的戰功，也鼓勵作家寫小加圖的事蹟，來攻擊他自己的著作，也會全程觀賞公然指責他的戲劇演出，可是人民必須承認他擁有的最高權威。身為獨裁官，他不是國家的西塞羅式仲裁者，而是一國的終極權威。

西元前四六年，凱撒在回歸羅馬之後所倡議的改革措施，其背後的推動原則是羅馬應該以帝國首都之尊來進行運作，它應該看起來像是一個帝都，而且行省社會應該與義大利社會融為一體。他將自己在內戰時的戰功不僅歸功於軍團的忠心耿耿，還歸功於招募軍團的北義大利與高盧地區所做的貢獻與堅定的支持。希爾提烏斯盡心盡力提到的一個重點就是，西元前五〇年夏天，高盧各大部落被凱撒統一。羅馬軍隊再也不是全數都是義大利人。西元前四八年，龐培的軍隊大量從行省社區招募而來。凱撒認為龐培的西班牙部隊已經「在地化」了。

要將行省與義大利聚合在一起有個較好的辦法，就是把更多義大利人送到國外殖民。不過，凱撒在為軍團尋找土地時卻處處受挫，義大利剩餘的土地根本不夠大規模退伍老兵做殖民地，而他又不願意重蹈覆轍，像蘇拉那樣大規模徵收土地。凱撒的高盧老兵僅有一萬五千人拿到義大利的土地。也就是差不多在同一時間裡，凱撒企圖面對羅馬的生活水準。兩名新官被任命來負責城裡的糧食分配工作，並更新糧食領取人的名單，把免費領取糧食的人數從三十二萬調降為十五萬。連同這項措施的還有一項新的公共開銷，那就是新的凱撒廣場要繼續修建。

八萬人被遴選出來，去三十個新的殖民地拓荒，這些殖民地包含了迦太基與科林斯。這兩處的建造規劃對統治階層的一些人具有相當大的意義。知識分子普遍認為，羅馬在攻下迦太基，剷除真正強敵，或用另一個角度來說是征服東方之後，湧入的財富引發了羅馬的種種問題。重建這兩座已經被摧毀了一百餘年的城市，可被視為結束自我放縱腐敗的一段時期。更實際一點，兩座城的修建或可以激起帝國內某些部分對凱撒的感激之情，畢竟在這之前那部分的帝國與龐培的淵源較深。

然而在其他改革的背後，還是留下了龐培與蘇拉的蛛絲馬跡：其一是陪審團裡撤掉了司庫階級，其二是將元老院員額擴充到九百人，納入北義與南高盧的眾多新血，藉此降低元老院的中義大利色彩，更彰顯其帝國風範。由於元老院成員裡有人遭流放或近期戰死沙場，凱撒新指派的元老就占據了超過半數名額。如果在羅馬內沒有永久居所的話，這頭銜比較是榮譽性質，而非功能性的。

此外，凱撒調整了龐培的行政安排，撤銷了行省總督的五年等待期，同時也縮減法務官的總督任期為一年，執政官的任期為兩年。這個新公告不僅是限縮貪腐的一項措施，也代表凱撒持續恪遵誠實治理行省，這點他在西元前五九年所頒布的法律裡言之鑿鑿。不過，有一項新的發展是，他被授予指派公職候選人的權利，從而候選人毋須競爭就能參選，並且修正了行政長官的選舉方式，提前數年就要確定行政長官的選舉，包含執政官在內。

負責確保這些倡議都能施行的官員是凱撒核心集團裡的成員，其中最重要的三人是巴爾布斯（Balbus）和另外兩位騎士階級的奧皮烏斯（Oppius）和馬提烏斯（Matius）。比方說，這些人都是要處理起草新殖民地組織章程。當西塞羅遇到技術問題，他就會寫信給巴爾布斯問他解決方法。往年，這種事情都交付元老院討論，如同簽核小亞細亞神廟權利問題一樣（現在由凱撒自行決斷）。幾乎好像作為行政長官沒什麼大不了，現在政府的真正事務都是掌握在直接向凱撒報告的專業管理人士手裡。

凱撒認為行政長官當選人有點像是次要角色，特別是西元前四五年十二月三十一日馬克西穆斯距離執政官任期屆滿只差一天卻過世時，這種看法格外明顯：凱撒指派卡尼烏斯．雷比盧斯（Caninius Rebilus）走馬上任，卻只給了僅僅一日的任期。身為騎士階級成員，奧皮烏斯與其同伴，對上層階級的感覺，不

圖13　廣場內的母神維納斯神廟（The Temple of Venus Genetrix）遺跡。這座神廟是凱撒新廣場的標誌建築。

像西元前八〇年時的克里索戈努斯那麼惡劣，不過自蘇拉時期以來，朝中圈內的核心集團與圈外人之間便已存在的緊張對峙，隨著西元前四五年接近尾聲，變得愈來愈明顯。

凱撒核心集團的運作方式導致其他兩個計畫出了象徵性問題，即使實際上這些計畫明顯很具價值；這兩個計畫就是曆法改革，還有公立圖書館的起造案。

羅馬過去的曆法一年是三百五十四天，每隔兩年透過加上二十二天的潤月（這在近年來因為政治動亂而被忽略）來校準曆法，但是到西元前四九年時曆法已經無法與季節配合，現在更是嚴重偏離。凱撒並未恢復傳統的插入閏月校正方式（但在這例子插入將近三個閏月），反而想出了一個全新的一年三百六十五天曆法，它依據的是最先進的天文學研究。這個日後聞名於世的「尤利烏斯曆」（Julian calendar，即儒略曆），在全球某些區域始終運行無礙直到二十世紀，最後一次大量使用則是因東正教教會在一九二四年採用了「格里曆」（Gregorian calendar）；這曆法是教宗格里高利十三世（Gregory XIII）在一五八二年根據儒略曆所修訂的。至於公立圖書館，凱撒邀請了瓦羅來為他效力，但是終其一生都未完工。圖書館的想法顯然是受到他與東方政權的接觸，那裡有自己的律法，而那裡的諸王都爭相建造圖書館。其中最傑出的要屬亞歷山卓，或說是有史以來最出色的圖書館。新曆法背後的學術研究同時也是亞歷山卓學派（Alexandrian）所為，至於凱撒與托勒密十三世大戰期間圖書館是否嚴重受損則是存疑。

西元前四五年間，克麗奧佩脫拉來到羅馬。凱撒在台伯河南岸的別墅招待她，同住的還有他們的兒子凱撒里昂（Caesarion，通稱小凱撒），而凱撒自己忙著在他新建的「先祖」（Genetrix）維納斯神廟安置維納斯金尊雕像，雕像有幾分神似克麗奧佩脫拉；神廟坐落在新的地點，與他正在興建的元老院議事廳，在視線上成一直線，取代毀於西元前五二年的元老院。

*

有兩個事件阻礙了凱撒政權的發展。第一是內戰再度爆發，這次發生在西班牙。另一件是凱撒遭到暗殺。西班牙的戰事由拉比埃努斯率同龐培兩個兒子發起，起因除了那些地區長期以來效忠龐培，也源於凱撒麾下地方官員的能力不足。西元前四六年冬，凱撒明白他必須親自前往西班牙，帶著他少數年輕親戚中的一位，也就是姪孫屋大維同往；屋大維給凱撒的印象極好，以致於凱撒在遺囑中決定收養他。

接下來是一場短暫卻凶殘的軍事行動，結束於西元前四五年三月十七日的蒙達（Munda）戰役。這場戰役勢均力敵，難分高下，因為凱撒被迫仰攻對抗拉比埃努斯的部隊。可是，凱撒卻在夏季返回羅馬時舉行了凱旋式慶功。這件事並非舉世都能接受，在某些方面，它被認為是對羅馬公民的一種勝利。但麻煩的是凱撒認為反對他的人「不是」羅馬公民。

戰爭階段結束，凱撒重新回歸到他的改革進程，接受終身獨裁官的權位，同時發行鑄有自己肖像的錢幣。此舉帶有王家特權的意味，說不定不是頭一回，但引起眾人對他是否要恢復羅馬王權的猜忌。這個問題也許更意義非凡，因為在蒙達戰役倖存下來的龐培么兒色克都斯，如今以「大庇烏斯」（Magnus Pius，本質上意思是「孝子」）自稱。還有人疑神疑鬼，認為福斯圖斯・蘇拉（Faustus Sulla）在塔普蘇斯戰役後遇害，因為他是蘇拉的兒子。到處瀰漫著王朝復辟的氣氛，加上克麗奧佩脫拉隨侍在側，讓有些人確實愈來愈懷疑。

但凱撒不需要成為羅馬國王。他已經公然打扮成阿爾巴隆迦國王（Alba Longa）的裝束，這是一款幻想出來的服飾，源於他的家族據稱與創建羅馬的阿爾巴城淵源甚深。然而，這並沒有終結人們懷疑或猜忌在凱撒周圍出現的典章制度。其中之一就是首先設立全國對凱撒的崇拜，這股氣氛始於西元前四五年底、四四年初。授予凡人神性的尊榮這事在地中海東部很常見，是感謝城市恩主的方式。在托勒密的領土上，就像曾經在塞琉古王國的土地上一樣，這也是引導輿論的一種手段。事實上，在好些個希臘城邦裡，凱撒已經獲得了神性尊榮（這個時期裡其他一些元老也是如此），還被一些義大利人尊奉為神。儘管沒有祭儀的道具，但是從塔普蘇斯和蒙達戰役勝利歸國後，凱撒便已獲得了崇拜統治者的典型尊榮。

凱撒深知自己終歸一死（在他遇刺的前一晚，他便一直在討論最佳死法），雖然他確實看似努力營造某種對他個人的國家祭典，很可能取法於托勒密王國的模式。二月底或三月初時，元老院很明顯投票表決要成立一個祭典，或許是要支持凱撒入侵帕提亞王國的計畫。這次軍事行動將給凱撒機會，使他得以在東方行省穩穩扎根，因為龐培在那裡仍有餘威。而另一方面，國家祭典能提供與行省社區的溝通機制，透過定期慶典活動，宣揚傳播有關政權的好消息。凱撒明確做出決定，羅馬經營帝國的方式，需要某種大程度的改革，而有關帝王的改革便是如此，這是取法他國久經考驗且可靠的管理模式，來提高羅馬效率。

凱撒似乎已經徹底相信他的觀點正確無誤，也相信大家會意識到，雖然他們對他有所不滿，但另一種選擇就是重啟內戰，而內戰只會更糟。他了解自己不得民心。西塞羅說，凱撒到他家吃飯時帶著一名武裝侍衛，看起來好像預先收到警告，提防有陰謀。凱撒自己說，自某次場合讓西塞羅等候，便明白為什麼他自己會激怒一些人。但是凱撒從未想到會有一樁超過六十餘人的陰謀，這些人當中有些是他的屬下憤恨獎賞不公，有些甚至是凱撒曾饒恕過的人。有些人相信，他們殺掉這個「僭主」能拯救世界。他們的領袖是馬庫斯．布魯圖斯，凱撒舊情人塞薇利亞的兒子，還有西元前五三年曾負責防衛敘利亞的蓋烏斯．卡西烏斯。即使隨著啟程的日子逼近，緊張氣氛升高，但是早已習慣詆毀傳言的凱撒只採取了最少的預防措施。

西元前四四年，在凱撒前往帕提亞王國前的最後一次元老院院會裡，他被陰謀家刺殺。這次集會已經表定在龐培的劇場裡舉行。凱撒倒地身亡，死在昔日仇敵的雕像腳邊。

第二十三章　凱撒黨和龐培黨

在西元前四四年三月十五日之前逐漸成形的政府的願景，包括凱撒擔當國家主要領導人，率領一群行政官員，理想上是元老，至少扮演傳統角色，監督財政制度、經營羅馬城、治理行省並統率軍隊。透過由凱撒掌控的選舉，傳統政治不再有容身之處，也沒有必要透過選舉程序買官，行政官員也必將不會剝削他們的國民。

同樣地，由於凱撒表現無人能比，與他競爭毫無意義。傳統的政治必將終結——在羅馬民眾一面倒的支持下終結；民眾寧要凱撒的熟練能幹，也不要前朝的無能。凱撒解決了因他入侵義大利造成的財政制度問題，在沒有攪亂公民社會的情況下安頓老兵。現有的統治階層成員，那些譴責制度失能的人，都支持新的效率。講求效率是對政府的願景，也是凱撒的行政管理核心，諸如奧皮烏斯、巴爾布斯、馬奇烏斯和希爾提烏斯那些人所具備的。

那麼元老院呢？它在新政權裡可還有發揮餘地？這個議題在三月十五日仍懸而未決，而且正在分化凱撒自己的支持者——正如蘇拉一樣，所謂派系之人並沒有單一定義可言。刺客在合理化他們的行動，所提出的指控之一是元老院代表團遞送通過授予凱撒榮銜的詔令時，凱撒連站都沒有站起來。這跟他之前不同意接受表決通過的一切額外表揚，就有了一些衝突。能夠授予凱撒榮譽的權力，就能夠評斷他的權力。他不得不默認。

西塞羅用他自己的方式來質疑凱撒的權力。他在一次演說裡要求凱撒撤銷西元前五一年的執政官馬可盧斯的放逐令，准許馬可盧斯返國；西塞羅也要求凱撒要能實踐他自己所說的寬容大度（clementia），提出一個「恢復共和」的願景，讓傳統典章制度繼續發揮功能；同時西塞羅指出，有人痛恨凱撒。在另一次場合裡，即使在凱撒面前為被告辯護，但西塞羅仍率直告訴凱撒，在他自宅裡進行審判是嚴重不合規矩。獨裁官不得不同意讓馬可盧斯返國，並且釋放西塞羅的委託人，此人是來自東方的顯要，名叫狄奧塔洛斯（Deiotaurus），我們在下一章會再提到他。西塞羅之所以從他小心措辭的挑戰中安然無恙，部分原因是因為凱撒喜歡他，也因為他必須讓最資深的執政官西塞羅有發言機會。儘管如此，仍有跡象顯示，久而久之凱撒變得愈來愈專制，而且值得注意的是，刺客用來正當化他們行為的怨言，統統都和凱撒從蒙達返國後所發生的事件有關。

還有另一個人，他和凱撒的關係可以說明這個政權日趨複雜，此人便是安東尼，他在債務危機期間的作為曾備受凱撒申斥。凱撒拔擢安東尼作為他在西元前四四年的執政官同僚，儘管兩人氣質南轅北轍：安東尼現在是克洛狄烏斯遺孀弗爾維亞的丈夫，嚴重酗酒，迷戀女戲子。他在羅馬最喧譁、最受人愛戴的牧神節（Lupercalia），給了凱撒一頂王冠，可以說這讓凱撒很難堪。牧神節的特色是半裸的祭司在大街小巷裡奔跑，拿著山羊皮條追打上空女子，目的是增強他們的生育能力。安東尼是這群祭司的一員，這場活動再公開暴露不過了。凱撒拒絕了王冠，因為他感覺接受王冠會大失人心。

西元前四四年凱撒卸下執政官一職，早在前往帕提亞王國開戰時他就打算這麼做，繼任者是科內留斯・多拉貝拉（Cornelius Dolabella），成為「補任執政官」（suffect）。在債務危機期間，多拉貝拉曾是安東尼的頭號敵人。凱撒私底下和任何人都不親近，因此，指派這兩人出任執政官應該是他想努力協助各群體領袖解決歧異。凱撒選擇雷比達（西元前七七年叛變執政官之子）作為獨裁官的代理人，亦即他的「大司馬」（master of horse），也是出於政治理由。雷比達過去屢受重用，可是他不是才氣洋溢的聰明人。

傳統貴族紛紛抱怨凱撒身邊「新人」太多。西元前四四年的統治集團裡有個安東尼，一個多拉貝拉，還有一個雷比達，其他人則認為有太多貴族了。

凱撒黨人不同派系之間的分歧，比起凱撒黨人與凱撒刺客之間的分歧，更為顯著。事實上，有一群凱撒黨人也加入刺客一黨；其他的黨羽覺得與他們談判有利可圖，然而還有一些人認為應該殺掉他們。這些形形色色的立場各異，以及安東尼與核心集團之間幾乎立即決裂，為地中海史上最大規模的政變奠定根基。到了西元前四四年底，正當刺客們在東方招兵買馬之際，安東尼卻反而就快要變成全民公敵了。羅馬的舞台中央將會站著凱撒在遺囑裡要收養的這個青年，原名蓋烏斯・屋大維，生父也叫蓋烏斯，如今變成十九歲的蓋烏斯・尤利烏斯，自此以後被稱為小凱撒。據某些人所見，屋大維將與核心集團攜手（還有其他人的默認）捍衛共和體制，而另一些人則認為要保全凱撒留下的傳統。的確，屋大維正踏出第一步，著手打造一個嶄新的君主政治。

暗殺事件的幾日內，凱撒陣營的分裂逐漸浮現。三月十五日這天晚上，安東尼造訪凱撒的宅邸，把文件和一大筆錢（他開始轉移凱撒保險箱內的現金到自己口袋）從凱撒的遺孀卡爾普尼雅（Calpurnia）那裡拿走。在次日的一場會議中，他同意希爾提烏斯（不同意巴爾布斯）與藏身在卡必托里山的刺客們做交易。三月十七日，安東尼召開元老院院會，會中決議凱撒並非獨裁僭主，因此他的法案（縱使尚未公布的，如今也歸安東尼所有）是有效的，不過殺害他的凶手會得到特赦。那一晚雷比達與安東尼以及布魯圖斯和卡西烏斯共進晚餐。

但局勢瞬息萬變。凱撒的遺囑是在三月十九日葬禮前公布的，不是在葬禮上。遺囑中表示凱撒不僅要收養屋大維，他還要選屋大維作為他四分之三地產的繼承人。凱撒也將安東尼列入第二等級繼承人（萬一第一等級的繼承人拒絕繼承遺產，他則認可可以繼承）。除了贈予遺產給一些人，凱撒還留給所有羅馬男性公民非常慷慨的禮物。

葬禮本身就堪稱非比尋常的奇觀，有合唱隊獻唱讚美詩給凱撒，有立體蠟像展示凱撒的傷口，以及一場令人震驚的安東尼演講。演講後群眾暴動，在廣場上焚燒凱撒遺體，包圍刺客的居處，這些刺客隨即數日內離城而去。

如今安東尼和核心集團決裂。他開始利用他手上未公布的凱撒法案當禮物，知情之士都知道這並非凱撒的意思：安東尼扭曲的是他們的工作。接著還有假馬略的問題，他在凱撒死前現身。凱撒已經放逐了假馬略，可是現在他卻回來鼓吹要舉辦已故獨裁官的大眾紀念活動。安東尼暴力鎮壓了假馬略，重創他之前在羅馬人民心中的崇高地位。同時間，埃特納火山（Mount Etna）劇烈大噴發，改變了大氣條件，影響甚至波及北部和羅馬，西元前四四年成了史上有案最寒冷的一年。後來，在七月紀念凱撒的勝利女神競技大賽期間，出現了一顆彗星，這顆彗星被解釋為凱撒的精魄

（所有人都有擬人化的神聖之光），進入了天堂與眾神同在。對那些嚴肅看待這類徵兆的人而言，就像許多人一樣，這足以證明連眾神都對謀害凱撒一事感到震驚。

＊

屋大維在四月抵達羅馬時，窮其所能取得他所需要的一切援助，不論是眾神的還是別的。起初，安東尼打算對他視而不見，後來他設法捏造法律上的阻礙來阻饒收養的法律程序。那麼做是個錯誤。奧皮烏斯、巴爾布斯和馬奇烏斯熱烈迎接這位青年，而西塞羅也覺得此人頗有意思。七月，安東尼和其他元老希望能免辦紀念凱撒勝利的競技賽慶典，但核心集團定要讓競技賽如期舉行，而且屋大維在賽中將有重要演出角色。

到了七月底，安東尼麻煩上身。布魯圖斯和卡西烏斯仍在義大利鼓動「恢復傳統政府」，另一方面凱撒最強硬的支持者和老兵們怒氣日益高漲。他們想尋求統一戰線，要求安東尼與屋大維公開和解。雙方關係持續惡化，直到八月一日，凱撒的岳父皮索，亦即西元前五八年的執政官，在元老院攻擊安東尼。次月，西塞羅再度在元老院鼓起相當勇氣，你來我往地羞辱安東尼，但因為是在個別錯開的院會，所以避免了個人衝突。九月，安東尼決定他需要更多有力臂膀，因此從馬其頓召來了四個軍團。

前三個軍團在十月中旬抵達羅馬，在這個時候，屋大維與安東尼雙雙從凱撒舊部老兵招募兵力。屋大維還找了特務，在安東尼的馬其頓軍團登陸時散發傳單。安東尼用一連串的處決平息初期的兵變，然後就揮軍北上。十一月中旬，安東尼回到羅馬，企圖用他的部隊占領羅馬城，可是不久就氣呼呼離去。他聽到消息說有兩個軍團叛變。

如今在內戰的基礎上，安東尼開始徵召新的軍團，並把他剩下的軍隊併入第四個馬其頓軍團。接下來他率軍踏上山南高盧，嚴正強調西元前四三年六月國家的政府已經移交給他了。現任山南高盧總督德西莫斯・布魯圖斯（Decimus Brutus）是刺客之一，他沒打算將任何東西移交給安東尼。新的一年揭開了序幕，戰爭箭在弦上。

希爾提烏斯在他親安東尼的歷史作品將歷史寫到西元前五〇年時，那時已經認知到妥協是不可能。他寫信給巴爾布斯說，他已經將故事帶到凱撒生命終點，但是還沒提及那國內的動亂，「對此動亂我眼前是無法看到終點」（Hirtius, *Gallic War* 8, praef. 2）。但他將恪盡職守。一月，元老院派去見安東尼的使節團沒能順利說服他下台；由於情況惡化，元老院設法調派北阿爾卑斯山的兩支凱撒軍隊，由雷比達和穆納蒂烏斯・普蘭庫斯（Munatius Plancus）率領，兩人縱使公開效忠國家，卻未能證明這一點。二月，在執政官與屋大維的指揮下軍隊北調，屋大維被選任為法務官。

時序來到西元前四三年，有消息傳來，布魯圖斯攻下了馬其頓行省，而卡西烏斯奪下了敘利亞；在敘利亞有位凱撒黨將領，名叫斯塔提烏斯・穆基烏斯（Statius Mucius），一直試圖消滅一個名叫巴蘇斯（Bassus）的人，後者謀殺了前任總督，將行省占為己有。卡西烏斯抵達時，穆基烏斯宣布效忠刺客黨，在此後數年間，擔任大將要角。也有消息指出，西土耳其爆發相當血腥的內戰，理應統治敘利亞的多拉貝拉在那裡攻擊刺客之一，也就是當時的亞細亞行省總督，加以虐殺。他的消失加速了卡西烏斯的接管。

到了三月末，兩位執政官在凱撒繼承人的陪同下，正即將和一名凱撒前任執政官開戰，以營救刺客所指揮的一支軍隊，但駐防在南法的凱撒軍隊卻隔岸觀火。就在此時，在一場皮索與多位前凱撒黨執政官也出席的會議中，元老院表決要承認政變的正當性，而正是利用這政變，使得布魯圖斯攻占馬其頓。四月，元老院一方面承認卡西烏斯攻占敘利亞的正當性，另一方面則譴責多拉貝拉令人厭惡的行為。元老院向龐培之子小龐培提出交涉，他有七個軍團，在馬賽等候，周圍沒有凱撒的軍隊來困擾他。這些會議不啻具體而微地呈現出貴族政治與其所代表之傳統最卑劣汙穢的寫照。其中重要的全都是統治階級的利益。但這些利益即將被那些忠於凱撒回憶、並強迫他們尊重其意願的力量，推到兩旁去。

軍事起義在摩德納殖民地揭幕，當時希爾提烏斯和他執政官同僚潘薩（Pansa）在兩場戰役中擊敗安東尼，迫使他結束圍城，並且朝阿爾卑斯山撤退而去。希爾提烏斯和潘薩雙雙戰死（有人說這是屋大維手促成，雖然那可能只是一段齷齪的故事）。安東尼能逃脫，是因為屋大維統率的執政官軍隊和德西莫斯．布魯圖斯的兵力之間欠缺合作。元老院詔令屋大維服從德西莫斯．布魯圖斯，但屋大維斷然拒絕。他不跟刺客談和。這時，安東尼翻越阿爾卑斯山。西塞羅、普蘭庫斯和德西莫斯．布魯圖斯之間尚存的廣泛往來信件，充分說明了這三人的妄想和表裡不一。最後，安東尼進入南法時，雷比達和普蘭庫斯的軍隊強迫他們的將領跟他談條件。軍隊不懂，刺客在東方的勢力日益增強時，何以他們要互相殘殺。聯合部隊於是南下。德西莫斯．布魯圖斯的位子愈來愈難保，趁夜逃亡，後來被一名高盧族長所殺。

面對翻越阿爾卑斯山而來的超強武力，屋大維撤退了。他要求當執政官以鞏固地位。元老院曾給予卡西烏斯「敘利亞戰事」統率權，並在摩德納一役之後給了小龐培官位，這時卻猶豫了。一群屋大維的百夫長代表指出元老院其實在這件事上別無選擇。接著是一場大選，屋大維勝出，贏的人還有一位是佩提烏斯（Pedius）。作為讓佩提烏斯出任執政官的交換條件，佩提烏斯提案下令審判謀害凱撒的刺客。三月十七日的特赦因此撤銷。所有的審判都在一天之內進行，刺客被判有罪。起訴卡西烏斯的是一名年輕人，名叫馬庫斯·維普薩紐斯·阿格里帕（Marcus Vipsanius Agrippa）。

*

安東尼和屋大維的部隊如今在博洛尼亞（現代的波隆那）會合，士兵堅持兩位將領要彼此面對面談判。大家一致同意屋大維辭去執政官職位（移交給普比留斯·文蒂迪烏斯），然後和安東尼、雷比達組成「三人委員會整治國家秩序」（tresviri rei publicae constituendae）。該委員會基本上被授予獨裁權，任期五年。屋大維同意和弗爾維亞的女兒克洛狄亞（亦即安東尼的繼女）訂婚，進而鞏固與安東尼的聯盟。這聯盟為了化解兩位主角之間的嫌隙，勢必得延攬雷比達。十一月七日，護民官提圖斯帶著這份籌組委員會的法案，等候表決。三巨頭（triumvirs）即刻下令處死三十七人，接著在十一月二十三日發布法令，詔告「公敵宣告」新一輪名單。這份詔令裡名字的順序和形式，反映出籌組委員會（雷比達、安東尼、屋大維）所達成的妥協。雷比達排名第一表示他對協議舉足輕重，而屋大維的名字寫的是「屋大維·凱撒」，表示在他這部分做了讓步——他是凱撒的子嗣，不是凱撒本人。

「公敵宣告」的頭號犧牲者就是西塞羅。他在西元前四三年十二月七日遭殺害。「公敵宣告」的名單與日俱增，最後多達約兩千人，所有人全數被判刑立刻處決，財產充公。士兵獵殺他們的犧牲者，雖然看似效率不高，但仍陷義大利於莫大恐慌。很多時候，士兵根本不在乎。三巨頭需要的是錢，來資助即將開打的戰爭，來討伐布魯圖斯和卡西烏斯。凱撒黨的領導階層雖然支離破碎，卻被那些懷念凱撒的軍人恢復了，凱撒永遠將他們的利益放在優先。

《佩提烏斯法》（*lex Pedia*）和「公敵宣告」將羅馬共和國的痛苦掙扎，從內部元老對凱撒遺緒的爭辯，轉型為對之前的內戰結果來進行「軍事改革公投」（military referendum）。一方是殺人凶手和小龐培，他們利用短暫擔任共和國海軍司令的機會，在西西里島建立了一個根據地。小龐培本身就被宣告為公敵，而他的陣營成了公敵名單上能逃亡的人的避風港。另一方是三巨頭，他們擁有西歐不可小覷的軍事威力（大約四十個軍團）。此外，西元前四二年一月一日，元老院承認尤利烏斯·凱撒為神。三巨頭則爭奪這當代最傑出人士的紀念，不過這並未授予屋大維額外的權力。或許意識到自己的權威愈變愈小，屋大維現在都以「神之子」自居，而他的確有資格用這個稱號。屋大維還為了健康與心智能力著想留了鬍鬚，還發誓禁欲（他是這麼說的）。

圖14　雷比達在第納里烏斯銀錢上的肖像，這枚銀錢發行於西元前四二年。出生於西元前八九或八八年的他是三巨頭裡最年長的一位。

三巨頭不得不發動攻勢，因為要養活他們的龐大事業體就要掠奪公敵的家業，但那些資源是有限的。布魯圖斯和卡西烏斯自己招募了二十個軍團，泰半資金來自卡西烏斯對亞細亞行省各城邦的掠奪。他們沒有資源可供入侵義大利，不過可以期望普遍動盪不安的感覺會破壞政體穩定。他們的兵力加上小龐培的，協同海軍出擊，將三巨頭封鎖在義大利直到九月，當克麗奧佩脫拉以一支艦隊相挺三巨頭，他們才終於順利渡海。雷比達留在羅馬脅迫百姓，繼續監督公敵宣告的執行。

刺客黨在馬其頓的腓立比（Philippi）集結他們的軍隊，指望著補給不足能癱瘓三巨頭手上那支更強大的部隊。若非主將安東尼的最大特質就是膽大過人，刺客們說不定可以如願。安東尼迫使卡西烏斯應戰，並在一場複雜的一日纏鬥裡擊垮了敵軍，而另一方面布魯圖斯的軍隊戰勝屋大維（他稱病，據稱靠著神的介入，從軍營逃之夭夭，沒被逮捕）。戰後卡西烏斯自殺，但傳說事出於失誤所致。接著輪到布魯圖斯。距離第一場戰鬥的數週後，西元前四三年十月二十三日，安東尼又再度逼迫布魯圖斯應戰，並將他打得落花水流。布魯圖斯的自殺則不是失誤。

三巨頭如今面臨要解散一支他們付不出薪餉的軍隊。微妙的行政轉移導致屋大維掌控了義大利、阿非利加、西西里島和薩丁尼亞。雷比達疑似有某種不正當行為，現在暫陷政治困境。安東尼在巡行東方行省

圖15　屋大維的肖像刻在錢幣的反面，錢幣的正面是西元前四二年雷比達的肖像。屋大維的短髫鬚表明他還持續在哀悼凱撒。

的途中，對當地城邦強加新的罰金，又清楚表明他個人的好惡可以減輕對方的負擔。他正開始建立起他自己的行政管理架構，為了達到那個目的，他需要自己的人馬。

在義大利解散軍隊導致一片混亂，內鬥紛擾不斷。屋大維訴諸蘇拉式的大舉充公徵收，例如博洛尼亞舉行的會議中，有十八個城市被挑中進行大規模徵收，以便騰出空間來安頓老兵。人們驚駭莫名。由於大多數目標都坐落在中義大利，當地的領袖來到羅馬抗議，於是屋大維提出對大地主有利的條件。安東尼的弟弟、西元前四一年執政官盧基烏斯・安東尼（Lucius Antonius）故意刺激他們，宣布他有興趣恢復傳統的共和體制，但這是一個有點自利性的聲明，因為在盧基烏斯的計畫裡，他一樣仍會是執政官，而屋大維就失業了。盧基烏斯所宣稱的支持文人政府，也是為了讓義大利的仕紳階級起而抵抗軍隊。階級團結驅使最初對屋大維持懷疑態度的軍隊最後終於投入他的懷抱。接著小龐培和他的盟友，這些阿海諾巴布斯和穆基烏斯所指揮的刺客黨艦隊的倖存者，攔截了幾艘糧船。但三巨頭現在連半支艦隊也沒有，無力在海上爭霸。隨著暴力行為激增，雷比達逃逸，留下屋大維應付盧基烏斯・安東尼。

夏季，正是戰爭爆發，盧基烏斯・安東尼指望他兄長的三位同僚，阿西尼烏斯・波利奧（Asinius Pollio）、普比留斯・文蒂迪烏斯、穆納蒂烏斯・普蘭庫斯的援助，他們在北義擁有重兵。然而，盧基烏斯被攔截，而阿格里帕現在是屋大維眾多統帥當中的領袖，他圍攻盧基烏斯藏身的佩魯西亞。但預期中的援軍落了空，因為普蘭庫斯和波利奧早結下梁子，普蘭庫斯還曾羞辱過文蒂迪烏斯。盧基烏斯陣營欠缺協調，阿格里帕的優秀計畫導致救兵撤退了兩次。盧基烏斯後來被允許投降，和嫂嫂弗爾維亞離開了義大利。佩魯西亞被洗劫一空。這裡的一位本地詩人後來寫道：

圖路斯，為友誼之故，汝問我出身何家族，又問是哪裡人。倘若汝知祖國的佩魯西亞墳塚，黑暗時代的義大利廢墟，彼時羅馬脫序逼迫其民（伊特魯里亞的塵土，你對我來說特別悲傷，因為你讓被遺棄的吾友四肢離散；你摸不到泥土，只摸到可憐人的骨骸），鄰近的翁布里亞，一片富饒的田野，在那之下負載著我。（Propertius, *Poems* 1.22）

另一位來自曼圖阿（Mantua）的詩人旋即寫了一首詩（他是波利奧和梅塞納斯的朋友，也是屋大維的另一位密友），宣傳屋大維與人打交道大有起色。詩人在作品中想像一位男子失去農田，但又在來到羅馬時重新得回了土地，他的恩人（凱撒）對他而言，與神無異。

安東尼比較不開心。他中斷和克麗奧佩脫拉才剛開始的戀情，與小龐培聯手猛烈西征。他和一支部隊在布林迪西姆登陸，戰爭一觸即發時，軍隊再次出面干預，將新協定強加在這兩位指揮官身上，讓他們合作。雷比達被剝奪了幾乎全部的權力，並被送到阿非利加去。九月，由於這時候弗爾維亞早已過世，安東尼同意娶屋大薇亞（Octavia），即屋大維新喪偶的姊姊，屋大維則回報以迎娶有點年紀的斯里柏妮亞（Scribonia），她的姪女是小龐培的妻子。

把小龐培延攬到布林迪西姆的和平談判，具有重大影響，為三巨頭與小龐培相關的人脈之間的對話開啟了進一步的空間。他協商出一個協議，根據協議阿海諾巴布斯會被原諒他曾與刺客黨人合作，然而現在他加入安東尼陣營。另一位安東尼的同夥，也是那沒成功解圍佩魯西亞的波利奧，現在成為執政官，且是那些未來前景看好之藝術家的恩主。布林迪西姆條約的承諾，讓波利奧的執政官任期或許會被後人記得開啟了新的和平世紀。曾經慶賀屋大維慷慨大度的同一位詩人維吉爾，以源自東方的預言詩的主題寫了詩，宣稱在波利奧執政期間與波利奧喜獲麟兒雙喜臨門下，一個嶄新的黃金時代誕生了。但這首預言詩所言為時過早，因為三巨頭與小龐培下一輪的戰鬥在西元前三六年才結束，要等維吉爾寫完十篇詩作，完成他的《牧歌集》（*Eclogues*），預言才得以實現。

阿海諾巴布斯決定加入三巨頭是更多衝突發生的近因。看起來雷比達會留在阿非利加，而安東尼則留在義大利，並在羅馬與屋大維見面。小龐培控制西西里、薩丁尼亞和科西嘉的港口，可以對義大利海岸發動攻擊，阻撓前往羅馬的運糧船，卻仍逍遙法外，有效瓦解一切想慶祝大敗凱撒刺客的企圖。即使沒有因殖民計畫而中斷農事，羅馬城都還是要仰賴糧食進口，而糧食通常來自西西里島，以及如今的北非。糧食短缺、加上要養義大利規模龐大的軍隊造成的財政緊縮，導致當局要徵收新稅，而之前為了支付討伐刺客戰爭的稅收計畫則繼續進行。在所有這些當中，屋大維發現他的一位親密同僚竟意圖叛亂。他把對方處決了。

正當三巨頭在羅馬城應付暴動時，小龐培也遇到了自己的新麻煩。斯泰烏斯．穆爾庫烏斯（Staius Murcius）開始和三巨頭談判。小龐培解決了對方，可是很明顯的他如今卻面臨更大的壓力要結束這場戰鬥。西元前三九年春季，小龐培與三巨頭談妥條件，內容是：承認小龐培是西西里、薩丁尼亞、科西嘉和其他島嶼，以及南伯羅奔尼撒（不在他先前的軍事行動範圍內）的總督；允許那些從公敵宣告逃過一劫的人返鄉（但那些依《佩提烏斯法》定罪的人沒有被特赦）；小龐培的士兵擁有與三巨頭相同的特權，而他將出任西元前三五年的執政官。那不勒斯灣的米塞努姆港（Misenum）舉辦了盛大慶祝活動來確認這協議。最終拍板條約的那一場晚宴在小龐培的旗艦上舉行。小龐培的軍官之一門諾菲盧斯（Menophilus）據稱建議說，他可以帶著安東尼和屋大維以俘虜身分出海（但不包括雷比達）。小龐培卻回答說，這樣做太不光采了。

當安東尼在西方時，帕提亞王國因羅馬的種種困境壯大了自己的膽量，發動了一次大規模侵略。曾經效忠凱撒的拉比埃努斯之子，率領一支帕提亞王國側翼軍隊抵達小亞細亞。另一支大軍則在敘利亞和巴勒斯坦大敗羅馬的附庸國。安東尼仍忙於義大利的政治權謀，行程不會超過雅典。不過安東尼派了已經被原諒的文蒂迪烏斯，搶先其他西方入侵部隊一步；顯然他沒有認真支援安東尼的弟弟盧基烏斯。西元前三八年，文蒂迪烏斯擊潰兩支帕提亞王國的軍隊，殺了多名資深官員。這樣的舉措讓安東尼覺得有點太過分，於是他開拔東征。就在此時，文蒂迪烏斯返鄉舉行了凱旋式慶功。

安東尼不辭辛勞重整東方行省。此時，屋大維態度大轉彎，和小龐培展開你死我活的爭鬥。在六個月內米塞努姆條約就破裂。安東尼未曾兌現他的承諾，將伯羅奔尼撒（或其稅收）交給小龐培；接著他部下的緊張關係又再次出現。小龐培的薩丁尼亞與科西嘉總督梅納朵魯斯（Menodorus）將那幾個島、他的船隻和三個軍團交給屋大維；屋大維現在自稱「凱旋將軍・凱撒」（Imperator Caesar）、神之子，將之前曾是常勝將軍的稱號，當作自己的名字，就好像小龐培沿用其父舊的別名一樣。屋大維宣布小龐培是海盜，這時小龐培再次以阻撓糧食供給回敬，並突擊義大利西岸。小龐培的仇敵沒有船隻可以捍衛他們的海岸，應該會對梅納朵魯斯所提供的效勞大感驚訝。西元前三八年夏天，他們終於出動的艦隊在小龐培超強武力和暴風雨雙重襲擊下，被打得落花流水，屋大維的船隻翻覆，擱淺在卡拉布里亞的岸邊。

屋大維的名聲狼狽不堪，他被憤怒的暴徒攻擊，但是謠傳不斷，說他參加褻瀆神明的宴會。他本人更屋漏偏逢連夜雨，捲入私生活醜聞。他為了另娶莉維亞（Livia），和斯里柏妮亞離婚；莉維亞是提庇留・尼祿（Tiberius Nero）的妻子，而尼祿是盧基烏斯・安東尼積極有力的擁護者。尼祿帶著莉維亞和他們的小兒子遠走希臘，但在米塞努姆會議過後返國。屋大維見到莉維亞時，她正懷著這對不幸夫婦的次子，但屋大維無可救藥地墜入愛河。根據正規習慣，莉維亞身懷第一任丈夫的孩子，不可離婚再嫁，但屋大維說服了大祭司為此案簽署特例。這是一段真愛的結合。直到屋大維辭世，莉維亞都是他的妻子。

＊

到了西元前三七年，屋大維很明顯得為自己博得新的名聲，也要找到智取小龐培的解決之道，否則他的政治生涯就完了。對雷比達而言這未免太顯而易見，他在西元前三六年夏天振作起自己，率領支軍隊到西西里島，表面上是為了三巨頭，可是比較像是等著海戰哪方得勝，再見風轉舵。這戰爭可以再度啟動，部分原因是因為安東尼短暫去了塔蘭圖姆，在當地留下可觀數量的戰船，來換取屋大維提供軍團的承諾，來支持他侵略帕提亞王國。同時，這兩個巨頭同意再延長他們的職位五年（追溯到一月一日），並廢止小龐培未來的執政官職位。

安東尼的船隻加入阿格里帕在那不勒斯灣籌組、配備新穎科技的艦隊。身為研究戰爭的人，阿格里帕或許很熟悉蓋烏斯・杜利烏斯在西元前二六〇年擊敗迦太基人的歷史；杜利烏斯運用他所發明的牢固抓住對方的戰術，讓迦太基超強的航海術毫無用武之地。阿格里帕的計畫是給船隻加裝抓鉤，可以從戰爭機器發射出去，把海戰變成陸戰。

儘管初夏遭逢一些挫折，當時艦隊遇到暴風雨，屋大維在西西里島搞砸登陸（他逃跑拋下軍隊不管），但阿格里帕仍堅守崗位。夏末，阿格里帕贏了兩場戰役，一場在米列（正是杜利烏斯當年打勝仗的地方），另一場在納洛丘斯（Naulochus），摧毀了小龐培的艦隊。這時，屋大維率領龐大的新武力，橫越西西里島的城邦邁薩拿，而已經決定投靠那一方的雷比達，帶著一支規模龐大的部隊由南方挺進。小龐培往東逃逸，歷經各種波折後，被安東尼的一名軍官所殺。小龐培身亡之後，最後一絲對尤利烏斯．凱撒的霸業的抵抗，也煙消雲散。

屋大維現在把注意力集中在雷比達身上；雷比達既不得屋大維信任，也不受安東尼信任。此舉或多或少勾人回憶，想起西元前四三年時安東尼顛覆雷比達軍隊的往事，屋大維一馬當先衝進雷比達的陣營，說服其部隊拋棄他們的將領，無疑這是透過與單位層級軍官廣泛事先協商才能達成。雷比達被剝奪所有權力，除了他在凱撒遇害後自稱的大祭司名號，被送往

圖16　這枚錢幣上很清楚表達了屋大維的王朝權力主張，錢幣發行於討伐小龐培的最後一次行動時。正面的屋大維仍蓄著鬍子緬懷凱撒，反面是朱比特神廟，神廟仍在修建中，廟址位於凱撒火葬時的廣場。

他在義大利海岸西爾策依附近的別墅，退出江湖安度他冗長的餘生。
凱旋將軍，神之子凱撒，自此崛起。

第五部

君主政治

（西元前三六至西元一三八年）

第二十四章　「凱旋將軍」凱撒・奧古斯都

安東尼在布林迪西姆和談與米塞努姆條約之後遇到的問題，相較於屋大維所遇到的，雖然一開始對個人的威脅性沒那麼嚴重，但仍萬分嚴峻。在腓立比之後，安東尼始終計畫要拿另一筆對亞細亞行省的巨額罰鍰當作軍餉，來發放給他的部隊。如今他必須多做一些事——重啟羅馬的邊境體系，並報復帕提亞王國的侵略。他必須成為新的龐培，用東方行省打造基地來治理這個帝國。不容一絲失敗，否則影響甚巨。

凱撒的東方行省組織對龐培多所依賴。這應該毫不令人驚訝，因為兩人似乎都認為地區的安全，取決於地方領導人與帝國總督的合作。比方說，凱撒便願意允許之前以海盜窩著稱的呂基亞保持獨立狀態；此外他保留了龐培的附庸國王（client kings），縱使他有充分理由懷疑其中一人的忠誠度——狄奧塔洛斯，土耳其中部加拉太的地方統治者（tetrarch，「四分領太守」）。狄奧塔洛斯遭自己的親孫子指控，說凱撒在短暫現身當地時，密謀刺殺他，可是西塞羅在凱撒府邸舉行的審判庭上為他辯護成功。凱撒在其他地方已經安置好他所找到的統治者，即使這些人和狄奧塔洛斯一樣，都曾派兵相助龐培；或者如西塞羅可能會這樣說：他們很看重之前與龐培的交情，看得比跟凱撒的交情更重。凱撒處理狄奧塔洛斯的態度顯示了，起碼直到他有時間去清點狀況前，他會希望維持現狀——凱撒或許會同意西塞羅的觀點，他（在東方）的成就並未勝過龐培。

布魯圖斯與卡西烏斯卻擾亂了現狀。他們一直威逼東方統治者與城邦，屠殺呂基亞人，洗劫羅得島城市，做盡一切流氓行徑，雖然安東尼在腓立比戰役結束後趕到此地，但他始終都明白這套制度所承受的壓力；他幾乎難以完成什麼實質上的成就。狄奧塔洛斯的殷鑑再度上演。再一次，狄奧塔洛斯的例子很清楚，他曾派軍馳援布魯圖斯與卡西烏斯，但也事先送禮給安東尼以保住他的王位。安東尼替對方保住了王位，因為由他的參謀阿敏塔斯（Amyntas）率領的軍隊，在戰役前一晚逃離了腓立比的崗位。此外，安東尼從他抵達與離開布林迪西姆短短不到一年內，他見到了克麗奧佩脫拉。兩人在土耳其南部驚天動地一會後，安東尼便陪著她共赴亞歷山卓。在安東尼離去前，克麗奧佩脫拉已身懷六甲，懷有一對雙胞胎。

圖17　發行於西元前三六年敘利亞，一枚希臘銀幣四德拉克馬上的安東尼與克麗奧佩脫拉肖像。這枚錢幣反映出帕提亞戰爭期間兩大王朝的結合。安東尼被描繪成凱旋將軍與三巨頭，克麗奧佩脫拉則是較年輕的女神。

安東尼未能與東方其他王朝建立清楚一致的關係，這或可解釋那些理論上功能是保衛西方納稅城市地區的統治者，並沒有反抗拉比埃努斯。

安東尼如今更為主動積極，而且他似乎相當有可能在從義大利回來之前，計畫重建東方邊境。有證據顯示，對於在米塞努姆協議期間，安東尼所做攸關人民和地方的決策，元老院不過就像橡皮圖章般通過了。狄奧塔洛斯身亡時，他的王國落入阿敏塔斯手中，而安東尼則開始重新安頓安那托利亞南部的各邦，將它們交給在拉比埃努斯入侵期間表達赤誠者。這其中包括勞迪奇亞的波利蒙（Polemo of Laodicea），一位德高望重的知名學者，還有雙雙被說是土匪的克里昂和安提帕特。在北方，安東尼為了替米特里達梯的孫子大流士組建新的本都王國，從俾斯尼亞與本都行省的東部邊陲割下塊零星的領土。此外，雄踞幼發拉底河往西延伸的亞美尼亞南部高地，戰略地位很高的卡帕多奇亞因為遭卡西烏斯而失去國王，對帕提亞王國毫無抵抗能力；安東尼如今將王國交給了已故國王之子阿里阿拉特（Ariarathes），這位太子過去曾尋求過凱撒的庇護。至於位於安那托利亞高原東端的科馬基尼王國，國王安條克遭文蒂迪烏斯指控（可能有充分理由），說他教唆暗助帕提亞王國；後來文蒂迪烏斯可能收了曾是龐培隨從的安條克豐厚的賄賂，因此文蒂迪烏斯並未全力移除安條克。不過，安東尼當然也收到一筆可觀的報酬，就讓安條克保住了王位。

安東尼不僅重建與地方各王朝的關係，他也開始淘汰那些不夠都市化、難以維繫標準羅馬行政體制的領地。因此，曾作為連接敘利亞和亞細亞行省的羅馬東部戰略要塞的奇里乞亞消失了。在安那托利亞北部，大流士去世後本都王國落入勞迪奇亞的波利蒙手中。呂基亞再次獨立，而克里昂和安提帕特被封賞托魯斯山脈北坡的利卡奧尼亞。克麗奧佩脫拉被封賞賽普勒斯和部分巴勒斯坦，其餘的給了希律王（Herod），他與他的兄弟被指派為四分領太守，輔佐哈斯蒙尼王朝（Hasmonean）大祭司海卡努姆斯（Hyrcanus）。一幫帕提亞王國的戰士剿滅了海卡努姆斯和希律王的兄弟，扶植哈斯蒙尼王朝的冒牌貨擔任耶路撒冷最高祭司。當帕提亞人被驅離時，希律王是唯一留下來的人。這片到約旦河以東的地區一直都由納巴泰人（Nabataeans）統治，他們的根據地是在佩特拉（Petra）。

安東尼的安排顯示了一個策略，要藉由附庸國王的鎮守線，提供具成本效益的安全設施。敘利亞從這些君王的軍事行動獲得支持，成為對抗帕提亞王國的羅馬前線基地。克麗奧佩脫拉已經重建原先的托勒密疆土，安東尼送給克麗奧佩脫拉的禮物是讓她參與羅馬大計，減少羅馬涉足邊疆邊緣地帶，這或許可視為在補償克麗奧佩脫拉，感念她對抗刺客的付出。同時，因為克麗奧佩脫拉很富有，安東尼需要她的金援來協助入侵帕提亞王國。倘若安東尼想確保東方行省的忠誠度，就再也不能靠勒索現金來養自己十分龐大的軍隊。正是在籌劃帕提亞戰爭的階段裡，他要鞏固與克麗奧佩脫拉兩人的夥伴關係。在事實上，克麗奧佩脫拉成了羅馬軍隊的金主。和安東尼育有兩個孩子的屋大薇亞，此時仍跟孩子留在雅典，此外還有屋大薇亞跟她前夫的孩子，以及安東尼跟他前妻的孩子。

在這樣一個普遍對婚姻不忠的年代裡，安東尼對屋大薇亞的所作所為並不特別引人矚目。批評家後來強調的不是安東尼的不貞，而是他沉迷飲宴酗酒和自我炫耀，這些都是東方王朝的習性。比不忠更嚴重的，是指控他放任感情生活影響判斷力。傳言紛紛說，西元前三六年取代阿里阿拉特繼位科馬基尼王國的阿基勞斯之所以接收王位，是因為安東尼跟他的母親格拉菲亞（Glaphyra）有染。在羅馬，關於安東尼行為的種種事蹟，會讓人想起西塞羅對他放蕩行為的描述，特別是西塞羅在《第二腓立比》（*Second Philippic*）中，別開生面地譴責安東尼早期的生活，這些內容在西元前四四年夏末廣為流傳。

＊

安東尼現在必須展現出他在比賽裡仍然領先。所以在西元前三六年的夏天，他終於準備好遠征又一次出現政局動盪的帕提亞王國。帕提亞的現任國王弗拉特斯四世在兩年前，殺害了他的父親奧羅德斯（卡雷戰役時的統治者）和自己的兄弟。安東尼派出四個軍團進入亞美尼亞，好確保亞美尼亞國王阿爾塔瓦茲德的忠誠，同時他也在敘利亞組織了一支大軍，並要求弗拉特斯四世送回卡雷戰役的俘虜，連同戰鬥中奪得的軍旗和一些拉比埃努斯失去的東西。軍團軍旗變成如此重要的象徵物，這是頭一遭。凱撒從未提過他需要收回在西元前五四年冬天，他的軍團司令丟失的軍旗，上一代赫爾維蒂人打敗羅馬人觀點比較中立（從凱撒的觀點）的記載也未曾提過這件事。是否從辛布里人和條頓人手中奪回軍旗，對馬略來說也不重要。還有一些民族，例如巴爾幹的斯科迪斯克人，他們偶爾戰勝羅馬人，也會為他們留下滿坑滿谷這樣的東西。在西塞羅對皮索的猛烈攻擊中（西塞羅從不諱言去細數他討厭之人的窘境），甚至從未提及西元前三〇年大張旗鼓找回的丟失軍旗。

批評家後來寫道，安東尼入侵帕提亞王國一敗塗地，是因為癡迷於克麗奧佩脫拉，蒙蔽了他的判斷力。但那並非問題所在。問題出在安東尼粗心大意。雖說他很迷人又英勇，但是他也可能會有錯覺妄想。安東尼以為自己比實際更強大，他很容易誤將戲劇般的浮誇視為縝密計畫。他可能會疏於留意細節，無法擺脫自己的視角，以其他觀點來看待這個世界。因此正是安東尼希望不要太費力就能成就豐功偉業，所以他在自己和帕提亞王國弗拉特斯兄弟的談判中一再拖延，而弗拉特斯兄弟之一曾在西元前三六年還一度逃跑。後來，安東尼發現帕提亞王國的大軍阻斷他的進攻，他不得不揮軍北上，在亞美尼亞集結所有的軍隊。他在夏末抵達亞美尼亞，原不該輕舉妄動，但他偏不，而是改道亞美尼亞高地挺進米底亞·阿特羅帕特尼王國（現在的伊朗東亞塞拜然省）。

安東尼沿著阿爾河（Ar）的河谷前進，然後轉向南邊的烏爾米耶湖（Lake Urmia），接著從南方注入此湖的巴蘭杜茲河河谷（Baranduz），往東轉進弗拉特斯的王城，留下他的攻城器械，努力追上。不過弗拉特斯摧毀了攻城器械和保護它的武力（同時還給帕提亞王國的收藏品加上了羅馬軍旗），這使得攻城之計無法進行。安東尼只剩一路突圍到亞美尼亞；他的部隊飽受寒冬和糧食短缺雙重折磨。就在此時，他的積極特質發揮了重要作用，鼓舞了他的人馬，這麼一來才保住了原有兵力的三分之二。

安東尼在敘利亞海岸自怨自艾了數個月，在收到克麗奧佩脫拉龐大金援後，才宣稱軍事行動失敗全歸咎於阿爾塔瓦茲德的錯，因為那其實數量不足的亞美尼亞騎兵隊沒有出手搶救攻城器械。安東尼現在與米底亞國王（同樣也叫阿爾塔瓦茲德）結盟，在接下來的兩個夏季都在對亞美尼亞報仇雪恨。在西元前三四年的征戰季節中，安東尼最終擄獲亞美尼亞國王阿爾塔瓦茲德，西元前三二年他從米底亞的阿爾塔瓦茲德國王手中，收回了兩年前攻城器械遭摧毀時失去的那些軍旗。

擄獲亞美尼亞國王阿爾塔瓦茲德後，安東尼在亞歷山卓辦了場凱旋式慶功，會上他宣布重整東方行省，結果封賞了克麗奧佩脫拉更多土地。他也宣布他即將與屋大薇亞離婚，改娶克麗奧佩脫拉，並說凱撒里昂是尤利烏斯·凱撒的親生子（事實也如此）。據稱他還說，他與克麗奧佩脫拉所生的三個孩子，一對雙生兒子和一個女兒，將來都會擁有自己的王國。兩人（一子一女）的王國將會從目前羅馬的領土分割出來，而另外一子，如今與米底亞國王阿爾塔瓦茲德的女兒訂婚，他將會在帕提亞王國昔日領土上建立一個強大的王朝。起碼據說如此。

假如這未來的安排成真，那就表示安東尼有新的世界觀，這會涉及到他和屋大維之間的永久領土劃分，同時他也對所謂的羅馬行政長官有了新解（迄今尚未有權分割帝國）。安東尼或許有他的盲點，可是他充分明瞭，他所做的任何安排都要服從元老院的允准，隔年夏季他需要在羅馬有個富同情心的聽眾，這會讓宣布新王國一事看起來最多只是不準確的誇大其辭。

事實上，克麗奧佩脫拉的王朝政體結構，和安東尼指揮權的關係日益密切。不僅她對東方戰役貢獻良多，同時她也從她的自家財產裡慷慨提供金錢給安東尼的一些部將。安東尼也斷絕了和屋大薇亞的所有關係，她自西元前三五年夏天把一支新的軍隊帶去給她的丈夫以來，就滯留在雅典。承認凱撒與凱撒里昂的親子關係，不啻是直接攻擊屋大維是凱撒唯一繼承人的說法，也與預期中國土的一些新的分割脫不了關係，而三巨頭的權力即將在西元前三二年一月一日失效。

至於屋大維本人也沒閒著。他出征巴爾幹，在阿爾卑斯山攻無不克，並在現在的克羅埃西亞鎮壓了一場重大兵變，也完成了幾個建築案，同時在準備政變時，努力討好義大利人。屋大維知道，安東尼的兩位同夥是表定的西元前三二年執政官，而照理說，安東尼可以透過他們訂定立法議程，但是他們的計謀隨即遭人破壞。安東尼子嗣的新王國之說，震驚了羅馬輿論，以致於安東尼在羅馬的支持者想方設法阻攔屋大維散播這個消息（傳言很可能根本就是屋大維發起的）。屋大維發出聲明，說安東尼完全被克麗奧佩脫拉迷得團團轉，已經不是羅馬人，而且生活墮落、耽溺酒色，徹底敗壞了羅馬人的真正品德。比方說，傳聞安東尼的一名隨從，亦即前執政官普蘭庫斯，在晚宴裡裸露全身、塗成藍色，還在屁股上黏了一條魚尾巴，扮成海神！

屋大維聲稱他權力的基礎是只要他不逾越聖界，他身為三巨頭的指揮權就不會和三巨頭的職位一併失效（這是他和安東尼意見一致的事）。屋大維沒出席元老院院會，因為這裡屬於聖界之內；主持會議的是新任執政官多米迪烏斯（以前曾是布魯圖斯、卡西烏斯和小龐培的海軍將領）。但是下一次的院會卻不是這樣，屋大維率領一名武裝衛兵一馬當先走進會場，坐在安東尼黨的兩位執政官之間，透過這樣一個象徵性的舉動來堅持他無上的權力；他接著發表聲明譴責安東尼與克麗奧佩脫拉的關係是「不配擔任行政長官的行為」。兩位執政官獲准離開前往亞歷山卓，其他對安東尼表示個人忠誠的元老也同樣離去。導致數百人因而長途跋涉。

在夏天期間，屋大維對安東尼發動更多刺耳的攻擊，甚至聲稱他從維斯塔貞女那裡收到安東尼的遺囑複本，安東尼在遺囑裡再度宣布他渴望定居在亞歷山卓，而且身後想與女王同葬一穴。看到戰爭勢在必行，安東尼著手調集一支龐大的軍隊和海軍，打算進犯義大利。克麗奧佩脫拉再次給這次的遠征提供許多船艦和大量金錢，並堅持陪同安東尼步步為營地前往希臘西海岸的亞克興（Actium）。在某個時間點，可能是艦隊接近雅典時，安東尼寄送了正式的離婚通知給屋大薇亞，屋大薇亞為此返回羅馬。

屋大維聲稱，「整個義大利」都矢志支持他，要求他出任戰爭的統帥，並在年底之前公開宣戰（嚴格來說是討伐克麗奧佩脫拉）。但接下來在西元前三一年的戰爭，卻是虎頭蛇尾。安東尼又一次在後勤補給上出錯，導致他的軍隊受困於過長的補給線末端。春天，阿格里帕和屋大維率領與安東尼勢均力敵的大軍，渡過亞得里亞海。接下來雙方進行一連串交鋒，阿格里帕逐漸切斷了安東尼的聯絡，幾位安東尼的資深部將，包括普蘭庫斯和多米迪烏斯雙雙落荒而逃。

九月二日，安東尼下定決心要從亞克興灣突圍離開。之後發生什麼事我們不得而知，可是最好的證據可能是坎帕尼亞的阿維利諾（Avellino）有一座出色的紀念碑，將這場戰役描繪成硬仗一場，場景符合文字記載裡的史實。另一座屋大維後來豎立的紀念碑也可窺見這樣的場面；紀念碑是他建造來紀念在亞克興附近的勝仗，名副其實稱為「尼科波利斯」（希臘文的意思是「勝利之城」）。那座紀念碑上嵌著在雙方交鋒時奪取的一副船首。當克麗奧佩脫拉揚帆出航上場，率領埃及海軍艦隊從戰亂中逃脫，安東尼的旗艦尾隨在後。此時這場戰鬥可能早已輸掉了。陸軍隔日投降，被併入屋大維的軍隊裡。

或許意識到未來的抵抗也將徒勞，屋大維於是好整以暇地追捕著安東尼。首先屋大維必須平息從西西里島和義大利戰後返鄉軍隊的兵變，他們希望被遣散除役。接著屋大維要在東方行省建立他自己的政府治理。在前往亞歷山卓的途中，屋大維接受安東尼曾扶植的各色君王歸順於他，最終在亞克興戰役過後將近一年，屋大維召集了浩大的武力，集結在埃及邊境。

安東尼如今承受著接二連三的背叛，一個接一個，他的支持者都投奔屋大維去了。確實，階級愈高，背叛得愈快，因此在埃及邊境外，最值得注意的是效忠安東尼的似乎是一群角鬥士，他們一路從西土耳其打到亞歷山卓。一抵達首都，安東尼就開始談判，雖然一切白費力氣。接著，就是最後一次背叛，克麗奧佩脫拉竟背著安東尼跟屋大維對談。

但是什麼條件都沒談成，屋大維真心想置安東尼與克麗奧佩脫拉於死地，他已經對克麗奧佩脫拉腐化的影響做過太多文章，而且還有別人可以替他運作。就這樣，當屋大維的兵馬快抵達亞歷山卓時，斷斷續續交過幾次手後，安東尼的軍隊就投降了。安東尼聽到克麗奧佩脫拉自盡消息後，便也拿刀要刺向自己，但後來才知道克麗奧佩脫拉不過是自己走進墓穴，結果安東尼就這樣死在她懷裡。接下來發生什麼不得而知，只知克麗奧佩脫拉也死了。據說她是自殺的，起因是嚴重的維安失誤，防守在墓穴外的衛兵沒注意到眼鏡蛇被送進她的住處。

這場戰爭最大的獎品是埃及王國。埃及依舊富庶而且是個穀倉，要謹慎對待。屋大維決定，不應該錯過直接管轄的契機。他不指派元老院的總督，而是委任一位騎士擔任埃及的統治者，直接聽命於屋大維。第一任總督是科內留斯・伽盧斯（Cornelius Gallus），很能幹的軍人，也是知名詩人，同時是普羅佩提烏斯（Propertius）和維吉爾的好友，也是安東尼的一位老相好芙龍霓（Volumnia）的情夫。

勝券在握，屋大維得以開始逐步重建並重新部署羅馬的軍隊。這表示要減少軍團數量，從八十個左右減少成更易於管理且負擔得起的二十六個，其中二十個單位長期都在他麾下服役（在某些情況下也在他父親麾下），其餘的軍團則是從雷比達那裡接收過來的，還有的就是現在從安東尼手上接管的。在這時候，退役的安東尼老兵都被安置在行省的殖民地。凱撒的許多老兵服役都不超過一兩年，很多人都已經解甲歸鄉，領到現金獎金和土地，作為參戰的謝禮。在上一代，理論上新兵預期最多是要服役六年的。軍團本身都安置在可能的麻煩地點上，譬如西班牙和高盧，以及敘利亞和埃及。兩個軍團駐防在阿非利加，還有幾個去了巴爾幹。

⁂

重建軍隊都準備就緒了，新的政治秩序樣貌應該如何，這個問題的答案也逐漸浮現。攻占亞歷山卓的消息傳到羅馬時，元老院表決通過要在廣場上豎立一座凱旋門，還有其他一些榮譽標誌。西元前二九年年初，元老院表決通過關閉雅努斯神廟的大門，象徵著國家現在贏得和平了，但這有點樂觀，因為各行省還有一些戰事正在激烈進行。屋大維也被授予護民官的各種權力。自西元前三六年以來，他便一直被視為「神聖不可侵犯」（sacrosanct），這是一種偏向榮譽性質而非實質的地位。如今他擁有權力可以幫助整個帝國境內的公民（護民官「助人的權利」，ius auxilii），而且，如果陪審團審判時有了判決，不論在何處，他投的那一票都會被計入無罪釋放。

對東方行省的新安排，占去了屋大維大半年時間，這些新安排裡包含褒揚他的省級崇拜（或許這是屋大維想在瞑目之前給自己的東西，雖然在羅馬不會有這類公開敬拜的儀式）。建立新關係意味著是一段漫長、緩慢的歷程。屋大維只在西元前二九年八月十三至十五日回過一次羅馬，慶祝他在達爾馬提亞（Dalmatia）、亞克興和亞歷山卓大勝的三合一凱旋式。這場特殊活動的其他特色就是慷慨發放現金給公民和士兵，還有很壯觀的場面，諸如獵殺各色珍奇異獸（其中還有羅馬第一次出現的犀牛）、角鬥比賽，以及戲劇表演活動。所有人都能參加活動歡慶新時代的誕生。

所向皆捷，屋大維需要決定他自己的政治前途。

安東尼偏愛東方強人君王的形象，而他並非唯一。頭幾年，屋大維先逐步採用王家與神聖的形式，然後才安身立命於守護神阿波羅，時間差不多是在他已經擊敗小龐培時。阿波羅在眾神當中算是新的守護神。蘇拉、龐培和凱撒都注重幸運之神維納斯的守護，而安東尼奉海克力斯為先祖。相對於酒神戴歐尼修斯，阿波羅是預言與文化之神，以掃蕩蠻族聞名，安東尼經常引用祂和海克力斯。因此，隨著與克麗奧佩脫拉的戰爭開打，群眾會在馬克西穆斯競技場的戰車競賽中，抬頭望見屋大維在巴拉丁諾山的宅邸旁，聳立著一座嶄新的阿波羅神廟。神廟將在西元前二八年十月九日正式啟用。

這只是紀念凱撒父子這個角色的眾多計畫之一，以延續羅馬的偉大卓越。神聖的尤利烏斯神廟建造在凱撒葬禮時遺體火化的廣場上，在十三年後啟用，它收納了南征北討的戰利品，就像是朱比特神廟一樣（通常是擺放戰利品的所在）。

屋大維的聰明才智可能遠不及他的父親，正如同其體魄，但這實際上是個優勢。他和凱撒不一樣，他知道必須和其他人合作，而那些人值得公開認可表揚。和阿格里帕一樣，斯塔蒂利烏斯・托魯斯（Statilius Taurus）也沒有祖先當過元老，但是他在亞克興統領陸軍，而且獲准以他的名字來修建戰神廣場的羅馬第一座永久性圓形競技場。普蘭庫斯（前異怪舞者、軍人和執政官）已經修復農神廟。波利奧則修築了一尊巨大神龕，獻給自由女神（Libertas），並在旁邊建了一座公共圖書館。而在討伐龐培戰役中很重要的指揮官昆圖斯・科尼弗斯（Quintus Cornificius），修好了阿文提諾山的戴安娜神廟。馬奇烏斯・菲利普斯修復了古老的海克力斯神廟和繆思神廟（Temple of Muses）。

屋大維鼓勵那些來慶祝凱旋式的人捐錢美化市容——當和平到來，羅馬社會的領袖人物通力合作改善這座城市，以及羅馬之外義大利的道路系統。阿格里帕四處奔忙，到處可見他的身影，梅塞納斯（Maecenas）也一樣，在討伐克麗奧佩脫拉期間一直都在處理屋大維的利益。在另一個政治舞台上，凱撒老搭檔克拉蘇的孫子宣稱在巴爾幹出師大捷，要求不但要舉行凱旋式，還要舉行「最高戰利品」儀式；這是自馬可盧斯在西元前二二二年以來，第一個提出這樣主張的人。但屋大維解釋道，不可能這麼做，因為小克拉蘇以延任執政官的身分來運作，他的指揮權較低階。這是很重要的一點，因為屋大維如今想要釐清大家對指揮權有點混亂的理解，以確保自己能以身為執政官的指揮權來統治他的帝國。

小克拉蘇同意不舉行最高戰利品儀式，從而鞏固了屋大維的憲政主張。他這麼做是順應阿格里帕引領的潮流，一種把自己擺在第二的做法，來迎合和諧新時代的精神。西元前二七年夏季，小克拉蘇也舉辦了一次凱旋式，他的事蹟隨後被對奧古斯都政權友好的史學家大肆宣揚。小克拉蘇和西元前二八和二七年舉辦過凱旋式的其他人，代表了統治階級在內戰年代結束後的重新團結，在蠻族屍骨堆裡歡欣打造一個新的羅馬國家。

共享勝利的意識形態和共享合宜行為的意識形態相關，特別是在上層階級的成員之中。阿格里帕與屋大維一起承擔的任務之一是監察官職務，他們兩人在西元前二八年擔任監察官。改革元老院也列入這一年的議程。將近兩百人從名冊上被除名，其中有五十人接受暗示自願辭職，一百四十人發現自己的名字被列在黑名單上。肅清異己可能與前幾年的不滿情緒不無關係，尤其是涉及雷比達之子帶頭的陰謀；他在陰謀被揭發時自我了斷。

在整肅元老院時，監察官還試圖增加貴族人數來彰顯本身對祖宗體制的關注，理由是若要持續採用傳統做法（主要是宗教上）就需要更多貴族。元老院的元老們未經許可不得離開義大利，而且要敦促他們定期出席會議。同時，監察官宣布了他們在人口普查上的努力結果：現在羅馬人口超過了四百萬！但我們不完全清楚這個人口統計奇蹟是如何達到的（西元前七〇年監察官的統計數字就已經高達九十萬人）。很可能這個數字代表的不僅是男性，也包含了女性和孩童，後兩者通常不會被計入在不同時間進行的各省人口普查。

雖然屋大維的普查數字在人口學上令人難以理解，但是它的確具有意識形態和實用上的意義。激增的人口反映出羅馬社會的健康。因此，一對歷經艱苦歲月的貴族夫婦在了解到「共和已然恢復」後（*Laudatio Turiae*, col. 2.25–8），據說以興奮地大享魚水之歡來慶祝這快樂的事。但是他們期待中的孩子卻永遠無法享受這個新時代的恩寵。

屋大維在捐獻巴拉丁諾山的阿波羅神廟時，他本身正承受著一種表面上沒有痛苦、但一點都不膚淺的轉變。他現在身為統治者執政官（從西元前三一年開始每年一任），放棄了三巨頭的權力，並且如他後來所說的：「讓國家從他的控制下恢復成元老院和人民的羅馬。」（*RGDA*, 34.1）西元前二九年所鑄造的一枚錢幣描繪他坐在執政官坐椅上，拿著很可能是一份詔書的文本，內容寫著「他恢復了法律和法令」。他後來說，他在三巨頭期間沒做過任何不公不義之事。卡西烏斯·狄奧保留了這項法令的用語，如今成了記載這些事的最佳出處。狄奧寫道：「派系衝突與戰爭期間，有非常多的非法和不公義的規定，特別是在（屋大維）與安東尼和雷比達聯合統治期間。」（Dio 53.2.5）如今那都已成陳年往事。三巨頭時代或許也結束了，但是現在有的又是什麼呢？

*

西元前二七年一月十三日，屋大維宣布，現在選舉將會是公開競爭，元老院感謝他，給了他新的別名「奧古斯都」（Augustus）。從今往後，他將以「凱旋將軍·凱撒·神之子·奧古斯都」為人所知（從此開始本書將稱他為奧古斯都）。他也感謝元老院，並同意在對方敦促下，擔負起許多行省的管轄任務，出任執政官或延任執政官，任期十年，這些行省多數都坐擁重兵。一名當代希臘人如此描述：

> 當他的祖國賦予他首席領導權，使他成為戰爭與和平的終身君王時，他把整個王國分成兩部分，其中一部分給自己，另一部分給人民。他盡可能給自己那些需要武力駐軍的部分（也就是說，蠻族或靠近未征服蠻族或貧窮或難以耕種的部分，這樣一來，雖然沒有供應其他一切，但它們都擁有防禦工事，且容易發生叛亂），而太平又容易治理的剩餘部分則分給人民。
>
> （Strabo, Geography, 17.3.25）

理論上，奧古斯都就是個一般的執政官，但擁有一些額外的榮譽，譬如護民官權力，以及多個行省的統率權，確實權勢大過盧庫魯斯、龐培或凱撒，但仍符合三巨頭之前的羅馬傳統。令人訝異的是在我們當代的觀點中，統治那些沒指派給奧古斯都之行省的統治權力，是屬於人民的，而奧古斯都本人其實是這「祖國」（fatherland）所創造出的。這意味著，恢復執政官定期選舉，對羅馬人生活具有象徵意義，它反映了公共生活中恢復了共識，而公共生活是恢復傳統政府的要素。

大選現在可能是「公開」的，不過執政官名單彰顯的是勝利派系的權力。奧古斯都曾與他的姪兒色克都斯·阿普雷留斯（Sextus Appuleius）分享西元前二九年的執政官職位。阿格里帕在西元前二八和二七年都與奧古斯同任執政官；然後西元前二六年執政官是斯塔蒂利烏斯·托魯斯，西元前二五年是馬庫斯·尤尼烏斯·西拉努斯（Marcus Junius Silanus），他的生平堪稱前述十年危機的縮影。尤尼烏斯年輕時曾是凱撒的軍團司令，雷比達對他恨之入骨，把他列入公敵黑名單。後來被小龐培所救，在米塞努姆和談結束後返國，投入安東尼麾下服役，又遭克麗奧佩脫拉厭惡（故事是這麼說的），所以他在亞克興戰役見風轉舵。西元前二四年奧古斯都的執政官同僚是蓋烏斯・諾巴納斯・弗拉庫斯（Gaius Norbanus Flaccus），此人的父親在腓立比戰役時，是戰勝方的重要角色。西元前二三年奧古斯都的執政官同僚是瓦羅・穆雷納（Varro Murena），他與梅塞納斯家族頗有淵源，而且近期曾在西班牙與奧古斯都一起服役。

西班牙戰役開始於西元前二六年，這是奧古斯都離開義大利三年來的重大軍事活動，目的是想將奧古斯都的「大總督地位」（grand governorship）的重要性深植人心。然而，戰爭本身可能是場意外。一直以來大家聽到的都是，奧古斯都的目標始終是不列顛。不過當北西班牙爆發動亂之際，他明白到那想超越其父豐功偉業的盤算必須先擱一邊。奧古斯都御駕親征似乎是個餿主意。盤據庇里牛斯山山腳邊及西部直抵半島的西班牙部落可不好惹。但奧古斯都病了，正如每當危險來襲，他常會如此。奧古斯都只得撤退到塔拉戈（Tarraco，今天的塔拉戈納），他可以從那裡下「戰略建言」指導棋，讓部將贏得數場戰鬥。到了西元前二四年底，他覺得可以宣布獲勝返家，再度關上雅努斯神廟的大門。

這場遠征引發兩件事。第一件是一大群退伍老兵開發了一個殖民地，亦即新興的西班牙城市奧古斯塔・埃梅里塔（Augusta Emerita，現代的梅里達），在行省所在地點新建或重建成羅馬的殖民地來安頓老兵，成了標準做法。另一件是奧古斯都了解他不再適合上戰場。自此他再也不領軍親上沙場。

*

奧古斯都不在的期間，阿格里帕仍持續對羅馬市容進行改頭換面的工作，他建造新的勝利紀念碑，以及建築風貌具冒險精神的萬神廟（Pantheon），如今還矗立在羅馬市中心。他同時也重新規劃戰神廣場的投票區，修築花稍的新式圍欄，讓選舉人可以在等候投票時有站立空間。在「恢復的共和國」裡，投票是井然有序的。

差不多就在此時，奧古斯都自己似乎也已經完成戰神廣場上的一幢新建物，建物靠近台伯河畔，是一座為他自己和家族所造的壯觀大型陵墓，至今仍屹立不搖。這不啻是聲明在恢復的共和國裡，奧古斯都家族是一個王族，就像西庇阿以前那樣，但卻未必是「唯一」王族。但不幸的是，西元前二三年夏天，奧古斯都就在這座陵墓迎來第一位長眠者，是他的姪兒蓋烏斯·克勞狄烏斯·馬可盧斯（Gaius Claudius Marcellus），他女兒尤莉亞（又稱大尤莉亞）的丈夫，也是咸信奧古斯都一國之君地位（statio）的第一順位繼承人。克勞狄烏斯死於一場傳染惡疾，就連富人也難倖免；確實，奧古斯都自己在同一個夏天也差點死於這種疾病。

病痛加上西班牙遠征動搖了這個王朝的安定。還有，由埃及總督統率的遠征葉門一役亦然；遠征葉門的目的是要掌控印度洋與地中海之間利益誘人的香料貿易。這場遠征並不完全順利，如今被稱之為「以武力做擔保」（ecognisance in force），與克拉蘇、梅薩拉、卡里納斯和奧特羅尼烏斯（Autronius）的出征凱旋，形成鮮明對比，也比不上薩圖爾尼努斯在西班牙的戰役、馬庫斯·維尼修斯（Marcus Vinicius）出征日耳曼，還有盧基烏斯·安提斯蒂烏斯（Lucius Antistius）在奧古斯都生病期間在西班牙的表現。同時無助於奧古斯都名聲的是在馬其頓行省的危機，當地總督馬庫斯・普里默斯（Marcus Primus）遭指控發動非法戰爭；他後來因叛國罪受審，但他辯稱馬可盧斯或奧古斯都其中一人曾授權他採取行動。辯護很薄弱，不過由於奧古斯都拒絕提供不在場證明，激怒了李錫尼烏斯・穆雷納（Licinius Murena），西元前六二年的執政官的兒子，也是普里默斯的首席辯護律師。

到了西元前二二年尾，普里默斯的辯護律師穆雷納密謀要殺害奧古斯都。顯然，儘管奧古斯都在羅馬人民中的聲望仍保持不墜，甚至在西元前二三年夏天他已經正式改變他自己在國家裡的功能，但貴族階層裡仍異議漫天。原因很可能是因為，奧古斯都在生病期間的印鑑指環交給阿格里帕，由此暗示阿格里帕會繼續擔任相同的職位。可是，國家的傳統結構裡不可能讓他這麼做。

有兩個新的憲政地位標記被創造出來，去定義奧古斯都主要人馬的狀態。這些是護民官權力，以及在多個行省擁有「較高指揮權」（imperium maius），可能被定義為「（握有權力者）在進入任何行省享有較高的指揮權」，是奧古斯都在那些他直轄的行省中，身為延任執政官擁有的指揮權之外，再附加的權力。這些新的權力可以在延長的任期內並存，因此當他在西元前二三年卸任執政官之後，元老院表決通過，給予奧古斯都護民官權力和較高指揮權，為期五年。元老院也授予阿格里帕類似的榮譽，他如今娶了大尤莉亞[1]，而他的親生女兒維普薩尼亞嫁給了提庇留，也就是奧古斯

1 編按：奧古斯都的女兒尤莉亞原本嫁給他的姪子克勞狄烏斯，但在克勞狄烏斯死後，奧古斯都為了培植下一位繼承人，又把女兒嫁給了阿格里帕。阿格里帕死後，尤莉亞又嫁給了奧古斯都的養子提庇留。

都妻子莉維亞前一段婚姻所生的長子。

曾撰寫西元一四至九六年「後奧古斯都時期」精采羅馬史的史家塔西陀，後來將護民官權力稱為「最高職位的指標」（Tacitus, Annals 3.56.2），確實變得如此，雖然花了一段時間才愈來愈顯而易見。它賦予其擁有者權力得以召集元老院院會、提案立法，並召集投票大會、否決元老院動議，以及向帝國任何地方的羅馬公民提供援助。護民官權力只有王室直系親屬能擁有。

西元前二三年的憲政協議創造出的條件，讓帝國權力可以執行數百年之久。這年年尾謠言傳出即將爆發糧食危機，引爆了一場動亂。為了解決危機，人民要求讓奧古斯都成為獨裁官，這無疑證明大家普遍誤解他擁有多大權力。奧古斯都拒絕出任獨裁官，這個職位自西元前四四年被廢除後，就不再啟用。不過，他接受了老龐培的職位，擔任城市的糧食供應長官，任期五年。那時，他出城一陣子，雖然依然大受羅馬人民歡迎，但他必須消除統治階層眼中他軍事行動的失敗，以免有人進一步質疑他是否適任國家總指揮官——或許，這可以巧妙轉移政權的意識形態，淡化那持續的軍國主義色彩。

促使奧古斯都離開的近因可能是東方邊境危機暗潮洶湧，情況導致一種說法，說他想努力補救昔日的失敗。大約就在奧古斯都與安東尼的磨擦有了轉圜時，帕提亞王國爆發內戰，落敗者逃到敘利亞避難。同時，奧古斯都已經接受弗拉特斯國王之子當人質，這是出於帕提亞王國王室兄弟鬩牆的習慣，是弗拉特斯為保全其子性命的一種手段。西元前二三年，弗拉特斯國王要求羅馬交出他的舊日仇敵梯里達底（Tiridates）與其兒子。奧古斯都否決這些要求的頭一個，但同意了第二個請求，不過他要弗拉特斯國王歸還從克拉蘇手中奪走的軍旗及仍然生還的戰俘。關於這一點，據說弗拉特斯國王默許了，可是到了西元前二二年他卻什麼事也沒做。他的食言讓奧古斯都有了藉口前往東方。

這場遠征持續了四年，與其說是軍事行動不如說是一場壯遊。弗拉特斯國王毫無興致打仗，而奧古斯都並不熱衷於強人所難。奧古斯都多半時光都消磨在雅典或薩摩斯島（Samos）。他從未到達幼發拉底河的邊境；軍旗和生還的戰俘都送返給提庇留，他現在是潛在的繼承人。亞美尼亞國王阿爾塔什斯（Artaxias），他是遭克麗奧佩脫拉殺害的阿爾塔瓦茲德的兒子，阿爾塔什斯自己也在西元前二〇年被暗殺，提庇留被託付要確保其兄弟提格尼的繼承權。儘管政權更迭意味著亞美尼亞的效忠對象從帕提亞轉為羅馬，但這番安排似乎完全獲得亞美尼亞貴族一致贊成。

弗拉特斯認為與羅馬的新聯盟可以用來對付國內的敵人，因此送了更多王子給奧古斯都當人質奧古斯都也藉著利用帕提亞王國的家族內亂，確保了東方邊境的北側和平。龐培以前對那部分的邊境計畫總算落實了。

而這又何其適合，因為奧古斯都的權限是源自於法律所給予他超出憲法的龐然權力，有固定期限，但這份權力其實又是從當初加比尼烏斯和曼尼里烏斯為龐培在西元前六〇年時打造出的地位，所演化而成的。奧古斯都知道，要想治理天下，他就必須與共和國傳統典章並肩齊進，而不是像蘇拉和凱撒熱衷的那樣凌駕其上。內戰結束象徵著凱撒的政治與龐培的願景，達成了和解。

第二十五章　奧古斯都帝國

西元前一九年，奧古斯都風光榮歸羅馬。軍旗收復了，諸王都安頓妥貼，王家人質帶回來了——所有這些都沒有犧牲太多人命。元老院下令，執政官昆圖斯・盧克萊修（Quintus Lucretius）和一些法務官及護民官，應該前往坎帕尼亞迎接奧古斯都返回義大利。這是前所未有的慶功方式。

他不在的時候，羅馬始終不曾真正太平。一想到奧古斯都不會出任執政官，民眾普遍相當憂心不安。西元前二二年，選民只選出一位執政官，奧古斯都返鄉時不得不下令選舉第二位（此舉遭貪腐破壞）。這一年當選的兩位執政官爆發爭端，未能完成任務。西元前二一年，阿格里帕從遠征東方返鄉（這表示並未發生重大戰鬥），但他被迫前往高盧和西班牙，那裡有一些嚴重的戰役。羅馬的緊張局勢卻因此更加嚴重，西元前一九年，再次發生只有一位執政官當選的狀況。這次的問題在於有個名叫艾格納提烏斯・魯弗斯（Egnatius Rufus）的人，仗著自己前一年組織消防隊大獲民心，想要從市政官一職（違法）跳級競選執政官。造成這些選舉爭議的背後驅動力，似乎是人口普查第一級的選民希望能有被保證的法律及秩序——這也是為什麼像艾格納提烏斯這樣的消防員能成為嚴肅的候選人，即使奧古斯都不喜歡他。就在奧古斯都返鄉途中，艾格納提烏斯被發現成立了一個幫派，密謀暗殺奧古斯都。但不清楚這個案件是否受過審判，不過艾格納提烏斯根本等不到奧古斯都正式榮歸，就一命嗚呼。

民心渴望有力的行政制度，加上對未來持續感到不安，造成了奧古斯都對政府願景的大轉變。這個願景不太基於公共法律和新職位的設立，而是基於傳統與婚姻幸福（結果是婚姻幸福是要立法的）。為了在這個計畫裡起帶頭作用，奧古斯都不得不深深埋葬自己的過去。不僅僅他與莉維亞的婚姻是件醜聞（那是很久以前的事了，大家早已習慣她第一段婚姻所生的兒子逐漸嶄露頭角出任要職），事實上，安東尼可以拿出洋洋灑灑的一份名單，上面全是奧古斯都背著莉維亞搞七捻三的女人。奧古斯都性好漁色無人不知，以致於他的同黨不得不宣稱，他隨便跟人上床只是為了刺探敵人的祕密。不只如此，奧古斯都還有龍陽之癖的問題。在亞歷山卓的一次宴會中，安東尼的一名友人抱怨酒質拙劣，懷疑連奧古斯都的男寵（paidiskos）薩門托斯（Sarmentus）喝的酒都可能比較好，此舉惹惱了克麗奧佩脫拉。如果要改革羅馬的世界，連續通姦就不能存在。每個浸淫於傳統古典思想的人都知道，性掠奪是僭主才會做的行為，但奧古斯都不是僭主。要知道是不是，得去問他。

奧古斯都一從東方返鄉，就著手進行道德改革。對奧古斯都來說，執行原則和蘇拉當年的改革沒兩樣。其概念是好的憲法將能塑造讓大家行為穩妥。奧古斯都也一樣，目標是要創造最可能傑出的貴族，來協助治理國家。

西元前一九年，元老院授予奧古斯都在羅馬城的聖界內擁有執政官權力（這樣的措施是為了安撫他不是執政官時所引發的不安），並授予他「法律和習俗監督人」（cura morum et legum）的頭銜，賦予他重整國內秩序的監察官權限。有阿格里帕在身邊，奧古斯都在此十年大半時間多在全面性重整元老院和騎士階級。

至於元老院部分，有兩項原則在運作，其一是要在其他元老眼中是「值得受人尊敬的」，其二是要有個人財富。這個目標是為了創造出以尊榮富人為成員的運作團體。為了趕走不適任的人，奧古斯都發明了一個辦法，那就是選出三十名「最傑出人士」，由他們各自再挑五人，保證給予元老院成員的資格，然後每五人為一組選出一人，由他再去挑五人。到了這個地步，事情變得過於複雜，有人聲稱，有些人包庇不富有的友人，因此奧古斯都宣布，由於元老院無法自我監督，他將親自執行這項任務（說不定這是他一開始的意圖）。他列出了六百人的名單，開了一份新的元老資格檢覈條件。想成為元老，必須擁有價值二十五萬第納里烏斯銀錢的財產，之前的底線一直都是十萬，而十萬仍是晉升騎士階級的資格。之前元老已經被禁止從事某些「不名譽的職業」（譬如演藝），如今又被禁止和地位「低於」他們的婦女結婚，比方說他們的女性自由民或女演員，還有和他們勾勾搭搭數十年的那些交際花。

差不多就在奧古斯都又開出元老院成員的新條件的同時，他重新發明公開檢查騎士階級的舊儀式。這項「騎士階級考核」（probatio equitum）辦法是檢覈制度的一項傳統特色，騎士階級的成員資格一直都根據十八個騎兵百人團資格而來，這些百人團都擁有「公馬」。但是這項傳統早已半途而廢，自龐培出面接受西元前七〇年監察官的考核之後，「騎士階級考核」也當然超過四十年沒出現在羅馬了。只有在西元前二八年的監察官普查曾一度恢復，不過如今它變成很不一樣的東西，變得跟年度「騎士審核」（transvectio equitum）和「騎士認可」（ecognitio equitum）有關，由三位元老組成的委員會執行，這三人必須符合那個階級成員所需的道德標準。騎士階級如今由被逐出元老院的數百人補充，不再是元老院的法官和陪審團，甚至不再是承包人階級的喉舌。其目的是要支持元老院，為較低的社會階級提供理想行為的典範。在另一次單獨的儀式中，來自家族財富夠資格出任元老的一些十四歲男孩，似乎就是奧古斯都親自考核的。如果他們通過檢查，就能獲得「寬紫綬帶」（latus clavus），一種繡在他們托加長袍（togas）的紫色寬帶，表示他們滿二十歲時有資格競選元老。同時，他們得以出席元老院院會，以便習慣得體的元老舉止。

元老院的「淨化」（purification）是西元前一九年下半葉重要事項，而提升騎士階級儀式則占據了這一年或次年。正是在西元前一七年，最徹底的措施被付諸行動，來慶祝百年新世代或saeculum的開始。不像之前兩次（或三次）百年大祭，現在的羅馬正處於太平盛世。新的百年世代，這羅馬建國以來第七次（是如此決定的），將會是有史以來最好的。這一年的事蹟被記載於巨大的石碑上，至今猶存，描繪了在「十五人獻祭團」（College of Fifteen for Making Sacrifices）成員協助下，奧古斯都與阿格里帕主持的一系列夜間遊行與獻祭活動。在五月三十一日傍晚至六月三日下午之間，有六次獻祭活動，三次在夜間，三次在日間。日間獻祭活動後緊接著有戲劇演出與戰車競賽，同樣的活動在獻祭活動全數完成後，還會再連辦七天。奧古斯都會出席每一場獻祭活動，最後一日，由父母雙雙健在的童男與童女各二十七名所組成的唱詩班，演唱知名詩人賀拉斯（Horace）創作的聖詩。在開幕當天，奧古斯都會親自獻上以下的禱告，融合古風情懷（以使用古語「奎里特人」〔Quirites〕來稱呼從屬的拉丁人與羅馬人），以及完全引用當代資料來自我描述：

噢，命運之神！正如那些經書所規定的那樣，藉著這一切，願所有好運降臨羅馬人民，這奎里特人——且用九頭母羊和九頭母山羊獻祭給您們。我懇求並祈禱，正如您們在戰爭與和平中增加了羅馬人民，奎里特人的帝國與雄偉一樣，所以願拉丁人從此永久順服；願賜予羅馬人民、奎里特人長治久安，戰無不克，健康無恙；願庇佑羅馬人民、奎里特人，以及羅馬人民、奎里特人的軍團，並保羅馬人民、奎里特人安全無虞；願對羅馬人民，奎里特人、十五人獻祭團、我、我的居所和我的家庭，大吉大利平安順利；請接受這九頭母羊與九頭母山羊的完美祭禮……（*Commentarium Ludorum Saecularium Quintum* 92–8）

賀拉斯的詩作也彈同調，激起對羅馬建國的緬懷之情，同時也讚揚管理婚姻的新律法，延續同一議題，涵蓋年度騎士階級考核法、「淨化」元老院，將國家的展望擴及羅馬公民的私生活。羅馬婦女現在被鼓勵要生養三個孩子。但凡妻子生養了必要胎數的男性，在法定最低年齡限制前就能出任公職，那些沒有孩子的婦女不能列入遺囑內，配偶理應忠貞不二，通姦是公訴罪，要在新的常設法庭接受審判。有鑑於羅馬上層階級在前半世紀的私生活，這是一項重大的改革。不過家庭生活如今是公共生活。奧古斯都正是以這樣的精神，在百年大祭開幕式，當著一百一十名已婚婦女誦讀禱詞，也是為什麼吟唱頌詩的孩童必須父母雙雙健在的原因。

新的模範家庭就是奧古斯都的家庭。西元前二三年馬可盧斯身亡，那次悲劇後奧古斯都與阿格里帕重振旗鼓，方得以成就為現在的繁榮大希望，而提庇留和其兄弟德魯蘇斯代表著下一代的希望，如今生養眾多的大尤莉亞似乎是綿延不絕的保證。這真是個理想的家庭，致力於為國家服務，以祖先的職位為榮，甚至打敗蠻族贏得更多的勝利。這是個必須放進更偉大、更悠久的羅馬歷史來看待的家族。為了強化這樣的訊息，奧古斯都得仰賴各式各樣的文人。

賀拉斯是百年大祭記載中唯一被提到名字的人，他並非現任官員，也非十五人獻祭團的成員。這一點無疑地既反映出他的聲望很高，同時也反映出大眾慣常賦予成功知識分子的聲望。在上一輩裡，西塞羅曾為一名希臘詩人阿奇亞斯（Archias）辯護，對方撰寫史詩作品（以希臘文寫成）稱頌盧庫魯斯，但他主張擁有公民身分遭到質疑；西塞羅描述有大批群眾來聽他朗誦（同樣以希臘語）。賀拉斯更標準的出場方式包含各種改編自希臘文詩律的詩歌表演，主題涉及多位公共人物，包羅萬象，上至愛情、美好生活，下及內戰之惡、克麗奧佩脫拉之死，以及對不同公共人物的建言，諸如其好友梅塞納斯、普蘭庫斯、波利奧，還有如今幫奧古斯都處理機密任務的克里斯普斯（Crispus，史學家撒路斯提烏斯的養子）。

阿格里帕似乎不喜歡賀拉斯，賀拉斯也鮮少提到他。不過賀拉斯聲名大噪。其他詩人亦然，比方說普羅佩提烏斯，他令人難忘地感嘆在佩魯西亞的廢墟，反戰並頌揚愛情的歡愉（以及對他迷人的情婦辛西雅的愛），但也找時間來譜寫奧古斯都偏愛的其他主題。普羅佩提烏斯專注於一些羅馬古代神話與亞克興戰役。然而，榮耀盡歸維吉爾。

不過就在奧古斯都從東方榮歸後不久，維吉爾卻暴斃在他那不勒斯的別墅裡。這是一場悲劇，別的不說，就說至今廣為傳誦、他最偉大的詩作《埃涅阿斯記》還尚未完成。這別墅是莉維亞送的禮物，她曾被詩中馬可盧斯在冥界裡的形象感動落淚：他站在一排將會復活為羅馬最偉大英雄的靈魂行列最後一位；偉大的龐培已經在那裡，凱撒也是，他被簡短地責怪啟動內戰。這超過波利奧想必是在這幾年間才出版的內戰史敢說的話。賀拉斯知道波利奧將凱撒、龐培與克拉蘇在西元前六〇年的結盟，視為衝突的開始。但是不僅如此，在《埃涅阿斯記》中，維吉爾顯示出羅馬建城者只是個凡人，一個會誤入歧途的人，對未來忐忑不安，而且深深需要眾神的引導。不過故事主人翁埃涅阿斯完成了不起的決鬥，帶領特洛伊的倖存者來到義大利加入拉丁人族裔，產生的世代將會建立羅馬。

對帝國未來無限榮耀的期許，混雜著文明眾神在亞克興驅趕埃及殘酷邪靈的幻想，埃涅阿斯悲痛著他與迦太基狄多女王的戀情告終（對方深感不悅，在他揚帆之際降下詛咒），以及當他見到拉丁族裔的首領圖努斯身戴從他部將身上剝下來的腰帶時，怒火中燒使他對圖努斯起了殺心。但唯有如此，才能締造和平而特洛伊人方能與拉丁人團結起來。奧古斯都要求維吉爾的兩位好友來編纂《埃涅阿斯記》的最後定稿，也就是我們現在的這個版本。

在撰寫這部史詩作品時，維吉爾不僅引用了義大利的歷史傳說和神話故事，也同時採納了荷馬以來的希臘詩篇傳統，一如每一位重要的拉丁作家一樣。希臘理論知識也對散文作家很重要。不過西塞羅的散文作品具有一種特別屈於義大利的特色，如今這兩種語言開始彼此產生相互影響。西塞羅不但採用西元前四世紀時「雅典體」（Attic）演說家的風格，特別是狄摩西尼（Demosthenes）對馬其頓王國腓力二世國王的攻擊，成了西塞羅反對安東尼的作品集標題——《反腓力辭》（*Philippics*）。西塞羅同時也借鏡西土耳其當代人士擅長的花稍風格。一般說來，奧古斯都時期的品味遠遠轉向比狄摩西尼更為尖銳的方向，開創了雅典體演說風格，形塑當代希臘語的表述方式。

此種新風格的權威是狄奧尼修斯（Dionysius），他出身於西土耳其的哈利卡那索斯（Halicarnassus）。除了對羅馬重要人士講述修辭的作品之外，他還編纂了大量的羅馬古文物記載，證明羅馬人實際上是希臘人。如今對希臘人與羅馬人都很重要的是，將羅馬史融入更廣闊的世界史裡。

甚至在「雅典風格」（Atticism）入侵地中海東部之前，就早有波利比烏斯派的史學家寫過當代史，以地方史角度記載羅馬種種事蹟。我們發現，波希多尼所描繪的在雅典爆發的親米特里達梯黨爭，也往往具有蘇拉式敘事風格，即是一例。他後來被西塞羅要求撰寫西元前六三年的希臘歷史事件，但他拒絕了，說他寫不出西塞羅那種萬世流芳的雅典風散文水準。龐培有權有勢的左右手提奧法諾斯曾寫過偉人成就史，而在下一輩裡，亞歷山卓的蒂姆內斯（Timagenes of Alexandria）寫了一部歷史，以不甚恭維的筆法描述羅馬人。這些作品反映出被政治化的當代史，連同蘇拉、凱撒和如今奧古斯都自己的回憶錄在內皆然；奧古斯都寫自傳目的是要讓羅馬大眾看到他自凱撒遇刺以來，到西元前二〇年種種事件的觀點。

撒路斯提烏斯的歷史（具有反蘇拉，以及不明顯的反龐培傾向）是前世代最知名的歷史作品，但他是在反擊科內留斯．西塞納（Cornelius Sisenna）一部有關同盟戰爭（Social War）及內戰的長篇歷史，而此人是確切的右派觀點，曾經與西塞羅針鋒相對，為韋雷斯辯護。撒路斯提烏斯說，西塞納沒有如他所應該這般地批判蘇拉，不過在這一點上李錫尼烏斯．馬徹（Licinius Macer）就沒有問題。馬徹是西元前七〇年代的反建制派護民官，在西元前六〇年代初期當選過執政官。不過，馬徹可能沒有走到那一步，他在得知被指控在阿非利加總督任內敲詐勒索的當天暴斃，當日主持審判的法務官正是西塞羅。此外還有盧徹烏斯（Lucceius），他是西元前六〇年與凱撒結黨的落敗執政官候選人，曾寫過一部與西塞納史書涵蓋同一時期的長篇歷史。和波希多尼一樣，他拒絕了特別為西元前六三年這個關鍵一年撰書，即使西塞羅願意提供他筆記參考，幫他寫注解。

西塞羅對自己成為特殊歷史的對象興致勃勃，這意味著在貴族圈裡，著史一事至為重要。即使是相當具有黨派色彩營私，它還是代表真相。就連西塞羅都自己承認，著史的第一守則是作者不應該說謊。波利奧則主張，要糾正凱撒作品裡的錯誤。當然，敘事方式也應該引人入勝。上一輩的作家裡有些人曾嘗試超越當代事件，來涵蓋整個羅馬史，其中有個重要例子是瓦萊里烏斯・安提亞斯（Valerius Antias）大約寫於西元前七〇至六〇年的作品，他以拚命誇大敵人傷亡數量著稱。與他差不多同年代的克勞狄烏斯・夸德里加留斯（Claudius Quadrigarius）則是忌諱羅馬早年歷史幻想成分太多，因此都從高盧圍城開始寫史，以蜻蜓點水般敘述西元前三九〇年至格拉古出任護民官期間的事蹟，使得他筆下的歷史以指數般加速進展。

然而，不論他們對事件的觀點如何，大家都會一致同意，羅馬史在西元前二世紀下半葉改變了方向，變得確實非常糟糕。對奧古斯都時期的史學家而言，問題是：還會不會再度改變方向？李維給出了答案。

和維吉爾一樣，李維在完成著作之前就已經名滿天下（事實上作品是在奧古斯都辭世之後才完成的）。事情是這樣，有人遠從西班牙而來，只為了能說他見過李維。另一位是西班牙人盧基烏斯・阿奈烏斯・塞內卡（Lucius Annaeus Seneca），他著迷於修辭學訓練，也被稱為老塞內卡（我們在後面兩章會看到小塞內卡）；他的傑出作品收集了所有他那個年代的修辭練習題，對當時的藝文界提供了許多真知灼見。當然，他深知李維的輝煌成就，也明白波利奧相信自己是這些年間文筆最出色的人。波利奧權勢大到足以斥責奧古斯都，因為奧古斯都後來抱怨波利奧對他孫子的記載有欠公允（波利奧指控他的孫子在自己親生兒子死後，便立即公然做起生意），並且當梅薩拉說西塞羅仍是拉丁文界最了不起的文學家時，他大發雷霆。波利奧曾經指出，西塞羅很是可憎；他也曾說過，李維其實是個鄉下男孩（雖然同樣的話也可能用來說波利奧）。

不論如何，奧古斯都喜歡李維。他還稱對方是「龐培黨人」——這個字眼出自他的口中，意思迥異於他養父的用法。而這一點對奧古斯都計畫重塑大眾對其年代的記憶，意義重大。

「龐培黨人」在奧古斯都的用語裡並非指龐培支持者，當然也不是指其子小龐培的支持者，小龐培如今在大家的記憶中只是一名海盜。在龐培還在世時，這個字眼在意識形態上毫無意義，但如西塞羅說的，在私底下西塞羅則表示龐培想要的和凱撒想要的兩者之間沒有不同。這可能也對波利奧毫無意義，這或許可以解釋為什麼他覺得李維討人厭。精確來說，它也不代表與凱撒意見相左的人。我們從西元二世紀以來完整保存下來的李維著作摘要裡得知，李維曾長篇讚美凱撒，這裡透露的是義大利戰爭對他而言，正如對他同年代的其他史學家一樣，那是羅馬史上決定性的時刻，是一切改變的轉捩點。

但，為什麼改變呢？

李維認為，之所以改變是因為平民護民官不負責的行為；提庇留．格拉古令人生畏，他弟弟也好不到哪裡去；薩圖爾尼努斯是一場夢魘，德魯蘇斯也是，他一手策動了義大利叛亂。在共和時代晚期，護民官做過的唯一一件對的事，就是提案賦予龐培廣大的指揮權。李維不需要翻閱檔案。就能看到護民官脫序的演出。他似乎和西塞羅一樣，對格拉古的計畫認知錯誤；西塞羅認為格拉古的計畫是一場災難，其議程違反與義大利人達成的協議。

西塞羅普遍重新成為風尚。塞內卡複製了對提庇留．格拉古這個人的各種討論（其中只有波利奧強調負面觀點），並提到他自己的老師塞斯蒂烏斯．庇烏斯（Cestius Pius）說過，倘若凱撒和龐培肯聽西塞羅的話，就不會發生內戰了。有個故事說，奧古斯都有次發現他的孫子想把西塞羅的著作藏起來不給他看，於是他對這位年輕人保證西塞羅一直都是了不起的羅馬人。畢竟，西塞羅遭暗殺全都是安東尼的錯。這一點李維非常清楚——他的西塞羅是有缺點，但衡量他的過失與他的品德，他仍算得上是了不起且值得懷念的人，也唯有西塞羅有資格來讚美自己本人（Seneca, *Advisory Rhetorical Exercises* 6.22）。

李維寫入羅馬早年史的那些賞心悅目的想像故事，之所以能保存迄今，是因為它們深受西元四世紀元老們的青睞，現存的手抄本就是來自這些元老所編纂的版本。護民官和類似官員對他們來說則毫無興趣，他們想要的是關於國王和征服者絕妙好看的故事，不要共和國晚期那些權謀鬥爭的詳細記載，但這些對李維卻是重點。李維筆下的龐培支持守本分的護民官，這些人是現在奧古斯都時期的理想人才，因為現在奧古斯都有個地位，李維稱之為statio，便是恰如其份執行護民官的權力。

李維在鋪陳他「從羅馬建城起」的故事時，受益於由瓦羅計算出來、奧古斯都主張的建城日期。羅馬史不單純是一連串充滿啟發性的故事，同時也必須將羅馬的經歷放入意義非凡更廣泛對過去的記載中。為了做到這點，和其他條目一致的條目就能編寫出來。在龐培在世時便已經這麼做。根據四年一次的奧林匹亞週期（Olympiads）把執政官名單和希臘日曆系統做了統一的第一人，是羅得島的卡斯托耳（Castor of Rhodes）。接著羅馬人接手挑戰，包括科內留斯．奈波斯（Cornelius Nepos），亦即傑出詩人卡圖盧斯的好友。他統一了執政官名單和奧林匹亞週期後，也就同步了早期羅馬史大事紀和希臘史大事紀的紀年方式。

這項任務再由西塞羅的傑出好友赫羅狄斯・阿提庫斯（Herodes Atticus）接手，他寫了自己的世界編年史。和卡斯托耳一樣，奈波斯和阿提庫斯的編年史都未能留存至今，可是我們可以從狄奧多羅斯的作品窺知其貌；狄奧多羅斯的《歷史叢書》留給我們第一次布匿戰爭、西元前二世紀西西里島叛亂，以及同盟戰爭爆發的寶貴重要資訊。他還針對埃及尊崇貓和凱撒神化的議題做了評論。

對奧古斯都而言，編訂名單很重要，他要求要列出一份有史以來最偉大羅馬人的名單，好將他們的形貌放在巨大的「復仇者」瑪爾斯神廟建造中的柱廊上（這座神廟在維納斯神廟北面正在興建中的新廣場上）。這些羅馬人肖像展示品上會鐫刻每個人對國家的貢獻。另一個柱廊將放著他自己家族成員，包括羅穆盧斯和埃涅阿斯，亦即傳說中尤利烏斯氏族的始祖。這兩個柱廊將一起成為大眾記憶和社區歷

圖18　雄偉的「復仇者」瑪爾斯神廟在西元前二年竣工，是奧古斯都新建廣場的焦點。

史中的羅馬英雄。所有這些歷史上的英雄或許都是尤利烏斯氏族的化身。

元老院表決通過在舊的廣場上豎立一個凱旋門，向亞克興之勝致敬，並加以擴建，紀念戰勝帕提亞王國，現在將在這裡鐫刻所有曾舉行過凱旋式的羅馬人名字，從羅穆盧斯開始。這些名字還包括那些被他們打敗的人名，依據瓦羅紀年系統（Varronian dating system），從羅馬建城開始計年。奧古斯都同時也要將執政官名單鐫刻在雷吉亞的牆上，其目的同樣是要將羅馬的偉大作為社區整體成就的紀錄加以編訂。

廣場裡的碑文掀起義大利其他地區的跟風流行，逐漸出現了「大事記」（fasti），將羅馬的年代與歷史帶進城市環境的核心，有時還會僱用傑出知識分子來做這些事，譬如羅馬古文物專家維里烏斯・弗拉庫斯（Verrius Flaccus）。這些展示經常由大事記組成，說明一些重大的日期，並留下空間以便更新。重要的人物開始張貼文本，羅列出他們的職位，其做法正是受到奧古斯都英雄畫廊裡頭這些文本的影響。

*

對年表的濃厚興趣只不過是奧古斯都對測量的那種新衝動的一項。在接下來數十年間，羅馬政府的逐步轉型並非是經過蓄意為之的政策所致，雖然有一些改革，比方說，軍團參謀長（praefectus fabrum）原來由元老擔任，改由騎士階級擔任，當然這是經過深思熟慮的。在面臨要不要開創新制度和措施問題時，奧古斯都往往傾向勇往直前。

亞克興戰役結束後十五年間，奧古斯都兩大顯著改革是在各行省建立長期服役的職業常備軍，以及實施相當一致的賦稅制度。現在，不再依據羅馬包稅公司出價最優的行省稅，而是改為依據定期舉行的詳盡行省人口普查來徵稅。徵收的金額因行省而異，根據當地習俗調整，但國家可以準確預測收入和支出，即使它仍經常依賴奧古斯都的私人財富來補貼。福音傳道者路加（Luke）曾寫道，拿撒勒人耶穌誕生之際，正值居里扭（Cyrenius）擔任敘利亞行省總督，奧古斯都頒布了一項法令，規定全世界都應該徵稅，他是在反映行省對羅馬政府的觀點。路加所指的居里扭實際上是普比留斯．蘇皮西烏斯．奎利紐斯（Publius Sulpicius Quirinius），他是如今稱之為西元六年的敘利亞行省總督，曾在總督任內舉辦過一次行省人口普查。

軍隊轉型也沒比稅制改革更為突然。不過，西元前一三年時，奧古斯都可能遭遇不尋常的麻煩，那就是亞克興戰役結束後立刻招募的人員該屆齡退役，但卻發現難以找到新的土地來安置他們。軍隊基層人員的新陳代謝給了奧古斯都在諮詢過元老院後，一次改

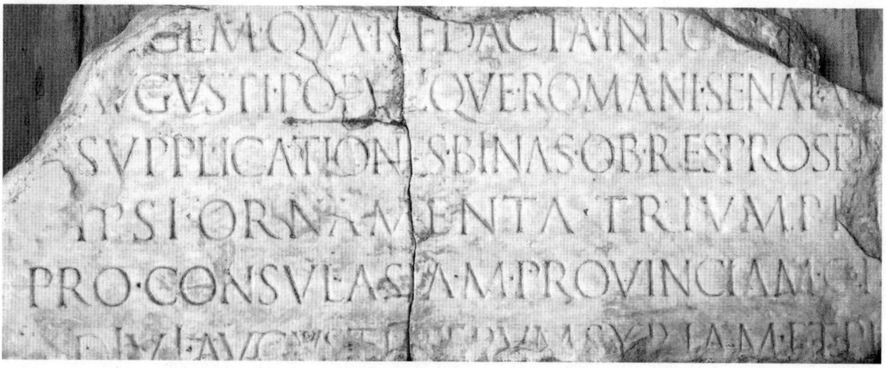

圖19　人們一度相信，蒂沃利發現的這塊碑文上所致敬的人是奎利紐斯，文中最後一行「第二次作為神聖的奧古斯都的延任法務官職等代表，他取得敘利亞行省與腓尼基」，被誤譯為他曾任敘利亞總督兩次，這是保存福音書耶穌誕生完整記載的唯一方法，在福音書裡將奎利紐斯和希律王結合成一人。

革新兵服役條件的機會：他們被告知在完成十六年的軍旅生涯後，可望領到一大筆現金軍餉，而不是早年給的土地。奧古斯都在此前一年裡，花費許多個人財富來尋找土地，安頓老兵。他或許也採行一項新規定，禁止現役軍人結婚，但這項規定大體上遭到漠視，可是卻形成一種意識形態上的聲明，那就是軍團裡的羅馬公民應與他們長期服役時所居住的行省人民，保持距離。

新軍剛成立，便啟動新戰役來討伐頑固保持獨立的高盧和阿爾卑斯山一些部落。隨著西元前一六年出征日耳曼失利並失去一支軍旗後，羅馬沿著萊茵河攻打高盧，這場戰役非常需要奧古斯都現身，在後面保持安全距離來支持行動。阿爾卑斯山戰役的指揮權被指派給提庇留和其弟德魯蘇斯，以展示他們有備而來，萬一奧古斯都或阿格里帕有什麼三長兩短。

萊茵河沿岸的軍事行動出師大捷，阿爾卑斯山戰役亦然。在羅馬的宣傳也成功塑造一個正面形象。在國內戰線方面，雷比達死期姍姍來遲，這讓奧古斯都得以舉行大選，選出他自己為「大祭司」（pontifex maximus）。奧古斯都後來說，龐大的群眾從義大利各地來投票選他出任這項職位。為了紀念這件事情，他在靠近他位於戰神廣場的家族墓園附近興建一座新的和平祭壇。今日訪客仍然可以見到裝飾這祭壇的那列遊行隊伍，令人想起他擔任神職的情景。

可是一切卻開始走樣。阿格里帕在西元前一二年過世。奧古斯都在他葬禮上的演說，有一部分還流傳下來，內容強調阿格里帕扮演夥伴的重要性：

> 在倫圖魯斯家族（Lentuli）擔任執政官期間，被賦予護民官權力，任期五年，又在提庇留・尼祿和你的女婿昆克蒂利烏斯・瓦盧斯執政官任期內連任五年，並且假如羅馬人民的事物

召喚你進入任何一省，法律保障在那些行省裡無人權勢大過你。（*GC* n. 294）

在這裡，阿格里帕似乎成了另一個奧古斯都，因此他的遺體葬在奧古斯都家族墓園內也算適得其所，也在墓裡與奧古斯都姊姊、安東尼遺孀屋大薇亞短暫重聚。三年後，德魯蘇斯也會在此安息。有一篇弔唁莉維亞喪子長詩記錄了近年來的悲傷：

> 我們見他（奧古斯都）哀悼其姊子嗣，痛心疾首；那悲傷，如德魯蘇斯這樣的情況下，是公開的。他把阿格里帕放在你的墳墓裡，馬可盧斯，在已保存他兩位半子的墓穴裡，墓穴的門幾乎還沒關上，阿格里帕就安息了，然後，看哪！他的姊姊在接受臨終的儀式。不料！已經舉行了三次儀式，現在，最新的葬禮，德魯蘇斯是讓偉大的凱撒落淚的第四次儀式。（Ovid, *Consolation for Livia* 65–72）

雖然德魯蘇斯的死是一場家庭悲劇，但他的成就是在傳統脈絡中取得的，因為我們被告知，他的祖先會接納他，妝點著執政官榮耀和帶著日耳曼人那裡贏來的軍旗。

德魯蘇斯果真是一名能幹的戰士，西元前一二至九年出征，在萊茵河與易北河之間的西日耳曼打下新行省的根基時征戰並不平順，有幾次當地部落在行軍途中伏擊他；還有一年，德魯蘇斯歷經艱苦率領艦隊返家。同一時間，提庇留出征南日耳曼和巴爾幹半島，領兵從亞得里亞海北上多瑙河，進入潘諾尼亞（Pannonia，現在匈牙利南部）。在東方，帕提亞王國國王弗拉特斯因為擔心身處政治暴力家族中的前景堪憂，將四個兒子都送到羅馬養育，以策安全。

提庇留很難相處，不如他的弟弟受歡迎，儘管兩人都在他們的職位上表現能幹。哀悼德魯蘇斯的詩作裡提到，提庇留很謹慎控制面部表情，這一點成了問題，因為他努力在大庭廣眾下表現得完全無動於衷，被當作是習慣欺騙的跡象。不過提庇留是最年長的，而且在奧古斯都的計畫裡，是最有資格的繼承人。

那麼，奧古斯都現在是什麼？除了是天下最重要的人以外，他的角色仍沒有清楚的界定。他談到他的「地位」（statio），可是這仍是一連串需要更新延長的臨時地位。正如阿格里帕的例子一樣，要成為像奧古斯都這樣，就是持有類似的職位：想要建構一份理想的履歷，創造像奧古斯都這樣的一個職位，得從傳統官職著手。前述詩作裡已經充分說明，即使眾神和凡人齊聚哀悼其子之死，莉維亞據說也應該非常開心她的兒子曾擔任執政官，而且兩個兒子都在帝國疆界之外奮戰，證明自己的價值。

隨著德魯蘇斯過世，繼位工作又再度進行起來，有鑑於這個家族的傷亡率，必須要替這個角色多預備幾個繼承人。提庇留雖然備受提攜，還在西元前八年被送回去萊茵河，卻不是唯一檯面上的人物，而且他經常不在國內，也留給家族更年輕的成員贏得大眾注意的機會。

就提庇留而言，有個問題是他與大尤莉亞的關係，事實上他們討厭彼此；奧古斯都在阿格里帕去世時強迫提庇留娶大尤莉亞（先強迫他和真正所愛的阿格里帕女兒離婚）。大尤莉亞和阿格里帕所生的兩個較年長的兒子，蓋烏斯和盧基烏斯，都逐漸長大，蓋烏斯會在一些公開場合裡取代缺席的提庇留。西元前六年，蓋烏斯在公眾一片愛戴中，先行當選西元前一年的執政官。奧古斯都抱怨他太過年輕，公開擔心所有這些關注會影響他對年輕人所期望該有的謙遜。提庇留不笨，他看得出來大尤莉亞的孩子、奧古斯都親生的後代，正在被培養成領袖接班人。拔尖之處可有位置能容得下三個人？三巨頭很快就會失去他們的第三個成員。

行動在哪裡，羅馬就在哪裡。提庇留繼續被徵召出征，先是去多瑙河，接著在西元前六年，因為動盪威脅到羅馬的影響，所以被派去亞美尼亞。雖然提庇留被授予護民官權力，但他決定他已經受夠了。他拒絕去做奧古斯都叫他做的事。他引退到羅得島，希望在那裡過著私密的公民生活。

提庇留的離去給奧古斯都造成麻煩：羅馬必須繼續興戰，但蓋烏斯太年輕，無法統率大軍。元老院裡有資深成員，能隨時接下這個機會為國出征贏取戰功。若果如此，奧古斯都又何足輕重呢？他痛苦地意識到，他如今已六十開外，不再年輕。他對繼承權的看法是否有點盲目？有沒有其他人可能挺身而出？關鍵是蓋烏斯逮到機會證明自己。他甚至在西元前一年就任執政官之前，前往東方處理亞美尼亞的狀況。同時，在縝密籌謀的政治舞台上，在元老院的表揚下，奧古斯都含淚接受羅馬人民給予他「國父」頭銜。西塞羅曾因鎮壓喀提林謀反，被議院詔令尊為國父。很諷刺的是，就連奧古斯都本人也突然捲入了爭議和陰謀。

在蓋烏斯大張旗鼓離城而去，旋即他的母親大尤莉亞就被逮捕流放。她被指控違反其父的通姦法，與各色羅馬中年精英人士有染，包括伊盧斯．安東尼烏斯（Iullus Antonius），此公是安東尼和屋大薇亞的兒子，數年前曾任執政官。伊盧斯自殺身亡。大尤莉亞被放逐到遠在義大利西海岸的潘達特利亞島（Pandateria）。奧古斯都倍感羞辱。

屋漏偏逢連夜雨。奧古斯都的養子盧基烏斯被調派到西班牙，西元二年在馬賽離世。但蓋烏斯仍留在東方，他受益於帕提亞王國改朝換代，此時弗拉特斯四世的兒子發動政變篡位，史稱弗拉特斯五世。即使蓋烏斯因為與弗拉特斯國王在幼發拉底河畔談判成功，榮耀加身，但如今羅馬的帝位繼承問題岌岌可危，除非提庇留從羅得島返鄉。提庇留被正式傳喚，或許是他在羅馬的友人強迫奧古斯都出手，因為奧古斯都見到他時，似乎並未流露欣喜之情。他被要求不可公開露面，他也照辦，直到蓋烏斯因病暴斃的死訊傳來，那是西元四年二月二十一日。

比薩市區有碑文記載著蓋烏斯的光榮事蹟，反映出蓋烏斯在當時給人的印象，以及權力的表達在前人世代的傳統中如何根深柢固。就像阿格里帕和德魯蘇斯一樣，他可被視為是有點遵循龐培傳統的超級行政長官：

> 自四月二日消息傳來，蓋烏斯．凱撒，奧古斯都之子，國家之父，大祭司，羅馬帝國與舉世的守護人，神之孫，在卸下善盡職守的執政官之後，在羅馬人民的最遙遠邊境興戰，征服並令人信服地接收最好戰且強勢的國家，納入羅馬人的誠信之中；他代表國家受了傷，被殘酷的命運把他從羅馬人民強行奪走，身為被指定的「第一少年」（princeps），他的品德最為公正，也最像他的父親。（*ILS*140:7-12）

唯在此時，當提庇留從國內流放中現身，奧古斯都才得以在這名年輕人的協助下，開始相信變化是無可避免的。政府必須少一點個人色彩，多一些官僚。正如李維重新想像過去，現在應該已經結束了內戰時代的歷史寫作，所以奧古斯都也開始想像一個新的未來。

第二十六章　脫序和官僚主義

西元六年是以「誕生」而值得注意的一年。其中一件事是在巴勒斯坦，拿撒勒人耶穌降生。耶穌的出生日期被誤植在蓋烏斯・凱撒與盧基烏斯・埃米利烏斯・保盧斯執政官任內（我們的西元前一年），其實應該是西元六年，奎利紐斯在敘利亞舉行人口普查的那一年，《路加福音》記載了耶穌誕生報戶口。之所以有這次人口普查，是因為奎利紐斯將駕崩於西元前四年的前希律王的一部分國土，降格為敘利亞行省的屬地，由騎士階級官員或地方財務長官（prefect）治理。之所以做出這樣的決定，是因為希律王有個行徑驚世駭俗的兒子阿基勞斯，他讓國民大失所望，國民要求奧古斯都代表他們來介入干預。奧古斯都把他放逐到隆河河谷的維埃納（Vienne）。

另一個降生是象徵性的，發生在羅馬，奧古斯都制訂了可保羅馬城和帝國長治久安的必要行政制度。這些包括為羅馬設置常備的警力與消防部門，以及保障將士退休金的新方法，如今被認為是永久駐紮在各大行省、長期駐軍的穩定服役條件。在次年或兩年內，還將實施確保羅馬糧食供應並無缺的措施。這三項制度在西元四世紀全都依然運作無礙。

官僚主義是脫序反常的解藥。這是可能枯燥無趣，但在執行力效率不彰時，甚至可以開創、能夠運作的系統。一個官僚的（相對於政治的）元老院，可以達成經營帝國的責任，是在西元一九年開始發展。奧古斯都治國大計的重要特色是：元老必須定期出勤辦公，行政長官之間的任務量必須增加，元老每六個月輪流組成一個特殊的諮詢委員會，應該要引進改革選舉程序與任官標準（主要是與個人行為和財產普查資格有關）進行。

這些改革有的是針對解決難題而來，比方說大家不願意出任市政官，因為這個職位需要贊助所費不貲的競技賽，但是這些不再對促成他們的政治前途有價值，或者不願意出任平民護民官，這個職位已經失去社會地位，因為積極的護民官常因過往問題被責怪。其他的改革，特別是那些攸關選舉的事，應該是由於潛在的收益減少了，而降低選舉程序的風險。某人仍可能是執政官，不過沒有人敢想像他自己擁有與奧古斯都和其家族成員同等的地位。同時，由於擔任國家傳統的官職決定了一個尊貴的生涯，使得那些炙手可熱的官位變得很重要。確實，出任公職來為國服務本身必須變成身分地位的表徵。每當出現問題時，開出新的員額是行政管理體系內定的機制，而之所以設計出勤、個人行為和執政官資格這些規定，是為了強化整個階層的尊嚴。

奧古斯都的諮詢委員會可能是成立於西元前一八年，當時他打算更常定期住在羅馬城內，而且他正在處理他第二次淨化元老院所產生的後果。這個委員會的首要功能除了給行政長官機會去了解奧古斯都外（反之亦然），就是起草法案。而如今看似有些元老院建議案（senatus consulta，泰半針對行政議題）是具立法效力的。百人團大會通過立法給予重大政治任命的慣例，仍被保留（正是透過這個程序來授予奧古斯都及其家族成員指揮權），但百人團大會同時也處理管轄婚姻之類的法令。

至於其他議題，比方說貪腐和一些公共道德問題，譬如說元老院和騎士階級的男男女女是否能像角鬥士那樣格鬥，又或者在舞台擔當演員——元老院建議案對此擁有法律（lex）權威。西元八年，奧古斯都在元老院規定，國家可以強制出售可能被主人被虐待，而擁有不利主人證據的奴隸。這個規定是早年干預家庭事務的延伸，奧古斯都早已准許奴隸可在通姦案裡作證舉發僱主，並可以揭發涉及糧食供應的罪行。西元前四年，奧古斯都就已大力宣揚他的委員會建立了一個審理勒索案的新程序，會對省民更加公平。並且在西元一三年，他的委員會被授予立法權，因為如今他已難以出席元老院院會。

西元前二八至二七年間，恢復「自由」選舉儼然象徵著恢復共和體制。奧古斯都認為，選舉代表政治秩序的穩定，以及眾神對羅馬國家的友好情誼，因此很重要的是，選舉必須井然有序有包容性。為此，阿格里帕在戰神廣場上修築了一些精緻的新投票亭，而且奧古斯都給整個義大利劃分公務員的責任區，讓他們送去選票。後面這個措施應該早就存在了，因為「整個義大利」早就宣示效忠，而且奧古斯都還說過，「要求他出任戰爭統帥」討伐安東尼。此外，這也是選舉與奧古斯都「權位」之間關係的象徵，西元五年通過立法，增加十個有投票權的新百人團到第一人口普查階級，以向蓋烏斯和盧基烏斯．凱撒致敬。

多虧有一塊碑文銘記了這些新規定，我們才得以窺見奧古斯都時代的典禮世界：據說，在元老與騎士必須現身投票當日，主事的官員，與坐在他兩側的法務官和平民護民官，將擺出十個大型柳條籃子：

為了讓選票能放入其中，他命令在籃子側面，盡可能放入他所認為必須數量的蠟片。並且他需小心翼翼，要將寫著候選人姓名的白板，放在最易閱讀之處，然後，在所有官員和即將投票的選民注視下，坐在長凳上……（RS 37-8: 19-22）

接著官員下令將三十三顆球，每顆各代表一個部落（沒有元老或騎士階級註冊登記的兩個除外）放入一個旋轉的甕中：

然後宣布配額，決議哪些元老和哪些騎士應該投票，並且應該投進哪個籃子。（RS 37-8: 24）

這個道理是，將上層階級隨機分配給第一輪投票的百人團將會最先投票，如此一來，可以顯示眾神偏愛誰——既然眾神如此密切參與，就要盡量減少任何操弄結果的機會。對奧古斯都來說很重要的是，貪腐仍然被視為潛在問題，所以才能完善加以防範，即使投票結果很少被人質疑。奧古斯都逐漸被賦予了權利，得以「提名」自己偏愛的執政官以及多數法務官候選人，甚至能夠「推薦」一些人而不會招致異議。他不會提名偏愛的候選人競選所有的法務官員額，但最終這麼做會帶來壓力，因為大家都想要這樣的保證：假如他們參選，他們必贏。

儘管奧古斯都認為取得官職任命很重要，但是找到人填補那些職位卻愈來愈是問題。財產普查的資格條件（二十五萬第納里烏斯銀錢的財產），似乎是一個真正非常高的門檻。西元前一三年，出馬競選護民官的候選人不足，只好批准年齡未達最低要求（大約在此時是三十歲左右）、但曾任財務官的一些人來參選。奧古斯都還強迫一些擁有財產普查資格的騎士出任元老。不過這並非受人歡迎之舉，因此，次年遇到候選人太少的問題時，奧古斯都批准具有財產普查資格評等的騎士晉升為護民官，毋須先成為財務官。

倘若一個人追求的是閒適的人生，那麼成為元老是拖累，因為如今有太多新的職位——管理國庫、道路檢查和其他公職；所以如果元老希望更上一層樓，就要自告奮勇。可是，即使滿懷萬丈雄心，在每年定期任命兩組執政官的情況下，大多數元老仍不會超出法務官的級別。（「常規執政官」會在每年開春就職，並以其姓名來紀年，「補任執政官」從每年的七月開始任期。每年僅有四個執政官空缺，或者更少，假如奧古斯都或其家族某成員想要這個職位的話，而通常會有十六個法務官的缺額。）確實，有些法務官卸任之後的事業擴展的很好，有個原因是很難找到人認為在那職位之後，再繼續政治生涯有什麼意義，這使得有更多的行政職位變得難以填補。同時，相關事項還有西元前一三年，奧古斯都曾經縮減了晉升元老前的職位，這些職位通常是由有志於元老工作的年輕人擔任，員額從共和國時期的二十六個降到二十個。西元五年，他讓該年的執政官公布一份「注記」，將西元前一八年與他婚姻法同時施行的財務官三十歲、法務官三十五歲的年齡下限規定，修改成各為二十五歲和三十歲。

＊

和元老院的改革一樣，羅馬城的治理也在進行當中。西元六年的兩大進展終於進行到實驗階段的尾聲。消防工作始終是個問題。在上一世代這多半算是私人事業，如我們在本書前述所見（凱撒的同夥克拉蘇利用私人消防隊中飽私囊，以跳樓大拍賣的價格來增加自己的物業，而變得更惡名昭彰）。西元前二六年，奧古斯都下令市政官接管消防事務（但沒有額外資金）。四年後，他調派六百名公奴去效力，但結果也不盡人意。西元前七年，他分成了十四區，並將消防工作轉交給當地官員，但還是不行，這時他召集三千五百人成立了七個「警消區隊」（cohorts of vigiles），每個區隊負責保護兩個區，讓它們聽命於直屬宮廷的「警消總監」（praefectus vigilum）。這是西元六年的一項重大改革。

食物是另一大問題。西元前一八年時，奧古斯都將西元前二二年以來直屬他轄下的糧食供應監督權（annona），委託給四位前任法務官。久而久之，這套制度似乎失靈，所以在西元六年，他又指派兩位執政官負責此事，一年之後又移交給一名騎士長官，職稱為糧食供應官（praefectus annonae）。糧食供應官和警消總監加上埃及的騎士總督和禁衛軍統領（praefecti praetorio，通常是兩名），全都任由奧古斯都差遣，是國家的騎士高階官員。即使這個團體的產生，是對早年失敗所做出的逐步改善，而非某個主要計畫的一環，但它無論如何都是一次激烈的改革。羅馬史上前面的七百年裡從未有過如此重要的騎士高官。

羅馬城內的主要騎士官職都和宮廷有關，宮廷裡的官僚機構不斷發展，大範圍擴張。奧古斯都不僅需要管理那些在他工作內容中愈來愈重要的表演（這些都需要有一群職員處理），還要確保他的資產所需設備都要符合標準，賓客大駕光臨時餐桌上有美食，為他效勞的部屬衣著得體。雖然他的員工多半都是奴隸，但他堅持有些基礎的事務，家庭成員也要共同分攤。比方說，他希望家庭主婦能撥空紡織。此外，還有一大群人負責他的通信事宜，主要是「拉丁文書信」和「希臘文書信」

祕書，這些人經常要草擬回信，讓奧古斯都批示。由於很多事都牽涉到法律，所以他還僱用一批法務人員。早在前面好幾代，法學早已變成一門愈來愈重要的知識學科，這使得法學專業人士，通常是騎士階級，有時是元老，受僱於宮廷。

宮廷組織延伸之廣，遍及各大行省，奧古斯都在那些地方都坐擁龐大的資產，而他的財務管理人有如國家代表人，扮演行政管理角色，同時也是奧古斯都的個人代理。西元前一五年左右的一份有趣文件透露社區、宮廷、奧古斯都的一名地方代表、亞細亞行省的一名地方財務官（procurator），還有總督（他身為延任執政官，並非由奧古斯都直接任命），這些人之間的彼此互動。這位總督如此寫道：

> 延任執政官蓋烏斯．諾巴納斯．弗拉庫斯向官員、市議會和埃扎諾伊公民問好。閣下信使墨涅克勒斯、伊厄拉斯和芝諾，遞交本人奧古斯都．凱撒的書信，信中寫道，地方財務官奧菲留斯．奧爾納圖斯特許閣下們舉行一場會議，討論祭司因獻祭典禮，應給予免稅，但他並未批准本城提供其他的開銷。本人由衷希望能增進貴城享有的利益，根據凱撒授權為憑，批准……
>
> （*AE* 2011 n.1303）

總督弗拉庫斯在這裡行禮如儀，掩蓋了一個事實，那就是埃扎諾伊的人民背著他，透過地方財務官想向奧古斯都本人取得許可，給他們的一個同胞公民爭取免稅待遇。他們同時也希望，這名祭司能被給予一些進一步的特權。奧爾納圖斯因察覺其中有詐，懷疑有個富人打算以詭計從他的公署裡得到更多好處，故而限制該城對應免稅一事的回應。流傳下來的文本提到，奧古斯都似乎對增益好處抱持開放態度，但文本在總督看來似乎要否決地方財務官的地方突然中斷。這份文本透露的訊息是，皇帝已經透過地方財務官員建立起一個網絡，在全國境內平行運作。而且，總督若想否決地方財務官，只要指出事實，說明他正在實踐奧古斯都早年統治時的精神即可。

奧古斯都在整個帝國各處都有金融利益，可是他的資源並非永無止境，而且隨著軍隊的擴編（高達二十八個軍團），他必須將開銷從他自己的預算中，轉移到國庫去。因此，他在西元六年成立了一個國庫，用來支付士兵的退休金。西元前一三年亞克興海戰結束後龐大的解除動員，造成退休金只能以現金計算支付，不過在西元二年（另一大退休潮年）奧古斯都曾經現金短缺。結果，他下令因「緊急」狀況，人員得再服役四年。但如今他們又屆退役領退休金，軍人公然暴動，因此奧古斯都給了一筆一次性捐贈，成立一個新國庫，從此往後以稅收來支應。他要求元老院估算一個金額，但負責付錢的元老們說不出個數字。奧古斯都只好算出百分之五的遺產稅，並成立一個由前法務官組成的三人委員會來監督徵收事宜。另外也調整服役期限，從此軍團的標準役期是二十年，禁衛軍是十六年，禁衛軍也會領到比他們在前線服役的同袍更多的錢財。

這套法律的理論基礎是富人應為政府服務支付費用，而非從政府收取費用——這構成了對內戰前財政—軍事狀態的根本性轉變。

就在離世前不久，奧古斯都提出建言，認為帝國要維持在國境之內，東以幼發拉底河為界，中歐以多瑙河為界，西以萊茵河與易北河為界。我們不知道他在何時決定了這些疆界，不過這些疆界無疑是在西元六年之前就確立了，當時正是提庇留前往巴爾幹半島加緊掃蕩突然的民亂。羅馬還在萊茵河以北建了新城，三個招募的新軍團駐防在易北河附近一處基地。德魯蘇斯確認這些部隊能夠從萊因河口乘船直達日耳曼中部。

戰略由羅馬決定，可是決定過程要經過奧古斯都與部屬大量溝通。正是從這段時期裡突然遽增的文書檔案，我們可以窺見這個過程如何完成：行省各集團的文件資料，一成不變都是反映羅馬統治的資料來源，而這些行省集團也正在產出愈來愈廣泛的紀錄，在不易腐壞的物質上，寫下他們與中央政府之間的交涉。有兩樣東西特別能展現訊息來來回回傳遞的這麼一個機制。第一個是西元前一五年與某西班牙部落的協議記載，第二個是西元前六年亞細亞行省的克尼多斯流傳下來的碑文，第一道如是說：

> 「凱旋將軍」凱撒，神之子，奧古斯都，在握有護民官權力八年和延任執政官，說：我已從執掌特蘭斯杜斯特里亞納行省（Transduriana）我的軍團司令處得知，在其他屬國都叛逃時，唯有蘇薩里人（Susarri）的佩梅奧布里賈格斯堡（castellani Paemeiobrigenses）恪盡職守。因此，我給予他們全體永久豁免權，並下令他們得以擁有當我的軍團司令盧基烏斯·塞斯蒂烏斯·奎里納利斯任內，那些他們在界線內所持有的土地，毫無疑義。
>
> 在蘇薩里人的佩梅奧布里賈格斯堡這裡，亦即先前我給予一切豁免之處，我在他們的土地上劃入艾奧布里吉亞奇尼堡（castellani Aiiobrigiaecini），並命令艾奧布里吉亞奇尼堡對蘇薩里人執行一切義務。（*AE* 2000 n.760）

在西班牙北部的特蘭斯杜斯特里亞納行省是個短命的政體，那裡顯然有叛亂，但當地部落蘇薩里人的一個分支卻未參與。總督，亦即奧古斯都的軍團司令，曾決議要獎賞佩梅奧布里貢格斯堡的忠誠，授予特權，並且調整這個區域的疆界，劃入一個新的分支部落，使其向蘇薩里人進貢——我們大可假設，多半是指賦稅。雖然這件事看起來是奧古斯都的決議，卻是具備當地必要知識的總督們做出的安排，看似是奎里納利斯或他的繼任者（或者兩者皆是）決定該做什麼，並取得奧古斯都批准。佩梅奧布里貢格斯堡對發生的事情倍感欣喜，在這塊青銅碑上記載了這個決議，流傳至今。

作為一種政府的手段，這個程序可以在凱撒征服高盧的記載裡觀察得到，因為他在北義大利度過數個寒冬，而把軍隊留給他的軍團司令。西元前五四年，他曾經對他的軍團司令薩比努斯（Sabinus）和科塔（Cotta）失望透頂，他覺得對方應該要寫信給他，聽取他對來自軍營威脅的建議（在他們即將拔營離開時，他們的人馬遭到屠殺）。但另一方面他卻稱讚他的軍團司令昆圖斯．西塞羅（Quintus Cicero）留守當地，並讓他了解狀況。凱撒暗示，他的軍團司令應該知道他的回應會是什麼。在這個例子裡，同樣地，假如這些軍團司令不認為奧古斯都會批准，他們就不可能做出這些舉措。的確，很可能他們離開羅馬之前，就已經得到一般性的「指示」（mandata），將政策提綱挈領，還包括如何運用這些指示。而且非常有可能在交待指示之前，奧古斯都曾諮詢他人，這些人對出問題的區域具備直接的了解。像在一封給提庇留的信中，奧古斯都提到和西里烏斯．涅爾瓦（Silius Nerva）、馬庫斯．維尼修斯擲骰子一事，這兩人是前執政官，近期曾在巴爾幹出任統帥。

和埃扎諾伊城一樣，在克尼多斯的情形裡，主事者繞過總督直達奧古斯都。奧古斯都在做決策的時候，同時根據來自地方的資訊和他覺得政府應該會採取的基本原則來行事。他寫道：

閣下的使節們，大狄奧尼修斯與其子小狄奧尼修斯到羅馬見我，給我這份決議，指控安那克桑德里達斯之子歐布洛斯（已故）與其妻薩芙拉，現在在此，殺害克律西波斯之子歐布洛斯（同名）。我下令吾友阿西尼烏斯．伽盧斯審問那些在酷刑下參與此案的家奴，得知克律西波斯之子腓里努斯接連三晚以武力強攻歐布洛斯和薩芙拉的宅邸，將其團團包圍。第三天，腓里努斯帶著他的兄弟歐布洛斯前來，宅邸的主人歐布洛斯和薩芙拉既沒有跟腓里努斯談判，也沒有築起路障，就待在府中免於遭受襲擊安然無恙。後來屋主歐布洛斯指派了一名家奴，不像人們出於合理的憤怒去殺死他們，而是要把他們趕走。家奴把府裡的穢物潑灑在他們身上。被挑中擔當此事的奴隸不論故意或非故意（他堅決否認故意）都潑出了穢物，而歐布洛斯就倒在了壺下，他若相比他兄弟能保住一命，那就來得公道些。我已將審訊紀錄送去給閣下。（GC n. 6）

儘管埃扎諾伊城文件比這一份文件早數年，但我們也應該不至於感到驚訝，奧古斯都說他「下令」元老院總督阿西尼烏斯．伽盧斯（Asinius Gallus，波利奧的兒子）負責調查工作。奧古斯都愈來愈清楚這個案件，因為受害人逃到了羅馬投訴他們所受到的待遇，看起來自克尼多斯的首位使節之所以會出現，是因為奧古斯都要求告知所言是否屬實。奧古斯都認定他的工作是保衛「所有人的共同安全」，因此他對於所發生的事和挑釁者尚未被起訴，倍感震驚。

這個程序之所以對於治理行省如此重要，原因之一要弄清楚是誰該為西元九年的災難負責。那時有一大批軍隊由提庇留率領，正要完成奪回陷入動亂的巴爾幹土地，並加以重整。在同一時間，日耳曼的總督昆克蒂利烏斯．瓦盧斯（Quinctilius Varus，阿格里帕的女婿，與皇室非常親近）收到警告，說在他位於現代德國中西部明登（Minden）附近的軍營，和靠近現代荷蘭奈梅亨（Nijmegen）與德國贊滕（Xanten）的萊茵河駐軍城鎮之間，有一場叛變蠢蠢欲動。雖然他是一名身經百戰的軍官，曾經成功治理過敘利亞，但他仍必須徵詢奧古斯都意見，才能決定那一年秋季要率領三個軍團撤退到萊茵河。

不過，瓦盧斯離開基地一路行軍，就踏進了尤利烏斯·阿米尼烏斯（Julius Arminius）設下的圈套。阿米尼烏斯是日耳曼當地一個重要部落切魯西人（Cherusci）的首領，他曾因服役於早年的軍旅，而取得羅馬公民身分。

戰役持續好幾日，最後瓦盧斯

圖20　一九八七年，一名英國陸軍軍官托尼·克倫少校（Major Tony Clunn）在靠近德國奧斯納布魯克（Osnabruck）以金屬探測器，發掘出大批錢幣，鑑定結果此處正是瓦盧斯軍團遭殲滅的地方。圖中央地帶是戰場防禦工事的重建景象，日耳曼人就是從這些防禦工事向羅馬人發動攻擊。

的軍隊被徹底擊潰。奧古斯都接獲戰報時，據說在宮廷裡踱步吶喊：「瓦盧斯，還我軍團來！」（Suetonius, *Life of Augustus* 23）將敗戰的責任推到將軍的肩上。羅馬城裡的其他人都接受他的看法，而且公開羞辱了瓦盧斯的兒子。可是這麼做無法改變事實，因為撤回軍團是奧古斯都做的決策，否則在巴爾幹戰役之後將沒有錢養新的軍隊。提庇留被派遣率領巴爾幹的兵力挽回局勢。

儘管提庇留的巴爾幹戰役順利成功，但瓦盧斯的戰敗適逢奧古斯都也面臨困境。西元五年，民間動盪迫使奧古斯都讓他的女兒大尤莉亞重返義大利定居在雷焦（Reggio），大尤莉亞儘管在西元前二年醜聞纏身，卻依然深得民心。西元九年，奧古斯都向壓力低頭，首肯對婚姻法進行重大改革，通過《帕皮烏斯—波帕烏斯法》（*lex Papia Poppaea*），此法乃該年的兩位執政官提案送交元老院批審的。奧古斯都願意照辦，應該和前一年所發生的另一樁國內醜聞不無關係。奧古斯都的孫女，同樣名叫尤莉亞（也稱小尤莉亞，是大尤莉亞的女兒）身懷六甲，卻不是她丈夫保盧斯的種，但保盧斯拒絕承認她通姦。兩人遭到流放，而嬰兒是個男嬰，慘遭滅口，他們倖存的女兒埃米利亞被她的叔父，也就是提庇留的親戚收養，此人在那個時代的國內政壇自有一片天空。

此外有人認為，奧古斯都倖存的孫子阿格里帕・波斯杜姆斯（Agrippa Postumus）[1]，因為行為乖僻，西元六年被從皇位繼承名單除名。波斯杜姆斯曾被軟禁，現在又密謀叛變反對奧古斯都（這項控訴可能與持續爆發的動盪紛擾有關），如今被放逐到遠在那不勒斯海岸的潘達特利亞島。另外還至少有一位已知的公共秩序公敵，被放逐到黑海的托米斯（Tomis，今天羅馬尼亞的康斯坦察），

1 編按：阿格里帕跟大尤莉亞的兒子，後來也成為奧古斯都的養子。

此人是詩人奧維德（Ovid），西元一七年他終老於那裡。奧維德曾創作可觀的詩篇作品，以詩文寄情，請求允許返鄉。從他的詩作中可看出，顯然他在西元九年之後視提庇留為羅馬政壇的主導勢力，可是當他從對方那卻一無所得時，便開始轉向提庇留的姪兒兼養子日耳曼尼庫斯（Germanicus）求情，因為日耳曼尼庫斯已經從提庇留手上接管了萊茵河的統率權。

西元一三年，提庇留正式被授予如奧古斯都在所有行省相同的權力。次年夏天，如今已年屆七十六歲的奧古斯都顯示出疾病末期的症狀。莉維亞帶他到那不勒斯附近的家族別墅，並召喚提庇留到床邊。彼時提庇留正在前往巴爾幹半島途中，快馬加鞭去見他。我們不知道是否他及時趕到。關於提庇留登基一事充滿了各種謠言，不喜歡提庇留的人多到不可勝數，他們認為奧古斯都應該是想要讓波斯杜姆斯重返政壇。當羅馬政壇獨霸一方的強人不再（在奧古斯都晚年強權的象徵意味多過實際狀況），沒有人知道未來將如何是好。西元一四年八月十九日，奧古斯都駕崩於他在諾拉的別墅，就在他父親辭世時的那個臥室。

塔西陀的《年鑑》一書就是從提庇留即位開始寫起；塔西陀認為權力的成功轉移是羅馬史上一個重要的轉捩點。他是對的，可是奧古斯都可能並不完全知道他遺留下來的是什麼。奧古斯都在過世前幾年曾寫信給提庇留（此人是某種的工作狂），說萬一他和莉維亞聽說提庇留病倒，他們可能自己也難活命，「羅馬人民會在帝國最重要的方面受到震撼」（Suetonius, *Life of Tiberius* 21.7）。如此這般措辭用語透露出了，一方面奧古斯都深信他創造了獨一無二的「地位」（statio），但他不知道他已經為政體打造這樣一個穩定的架構，這個架構將持續一千八百年，承襲他「地位」的最後一位繼承人，也就是神聖羅馬帝國末代皇帝，直到一八〇六年八月六日才遜位。諷刺的是，這位末代皇帝之所以遜位，是受到拿破崙皇帝所迫，而拿破崙是從羅馬史裡獲得靈感：他的軍隊在老鷹軍旗引導下行軍；他研讀凱撒的評論；以及聲稱自己是「凱撒一族裡最優秀的」。

如今皇族成員的公開葬禮一向都是訓練有素的活動，提庇留在戰神廣場宣讀悼文後，便在廣場上火化奧古斯都。他的骨灰被奉厝在台伯河畔宏偉的陵墓，而他辭世前數個月所撰寫的功勛錄，很快就被鐫刻在兩塊青銅板，放在陵墓入口，引用對他表示敬意的法令，並羅列他的眾多功績。

葬禮結束後發生的事遠比葬禮本身更耐人尋味。有位元老發誓說他見到奧古斯都的精魄，也就是他內在的神聖火花，上升天堂與眾神同在。元老院適時投票表決要設立一項新的國家祭祀，向他致敬。緊接著院會中，提庇留發表了一則演說，宣讀奧古斯都的遺囑，以及他最後寫的備忘錄，這是一份國家資產清單，同時也提出對未來的建言，立即應該停止擴張的征戰。元老院喧譁著要他說得更多，提庇留針對這些要求做出回應，發表了一次真正精透的演講，使每一個人都對他的意圖深感困惑。他到底要不要接手奧古斯都的「地位」？他同意接任。元老院因而通過一項法案，看似賦予他權力，但既不是護民官權力那部分，也非等同於奧古斯都在所有行省的權力。這其中有些留存在一份寫於西元七〇年的文件裡，上面列出了當年上任的皇帝維斯帕先（Vespasian）的權力。

這次會議的結果是，如今首次有一份文件，列出現在被稱為「第一公民」（princeps）的這個人所做的工作。

提庇留的兩個兒子，他跟阿格里帕的女兒所生的德魯蘇斯，以及親姪兒兼養子日耳曼尼庫斯，將是這職位的繼承人。德魯蘇斯的年紀要小幾歲，因此日耳曼尼庫斯被認為是理所當然的直接繼承人，也獲得最重要的統率權，對如今稱之為「羅馬人民的軍隊在日耳曼受騙遭屠殺」一事進行報復

（*RS* 37: 14-15）。奧古斯都辭世之際，德魯蘇斯人正在義大利，如今被派往巴爾幹。提庇留的兩個兒子如今在軍隊裡都遭遇兵變，這些軍隊視自己是奧古斯都的人馬。這不是沒有理由的，因為他們的已故領導人在編纂他自己的功勛錄時，曾稱呼他們是「我的部隊」。這些軍隊在巴爾幹抗議服役條件惡劣，而且服役期限超出了奧古斯都在西元六年制訂的延長役期。在西元一四年兵變的那些軍人當中，有些應該是超過二十五年前，就已經被招募進為了入侵巴爾幹而成立的新軍團。

在萊茵河，兵變似乎起因

圖21　坐落於土耳其安卡拉（Ancyra）的羅馬與奧古斯都神廟。史上保存最佳也最豐富的奧古斯都生平文本——《神聖奧古斯都功勛錄》（*Deeds of the Divine Augustus*）便是鐫刻在這座神廟的室內牆面上。圖片由克里斯托福．拉特（Christopher Ratté）教授提供。

於政權交替的消息。沒有理由相信提庇留在哪一處特別不得人心，但有某些地方上的管理失當，很可能是造成這場動亂的主因。最終，德魯蘇斯以流血最多的方式設法敉平巴爾幹的兵變。不過日耳曼尼庫斯卻遭遇重重困難，歷經相當多自相殘殺之後，他大舉進攻南日耳曼，來恢復士氣。

這一年同時也見到了選舉的轉變，一些次級官員選舉從部落大會被轉移到元老院（雖然百人團大會仍如奧古斯都掌權時一樣持續運作），加上多次大大有用的暗殺事件，剷除了早年反對提庇留即位的根源。阿格里帕・波斯杜姆斯在奧古斯都葬禮之前遇害，他的母親大尤莉亞也在同一年年底某日辭世。據說她有一位情夫是格拉古的後代，此人曾寫信批評提庇留，在被流放到阿非利加外海島嶼途中遭到殺害。

起初，提庇留面臨的主要問題是該如何處置日耳曼行省。奧古斯都曾想要收復瓦盧斯失去的一切，可是這麼做太不切實際。有兩年期間，日耳曼尼庫斯曾舉兵深入日耳曼領土，歷經千辛萬苦，卻未曾贏得關鍵性勝利，因此提庇留決定宣告戰勝並放棄嘗試。日耳曼尼庫斯舉行凱旋式，宣布他已經打敗日耳曼人，將對方逐出高盧，並收復失去的軍旗。他的確曾努力收復兩面軍旗，但是將日耳曼人逐出高盧根本從來不是問題，因為對方壓根兒從未入侵那裡。

*

隨著日耳曼征戰結束，東方卻爆發動亂。亞美尼亞國王駕崩，而本性並非那麼會原諒人的提庇留，希望能解決和卡帕多奇亞國王之間的夙怨；對方曾在他隱退羅得島期間冒犯他。此外還有一件複雜之事，就是在奧古斯都辭世之前，帕提亞王國的貴族曾要求歸還人質：希望讓弗拉特斯四世的兒子沃諾涅斯（Vonones）回國繼承王位（弗拉特斯五世已駕崩）。可是他們不久就發現，沃諾涅斯「太像羅馬人」，於是罷黜他，另立王族遠親阿塔巴努斯（Artabanus）為王。沃諾涅斯逃亡亞美尼亞，在那裡登上懸缺的王位，可是無法應付來自阿塔巴努斯的威脅。他如今人在敘利亞。

日耳曼尼庫斯奉派前去解決亞美尼亞的王位繼承問題，但不許興戰。陪同他的是西元八年的執政官格奈烏斯．卡爾普爾尼烏斯．皮索（Gnaeus Calpurnius Piso），此人也是提庇留的密友。不幸的是，皮索和日耳曼尼庫斯互相看不順眼：皮索最後還宣稱，雖然日耳曼尼庫斯或許擁有凌駕所有行省總督的「較高指揮權」（maius imperium），但他無法無視於提庇留給他的「指示」（mandata）。皮索給日耳曼尼庫斯的協助極其有限，還反過來支持沃諾涅斯。那可不是日耳曼尼庫斯料想中的計畫。日耳曼尼庫斯讓安東尼王朝（Antonine Dynasty）波勒莫（Polemo）國王之孫即位成為亞美尼亞國王，接著他去見阿塔巴努斯，並在東方各大行省進行壯遊之旅，往南最遠抵達埃及，在埃及做了一趟尼羅河之旅。與此同時，皮索支持了一場失敗的政變，原本目的是要讓沃諾涅斯重登亞美尼亞的王位。此舉超過日耳曼尼庫斯所能忍受。日耳曼尼庫斯回到敘利亞，以嚴重不服從為由開除皮索。可是之後日耳曼尼庫斯卻病倒了，並在西元一九年十月十日病逝，疑似遭到毒殺。

日耳曼尼庫斯的死引爆一場危機。皮索聲稱他被錯誤解職，想盡辦法要以武力重新取回敘利亞總督之位，但功敗被捕。羅馬瀰漫悲痛不捨，因為日耳曼尼庫斯廣得民心。提庇留在表達哀痛之餘說：「我將不掩飾我的悲傷。」（*RS* 37 col. II, 16）不幸這句話讓大家覺得他實際在掩飾對日耳曼尼庫斯之死的竊喜。皮索的公開審判於西元二〇年五月舉行，結果因為被告自殺結案，而這一年年底當局公布一道長篇大論的政令，解釋他的「罪行」，並宣告秩序如今已恢復。在所謂的皮索罪行當中，包括他曾再度喚起恐怖的內戰幽靈，但這幽靈已被奧古斯都和提庇留「掩埋」了；他還曾敗壞奧古斯都制訂的軍紀。這份政令的總結是一份清單，列出了皇族成員該具備的各種德行，以作為教化羅馬人民的典範。接著政令向元老院和騎士階級致謝，感謝他們以支持及肯定平息平民的憤怒，還有感謝那些對「奧古斯都家族」表現出最大忠誠的將士們。

儘管提庇留費盡心思維持他作為國家照顧者與教育者的角色，但是有太多不確定性懸而未決，而且如今控訴叛國的頻率令人深感不安。人人都同意，皮索有罪，但也認為斯克里博尼烏斯・利博・德魯蘇斯（Scribonius Libo Drusus，同樣自殺身亡，因為被控企圖以巫術殺害多名貴族而被審判）是精神錯亂的危險分子，不過在其他案件裡，罪行較不明顯。提庇留曾努力防範任何額外罪名被用來加重到比較一般的指控上。他發現出席這類案件很是尷尬，這些案件無可避免都在元老院舉行，可是很難約束控方的熱情，因為對那些想犧牲對手以謀得仕途更上一層樓的人，這類審判正好是他們的大好機會。

提庇留如今年屆六十歲，日耳曼尼庫斯的死增添了他對未來的憂慮。可是德魯蘇斯還在世，有了一個年輕的兒子，而且還收養了日耳曼尼庫斯的幾位年紀較長的孩子，這些孩子在西元二二年展開他們的仕途人生。次年，情勢急轉而下，德魯蘇斯病倒離世。現在這個帝國的統治者年事漸高，他對自己的角色，還有他收養的孫子們，愈來愈興趣缺缺。

官僚政體更往前一步。如今是唯一一位禁衛軍統領（praetorian prefect）的埃利烏斯・塞揚努斯（Aelius Sejanus），承接愈來愈多帝國的日常管理工作。儘管沒有彪炳軍功，但他對皇帝行程的掌控，使得他控制了整個政治舞台，進而他寄望能成為提庇留的阿格里帕。西元二七年提庇留前往卡布里（Capri）時，塞揚努斯手握的大權進一步獲得加持；提庇留在卡布里與一群學者廝混、茹素，以及錯誤地謠傳，說他大規模猥褻孩童。他從此不再返回羅馬。現代的遊客若造訪他喜愛的宅邸，卡布里的朱比特別墅（Villa Jovis）時，既會震驚於這個地點不同凡響的天然美景，也會驚訝於他的寓所竟如此之小，絲毫不像容納得下治理帝國所需的人數。朝政是由官僚人員處理，他們進駐那不勒斯一帶的海灣周圍。

塞揚努斯充分利用上達天聽接觸提庇留的有限機會，製造皇帝與日耳曼尼庫斯家族之間的裂痕，導致日耳曼尼庫斯的遺孀阿格里皮娜（Agrippina）與兩個最年長的孩子入獄。到了西元三一年，提庇留唯一可能的繼承人是蓋烏斯，更廣為人知的是其小名「卡利古拉」（Caligula），意思是「小軍靴」，得名自他陪父親日耳曼尼庫斯出征時所穿的鞋子。還有另一個繼承人選是德魯蘇斯的兒子傑梅盧斯（Gemellus）。卡利古拉是個青少年，而傑梅盧斯尚且是個孩童。這時塞揚努斯野心勃發，開始勾搭德魯蘇斯的遺孀尤莉亞．利維拉（Julia Livilla），暗中策劃陰謀殺害卡利古拉，但卻失敗。但除掉一位可能成為「皇帝」的年輕皇族，勢將對他或她的家庭帶來不利衝擊，他們必將發現自己失去工作、降職以及（或）調職。塞揚努斯在宮廷職員之中想必也不受歡迎，因為他們的朋友在歷經許多逮捕之後，仍在受害之中。其他家庭也因此被毀。因而塞揚努斯透過更策略性的起訴以及控制那多少有限的晉升機會，來集中控制元老院。

利維拉的手下想當然耳會注意到塞揚努斯與她的不倫關係，也應該擁有獨立的人脈，不受他操控才對。朝臣心知肚明他們是在為他們自身的存活而奮戰，因此日耳曼尼庫斯的母親安東妮雅（Antonia）派了兩名她手下自由民去卡布里找提庇留身邊的人，揭發塞揚努斯意欲謀害卡利古拉的計畫。她的兩名跑腿，安東尼雅・卡尼絲（Antonia Caenis）和安東尼烏斯・帕拉斯（Antonius Pallas）日後身居要職，影響力不亞於最有權勢的元老。

提庇留對官僚體系的掌控留一手，超乎塞揚努斯所知，而且他知道禁衛軍統領的敵人在哪裡。十月時，在一封寫給元老院關於塞揚努斯的長篇大論書信結尾，提庇留指示警消總監蘇托里烏斯・馬克羅（Sutorius Macro）逮捕處決塞揚努斯。事成之後，馬克羅立刻取代了塞揚努斯的位置，成了官僚體系的頭頭，開始掌理國家事務，諸如收稅、指派總督、邊疆防禦。當元老在表達對塞揚努斯的敵意時，繼續透過現在多以死刑以及沒收財產（其中一些歸於成功的起訴者）來結案的起訴，來促成自己的職涯時，馬克羅站到一側。提庇留沒有意思要出手加以禁止。

元老院的起訴雖然讓帝國精英深感不安，但長遠來看，都不如遠在猶太行省所發生的起訴事件那般舉足輕重。偶發的叛亂可能會使帝國官員特別願意聽審那些被指控威脅公共秩序的案件。這裡說的帝國官員是長期任職的一位省長，猶地亞（Judaea）行省的總督龐提烏斯・彼拉多（Pontius Pilate）。彼拉多一般都和耶路撒冷的祭司當局意見相左，但在西元三〇年時的逾越節，他竟和他們意見一致：毋庸置疑，拿撒勒的激進傳教士耶穌是個危險分子，理當處死。

幾年之內，耶穌的死激發了信眾強烈想像，尤其深信世界末日迫在眉睫，耶穌將死而復活。新的官僚階級裡竟然有一位代表，在不經意間竟必須對提庇留統治時期最重大的一起事件負起責任，這確定是合適的。

第二十七章　三起謀殺與帝制社會的浮現

本章標題所提及的事件，牽涉到兩位羅馬皇帝以及一位女皇。或許，應該再加上第四起暗殺，只不過這麼一來，就得接受提庇留是在睡夢中，被現在是禁衛軍統領馬克羅悶死的故事是確有其事。我們不知道是否真有其事，也不知道是否這是後來為了正當化馬克羅自我了斷，所編織出來的故事。關鍵是，這些事件就像症狀，代表明顯的動盪不安，但對帝國發展的影響卻微乎其微。

儘管有一些動盪和不安，但浮現出的官僚機構證實是有能力讓帝國日復一日運行無礙。這一點，以及地中海中部一片昇平，都促進了地方貴族順利融入羅馬系統之中，也提升對其利益的捍衛，還促進整體繁榮。羅馬帝國的勢力擴充，多半並非在宮廷的監督下進行的，之所以這樣要歸功於官僚，他們的自身利益確保了能有條不紊解決地方層面的問題。竊盜、搶奪和窮兵黷武不再是晉升政壇的途徑。

除了允許各行省可使用帝國的行政結構之外，帝國的系統還統合了區域經濟組成一個網絡，允許對資源進行某種重新分配，分配時是透過為了確保羅馬城的糧食供應，以及餵飽邊防軍隊所設計的機制來進行的。在政局比較穩定的地區，其區域經濟會將更高安定性所帶來的盈餘，投入城市發展，而邊疆地區接收其他地區稅收盈餘，發展自己的經濟與文化實力。歐洲如今成為地中海世界的一員，這裡出現了同質性模式的城市聚落，促進經濟繁榮與文化交流傳播。

提庇留對羅馬帝國的偉大貢獻是他展現了帝王不需要興戰來證明他的存在。在西元一六年日耳曼戰爭結束之後，羅馬帝國就不再有重大的戰事。即使西元三五年爆發亞美尼亞王位繼承危機，不得不調兵遣將前往敘利亞駐防區（因為一如既往，帕提亞人陷入極大動盪），也不見戰火煙硝。當帕提亞國王要求歸還阿契美尼德王朝遭亞歷山大大帝剝奪的祖輩領土，亦即羅馬帝國的整個東部領土，但帕提亞貴族領袖要求歸還王子，他是弗拉特斯四世為安全考量交付羅馬監護的人質。但這位王位繼承候選人（名字也叫弗拉特斯）即位不久就暴斃，據稱是因為他奢華的羅馬式生活風格，不適應刻苦耐勞的帕提亞國王生活。

儘管如此，羅馬行省總督盧基烏斯・維特留斯（Lucius Vitellius）管理得當，讓帕提亞人自相殘殺，從而維持羅馬邊防安居樂業。維特留斯還撤換猶太行省總督彼拉多，因為對方處理撒馬利亞（Samaria）宗教示威時極其殘暴。我們不知道維特留斯是否聽聞過數年前拿撒勒人耶穌發生的事。儘管耶穌後來的信眾編造過一些故事，但廣為接受的事實是提庇留從未聽過耶穌這個人。

到了西元三六年春天，提庇留遇到了一個難題。他行將就木，可是他並不喜歡他理所當然的繼承人卡利古拉。而另一名可能的繼承人，德魯蘇斯的兒子傑梅盧斯年紀還太小。提庇留習慣從占星術找解決之道，他認為自己很熟悉此道。結果找不到答案。卡利古拉周遭形成了一個派系，領頭的人是馬克羅。西元三七年三月十六日，提庇留嚥下最後一口氣。

提庇留辭世的消息傳來，羅馬一片歡欣。這是毋庸置疑的。提庇留向來缺乏民氣，而且有長達十年沒有人見過他出現在羅馬。最近阿文提諾山慘遭祝融，可是提庇留卻對安撫民眾痛苦毫無作為。羅馬城的糧食供應運作順利，但是提庇留從未大方出現在公眾場合，而且時有所聞資深元老因被控叛國遭到逮捕。儘管提庇留不得民心，但元老院領導階層、宮廷以及羅馬人民仍一致認為元首的位置必須持續。為了有效做到這一點，元老院表決通過，由於提庇留皇帝身心並不健全，那任命卡利古拉與傑梅盧斯為共同繼承人的遺囑必須先被擱置。

有許多事情對卡利古拉有利，特別是事實上除了宮廷核心圈以外的人，幾乎沒什麼人知道他，也因此不知道他的脾氣很不穩定。但他伶牙俐齒，能以提庇留不及的方式讓聽眾為之著迷。大家眼中的卡利古拉就像是他父親日耳曼尼庫斯投胎轉世，而他自有一股舞台魅力，這也是提庇留所沒有的。卡利古拉為養父安排盛大的公開葬禮，養父的骨灰奉厝在奧古斯都的陵墓裡。接著他將他的母親與兄弟的骨灰重新安葬，放在家族墓園裡提庇留的身旁。卡利古拉還贊助了三個月的競技賽，將提庇留遺囑裡的遺產贈予皇家禁衛軍和羅馬人民——即使就技術上來說，他們並沒有被虧欠什麼，然而這份遺囑仍被作廢。在這場慷慨大方的行動中，功勞全部榮歸卡利古拉。

卡利古拉希望能被看作是「提庇留反對者」。為了達到那個目的，他宣布部落大會將選出傳統上的官員，並且再也沒有元老會因叛國罪遭起訴。同時他召回在提庇留朝中曾被流放的人士，恢復因作者被控叛國罪而作品遭公立圖書館禁絕的書。這些人之一的作家克萊穆提烏斯・科爾都斯（Cremutius Cordus），令人深表同情，他因為在寫史書時讚揚了布魯圖斯和卡西烏斯（況且他還對西塞羅十分不敬）被控煽動叛亂。奧古斯都對這樣的事毫不在意，但科爾都斯曾冒犯塞揚努斯，才會惹來指控。還有兩人，卡西烏斯．塞維魯（Cassius Severus）和提圖斯．拉比埃努斯（他是內戰期間投靠效勞帕提亞王國之人的兒子），因煽動叛亂遭奧古斯都譴責，成了審判科爾都斯的先例。這兩個人是比較不值得同情的角色。

然而，卡利古拉所帶動的熱情很快就冷卻了。他大病一場，據稱是因為生活過度豪奢所致。他的行為日益乖僻。他處死傑梅盧斯，和馬克羅爭執然後處死了對方。馬克羅遭處決可能是他與體制出問題的近因。大家發現卡利古拉古怪得令人生厭，而且對自己的神性格外感興趣。有次他還從他的別墅所在地貝亞，建造一座超過三英里半的船橋，直達那不勒斯西邊波佐利碼頭入口處的堤岸。

史學家蘇埃托尼烏斯（Suetonius）在西元一二〇年代寫了一套影響甚巨的傳記，名為《羅馬十二帝王傳》（*The Twelve Caesars*）。他根據資深朝臣說，卡利古拉之所以會這麼做，是為了駁斥特拉蘇盧斯（Thrasyllus，提庇留的好友）的預言；特拉蘇盧斯是提庇留很器重的占星家，曾經預言卡利古拉無法成為統治者，就像他無法在馬背上橫越貝亞海灣。在描述這件事時，蘇埃托尼烏斯的遣詞用字是奧古斯都時代難以想像的，因為他用的拉丁字動詞impero，意思是「統治」（Suetonius, *Life of Caligula* 19.3），這跟奧古斯都或提庇留認為帝王的義務是「照顧」國家的概念，產生鮮明對比。而根據一份概述敘利亞駐防地在西元二〇年「鎮壓」皮索的法令，元老院曾經向軍人致意，感謝他們「對奧古斯都宮廷的信念與忠誠，希望能繼續永遠效忠，因為他們知道我們帝國的安全仰仗對那個宮廷的守護。」（*SCP* 161-3）。有謠言說，卡利古拉之所以實施獨裁暴政，是因為他在卡布里時遇到的東方王朝世子給他的建議。

卡利古拉的行徑愈發惹人爭議，因為他開始熱愛婚姻體操（matrimonial gymnastics），也喜歡觀看人死亡。即位之初，他娶了尤尼亞．西蘭娜（Junia Silana）為妻，尤尼亞出身深具影響力的家族，與奧古斯都曾孫女埃米莉亞．雷比達（Aemilia Lepida）有直接關係。但那次婚姻失敗了，如今他控告他的前岳父叛國，儘管他承諾過會避免這種過分的行為。還有傳言說，他和他的三個妹妹當中最年長的德魯西拉（Drusilla）亂倫，還有謠傳說他和三個妹妹關係都不清白。西元三八年德魯西拉過世，卡利古拉哀痛欲絕，不啻坐實謠言。他在公共場合很容易感到無聊，性情暴躁，很快就遇到現金流問題，因為他花掉提庇留留在他個人帳戶，現在被稱為「私庫」（fiscus Caesari）的巨額儲備金。

西元三九年卡利古拉突發奇想出城前往高盧，來讓事情冷卻下來。然而他在高盧的所作所為卻沒有讓人心神放鬆。他察覺到有一起陰謀，牽涉到倫圖魯斯．蓋圖里庫斯（Lentulus Gaetulicus）；多年來，蓋圖里庫斯一直掌控著上日耳曼和下日耳曼兩個行省的利益。蓋圖里庫斯之所以有這樣的權位，全拜他和塞揚努斯的好交情所賜，而且因為提庇留一直擔心如果除去蓋圖里庫斯，怕會引發內戰。上日耳曼行省的總督是蓋圖里庫斯的女婿，他們倆掌握了羅馬帝國三分之一的兵力。

那一年，卡利古拉不但殺掉蓋圖里庫斯，還下令處死他自己的密友之一雷比達，也就是他已故妹妹德魯西拉的鰥夫，也是三巨頭的曾姪孫。卡利古拉一度宣稱雷比達是他理所當然的繼承人，可是，雷比達曾與蓋圖里庫斯合謀企圖反叛他。卡利古拉還同時流放了他倖存的兩個妹妹，莉維亞和阿格里皮娜，因為她們和雷比達有往來（他是阿格里皮娜的情夫）。在萊茵河沿岸歷經多次漫無目的征戰，以及欲振乏力打算入侵不列顛，卡利古拉就返家舉行凱旋式。

在日耳曼的幾次事件透露著帝國制度好幾個耐人尋味的特點。首先，皇帝顯而易見的無能日益加劇，他最親密的夥伴卻未質疑過第一公民是否有存在必要。其二，由於沒有子嗣，卡利古拉曖昧糾纏和奧古斯都有血緣的女性，被視為延續王位之舉。事實上，卡利古拉在成為第一公民之前擔任公職的資歷少之又少，這一點擺明了帝王在即位前需要擁有輝煌公職資歷的必要條件，不再適用。這樣的概念早已跟著提庇留之子德魯蘇斯死去，隨之煙消雲散。不過誰也沒想到，日耳曼尼庫斯有天生畸形足及其他殘疾的弟弟克勞狄烏斯，會被考慮成為繼任候選人。奧古斯都曾以他為恥，而提庇留根本無視他的存在。卡利古拉讓克勞狄烏斯當執政官，卻又羞辱他。塔西陀憑藉事後之明，在沉思克勞狄烏斯早年事業時，評論他是「集人類眾傻於一身的傻子」，因為他知道這位沒有人有任何期待的人將當上皇帝。

西元四〇年底卡利古拉返回羅馬之後，不久，扶植克勞狄烏斯登基的陰謀便孕育而生。禁衛軍和宮廷統治集團都受夠了卡利古拉的怪異行為。我們從亞歷山卓派去見卡利古拉的猶太顯貴使節記載裡，可略知一二。使節希望向他抗議埃及總督對他們所做的駭人之舉，更別提還威脅要在耶路撒冷的神廟裡，建造卡利古拉的雕像。可是，第一公民卻提不起興致：

> 開始發言並知會他，他已經稍微知道我們在說些什麼，並了解到此事不可輕忽，在我們尚未說到更重要的事情之前，便早早制止了我們，並衝到府裡一個大房間，走來走去，下令要給窗戶重新裝上透明的石片，就像玻璃一樣，不會阻絕光線，但可以遮擋寒風和烈日。然後他以稍快的腳步，不疾不徐的速度說：「你們在說什麼？」接著當我們正說到下一個重要論點時，他跑進另一個房間，下令要把原本的畫作全部重新掛上。（Philo, *Embassy to Gaius* 364–5）

卡利古拉最後回答，逼迫他們的人似乎看起來沒有這麼壞，令飽受驚嚇的使節覺得能保住一條小命逃出，實屬萬幸。

籌劃陰謀的包括禁衛軍成員，由卡西烏斯．查里亞（Cassius Chaerea）招募而來，他是宮廷行政官員，對被迫要擔任卡利古拉的私人酷刑執行者的角色，深感厭惡。還有一些有權有勢的宮廷自由民，特別是尤利烏斯．卡利斯托斯（Julius Callistus），與克勞狄烏斯走得很近；還有一些合謀者是元老院元老。密謀暗殺行動與禁衛軍找到克勞狄烏斯個人，兩者同時協調進行。

西元四一年一月二十四日，趁卡利古拉在巴拉丁諾山看完戲劇表演離場時，查里亞和一小隊同夥暗殺了他。只早他一步離場的克勞狄烏斯被人從宮廷帶到禁衛軍營，禁衛軍在這裡向克勞狄烏斯矢志效忠。

未參與密謀的元老在卡必托里山上召開會議，討論如何恢復傳統上沒有第一公民的政府。示威群眾聚集在廣場，人心惶惶唯恐再爆發奧古斯都時期之前的動亂。克勞狄烏斯的好友、猶地亞的君王希律．阿格里帕（Herod Agrippa）小心謹慎努力進行談判，試圖平息亂象，好讓元老院可以對克勞狄烏斯宣示效忠——歷經兩日的緊張氣氛，果如其願。元老院接著通過一項解決方案，與處理提庇留和卡利古拉的案例一樣，認為有必要授予克勞狄烏斯傳統的第一公民權力。指揮權由百人團大會授予，護民官權力由部落大會授予，把久遠以前的慣例，與宮廷和禁衛軍至高無上的統治，兩者結合在一起。

克勞狄烏斯認知到他的地位並不穩固，雖然他擁有最有權勢的宮廷自由民和禁衛軍的效忠。達爾馬提亞行省總督在克勞狄烏斯登基後數月內，發動了一次叛變，這件事說服了克勞狄烏斯，他需要贏得屬於自己的戰功。克勞狄烏斯著迷於尤利烏斯．凱撒，而凱撒的計畫尚有未完成、但他想實現的大計，於是克勞狄烏斯選擇了不列顛，當作展現他的武藝天賦的絕佳場地，於是著手收集必要的運輸工具。克勞狄烏斯指派奧魯斯．普勞提烏斯（Aulus Plautius）出任遠征軍統帥，這位忠貞的將領和老貴族並無明顯往來，因此，不太可能在成就非凡之後爭奪皇位。

普勞提烏斯真是上上之選。他是天賦異秉的將軍之才，深受傑出部屬愛戴，包括騎士階級拍賣人的兒子維斯帕先；維斯帕先和他的兄弟日後都當上了元老。跟普勞提烏斯一樣，維斯帕先也是所謂的「新人」，出身義大利偏遠地帶，很願意利用元老院作捷徑來展現他的氣概。正和統帥是新人一樣，這一次也是頭一回由新制羅馬軍隊出擊不列顛，主要從北西班牙和萊茵蘭（Rhineland）出兵。諷刺的是，這是一支絕大多數由凱爾特人後裔組成的部隊，來出征凱爾特人的不列顛。

首發入侵很順利，因為在不列顛南部一些統治者的支持下，普勞提烏斯的部隊勢如破竹，渡過泰晤士河深入倫敦區。在那裡維斯帕先一戰成名。西元四三年九月，克勞狄烏斯離開羅馬，在不列顛島上停留了兩週（隨行帶了幾頭戰象），直到冬季來臨撤守到環境更宜人的里昂地區。西元四四年春，他返回羅馬舉行了凱旋式。

勝利如囊中之物，慶功也風光得很，不過克勞狄烏斯並不想從不列顛撤軍——作為政策，這不是很好的計畫。後卡利古拉時代羅財政搖搖欲墜，這表示部隊仍只有二十五個軍團，其中不超過三個軍團能保留作為征戰所用。對這樣的工作，這些根本不夠，即使加上相當數量的輔助軍團，這些軍團多半是自軍團同一地區徵召來的。普勞提烏斯因此留守，以約三萬的兵力在不列顛島上強制推行一個全新的政治秩序。

軍事上的征服看起來不可行，必須用外交手段和溫和的勸說，也就是都市文化那些比較吸引人的方方面面。多虧人們喜歡在可擦拭的木背蠟板上書寫東西，而不列顛大量的泥煤沼澤保存了這些蠟板，我們才能從逐漸成形的聚落以及鐵筆在蠟板上書寫所留下的通信痕跡，解讀出歐洲文化的證據。科爾切斯特（Colchester）被建立為退役老兵的殖民地，倫敦快速發展為重要港口。倫敦出土一些這些年間留下的蠟板，其中一個為軟實力的傳播提供了重要證據：

> 他們在廣場到處誇口說你曾借錢給他們，因此，我來問你，基於符合你個人利益，不顯得聲名狼藉……你因此將不會偏袒你自己的事情。（*WT* 30, tr. Tomlin (adapted)）

在征服後最初的數年間，這裡是個以商業為中心的城鎮，足以稱為廣場（forum，作為倫敦的核心實至名歸），而信中人物是一名銀行家，他的經理人害怕自己的舉止不符合禮儀時尚。我們無法確知這些人來自何處，不過很可能他們來自萊茵聚落，而非來自義大利本地。吹噓他們曾借到錢的人應該是本地人，他們誇耀借到貸款，以證明他們深受新體制的信任。那樣的立場將變得頗有爭議。

奧古斯都式的開疆拓土大計停頓了下來，因為羅馬缺乏資源可彌補日耳曼戰爭的損失，而克勞狄烏斯式的擴張，也泰半因為相同因素而停滯不前。這時候應該要承認，雖然本書的主要論點是帝國之所以成功，是因為它有能力將各種民族整合到它的政體制度裡（而我們將會在本章結尾時，看到一則足以說明那種過程的極好範例），但是占領的最初期間對那些無法獲取立即獲利的人來說，是很殘酷的。

羅馬行省化的基礎工具，也就是勾結合作和進行普查，本質上是具有破壞性的。即使是在像敘利亞行省這樣擁有傳統官僚政府的地方，羅馬人口普查官員的到來，也深深招人厭惡；這些人同時也是為了制訂賦稅基本稅率而來。敘利亞行省總督奎利紐斯之所以名流青史，是因為西元六年他主辦的普查引發一場叛亂。進行普查的人可不是懶懶散散坐著，聽大家謊話連篇數說他們的物件與動產。普查官員會調查探聽，想盡辦法增加政府的收益。對於那些只夠活口討生活，沒有權大勢大的朋友保護他們的人，徒增的負擔苦不堪言。

不只是在敘利亞行省爆發叛亂。羅馬的稅賦稽核也成了巴爾幹半島叛亂的主因，這亦是阿米尼烏斯起義背後的原因。然而，那只不過是羅馬行省化完美風暴的一部分；另外還包括實施羅馬式司法制度、經濟改革和干預地方政治。維萊伊烏斯・帕特爾庫魯斯（Velleius Paterculus），這位將一短篇歷史獻給西元三〇年執政官的作家，告訴我們說，瓦盧斯生前花了一個夏天的工夫，努力想要「以法律軟化那些他在戰場上難以擊敗的人」（Velleius Paterculus, *Short History* 2.117.3）。但軟化，並非大家在與羅馬律法發生衝撞時會想到的辦法。高盧叛軍首領維欽托利起義背叛凱撒的一個原因就是，凱撒實施羅馬式殘暴懲罰，鞭笞後斬首了一名部落首領；還有一個希臘顯要人士因為解救他的公民同胞躲過「羅馬死法」，而被公開致謝。日耳曼中西部羅馬風格城市瓦爾德吉姆斯（Waldgirmes）的開發，差不多在同一個時間，代表著在凱撒曾說因農業發展不足懶得征服的那些人當中，羅馬正提倡新的經濟活動形式。而且大致在瓦盧斯任期開始之前，盧基烏斯・多米迪烏斯・阿海諾巴布斯（Lucius Domitius Ahenobarbus，我們在內戰時代裡遇到的阿海諾巴布斯之子），就一直干涉著這整個地區的部落運動。為我們給阿米尼烏斯的部落沙提人（Chatti）的政治增添細節的是塔西陀；這裡的兩位領袖是阿米尼烏斯和他的岳父塞格斯（Segestes），「各自名聲顯赫，一個以誠信著稱，另一個以背叛出名。」（*Annals* 1.55.2）叛亂前夕，塞格斯曾試著向瓦盧斯示警。阿米尼烏斯的弟弟和日耳曼尼庫斯同一陣線，而塞格斯的兒子則站在阿米尼烏斯這邊。阿米尼烏斯自己在日耳曼尼庫斯於西元一九年身亡之後的某個時間點，遇到暗殺而死。

提庇留統治期間，在努米底亞，羅馬當局與撒哈拉邊緣之間，有一次長達七年的抗爭；撒哈拉擁立一位領導人，名叫塔克法萊納斯（Tacfarinas），他和阿米尼烏斯一樣，曾經服役於羅馬軍中。羅馬的行政官員很有可能像在日耳曼那樣干涉傳統遷徙。西元二八年，提庇留開始對朝政失去興致之際，住在萊茵河出海口的弗里斯蘭人（Frisians），不願繳納他們負擔不起的賦稅給羅馬，因而起義叛變。而提庇留決定，不值得費力將他們奪回。

弗里斯蘭人並不是羅馬唯一無力治理的民族。羅馬的這套制度確實需要城邦和勾結的合作者，才能奏效，但帝國內部偏有一些地區太過多事，難以緊密管理。南土耳其的托魯斯山脈高原區就是這樣一個地區，數百年來這裡以攔路搶劫而惡名昭彰，深植在羅馬人意識中的鄉野土匪形象，簡直堪稱國內恐怖分子。但另一方面，《福音書》中關於耶穌被處決的記載，群眾希望能饒恕土匪巴拉巴斯（Barabbas）一命的事實顯示，在某些地區對強盜有截然不同的看法。

在帝國更都市化及占領較久的區域，情況相當不同。遍觀整個帝國，大家都在修建並改造建築物，創造符合他們需求的獨特城市。共和時代晚期在義大利那種結合宗教性與商業化空間於一體的廣場，如今變得愈來愈明顯向大眾開放，既有崇拜皇族的神廟，也有獻祭地方眾神的新廟。此外，還有凱旋門、新的市場建築、改良的供水系統和其他公共空間，都是以仿效羅馬為典範。更進一步的改良設施包括現代化的公共澡堂（數量也更多）、石砌圓形劇場（在西元一世紀期間至少有三十八座城鎮都添了這個），還有甚至更多的劇場，例如西元前一世紀中葉至克勞狄烏斯在位期間，已知總共興建了一百七十五座。而且在富人圈裡，市區私人住宅也多有革新，融入了大型郊區別墅的縮小版外觀。

西班牙、高盧和北非這些地區，在奧古斯都打敗安東尼時，受義大利影響的城市殖民地概念相對新穎，變化就比較不一致。在西班牙與高盧，羅馬風格的城市，第一個建築標誌就是在城牆內採用網格式規劃，一網打盡廣場與眾多神廟、公共浴池與劇院。這些網格若非受到西元前五世紀都市設計師希波達莫斯（Hippodamus）作品，亦即東地中海區流行已久的直線風格所影響，就是受到舉凡有軍事殖民地之處，就有基本的羅馬軍營規劃的影響，亦即兩條大街將一座城市分隔成四等分。造訪這些地區的遊客應該會注意到，圓形劇場很罕見，而且通常也沒有興趣建造令人聯想到羅馬凱旋紀念之類的建物。

北非在迦太基年代時，曾有許多重要的城市，城市空間會以廣場為中心環繞著增建城牆形成新的網格，因此改頭換面，通常一頭是神廟，對面另一頭是大會堂，兩側則是商業建築。不同於那些建在廣場裡的神廟，這裡的神廟往往沿著大街來規劃，而公共澡堂卻會放入住宅區。其他地區性的差異是北非城市比較不會有精緻的澡堂，但會有圓形劇場，而西班牙的城市可能會有賽馬場，以呼應當地高級牧馬業的傳統。

西歐的城市建在凱爾特人泰半遭剷除的殖民地上。在東南歐，早有根深柢固的都市殖民地傳統，事情非常不同。希臘城邦往往早已有完善的網格規劃，而且他們對他們的公共建築物，包括神廟、議會和劇場，都有自己的建築形式。在西元一世紀期間很多這些城市裡的大道都增建了柱廊，提供空間給商店，並展示表揚傑出公民的雕像。這裡沒有的是特別受義大利風尚影響的建築款式——澡堂、圓形劇場和賽馬場。的確，在這個區域裡僅有的兩座澡堂建於西元一世紀前半葉，一個是一位羅馬官員送給土耳其庫邁城，另一個是帝國自由民蓋在土耳其的鄉間小鎮裡。

希臘城邦的領導人不喜歡在他們的公共與私人生活裡使用拉丁語，也不喜歡用義大利風格的建築填滿他們的城市空間，因此義大利定居者學會用希臘語進行交流。語言上的分歧在整部羅馬史剩餘的時光裡將會持續著；它始於亞得里亞海岸的底拉西烏姆一帶。從這裡，希臘語在廣闊的半圓形區域內所向無敵，影響力遠達北非昔蘭尼（現代利比亞的一部分）。在底拉西烏姆以北，伊利里亞和延伸到多瑙河的幾個地區裡，拉丁語仍一枝獨秀，而順著多瑙河南下色雷斯北部地帶，希臘語又開始占上風。

在西方，雖然羅馬政府很樂意讓民眾以凱爾特語和布匿語來稱呼他們的行政長官，但軟實力的壓力、急於參與統治勢力的都市文化，往往促使人們在公開表達時使用拉丁文，並作為一種書寫文字，即使他們彼此仍繼續以傳統語言交談。

在現代希臘的地區，幾乎人人都用希臘語。在現代的土耳其，希臘語則是城市的第一語言，一如數百年來皆然，但也說其他語言，譬如呂基亞語、卡里亞語及利卡奧尼亞語。《路加福音》有一處說，南土耳其的萊斯特拉城（Lystra）的人用利卡奧尼亞語歡迎保羅。在傳統的閃語族土地以及埃及，母語和希臘語在口語和書寫溝通上並行無礙。以這些語言做最傳統的表達方式，不光是有方便的特色，同時也是在面臨希臘化時代裡希臘王國那種經常出現的公然種族政策時，一種「身分認同政治」（Identity Politics）的態度。羅馬統治在閃語族土地上的一個新奇現象是，即使這裡有愈來愈多方言寫成的精緻文學作品，但日常生活使用希臘語的頻率卻也愈來愈高。而能夠以希臘語和亞拉姆語（Aramaic，閃語的一支）交流，可使公民能在帝國的統治階級裡謀得一席之地。

隨著他們自己原封不動的文化傳統（某種程度也是受到喜歡自己的子民擁有非凡歷史的羅馬官員推廣造成），東方的城市領袖有眾多途徑可以表述他們與帝國政權的關係。在亞細亞行省的大城以弗所，如今市中心的商場北側有一座凱旋門，建造人是奧古斯都的兩位自由民，馬濟斯（Mazeus）和米特里達梯。而在阿芙蘿黛蒂西亞城（Aphrodisias），凱撒的自由民蓋烏斯．尤利烏斯．祖托

圖22　阿芙蘿黛蒂西亞城的塞巴斯蒂安神廟（Sebasteion）。圖片由紐約大學阿芙蘿黛蒂西亞考古挖掘現場提供（G. Petruccioli）。

盧斯（Gaius Julius Zoilus）變成巨富之後，建造了一座有柱廊的新劇場，慶祝自己脫離奴隸成為富人。其他人也開始建造宏偉的神廟來向奧古斯都致敬，神廟前方有座美麗絕倫的柱廊，上面裝飾著懷念奧古斯都凱旋的圖像，並以具代表性地方成語描述皇族成員。阿芙蘿黛蒂西亞城以維納斯這凱撒家族的祖先，祂相對應的希臘神明來命名，它是一座擁有豐富大理石礦的城市，透過眾多雕刻家和羅馬建立密切的關係，但同時卻又在實質上是個不受羅馬政府統轄的「自由城」。

城市若非自由如阿芙蘿黛蒂西亞這樣，就是「支俸的」，意思要納稅給羅馬。鄉間地帶要不受城市管轄，那就是皇帝的私人產業，它們的財政收入屬於皇帝的個人財富，也就是「私庫」，並由地方財務長官管理，譬如前一章裡提到的奧爾納圖斯。

在「支俸的」城市當中，有一些的地位比其他的更為平等，會被選為「集會」（conventus）中心，意味它們實際上位居「地區首府」（district capitals），總督每年會在這些地方現身一次主持法庭開庭。城市想在地位上超越其他城市的另一個途徑是成為皇室的省級崇拜中心。所有城市都會建聖所獻給皇帝（這一點義大利和其他地方一樣），不過在義大利以外的行省，則是以帝國所承認的中心來組織，召集地方議會來對給皇帝致敬。針對的地區性組織在托勒密王朝及塞琉古王朝統治下，是有明確的前例，但是現在隨著省級議會和帝國官員討論應該採用哪些省級崇拜，地方組織因而得到強化。這麼一來，這類崇拜就能極具實用價值，因為被認證為省級崇拜的高級祭司，讓一個人鶴立雞群重要性大增，而且通常也是家族成員渴望晉升帝國統治階級的墊腳石。

雖然在西元一四年之前便已建置完善，但省級崇拜的擴散和奧古斯都政權其他面向，一樣蝸牛學步。或許是受到奧古斯都當選大祭司的啟發，西元前一二年德魯蘇斯在里昂發起了一次崇拜活動。但隨著他對包含三個高盧地區的三大行省進行普查，對他的不滿情緒甚囂塵上；凱撒曾在他的征服敘述裡確認三大行省為：北方的貝爾蓋（Belgica）、西南方的阿基坦尼亞（Aquitania），以及介於隆河河谷與大西洋間的高盧本部。西元前一二年八月一日，德魯蘇斯可能借力使力，利用自凱撒時代以來（若不是之前）就已存在的定期顯貴會議，在索恩河（Saône）和隆河合流處建造一座祭壇，作為一年一度的慶典場地，這個慶典由出身於高盧領導階層的最高祭司主持。李維把這件事看作是重要的發展，根據他考證，第一任大祭司是個埃杜維人，名叫蓋烏斯・尤利烏斯・韋孔達里杜布努斯（Gaius Julius Vercondaridubnus）。

過了三年，亞細亞行省總督保盧斯・法比烏斯・馬克西穆斯（Paullus Fabius Maximus）寫信給省級議會，指示它以合宜的方式祭拜奧古斯都。在一份令人想起帝國政權思想的文件裡，他強調，發展對統治者的崇拜，是地方團體和帝國政府代表之間的一種對話過程，而不是從奧古斯都自己腦子裡浮現的某種隆重的計畫。在一份冗長的卷宗裡的關鍵段落裡，法比烏斯寫道：

> 最具神性的凱撒，不論其誕辰日是歡樂或上蒼恩澤，都適合作為萬物的起點，而他已經使得那些淪落到每種形式的混亂與不幸，若非回到其自然狀態，也已經恢復使用，同時他也讓全天下煥然一新，若非如此世界早已毀滅，倘若凱撒不曾降生嘉惠於全人類……由於無人能找到比他的誕辰之日（不論是作為他們自己、或為公眾）一個更祥瑞的良辰吉日，你我何其有幸，而且由於幾乎亞細亞每一座城市都立此日為新任行政長官到職日……除非在每一種情況下，我們都找得到某種新的敬拜方式，否則很難對他的每一項慷慨一一致謝，人們應該懷抱更盛大的喜

悅，彷彿他的政權為我們帶來特殊的好處般，歡慶他的誕辰，視為我們共同的節日。（*RDGE* 65）

因此，法比烏斯繼續寫道，新年應當始於九月二十三日，亦即奧古斯都的誕辰。成立於亞克興戰役後的省級議會已經在希臘的士麥拿和安那托利亞的古國帕加馬舉行過一次崇拜儀式，敬拜奧古斯都與羅馬，而由於多數地方已經開始採用奧古斯都誕辰作為新年的元旦日（元旦日源自早年崇拜希臘諸王的概念），整個行省將九月二十三日當作新年元旦再合理不過。議會接著通過辦法，接納總督的建議。在非凡的辯才背後，藏著的就是這種實用的行政觀點，而數年後，在西元一一年，凱撒當年展開征服大計的所在，山北高盧行省也採納相同的做法。

克勞狄烏斯渴望藉由創設機制為不列顛帶來和平，因此他在英格蘭的科爾切斯特，為自己設立省級崇拜。由於是由外強加而非有機地發展而成，因此這個省級崇拜比較沒那麼成功。儘管如此，回顧克勞狄烏斯的統治期間，塔西陀後來也承認文化上確有進展。西元四八年，在他與那位相同的盧基烏斯·維特留斯（那位我們在本章開頭遇見的敘利亞總督）一起舉行普查的期限結束時，克勞狄烏斯督促元老院准許曾在高盧多個羅馬自治市擔任過公職而取得公民權的人，有資格成為元老院成員。有些元老因為害怕他們的地位輸給更富有的人，反對接納高盧人，因為他們說對方是羅馬祖先的仇敵。克勞狄烏斯駁斥他們的怨言，引用了各種歷史案例，有一些是他自己在政治上還沒沒無聞的漫長歲月裡所撰述的歷史，另外其他地方則引用李維的作品。塔西陀引述了克勞狄烏斯的話，但改編成一種說法，表示羅馬已經從拉丁的社區成長為地中海的社區。「我並非無知之徒」，他引述克勞狄烏斯的話：

尤利烏斯氏族源自阿爾巴，科倫卡尼烏斯氏族（Coruncanii）出自卡梅里亞（Cameria），波爾基烏斯氏族（Porcii）來自托斯卡倫，而且，如果我們回顧古史，伊特魯里亞、盧坎尼亞和所有義大利都被納進元老院，最後義大利本身就擴張到阿爾卑斯山脈，因此不僅個人，連同土地和民族都能在一起成為羅馬人……我們如今信以為最悠久的身分，平民行政長官取代世家貴族，然後在平民之後的是拉丁人，接著，在拉丁人以後，行政長官來自義大利所有其他民族。有朝一日，我們以為嶄新的將會變陳舊，我們今日用過去的論點來辯護，將成為眾所使用的範例。（Tacitus, *Annals* 11.24–5）

克勞狄烏斯的確讓歷史站在他這邊，可是就在他主辦普查時，他也都遇到了一些個人問題。在登基時，他娶了瓦萊里亞．麥瑟琳娜（Valeria Messalina）為妻，育有兩個孩子：女兒名叫屋大薇亞，兒子被命名為不列顛尼庫斯（Britannicus），以紀念不列顛戰爭。不幸，到了西元四八年這段婚姻變調，克勞狄烏斯情婦不斷，麥瑟琳娜情夫也接二連三，而且她據說是那宮廷圈裡專門販售公民權給行省富人的核心人物。即使麥瑟琳娜與一位最紅牌的妓女較勁，看在一晚之內誰和最多人交合的故事是虛構的，但她一直在尋找脫離婚姻的方式；不過她困難的根源或許來自她與那些自由民不睦，而他們跟維特留斯聯手，卻是專門為她丈夫出主意的人。

那一年秋季，她開始和可望出任隔年執政官的西里烏斯來往，搬進對方的宅邸，還舉行了一場假婚禮。出席盛會的人們嘲弄戲謔羅馬生活的典章制度（尤其是貴族的婚禮），而且濫交毫不稀奇（奧古斯都的清教徒主義根本是過去式了）。然而，這件事卻恐怕威脅到當時人在奧斯蒂亞的皇帝，讓他看起來十分愚蠢。皇帝的自由民很快安排處死麥瑟琳娜，並逮捕多名她的情夫，以叛國罪處決。

然而，在克勞狄烏斯最親密的同夥眼中，單身的他難保長久。這時，宮廷建制裡的成員，包括曾幫忙扳倒塞揚努斯的帕拉斯，以及曾經對卡利古拉做過同樣勾當的卡利斯托斯，還有被克勞狄烏斯從奴籍解放的納西瑟斯（Narcissus），紛紛議論克勞狄烏斯的新妻子應該是誰。帕拉斯非常支持日耳曼尼庫斯的女兒尤莉亞．阿格里皮娜（Julia Agrippina，通稱小阿格里皮娜），她曾是雷比達的情婦，同時也是克勞狄烏斯的姪女。她與第一任丈夫格奈烏斯．多米迪烏斯．阿海諾巴布斯（Gnaeus Domitius Ahenobarbus，三巨頭時代將領之孫）育有一子，比不列顛尼庫斯年長四歲，和麥瑟琳娜極度不和。維特留斯贊同帕拉斯，而克勞狄烏斯對她則是一見鍾情，因此元老院通過一則法令，承認兩人按任何標準其實都算是亂倫結合。西元四九年年初兩人成婚，克勞狄烏斯收養了小阿格里皮娜的兒子，從此往後被稱為尼祿（Nero），這個名字獨屬於克勞狄烏斯家族。（不列顛尼庫斯在此時雖年僅十歲，卻認知到這股威脅，堅持稱呼他的新哥哥多米迪烏斯。）

小阿格里皮娜風風光光很快就搬進宮廷。到了西元五一年，她以禁衛軍統領和麥瑟琳娜走得太近為由撤換，改用自己人阿弗拉紐斯．布魯斯（Afranius Burrus）；她從流放中召回聲譽堪疑的知名學者塞內卡；她並且在她的出生地萊茵河河谷成立一個殖民地。這個地方曾是烏畢祭壇（Altar of the Ubii），從此改稱「阿格里皮娜殖民地」（Colonia Agrippensis），今日則稱為科隆。在羅馬，她催促皇帝公布尼祿是優先的繼承人，並安排尼祿與十歲大的屋大薇亞訂婚（毫不顧慮他們實際上是兄妹）。她把自己塑造成出色的公眾人物，人們會永難忘懷在克勞狄烏斯舉行的一場模擬海戰中，她一身金色禮服；海戰是克勞狄烏斯為了慶祝他在西元五二年疏浚富齊諾湖（Fucine Lake）。小阿格里皮娜也現身在西元五〇年的典禮，慶祝擄獲不列顛反抗羅馬軍隊的首領卡拉塔庫斯（Caratacus）。這次活動之盛大可媲美大西庇阿征服迦太基，以及保盧斯戰勝馬其頓的場面。

西元五三年，改朝換代的根基已經穩當，尼祿承擔的公領域角色日益增多；由塞內卡提供素材，尼祿用滔滔雄辯之姿吸引了民眾。從來都不喜歡小阿格里皮娜的納西瑟斯，想盡辦法阻止尼祿即位並保護不列顛尼庫斯，凡此種種行徑令小阿格里皮娜心生擔憂，因為不列顛尼庫斯很得克勞狄烏斯信任，而且克勞狄烏斯在自己健康走下坡時，表現出很喜歡不列顛尼庫斯。皇帝日漸衰弱造成一個後果，但在當時其重要性卻被低估了：羅馬官員在東方行省因沒有得到皇帝的指示，不曾出手干預動盪不斷的亞美尼亞；問題將會惡化，很快便需要制定一項特別的指揮權，可是卻一等再等。

西元五四年十月十三日晚上，克勞狄烏斯癲癇發作。據說，他在與祭司們晚餐時倒地，可是此事似乎只是傳開來以便掩蓋真相，真相是小阿格里皮娜諮詢過專業毒師，餵他吃了一顆下了毒的蘑菇。等到他確定身亡，已經完成必要的葬禮準備工作；十月十四日，宮廷的大門敞開，尼祿被帶到禁衛軍營，讓禁衛軍向他宣示效忠。元老院接著就透過習慣性法律授予他皇權。有此一說，當日尼祿發送給衛兵的口令是「最傑出的母親」。克勞狄烏斯的葬禮備極哀榮，並被尊奉為神。他的遺體安厝在奧古斯都的陵墓內。

尼祿登基為帝時年方十七，對這個角色興趣缺缺。但小阿格里皮娜可不是如此，她磨刀霍霍滿腹城府。納西瑟斯就在克勞狄烏斯出殯前夕死去，小阿格里皮娜還派了刺客去對付亞細亞行省總督馬庫斯．尤尼烏斯．西拉努斯；西拉努斯的母親是埃米莉亞．雷比達，奧古斯都的曾孫，因此小阿格里皮娜害怕西拉努斯會比尼祿更受偏愛，因為他有皇族血脈，而且西拉努斯較為年長又有豐富公眾生活經驗。根據塔西陀的說法，布魯斯和塞內卡在此時介入，避免了小阿格里皮娜對她討厭的人大開殺戒。但尼祿卻對不列顛尼庫斯展開仇殺，次年在一次晚宴上，不列顛尼庫斯便毒發身亡。據說大家議論紛紛這並非壞事，因為權力無法和人分享。那日晚宴上有位賓客是維斯帕先的長子提圖斯，終有一天他自己也得好好深思這樣的課題。

身為寡居皇后，小阿格里皮娜的角色應是遠離眾人目光焦點，可是她做不到。在幾乎不受限制下，她親自接見使節，處理惡化的亞美尼亞問題。而即使她確實留在幕後（當使節晉見尼祿時，她真的是待在簾幕後面），她不可能對所發生的事不置喙指點。

挑選多米迪烏斯·科爾布洛（Domitius Corbulo）在敘利亞指揮一支戰力加強部隊，就是個例子。身為元老第二代，科爾布洛的父親卻從未當選過執政官，因此對尼祿而言必將不會是對手。不過他像維斯帕先、普勞提烏斯，以及另一人蘇埃托尼烏斯·保利努斯（Suetonius Paulinus）一樣，都很能幹。

當科爾布洛出征東方，慢慢重新確保了羅馬對亞美尼亞的統治，但質疑聲也在羅馬響起，人們懷疑尼祿是否適任，或在沒有他母親輔政下能否勝任統治者。母子兩人關係迅速惡化。尤其，尼祿很努力淡化他是養子的重要性。同時，塞內卡推出一個作品嘲諷克勞狄烏斯神化一事，而且一座紀念克勞狄烏斯的神廟建築進度因而推遲停頓了下來。

尼祿也不喜歡他的妻子屋大薇亞，不久就和女自由民艾特（Acte）有了婚外情。小阿格里皮娜驚駭萬分，擺明她不同意。後來尼祿開始出軌波帕亞·薩賓娜（Poppaea Sabina），也就是提庇留最信任的部屬之一的孫女，此女野心勃勃，圖謀稱后。小阿格里皮娜唯恐她的兒子忘了他之所以能得到皇位，全拜克勞狄烏斯所賜。小阿格里皮娜一生都在宮廷裡打滾，太了解如果沒有關鍵血緣關係，她的家族將無以為繼。她堅持尼祿要維繫住婚姻，不論他愛跟誰有一腿。尼祿才不管這麼多，甚至加速發展他和波帕亞的關係，要她和自己的朋友奧托（Otho）假結婚，而奧托曾傳授他色情足部按摩術。然而事與願違，西元五九年尼祿感到徹底沮喪，決心殺掉他的母親。

暗殺理應看起來像是一樁意外事故。尼祿邀請小阿格里皮娜和他一起到貝亞，告訴她想修補他們的關係。然後他送她去那不勒斯灣搭遊艇。可是船隻早已遭破壞，以致於一出海，小阿格里皮娜所坐的船尾部分就會脫落。確實如此。只不過結局並非尼祿所計畫的那樣。小阿格里皮娜仍是身強體健的運動員，也足夠聰明察覺有人企圖暗殺她。她游泳上岸，被她在當地所擁有的別墅的員工逮個正著，對方送信給她兒子說她在意外中保住一命。一陣慌亂中，尼祿一邊派了一支衛兵分隊去殺她，一邊放出風聲捏造故事說她企圖暗殺自己。這次他成功了。

小阿格里皮娜的葬禮並未公開，她的僕役們取得她的骨灰，日後尼祿被推翻時，僕役為她豎立了一座紀念碑。塔西陀記載道，在他的時代這座紀念碑是某種觀光勝地。

圖23　西元六二至六三年壓印於敘利亞塞琉西亞城的錢幣上圖像，是波帕亞・薩賓娜（尼祿第二任妻子）。

第二十八章 王朝起起落落

小阿格里皮娜遇刺最終也對她的兒子造成致命打擊。她老早深知皇權必須透過一個有能力的宮廷，與元老院裡積極分子通力合作，才能運行無礙，而元老院泰半由新的貴族世家組成，這些新貴族的卓越都要歸功於政權所賜。較為歷史悠久的家族是具危險性的，因為它們可能會主張，為了締造帝國，它們祖輩的付出貢獻並不比尤利烏斯、克勞狄烏斯或多米迪烏斯等氏族少，甚至還更多。尼祿永遠無法解決的難題是：能幹的人才期望他們的上級的能力有一定水平。

尼祿開始厭煩小阿格里皮娜安插在他周圍的那些官員，他們能力好又格外盡忠職守，他們會假意聽從他對他母親的誣陷謊言，一如他對他母親所做的一樣。可是假如尼祿除掉塞內卡和布魯斯，誰會取而代之？尼祿這個人嗜好酗酒、性愛、戰車競賽和表演藝術，生活上都與擅長管理複雜官僚事務的人毫無交集；或者說，由於他們藉著迎合皇帝的異想天開，緊緊操控他而獲得手上的職位。

西元六二年，巨變襲來。布魯斯亡故，塞內卡退休，而保盧斯在西元五六年遭撤職，早已透露尼祿對身為傀儡很不滿意的警訊，但現在保盧斯也死了。大家都認為保盧斯是遭到毒殺。如今職位更上一層樓的那些人當中的佼佼者是奧弗努斯・提戈里努斯（Ofonius Tigellinus），他升官靠的是提供性招待和戰車競賽。這個人原本是警消總監（小阿格里皮娜賞給他的職位，她與提戈里努斯的老婆共享他的迷人之處），後晉升為禁衛軍統領。顯然，屋大薇亞的前途受到嚴重威脅，不過由於尼祿母親遇刺一事在民眾心中記憶猶新，所以尼祿不敢採取行動反對她，不論波帕亞多麼想要尼祿娶她。

提戈里努斯帶領一群朋友，包括兩名元老、他的岳父科索提努斯・卡必托（Cossutianus Capito），還有出名演說家埃普魯斯・馬可盧斯（Eprius Marcellus）。在宮廷內，卡必托和馬可盧斯與自由民排排站，這些自由民最近才剛剛闖出一點名聲，比方說出身祕書處的以巴弗提（Epaphroditus），出身財務單位的波留克列特斯（Polyclitus）和赫利俄斯（Helius），後者在管理帝國的亞細亞領土時，曾為小阿格里皮娜犯下政治謀殺案。

隨著尼祿的核心集團有了改變，破壞統治的第一個危機發生在不列顛。倘若塔西陀的記載沒說錯，近因是在皇室私庫裡工作的行政官員行為不當。由於，塔西陀的未來丈人當時在不列顛駐防，非常有可能塔西陀的記載千真萬確，這件事是近因。不過，還有我們在前一章裡討論過的其他因素。在不列顛社會中，那些因羅馬人到來而得到好處者，與沒有得到好處者之間有著嚴重分歧。而且，羅馬行政官員對地方權力結構缺乏基本的尊重。

在不列顛行省內的分歧和不安，應該沒有引起當時總督蘇埃托尼烏斯・保利努斯（和同名史家蘇埃托尼烏斯沒有關係）的注意。蘇埃托尼烏斯認為在爭奪「時代傑出將領」（great general of the age）這個頭銜上，自己和多米迪烏斯・科爾布洛是敵對的。兩人都寫過回憶錄，這樣的文類自西塞羅的年代以來就不曾見過，也證明了貴族文化有了細微的轉變，從對原來將所有勝利歸諸於皇帝，轉為另一種氣候，元老期待他們身為國家公僕的個人成就得到認可，而非被當作第一公民的競爭者。對於不列顛人來說，一位在前奧古斯都時代想必會感到自在的總督，若出現在此則會是個讓狀況惡化的因素。

蘇埃托尼烏斯的目的是要完成征服威爾斯的大業，威爾斯有股受到宗教煽動欲反對羅馬統治的勢力，其根據地在莫納（Mona）。凱爾特世界的宗教導師德魯伊（Druid）和羅馬共和國一直是歷史上的宿敵，羅馬的興趣不在宗教統一（在一個地方身分認同與地方崇拜緊密相連的世界裡，這是個荒謬的概念），但羅馬會對導致社會不穩定的地方崇拜採取否定態度。西元前一八六年的巴克斯酒神崇拜就是這樣一個例子。更晚近的例子則有元老院曾經在與克麗奧佩脫拉有矛盾期間，禁止「埃及宗教儀式」。

埃及的宗教儀式，最著稱的就是伊西絲（Isis）和塞拉比斯（Serapis）信仰，在亞克興海戰結束後，隨著來到羅馬的都會新人口帶著自己的信仰形式，又在義大利捲土重來。提庇留曾再度禁止崇拜塞拉比斯，驅逐信徒出境，連同城市裡的猶太團體一起流放到薩丁尼亞，去壓制盜匪搶劫。這件事發生在西元一九年，那時當局對元老院涉及婦女淫亂的公德問題憂心忡忡：有一名婦女公然註冊為娼，另一位則被一個冒充埃及神明的人欺騙（這個案件是否涉及猶太團體，我們不得而知）。但禁令並不十分奏效，因此義大利再次出現相當可觀的猶太與埃及團體。確實，歐洲的猶太人團體與拿撒勒人耶穌早有接觸。

想到羅馬通常對鎮壓宗教團體興趣不大，因此國家對德魯伊的態度卻令人震驚。克勞狄烏斯曾經禁止德魯伊教，顯然是因為德魯伊涉及獻祭活人，而這種儀式不為羅馬所容。凱撒曾寫道，德魯伊把人關在柳條籠內焚燒，而且有考古證據顯示，凱爾特的宗教經文裡曾有淹死人的記載。總督蘇埃托尼烏斯率領他麾下大多數軍隊出征莫納，意圖就在剷除德魯伊教。

然而，當他蓄勢待發進行攻擊之際，皇室私庫的管理人卡圖．德西阿努斯（Catus Decianus）在科爾切斯特城外犯下暴行。愛西尼部落（Iceni）的首領身亡，把他的王國留給羅馬。而首領之妻布狄卡（Boudicca）在抗議卡圖搶奪其夫君家業時遭到鞭笞，兩個女兒還被強暴。虐殺當地顯要通常或許不會引起反叛，但它也可能激化科爾切斯特居民沉痾已久的積怨，以及上一章提及的銀行家之流所作所為造成的經濟動盪。

布狄卡是充滿魅力的領導人，開始著手消滅所有羅馬文化的痕跡。當卡圖逃亡到高盧時，她率軍摧毀了科爾切斯特，伏擊派來保衛該城的一支部隊，造成嚴重的傷亡，還一把火燒掉興建中的倫敦殖民地。她的部隊縱火的厲害程度也留在考古證據裡，不過在她的故鄉以外地區，追隨者並不太多，因此蘇埃托尼烏斯在沒有困難之下，就以極少兵力剿滅她的部隊。可是隔年，蘇埃托尼烏斯野蠻對待布狄卡人馬的行徑，遭到新任的地方財務官尤利烏斯．克拉西查努斯（Julius Classicianus，出身不列顛）向法庭控訴，導致他被撤職。

布狄卡的叛亂始於西元六〇年，終於六一年。叛亂平息時，敘利亞遠征軍統率科爾布洛已經處理好亞美尼亞的王位繼承問題，立了一個新王，是梯里達底家族的另一人，從羅馬送回去的人質。科爾布洛的戰術野蠻程度不亞於蘇埃托尼烏斯，兩人的暴行與這些行省日漸盛行的軍事文化不無關係。

軍隊凸顯自己是特權階層。將士們的軍餉相當優渥，而且奧古斯都對婚姻的禁令阻止不了他們與當地人口大規模交流。不過，他們的存在，在概念上代表著遙遠強權，因此將士們自成一個封閉的團體。帝國裡各個不同的區域有不同原住民，他們受到官員的管轄，這些官員來自高於百夫長以上的階級，都是城市貴族，出身於歷史悠久的行省。官員和服役將士之間的分歧幾乎沒有敉平過，這一點強化了軍團社會裡自力更生的那一面。

輔助兵團（auxiliary cohort）是軍隊裡地位日益重要的組成分子，輔助兵團通常在鄰近家鄉的區域服役，他們的領導人應該是地方社區承平時期的領袖人物。於是，軍團和輔助兵團之間發展出微妙的敵對關係。輔助兵團能幹不在軍團之下，但他們不是羅馬公民，同時，他們必須服役二十五年，而不是二十年，而且薪餉微薄。他們一方面看待自己是帝國價值體系的代表，另一方面他們與地方人民的連結，又強化他們表現出自己是社區與整個帝國之間的橋梁。

⁂

發生在不列顛的屠殺以及在亞美尼亞的勝利，或許鼓舞了尼祿他多年來一直想做的事：和屋大薇亞離婚。隨著布魯斯辭世，以及強制塞內卡退休（有此一說，不列顛的慘劇肇因於他借錢的惡習），屋大薇亞在宮廷裡半個盟友都沒有。她被指控通姦，遭到流放，繼而暗殺，但是尼祿有一點錯判局勢：此時動亂紛紛，抗議那在羅馬人眼中不公不義的事情。尼祿卻不顧一切娶了波帕亞，並將她的前夫派去盧西塔尼亞行省當總督。皇帝的宴會愈形奢靡，而儘管尼祿娶了他看似深愛的女性，但他又開始公然做起性愛實驗，比方說和他的自由民奴隸辦假結婚。他也鼓勵上流階層藐視其他習俗，像是有些人追隨尼祿登台表演，還有些人登記參與角鬥士比賽。

尼祿荒淫玩樂之際，東方的局勢直轉而下。尼祿任命援助科爾布洛的將領凱森尼烏斯・派圖斯（Caesennius Paetus）在亞美尼亞的軍事行動，因為遭遇帕提亞王國部隊猛烈突擊而一敗塗地。派圖斯的部隊在科爾布洛解救他之前投降，而如今帕提亞王國掌控著亞美尼亞的王室。科爾布洛因此被賦予在整個東方行省「等同老龐培」的統率權（Tacitus, *Annals* 15.25.3）。西元六四年，他行使他的新權力去談判，協議亞美尼亞的王位將由帕提亞王國候選人繼承，並由尼祿在羅馬為新王加冕。兩年後，當帕提亞國王的使節抵達羅馬時，尼祿的政權已經搖搖欲墜。

那年夏天，一場大火燒毀了一大半的羅馬城。即使（如一些人所說）尼祿沒唱特洛伊滅亡那首詩歌，來回應這場大災難，但尼祿的信譽仍大受質疑。假消息可能成真，因此大家都相信他是縱火的元凶。尼祿決定要在巴拉丁諾山、凱里歐山（Caelian Hill）和埃斯奎利諾山山坡上，給自己興建一座宏偉的新宅邸：黃金宮（Golden House），且大聲清楚地宣布他將從這場災難中營利。新宅邸建造過程異常快速。而在此時，尼祿遭遇了一次組織不良的政變攻擊，領頭的是元老院一名資深元老，蓋烏斯・卡爾普爾尼烏斯・皮索（Gaius Calpurnius Piso），是半世紀前曾和日耳曼尼庫斯爭吵不休的格奈烏斯・皮索的孫子。小皮索在宮廷內缺乏必要的人脈可用，而且陰謀曝光使得尼祿支持者有機可趁，剷除了無數對手。塞內卡被賜自盡。尼祿一向嫉妒的塞尼卡姪兒、詩人盧坎（Lucan）也是。

小皮索的陰謀令尼祿惴惴不安。次年，尼祿又命令更多人自我了斷（這是剷除貴族的偏好方式），包括詩人蓋烏斯・佩特羅尼烏斯（Gaius Petronius），在元老生涯中曾擔任敘利亞總督，成績斐然，也曾針對宮廷派系的重要問題提出建議。特拉西亞．派圖斯（Thrasea Paetus）是另一人，他因堅持元老院要謹慎以對很多人眼中的瑣碎小事，特別容易激怒尼祿和許多元老院同僚。後來派圖斯在小阿格里皮娜遇刺事件後，從公職生活退隱，以示抗議。派圖斯炫耀似的充滿道德生活風格，和他聲稱仿效尼祿的祖輩小加圖（派圖斯曾寫過一本關於小加圖的書），不啻高舉一面無情的鏡子，正對照著尼祿反傳統的所作所為：一個明目張膽拒絕尊重奧古斯都傳統的人，能合法勝任奧古斯都創立的職位嗎？

現在是沒問題，因為帝國的制度已非傳統的共和體制，其運作方式全繫於某些擁有「自由」的小圈子。對某些人來說，自由意味著沒有帝國法庭；對另一些人而言，新的制度是改良以往動盪不安、難以捉摸之過去的必要手段。一些像是小加圖或龐培的人士可以成為新秩序成員的道德典範，而大家可以討論凱撒是否值得一死。不過，即使當這類意見受到宮廷支持，某些問題依然叢生，比如說在一個連法庭都幫忙掩護卑劣行為的世界裡，自由算什麼。

在殺害波帕亞時，尼祿的心智穩定程度更令人存疑。尼祿毆打當時有孕在身的波帕亞，導致波帕亞流產身亡。事後尼祿表現出極度悔恨，據稱在羅馬城外爛醉如泥，給波帕亞葬禮燒了非常大量的焚香。

可是他值得相信嗎？即使是對他自己的部屬？西元六六年年底，他前往希臘旅遊，參加奧林匹亞、德爾菲、地峽、尼米亞（Nemea）所舉行的盛大藝術與體育慶典活動，所有的盛會都為了配合他而改期。途中，他傳喚了科爾布洛到科林斯見他。如今已經被解除統率權的科爾布洛抵達時，遭尼祿暗殺。這個事件成了最後一根稻草。大家就要洞悉帝國的大祕密了，因為塔西陀這樣描述它：

「在羅馬以外的地方製造一個皇帝」是可能的（Tacitus, *Histories* 1.4.2）。

就在尼祿前往希臘之際，猶地亞爆發叛亂。這場暴動是羅馬在高度傳統的社會中遇到的又一個難題，這樣的社會並不按照都市文化的規則運作，而都市文化卻是帝國制度所提倡的。在這次的例子中，對於解決地方上猶太與非猶太人之間的長期對峙，羅馬行政官員束手無策；而猶太社區的分裂性本質很容易導致激進派系的出現。在國王希律・阿格里帕宮廷之外缺乏管理團體，而國王只統治該地區的一部分，使得情況更加惡化。偏偏沒有具影響力的人士可以出面，在猶地亞內部做有效協商，要求羅馬派個能幹的總督前來。於是在歷經數個多月日漸艱辛的戰鬥之後，事情發展成有一個在耶路撒冷成功奪權的激進團體，說服神殿祭司不再為尼祿和羅馬舉行獻祭禮。這麼做無疑是宣戰。西元六六年十一月，情勢加劇惡化，當時的敘利亞總督塞提烏斯・伽盧斯（Cestius Gallus）在耶路撒冷郊區的貝多倫（Beth-Horon）遭徹底擊潰。

在科爾布洛死去，伽盧斯顯然無能的情況下，尼祿的參謀們得另覓新將領重啟猶太戰爭，還要給敘利亞行省再找一名新總督。他們選中了維斯帕先擔綱戰爭指揮官，而李錫尼烏斯・穆西阿努斯（Licinius Mucianus）取代伽盧斯成為敘利亞總督。眾所周知這兩人不合。維斯帕先已有十五年之久不曾上戰場，可能不是理所當然的人選，尤其據說他曾在尼祿的藝術演出中一路睡到底，不過他的確在宮廷裡擁有人脈；他的哥哥深受朝廷信任，而且他的多年老相好是安東尼雅・卡尼絲，她曾揭穿塞揚努斯的陰謀。

維斯帕先可不是傻瓜。他待在朝廷的時間夠長，足以看穿要贏得戰爭是充滿危險（他可能仔細反省過蘇埃托尼烏斯退隱而科爾布洛遭謀害之事）。縱使在西元六七年率軍進入加利利（Galilee）

出征之際，維斯帕先也在聯繫其他想要剷除尼祿政權的人士。到了西元六七年底這個陰謀已安排妥當，據說尼祿好友的奧托，還有北西班牙行省年邁無後的總督加爾巴，都參與其中。

赫利俄斯雖然僅只是一個自由民，但一直在負責管理羅馬宮廷，聽到風吹草動後寫信給尼祿，建議他立即返回義大利，可是沒被理睬；尼祿直到入秋都留在希臘。西元六八年三月，尤利烏斯·文德斯（Julius Vindex），亦即阿基坦尼亞的總督，宣布效忠元老院和羅馬人民，從而聲討尼祿。維斯帕先立即停止出兵，因此他必然知道事有蹊蹺。羅馬亂象叢生，年輕的禁衛軍統領尼姆菲迪烏斯·薩比努斯（Nymphidius Sabinus）與陰謀者有聯繫，而在同一時間裡，禁衛軍統領提戈里努斯突然不再活躍，任憑文德斯發出的攻擊命令在城裡流傳。有一度出了小問題：上日耳曼總督維吉尼烏斯·魯弗斯（Verginius Rufus）在維森提奧城外與文德斯議事，但維吉尼烏斯的人馬失控，屠殺了文德斯的部屬，而文德斯本人也自殺。軍隊要維吉尼烏斯繼任皇位，可是他拒絕了，宣布自己要效忠加爾巴。

西元六八年六月九日，尼祿正裡解到他已遭到背叛，逃出宮廷藏身於一名自由民的屋內。這很可能是個陷阱。聽聞追捕的風聲，唯恐遭到羞辱，尼祿遂自我了斷。在薩比努斯大力鼓吹下，禁衛軍宣示擁護加爾巴稱帝。元老院跟著迎合。尼祿被葬在（其父系）多米迪烏斯·阿海諾巴布斯氏族的陵墓內，象徵著被驅逐出奧古斯都家族。

加爾巴沒有子嗣，這很重要，因為這使得他要協議找一名繼承人。各路派系都提出人選。其中一人是薩比努斯，他主張自己是卡利古拉的私生子，以過渡時期的皇帝自居。當他明白自己得不到永久的差事時，企圖在禁衛軍營發動政變。禁衛軍對先前有如衝動購物般的行為感到後悔，於是就殺了薩比努斯。

另一個認為自己該得到這份差事的人是奧托，他有宮內的大力支持。另一人似乎是維斯帕先的長子提圖斯，他啟程前往羅馬，他的叔父弗拉維烏斯・薩比努斯（Flavius Sabinus）在那裡操弄有利於他的輿論。加爾巴是個勢利小人，他厭惡必須挑選出家世不如他顯赫的人來當他的繼承人。他也可能同樣目光短淺。帝國最有權勢的軍隊是上日耳曼與下日耳曼的軍團，整整有八個軍團，而在這裡，加爾巴卻將兩處的統帥統統撤換，製造混亂。他換掉上日耳曼的維吉尼烏斯（聲稱這麼做是因為對方背叛尼祿，而不是加爾巴並不全然信任他），並以老邁又無足輕重的人取而代之。接著，加爾巴默許，以謀反為由謀害了下日耳曼行省總督，再任命克勞狄烏斯的老友盧基烏斯・維特留斯之子小維特留斯[1]遞補已故總督的職缺。這麼一來，加爾巴便將所謂的謀反者，換成了真正的謀反者。

維特留斯知道要奪取皇位就必須獲得鄰近軍隊的支持。他著手準備，透過凱基納（Caecina）和瓦倫斯（Valens）兩位軍團司令的運作，此二人對加爾巴懷恨在心，並利用上日耳曼行省總督軟弱無能，再去招募那些覺得自己在背叛尼祿時，沒有得到足夠犒賞的部隊。有鑑於祖先光環仍然重要，因此維特留斯搬出了他知名的父親，三屆執政官與監察官，這些光環能給如他這樣的人所欠缺

1 編按：原文此處似乎有誤。盧基烏斯・維特留斯有兩個兒子，長子奧盧斯・維特留斯，次子盧基烏斯・維特留斯（跟父親同名），接任下日耳曼行省總督的似乎是奧盧斯・維特留斯（西元六八至六九年），而不是小維特留斯。下文提到維特留斯的應該都是指奧盧斯・維特留斯，他後來也成為皇帝。

的地位。

西元六九年一月一日，上日耳曼軍團拒絕宣示效忠加爾巴，叛亂一觸即發；該軍團宣示效忠的是羅馬元老院和人民，因此確保了維特留斯在義大利動身出征前不至於面臨區域性的內戰。維特留斯自己在此時並未自立為第一公民，不過他聲稱自己是羅馬的代表。有一位支持者給了他一把劍，此劍曾是凱撒本人的配劍，而且供奉在科隆的戰神廟。

一切盡如計畫，而且到了一月中，準備工作進展到入侵義大利。那時候，加爾巴應該死了，而維特留斯面對的皇帝是奧托。

加爾巴排除眾議，選了皮索家族的一員當養子。此人最近才從流放返鄉，所以並不是出身於西元六五年涉及謀反的家族支系；他是西元五八年執政官、凱撒岳父的曾孫。塔西陀記載了加爾巴的一次演說（如同塔西陀一貫的敘事風格，他呈現的是內容梗概而非實際上的遣詞用句），演說中顯示加爾巴對於兩家族結合感到欣喜，宣布領養一事讓他有機會找到最佳人選成為繼承人，並且，國家再也不會淪為尤利烏斯和克勞狄烏斯氏族那般私相授受。塔西陀文中語帶深刻譏諷，儘管他在此處或許代表著他自己時代裡皇室收養的思想，但他顯然認為，這個資歷淺薄的人非常不適合出現在這危機之中。在維特留斯叛變的消息傳到羅馬的數小時內，收養的決定就確立無疑了。

奧托立刻在禁衛軍當中組成一個小組，用他信任的人去招募其他人員。一月十五日，他的計畫到了收網的時候。當聽到禁衛軍宣稱另個人登基稱帝時，加爾巴渾身顫抖慌亂，接著派人將自己帶到廣場去，奧托的人馬在廣場攔下他的轎子，斬首處決加爾巴。接著沒多久他的養子皮索也遭殺害。在細數加爾巴的一生時，塔西陀強調：「如果他沒有坐上那個位子，所有人都認為他有能力統

治。」（Tacitus, *Histories* 1.49.4）

事情進展神速。維特留斯因為內戰宣傳的結果，博得了一個遊手好閒、吃喝玩樂的名號（還有更多假消息），西元六九年四月初，當奧托在羅馬附近招募一支雜牌軍時，維特留斯設法在整個阿爾卑斯山組織一支兩萬兵力的部隊，由凱基納和瓦倫斯出任指揮官。在波河河谷打了幾場前哨戰之後，兩方敵軍狹路相逢，多少有些意外。奧托的人馬經過長途跋涉已筋疲力盡，勉力苦戰一番後，敗北逃去附近的貝德里亞庫姆（Bedriacum）。那簡直算不上是一次決定性的敗仗，而且巴爾幹駐軍已來增援奧托，還有一些援軍來自默西亞行省（Moesia，今天位於塞爾維亞、羅馬尼亞和保加利亞部分境內），也已經抵達北義大利。可是奧托意志力已然崩潰。在會見過他的資深軍官之後，奧托自裁而亡。塔西陀評論道，他是「把皇權帶到新的家族」的第一人（Tacitus, *Histories* 2.48）。

眼前一片坦途讓維特留斯自立為帝，在展現對憲法規範的尊重下，他會這麼做的。他始終不曾明目張膽自稱皇帝，直到五月法規授予他皇權的時候。可是遠在那個當下，他就已經給了自己的政權致命的一擊。當貝德里亞庫姆慘案發生時，他尚未抵達義大利。在里昂舉行的凱旋式典禮上，維特留斯赦免了奧托的將領，這些將領當眾坦承是在他們的人馬拙劣的操弄下背叛了皇帝。他也赦免了奧托的兄弟，但下令處死默西亞行省最驍勇善戰的親奧托派百夫長。至於維特留斯是如何得知誰是這些人，或是這些指控是否千真萬確，我們不得而知，而且他對待資淺與資深軍官有何差別，也無人知曉。同樣地，維特留斯決定開除奧托的禁衛軍，並以北方軍團的人員取而代之。儘管這是個明智的預防措施，卻給人留下一個印象，覺得人的痛苦和他們的重要性成反比。而在試圖推行一個新的「團結政府」時，他種下了自取滅亡的種子。

處死默西亞行省親奧托黨人的決定，疏遠了多瑙河的部隊，抵達北義大利的三個軍團成員在返回軍營聽取另一位皇位聲索者的談話之前，就先舉行了一番簡短的反維特留斯示威。這個皇位聲索者就是維斯帕先，他為自己安排了鼓掌表決通過，第一次是七月一日在亞歷山卓，由埃及總督帶頭。接著是兩日後，駐防在巴勒斯坦的各支軍團對他表達支持，而敘利亞營區在這一週的週末也輸誠了。

維斯帕先花了數個月時間為政變鋪路。他的弟弟弗拉維烏斯．薩比努斯曾在加爾巴朝中擔任羅馬長官（prefect of Rome），並在加爾巴的暗殺事件後數個月中，維斯帕先開始了解到要和敘利亞總督穆西阿努斯取得諒解，攜手合作。他如今開始散播神蹟般的故事；他很在意要被看作是眾神揀選的人，為了達到這個目的，他釋放一年前在加利利拘留的猶太領袖約瑟夫斯（Josephu）。約瑟夫斯日後是猶太族群的大歷史學家，曾預言維斯帕先會當上皇帝。同樣的預言也曾出現在賽普勒斯帕福斯城（Paphos）獻給阿芙蘿黛蒂的神龕，還有另一次預言出現在敘利亞迦密山（Mount Carmel）的祭禮上。在發出聲明後，維斯帕先繼續趕往亞歷山卓，在他治癒病患時，塔西陀說：「發生了許多神蹟。」（Tacitus, *Histories* 4.81.1）

維斯帕先遇到的麻煩沒有他預期的多。他既然人在亞歷山卓，便能在長期爭戰期間掌控前往羅馬的運糧船。他的長子提圖斯留下來對付巴勒斯坦的叛亂，而穆西阿努斯奉命率領來自敘利亞的軍隊入侵義大利。維斯帕先寫信給萊茵河的輔助兵團領袖，極力主張要他們叛變——有一點諷刺的是，鑑於他在技術上負責的是平息民族主義叛亂的行為，他卻試圖在帝國的另一個地方引發叛亂。凡此一切被證明全是矯枉過正，維斯帕先低估了多瑙河的駐軍對維特留斯的反感，以及維特留斯手下大將，凱基納和瓦倫斯之間的似海深仇。

八月初，巴爾幹軍團的統帥們在波圖維奧（Poetovio，今天斯洛維尼亞的普圖伊）開會，商討維斯帕先寫來的信。各大行省總督，亦即奧托所委任的舊人們，允許有聲名狼藉過去的安東尼烏斯．普里默斯（Antonius Primus），以及地方財政官科內留斯．弗斯庫斯（Cornelius Fuscus），去推動計畫。這兩人確保了大家普遍支持維斯帕先，並在普里默斯敦促下，整軍預備入侵義大利，不等待快馬加鞭趕路的穆西阿努斯。普里默斯想趕在維特留斯從日耳曼軍團增援之前抵達義大利，因為他的人馬近日已經身在義大利，他知道那裡的團體擔心因支持奧托而遭到報復。

就在九月七日他生日剛過，維特留斯收到巴爾幹軍團在進軍中的消息，義大利的防禦開始瓦解。出於嫉妒瓦倫斯，凱基納和普里默斯搭上線。十月十二日，羅馬兩大艦隊之一，駐守在拉溫納城的艦隊（另一支駐守在米塞努姆港）宣布效忠維斯帕先。十月十八日，凱基納試圖要他的兩個軍團起而效尤，但卻遭到逮捕，居留在克雷莫納。過了六天，普里默斯的部隊在非常靠近數月前擊敗奧托軍隊處，與凱基納之前的軍隊狹路相逢。經過漫漫長夜絕望的鏖戰，維特留斯的部隊戰敗。凱基納出面協商在克雷莫納的投降事宜，這地方曾被普里默斯占領並洗劫了一番。聽到消息，瓦倫斯逃之夭夭。後來他被捕遭處決。凱基納保住一條命，在維斯帕先宮廷中風光過一段時間。

普里默斯停頓了一陣子，好讓穆西阿努斯能趕上他。十一月底時，他們的聯軍進逼羅馬。維特留斯束手無策難以阻擋他們。當米塞努姆港的艦隊也見風轉舵時，維特留斯就只剩下禁衛軍，他們反正奮戰到底也毫無損失，還可望在維特留斯倒下時，盡快離開——的確，他們是維特留斯在世最後幾天的驅動力。弗拉維烏斯．薩比努斯依然在羅馬，和維斯帕先的小兒子圖密善（Domitian）在一起，維特留斯和薩比努斯斡旋談判，安排好要在十二月十八日宣布退位。但禁衛軍拒絕讓他這麼做，薩比努斯在他的姪兒和一夥人協助下，占領了卡必托里山。他們抵抗了一天，直到禁衛軍蜂擁而至衝破防禦，燒掉了偉大的神廟。薩比努斯戰死，但圖密善逃逸躲了起來。

十二月二十日，維斯帕先的兵馬一路攻打到羅馬城，維特留斯被暴民所殺。維斯帕先當上了西元六九年的第四位皇帝。[2]

2 編按：因為西元六九年羅馬一共有四位皇帝（加爾巴、奧托、維特留斯、維斯帕先），因此又稱為「四帝之年」。

第二十九章　重新塑造羅馬

維斯帕先做過美夢，夢中他與兒子們被放在天平的一端，另一端是克勞狄烏斯和尼祿。完美平衡。為他立傳的蘇埃托尼烏斯認為，維斯帕先的王朝能享有克勞狄烏斯和尼祿加總起來的國祚（二十六年），十分不簡單。

一開始，這個美夢有另一番截然不同的解讀方式。維斯帕先將它透露給元老院，「證明」眾神已經同時決定了他和他子嗣的未來。這對他很有用，不過對我們來說，這樣的觀點很有趣，因為這告訴我們他是如何看待近代歷史的。尼祿與克勞狄烏斯依舊舉足輕重，奧古斯都和提庇留是古老的人物，而忽略掉卡利古拉或許是最好的方式。那理當是維斯帕先何樂不為之事，因為他早年在擔任元老時，卑鄙奉承卡利古拉而引人矚目。然而眼前的難題是，對於官僚君主制取代奧古斯都與提庇留觀點中井然有序的共和體制，他是否能應付得來。維斯帕先視克勞狄烏斯為君主制的鼻祖，他付出很多努力想恢復克勞狄烏斯的家國大計，而不要尼祿的。

不過，在維斯帕先能恢復任何東西之前，國事如麻，百廢待興。猶太叛亂必須處理，還有他試圖動搖萊茵蘭一帶維特留斯的支持力量時，卻引發一場異乎尋常的叛變，甚至當穆西阿努斯正率兵奔向羅馬，竟讓事態愈發活躍。

在維特留斯南下之前，萊茵河河谷一帶的政局早已一直都很不穩定。萊茵河南岸是巴達維人（Batavians）的家園，這個部落向來以好戰為榮。他們與毗鄰南界的一些部落，曾提供輔助兵團給羅馬軍隊使用。在不列顛軍事行動期間，這些團體領袖之間的聯繫，很可能促成這網絡的發展，而維斯帕先對此必須率先處理。叛軍中的一個首領尤利烏斯・克拉西庫斯（Julius Classicus），根據出土於倫敦的石碑記載，在布狄卡叛亂之後，他是當地輔助兵團的指揮官。在叛變推翻尼祿之前，這個區域的動盪不安始終暗潮洶湧，因為下日耳曼的總督豐提烏斯・卡必托（Fonteius Capito），曾經將一名涉嫌叛國的巴達維人貴族尤利烏斯・奇維里斯（Julius Civilis）送交尼祿。加爾巴釋放了他，而卡必托被他的人馬殺害。若不是奇維里斯引起了維特留斯猜疑，一切都會好好的。問題出在奇維里斯和普里默斯是好友，在八、九月時，奇維里斯收到普里默斯的來信，敦促他領兵起義反叛維特留斯。

奇維里斯人面極廣，而且他和猶太叛軍的首領不同，後者與羅馬權力結構少有連結，這次叛軍的領導階層如今基本上都來自羅馬的行政管理體系。奇維里斯只有一隻眼睛，喜歡拿自己與漢尼拔和塞多留做比較。另一名叛軍首領尤利烏斯・薩比努斯（Julius Sabinus）聲稱自己是凱撒私生子的後裔，並且把卡必托里山的朱比特神廟遭逢祝融，視為羅馬政權即將告終的徵兆。這場叛亂，導致克拉西庫斯宣布自立為「高盧人的帝國」（Empire of the Gauls），與其說是反羅馬，還不如說是另個羅馬。在內戰一片混亂當中，奇維里斯顯而易見抱著希望，想建立獨立的「飛地」（enclave）橫跨在他可以自行治理的萊茵河口。這一點也是克拉西庫斯的想法。

奇維里斯受到下日耳曼總督霍德尼烏斯・弗拉庫斯（Hordeonius Flaccus）襄助，他曾經迫不得已支持過維特留斯，如今立志與維斯帕先結盟。由於霍德尼烏斯的人馬都效忠於曾與維特留斯南征的同志們，所以他協助維斯帕先的方式就是允許奇維里斯在毫無阻礙下壯大自己的勢力。奇維里斯確實這麼做了，把他的巴達維人部隊和北境來的人結合在一起——他跟一位神聖女人名叫薇樂達（Veleda）結盟後，更促成他這麼做。據說，薇樂達擅長預測未來。當克雷莫納的消息傳來，狀況變得更加複雜，這時候霍德尼烏斯正試圖要求他的部屬宣示效忠維斯帕先。但他們卻殺掉了霍德尼烏斯。

霍德尼烏斯遇害給了奇維里斯藉口持續攻擊軍團，贏得一些重要勝利。奇維里斯占領了維特拉（Vetera，現在的北萊茵—西發利亞的贊滕），這地方由兩個油盡燈枯的軍團來防守。在宣示效忠高盧人的帝國後，他們遭到屠殺。在維特留斯派的指揮官紛紛死於暗殺後，克拉西庫斯身穿羅馬皇帝服，統領另外三個軍團（亦即上日耳曼的駐軍）。到了春天，叛軍控制了萊茵河邊境相當大的範圍。

維斯帕先並不知道發生了什麼事，而負責治理羅馬的穆西阿努斯總督，企圖另起爐灶，創立新政府，也就是說要去應付他並不怎麼信任的人。圖密善還很年輕，而且按某些人的說法，很是粗魯可憎。元老院在城市法務官赫爾維迪烏斯・普里斯庫斯（Helvidius Priscus）的領導下，有力地堅持了自己的立場，雖然它確實通過了一項法案，賦予權力給維斯帕先，但普里斯庫斯指出，這樣做是元老院的決定。同樣太過逞英雄的普里默斯，因為絕大部分的事情都做錯了，包括摧毀克雷莫納，遭到怪罪，被催促早日退休隱於南法。倖存的禁衛軍統領都遭到降級；倖存的禁衛軍部隊，即維特留斯的黨羽，都被撤除。維斯帕先的一個家族老友被任命成為禁衛軍統領，可是他和圖密善過從甚密，引起跟穆西阿努斯的磨擦。

還有，在義大利的部隊數量之多也是個問題，若想避開麻煩，他們就必須被遣返行省。由於穆西阿努斯被卡在義大利，在政治上唯一可靠的人是維斯帕先的女婿佩蒂留斯・克雷利斯（Petilius Cerealis），也就是不列顛的指定總督。除了和維斯帕先的關係之外，佩蒂留斯始終都不是主將的上上人選。他的輕率眾所周知，在布狄卡叛亂期間他出一隊人馬去營救科爾切斯特，但是卻中途被伏擊，損失慘重。近期裡，他也因為帶領一支騎兵隊前進羅馬，同樣也損失眾多人馬。

佩蒂留斯被遣往北方，帶著一大隊兵馬，裡面結合維特留斯的軍隊和普里默斯的巴爾幹軍團，以及一支來自西班牙的軍團。利用他的數量優勢，加上施展一些外交手腕，收復上日耳曼的駐防地，並且在夏季末大致重整了萊茵河的局面。在圖密善陪同下，穆西阿努斯前往高盧，他在那裡安排了巴爾幹與萊茵河軍團互相調防的事宜，以便於能重建後者，並將維特留斯黨人從他們的家鄉根據地清除殆盡。從此往後，任何地方若要部署輔助兵團駐防，僅限於在他們故鄉之外的行省。叛變的首領當中，克拉西庫斯被殺，而奇維里斯和薇樂達溜掉，藏身於日耳曼森林裡。

西元六九年，維斯帕先的長子提圖斯被留下來統領猶地亞，並在七〇年三月圍攻耶路撒冷。耶路撒冷的銅牆鐵壁，加上裡頭防禦堅強的設施，最重要的還有偉大的神廟，使得頑強抵抗者得以固守城池。直到八月，提圖斯的部隊才終於破城攻入神廟，徹底洗劫一空，拿走最珍貴的寶物，打算在十一月舉行的凱旋式典禮上耀武揚威。猶地亞部分地區仍舊持續抵抗了四年，直到羅馬人粉碎了他們的防禦工事，而馬薩達（Masada）的抵抗者寧可自殺也不投降。

＊

維斯帕先在西元七〇年秋天抵達羅馬，此後再也沒有離開義大利。他將精力集中在恢復之前被尼祿與接下來的戰亂毀壞的國家財政上，同時監督著羅馬浩大的建築計畫，以及帝國防禦的重建。他之所以令人懷念不已，是因為他用富開創性的方法增加收入（包括徵收尿稅），而且也因為大致上來說他算是個好的統治者。塔西陀知道維斯帕先在卡利古拉手下的所作所為，但他認為維斯帕先在成為皇帝之後，行為有實際的改善。塔西陀強調維斯帕先在勸阻元老炫耀性消費時的個人風格重要性，也很欣賞他促進新家族崛起晉升上層權力階級。塔西陀因為岳父尤利烏斯·阿古利可拉（Julius Agricola）而與宮廷有往來，阿古利可拉曾陪同佩蒂留斯到萊茵河和不列顛，後來他在這些地方長期服役，努力為北方邊境重拾秩序。

個人的人脈影響重大。提圖斯從猶地亞回來之後，接任禁衛軍統領一職，這是非比尋常的做法，因為以前從沒有元老擔任過這個職位，可是他把這個位子做得像是他父親的副手一般。在東方，當猶地亞叛亂平息之後，馬庫斯·烏爾皮烏斯·特拉揚努斯（Marcus Ulpius Traianus，後來的皇帝圖拉真的父親）擔任一個類似科爾布洛角色，監督波斯邊境進行徹底的重組。

前猶太叛軍領袖、後來成為羅馬演說家兼維斯帕先私人預言師的約瑟夫斯，在猶地亞戰亂結束後搬到羅馬，寫書否認他背叛自己的族人。這些著作包括他尚存的猶太戰爭史，書裡將這衝突呈現為是場猶太人的內戰，而羅馬人涉入其中，為的是捍衛公共秩序。他說，猶太人受到激進分子誘惑誤入歧途，就像他擔任加利利指揮官的時候也是如此。他接著又寫了一部長達十九冊自己民族的歷史，從他族人最早的起源，一直寫到叛亂爆發。他還寫了一部自傳，駁斥對他的指控（另一個猶太人提出的），這指控說約瑟夫斯對自己其實就是叛亂者一事說了謊。約瑟夫斯還寫了一部書為猶太教辯護，回應希臘語法學家與辯士阿皮翁激烈的反猶主義。他的《猶太古史》（*Antiquities of the Jews*）、自傳《約瑟夫斯的生平》（*The Life of Flavius Josephus*）、《駁斥阿皮翁》（*Against Apion*），都是在維斯帕先（西元七九年）和提圖斯（西元八一年）死後，以及圖密善（西元八一至九六年在位）和有力的自由民以巴弗提庇護下完成的。

在猶太叛亂期間，約瑟夫斯並非唯一靠著在總部結下的人脈而蓬勃發展的唯一一人。提圖斯深陷於貝倫妮絲（Berenice）的情網中，此女是猶地亞國王希律・阿格里帕的妻子。當提圖斯回到羅馬時，被迫把貝倫妮絲留在猶地亞，但幾年後，他便將她帶到羅馬作伴，而她就一直留下來，直到老死。另一名倖存者是凱基納，他在西元六九年的叛變得到了豐厚的獎賞。同樣權力滿盈的還有埃普魯斯・馬可盧斯，他是提戈里努斯的好友，而我們懷疑，他同時也是維斯帕先的好友。埃普魯斯最出名的一件事就是他在西元七〇年一月於元老院遭受攻擊，質疑其人格時，所做出的反應。塔西陀回憶道，埃普魯斯提醒他的同僚：「我們嚮往好皇帝，但卻與我們現有的共處。」（Tacitus, *Histories* 4.8.2）西元七五年，這兩人都冒犯了提圖斯。凱基納立刻遭處決，埃普魯斯在一場作秀性質的叛國罪審判後，自殺身亡。

*

帶頭攻擊埃普魯斯的始作俑者是特拉西亞・派圖斯的女婿赫爾維迪烏斯・普里斯庫斯；派圖斯

過去曾觸怒尼祿（埃普魯斯是導致派圖斯被迫自殺的那些人之一）。普里斯庫斯似乎一直都很怨恨，被他視為尼祿馬屁精的人竟在維斯帕先朝中繼續有權有勢，而他的直言不諱也讓他被流放，以及接下來提圖斯一聲令下處決了他。派圖斯和普里斯庫斯所提倡的對小加圖的崇拜，是對這時代所特有的傳統敘事進行的反思。維斯帕先在位末期的詩人瓦萊里烏斯・弗拉庫斯（Valerius Flaccus），廣泛重新詮釋了伊阿宋（Jason）和阿爾戈航海英雄（Argonauts）的神話故事，在神話王國科爾基斯（Colchis）的故事添加了一場內戰，人物形象影射羅馬覺得愈來愈棘手的多瑙河一帶的部落。神話重述因此可以被用來彰顯永恆的真理，比方說內戰是個壞主意這樣的事實。

這個年代最偉大的詩人之一帕皮尼烏斯・斯塔提烏斯（Papinius Statius），他很讚揚詩人盧坎描寫凱撒與龐培之間內戰的未完成作品；斯塔提烏斯寫了自己的內戰史詩，重述「七將攻打底比斯」的神話，故事描述在特洛伊戰爭前，這個世代的偉大希臘英雄們，如何努力幫助波呂尼刻斯（Polyneices）收復先前遭其兄弟奪走的王位。再轉往現代的主題，他寫了圖密善在日耳曼多場奮戰的史詩，以及無數短詩，向各式各樣與他同時代的人物致敬。另一位元老，也就是尼祿朝中最後一任兩位執政官之一的西里烏斯・伊塔利庫斯（Silius Italicus），為漢尼拔戰爭做了大規模的詩篇重述，文中他不光是以維吉爾的文體重寫了李維作品的很大部分，還將漢尼拔年代的元老院經典化（canonisation）為一群品德高尚的原始人。

西里烏斯對元老院的願景，在主題上與維斯帕先政權最引人注目的作品之一——老普林尼（Pliny the Elder）長達三十七冊的《自然史》（*Natural History*）有關聯。老普林尼之前寫過日耳曼戰爭的重大歷史，以及之後的尤利烏斯—克勞狄烏斯王朝史。在《自然史》裡，老普林尼最關心的是：人為了自己的快樂而歪曲本性，以及奢侈品危及個人道德。他是維斯帕先的親近夥伴，而這部巨著正是獻給提圖斯的；他在提圖斯朝中擔任過米塞努姆的艦隊指揮官。老普林尼鄙視蘇拉，認為他是個殺人魔，但對馬略看法較為肯定，相當讚賞他戰勝辛布里人和條頓人。老普林尼對大西庇阿的生平深感興趣，也很推崇老加圖，並且表揚遙遠古代英雄，比方說曼利烏斯．登塔圖斯（Manlius Dentatus）和「盲者」阿庇烏斯．克勞狄烏斯（Appius Claudius the Blind）。他記載了許多關於尤利烏斯—克勞狄烏斯王朝的事蹟，內容涵蓋了他們的飲酒品味，以及提庇留配戴桂冠以防雷擊的習慣，到據說和他們崛起和衰敗有關的種種奇蹟。老普林尼似乎對小阿格里皮娜評價不太高（他欣賞克勞狄烏斯，對其遭毒殺感到震驚），覺得尼祿違反自然天理，卡利古拉也是。

回憶這些往事顯示出帝國內圈成員的話語並非對個別皇帝不加批判，即使內容是支持帝國政權。皇帝注定要被人拿來和其他帝王品頭論足，這是從奧古斯都時代以來思想上的重大轉變，也就是說好人壞人要一起評比。在賦予維斯帕先皇權的法律裡，只有三位先帝，奧古斯都、提庇留和克勞狄烏斯被奉為有價值的前輩。

弗拉維烏斯王朝時代，文學與知識環境活力充沛的情形不僅限於羅馬。圖密善在位時，眾多造訪羅馬城的旅客當中，有一人是喀羅尼亞來的蒲魯塔克。他返鄉後創作了希臘與羅馬名人的平行傳記，以及一系列凱撒家族的生平，始於奧古斯都，一路寫到了西元六九年。他同時也留下龐大的文集，主題涵蓋極廣，上從理想的個人舉止和良善婚姻（他認為婦女應當徹底服從他們的丈夫），下至文學批評、宗教與政治。他的兩部政治家指南書，抨擊那些會招致皇室當局側目的活動。那些為博取群眾歡心而贊助秀場以及競爭表演的人，應該謹記永遠有更高的權威。這樣的觀點和約瑟夫斯所表述的不謀而合——只要猶太社區的領導人承認他們在羅馬制度中的地位，猶太群體就有可能保持其完整性，而希臘城邦領袖也可以擁抱他們的文化傳統，成為帝國社區的一員。相應地，帝國的行政官員則認為，自己是提供他們地方上的同行所欠缺的專業。理想上他們是導師，致力促進地方文化，並維護法律與秩序。

對羅馬的看法，蒲魯塔克立場是站在光譜的另一端。他認為忠誠和成功要表現在對城市文化的共同興趣上，但是那個文化並非人人適合。猶太人，至少東方行省的某些地區的猶太人，覺得受到排斥，而且狂熱的反猶太分子，諸如阿皮翁者流，都認為他們在某些區域仍持續面臨暴力相向（主要是在埃及、昔蘭尼和故鄉巴勒斯坦）。但在別的地方事情則截然不同，譬如在薩第斯（Sardis），優雅的猶太教堂坐落在競技場附近，顯示著地方猶太社區對其鄰里的開放態度，以及他們與當地社區的融合。

在小亞細亞，不同社區之間的對話逐漸引發對最高神祇的高度興趣；最高神祇的形象似乎是按猶太經文裡耶和華的形象來塑造。在猶太社區的邊緣，將猶太與非猶太人連結起來的是正在發展中的基督教運動。值得注意的是，這個社區對於其成員所認為的虛偽世界懷有敵意，因為在這樣的世界裡善良與財富早已被劃上等號，而這個社區如今正產生出自己的文學。《馬太福音》、《馬可福音》、《路加福音》和《約翰福音》，以及《使徒行傳》都是在弗拉維烏斯王朝時期裡孕育而生；《啟示錄》也是，內容將羅馬史融入世界末日的景象裡，這些是基督徒深信不疑迫在眉睫的事。約翰是這麼寫的：

我又看見一個獸從海中上來，有十角七頭，在十角上戴著十個冠冕，七頭上有褻瀆的名號。我所看見的獸，形狀像豹，腳像熊的腳，口像獅子的口。那龍將自己的能力、座位，和大權柄都給了牠。我看見獸的七頭中，有一個似乎受了死傷，那死傷卻醫好了。全地的人都希奇跟從那獸，又拜那龍——因為牠將自己的權柄給了獸，也拜獸，說：誰能比這獸，誰能與牠交戰呢？又賜給牠說誇大褻瀆話的口，又有權柄賜給牠，可以任意而行四十二個月。獸就開口向神說褻瀆的話，褻瀆神的名並他的帳幕，以及那些住在天上的。又任憑牠與聖徒爭戰，並且得勝；也把權柄賜給牠，制伏各族、各民、各方、各國。凡住在地上、名字從創世以來沒有記在被殺之羔羊生命冊上的人，都要拜牠。凡有耳的，就應當聽！擄掠人的，必被擄掠；用刀殺人的，必被刀殺。聖徒的忍耐和信心就是在此。我又看見另有一個獸從地中上來，有兩角如同羊羔，說話好像龍。牠在頭一個獸面前，施行頭一個獸所有的權柄，並且叫地和住在地上的人拜那死傷醫好的頭一個獸。又行大奇事，甚至在人面前，叫火從天降在地上。牠因賜給牠權柄在獸面前能行奇事，就迷惑住在地上的人，說：要給那受刀傷還活著的獸作個像。又有權柄賜給牠，叫獸像有生氣，並且能說話，又叫所有不拜獸像的人都被殺害。牠又叫眾人，無論大小、貧富、自主的、為奴的，都在右手上或是在額上受一個印記。除了那受印記、有了獸名或有獸名數目的，都不得做買賣。在這裡有智慧：凡有聰明的，可以算計獸的數目；因為這是人的數目，它的數目是六百六十六。（Revelation 13）

數字六百六十六的野獸就是尼祿，他的名字是以亞拉姆語寫的，以字母所代表的數字加總起來就是六百六十六[1]，他出現這裡代表弗拉維王朝所鼓吹的最後一名反皇帝。

關於基督徒與其鄰里之間的互動，以及社區之間的分裂，我們所得到的最早訊息來自老普林尼姪兒小普林尼（Pliny the Younger）與圖拉真皇帝（西元九八至一一七年在位）之間的通訊往來。這些信件是小普林尼擔任俾斯尼亞行省總督時所寫，提供了他為當地人所製造出的爛攤子進行善後處理的書信往來。直接觸及羅馬利益的人，需要羅馬直接給予回應，就像那些反映皇帝更大榮耀的問題便是；其他問題則顯然被視為不需要帝國當局全副注意的東西。以基督徒為例（他們的兩位領袖都是女性，小普林尼曾對她們嚴刑拷打以獲取資訊），圖拉真決定，儘管他們的信仰不值得鼓勵，總督也不該浪費時間去圍捕他們。

圖24　圖拉真，西元九八至一一七年的皇帝，這幅肖像描繪出一種個人風格，有別於圖密善，並投射出一股年輕氣息，而這是涅爾瓦短暫在位期間所欠缺的。

1　譯者注：希臘文中，每個字母對應一個數字，例如Alpha是一，Bata是二，以此類推。希臘文的Nero Caesar的字母譯成希伯來文（nrwn qsr）後，字母對應的數字加總就是六六六。

再轉往實際之事，小普林尼發現，譬如說錫諾普城（Sinope）需要額外的供水系統，而他認為可以自十六英里外引水來用。圖拉真同意道：這種工程技術正是羅馬所擅長的。接著，雖然無子嗣的人死後的財產通常歸入皇室私庫，但小普林尼發現，尼西亞（Nicaea）的人民認為，奧古斯都曾允許他們自己能夠接收遺產。圖拉真下令，要小普林尼去諮詢他的行省財務官，對方想必有更好的記載。

另一個案例裡，小普林尼遇到傑出的知識分子狄奧・柯凱亞努斯（Dio Cocceianus），他想要將一些他已經開始的建築案轉移到他的故鄉普魯沙（Prusa，位於現代土耳其），因而讓城市負擔一些他原先承諾要支付的費用。但普魯沙的市議會拒絕，還說狄奧在他的家族墓園立了一座圖拉真的雕像——這舉動被視為叛國與行巫術，因為他讓人將皇帝和死者聯想在一起。小普林尼調查後發現，圖拉真的雕像是在圖書館內而非墓園裡，可是他不知道要如何解決顯然是當地的政治口水戰。圖拉真告訴他，放棄叛國事件的調查工作，去追查金錢，皇帝不希望是因為大眾恐懼與顧慮之故給自己「贏得名聲」（Pliny, *Letters* 10.82），他也不希望朝廷官員被困在他認為屈於子民自己的個人問題而分身乏術。

妥善管理城市支出，是官員經常要處理的技術問題。狄奧在普魯沙遇到的麻煩來自基本的公共財政問題，這在所有城市都司空見慣，這些薪酬來自公共—私人的夥伴關係。在尼西亞，小普林尼曾發現有一座粗製濫造的劇場是用公帑建造的，受到巨額成本超支的影響，而且已經開始崩塌，導致包商無法履行承諾添加建材。他也發現，這座城市還超支去建造一座新的競技場，而克勞狄波利斯（Claudiopolis，位於現代的伯魯）的人民在一個糟糕的地點建造過大的澡堂。小普林尼向圖拉真要求給他一名建築師來監督工程；皇帝的回答是，當地應該就有人足以勝任。相反地，他發現在尼科米底亞（Nicomedia，現代的伊茲密特）附近有座未完成的運河，可以提供更便捷的交通出海，便問皇帝他是否該完成它。這一次和錫諾普城情況一樣，同樣被認為是工程浩大值得派一名羅馬建築師協助。

政府是用來做大事的，這是維斯帕先思想的特性。羅馬的建築案規模都很龐大，一開始是卡必托里山的朱比特神廟，由維斯帕先親手清除舊廟的瓦礫。其他建案包括完成一座宏偉的神聖克勞狄烏斯（Divine Claudius）神廟（未能完成這座神廟讓尼祿看起來表現很差），還有一座和平之神神廟（Temple of Peace）建在奧古斯都廣場附近，以及幾座澡堂；但在所有建案中最壯觀的是一座新的圓形劇場。圓形劇場的場地選在尼祿黃金宮的人工湖處，一旁就是太陽神蘇爾（Sol）的巨大雕像：最初具有尼祿的特徵，但維斯帕先給予一個較為傳統的樣貌。

新的弗拉維烏斯風格圓形劇場，建造資金來自洗劫耶路撒冷的戰利品，最後因為太陽神的巨大雕像而命名為「巨像劇場」（Colosseum）。直到維斯帕先辭世，劇場都未竣工，因此端看提圖斯是否要完成它，並開放使用，日後他也果真在此舉辦了一百天的競技比賽。圖密善加了一座雄偉的宮殿，其廢墟就位於現在巴拉丁諾山北端；宮殿被劃分為正式的國家房間，其中設有宴客與接待廳，以及一座體育場和皇帝的私人住處。新宮廷代表著專業政府，完全有別於奧古斯都、莉維亞和提庇留的宅邸，這些風格反映早年貴族的感性，其廢墟仍留存在現在這座山丘的南端。

雖然他對政府的願景氣派宏偉，但維斯帕先心目中的皇帝該有的是除了那點以外的其他一切。他勤奮努力，天亮就起床處理往來書信（多半是城邦和個人請求他介入的信函），並接見親近的參謀，其中一人是老普林尼。他甚至自己穿衣（這對皇帝而言並不尋常），此舉旨在展現他只在公開場合接受建言。做完晨間工作，他會去駕車，吃一頓平實的午餐，然後，在安東尼雅・卡尼絲死後，他會在下午時分與眾多年輕女子當中一人燕好。他會沐浴，然後用晚膳，有同伴相陪。他試圖克制他所認為的早期極端放縱，他的品味是炫耀式的簡單。他的政府基調是端莊有禮，容易親近並公開。某種程度來說，他很重視尼祿的風格，甚至克勞狄烏斯關起門來工作的態度。他認為，皇帝的樣子就是他的所作所為。

維斯帕先在西元七九年過世，得年六十九歲，提圖斯輕而易舉就踏進他的位子。年輕好幾歲的圖密善，從未被維斯帕先拿來出討論，他只在其父兄都出任監察官期間，當過一年常規執政官。在父親辭世後，提圖斯稍微把圖密善帶到了聚光燈下，因為他自己膝下無子。但提圖斯在盛大的競技賽期間，仍站在最風頭浪尖與眾所矚目的焦點，後來在十月維蘇威火山爆發掩埋了龐貝和其他城市後，為災民發放賑災品。老普林尼在和米塞努姆港的艦隊一同航行去救援災民的途中身亡。火山噴發時，小普林尼當時年僅十七歲，與老普林尼一同在米塞努姆港，他留在家中研讀李維史書，在塔西陀啟發下留給世人驚心動魄的意外記載。

圓形競技場開幕和維蘇威火山爆發發生在同一年，都在羅馬在位時間最短的皇帝治下，遺留給世人古代最難忘的兩個紀念標的。提圖斯死於西元八一年九月十三日，在位時間兩年兩個月又兩天。他的弟弟繼承皇位。

圖密善是個難相處的人。如果單從表面去看小普林尼說的很多內容（他在書信集的前九冊裡很快速地散播圖密善統治期間的悲慘歲月），圖密善是個傲慢、自以為是，有點偏執的人，動輒就對人們的習慣說教，還會經常與一些諂媚的人密謀對付正人君子。小普林尼甚至聲稱，要是圖密善沒有先遇害，他應該會先被圖密善殺掉（這並不可能，因為小普林尼在圖密善手下表現不俗）。塔西陀為其岳父阿古利可拉所立的傳記，寫的主題就是關於在壞皇帝手下做好人有多困難，可見圖密善極為嫉妒表現優異的能幹部屬。這是為什麼，當阿古利可拉征戰遍及蘇格蘭，並給倫敦帶來和平，可是圖密善卻放棄蘇格蘭領地，還拒絕重新聘任他。

塔西陀坦承，他個人「受圖密善提拔很長一段時間」（Tacitus, *Histories* 1.1.3）：他因演說出色而聲名遠播，在西元八八年之前被授予重要的祭司一職，而且出任九七年的執政官。並且，他還表示不喜歡那些故意刺激皇帝發脾氣的人。詩人斯塔提烏斯很崇拜圖密善。另一位優秀的當代詩人馬雪爾（Martial），顯然隨心所欲想寫什麼就寫什麼，正如卓越的修辭學家、寫過一本關於演說的書的作者昆體良（Quintilian）一樣。然而，當代最傑出的諷刺作家尤維納（Juvenal）描述圖密善是「毀了世界的禿頭尼祿」（*Satires* 4.38）。蘇埃托尼烏斯寫了一系列關於他令人討厭的故事，而他並非唯一一個堅稱圖密善喜歡虐殺蒼蠅的人。持平來說，大家對此人的反應，是就他們與圖密善互動而定，同時也取決於圖密善捨棄他父親在公眾表現出的謙和。他是皇宮的圖密善，不是人民的圖密善。

而比圖密善性格更重要的是羅馬邊境之外爆發的變化與他對這些事情的反應。從積極的一面來看，雖然羅馬與波斯素有週期性的緊張對峙（這幾乎不是新聞了），但不需要展開重大的軍事行動，即使帕提亞國王聲稱有一名自稱尼祿的人是真的（那是在八〇年代時，在他死後差不多二十年）。儘管塔西陀堅持蘇格蘭可以成為不列顛行省永久的一部分，但很難知道這個議案是否為實際的提案。圖密善曾親自前往的日耳曼邊境，似乎相當穩定，而且他率兵現身當地泰半是為了彌補他缺乏軍事上的威望。

真正的問題是在巴爾幹。圖密善所繼承的邊境基本上是奧古斯都時代的，涵蓋達爾馬提亞、默西亞和潘諾尼亞三個行省，這些地區的駐防地在西元六九年的內戰期間扮演重要的角色。該地區承受壓力的程度，從維斯帕先表揚其友提庇留．普勞提烏斯．西爾瓦努斯．埃利亞努斯（Tiberius Plautius Silvanus Aelianus）的演說可窺見一斑。普勞提烏斯曾任默西亞行省總督，從西元六〇年至六七年長期任職：

圖25　蒂沃利郊區的大墓上，獻給提庇留．普勞提烏斯．西爾瓦努斯．埃利亞努斯的光榮碑文。

當（普勞提烏斯）擔任默西亞行省總督時，他帶著十萬多名多瑙河地區的族人與其妻兒、領導人和國王以示敬意，他平息了薩爾馬提亞人（Sarmatians）的入侵，儘管派遣了部分軍隊出征亞美尼亞；他帶來迄今不為人知或敵視羅馬的國王，到他所防禦的河岸邊境，向羅馬軍旗致敬，並送回巴斯塔奈人（Bastarnae）他們的國王，送回羅索拉尼人（Rhoxolani）他們的孩子、送回達契亞人（Dacians）他們的弟兄；這些人遭敵人虜走。他從其中一些人帶走人質，藉以加強和延長行省的和平；同時從博里斯塞訥斯城（Borysthenes）外的半島上，從圍城之中拯救斯基台人（Scythians）的國王。他是支持該地區大量糧食供應羅馬人民的第一人。（*ILS* 986）

博里斯塞訥斯位在俄羅斯聶伯河河口一帶，而上述其他民族，居住在現代的羅馬尼亞（達契亞人）和保加利亞。在普勞提烏斯的年代裡，獨霸羅馬帝國北境的是薩爾馬提亞人。在維斯帕先時代裡，權力的槓桿轉移到達契亞人新任國王迪賽巴拉斯（Decebelus），他統一了北境交戰不休的各族，開始進犯羅馬疆土，在西元八五年和八六年各有一次摧毀羅馬軍隊；八六年那一次的羅馬統帥是科內留斯．弗斯庫斯，他曾襄助維斯帕先在二十五年前奪得皇位。有一位尤利安努斯（Julianus），大概一直都和弗斯庫斯是同一個族群的年長成員，是個更傑出的將領，西元八八年他在羅馬尼亞的薩爾米澤傑圖薩（Sarmizegetusa）附近的塔貝（Tapae），擊敗了達契亞人，給圖密善在一年後奪得這塊土地奠定契機，並在此之後慶祝一場凱旋式。

然而，兩次戰場失利挫敗了圖密善的威望，而且他素來依賴小派系年長參謀的傾向，也導致他無法發展更廣泛的人脈。還有，醜聞紛傳，眾口鑠金。西元八三年，他審判牽涉到三名維斯塔貞女的案件，她們在鐵證如山下被控失去貞女資格。貞女遭處決，後來，在一次由上日耳曼總督所發動的失敗軍事行動之後，卻又發生另一次貞女醜聞，這次牽涉到軍團首領。顯而易見，此女罪證確鑿，但如果說這些人是兩世紀以來第一批性事活躍的貞女，那就太令人難以置信了。

圖密善對起訴這類案件的興致高昂，或許與他的戰場失利，以及瘟疫橫行有關，也伴隨著自打敗安條克三世以來聞所未聞的醜聞——人民正在大規模下毒（在這次事件裡用的是毒針）。圖密善與妻子的關係很糟糕，而傳言稱他跟姪女尤莉亞過從甚密，這對他也沒有幫助。西元九二年，他再次遭達契亞人國王迪賽巴拉斯痛擊，但卻企圖議和來表現自己是戰勝的。偽造的勝利可能傷及他的威望，嚴重程度不下於戰敗：戰敗或可保住一命，公然撒謊不可原諒。

圖密善感覺到他手中權勢逐漸減弱，而他沒有子嗣，使得未來問題堪虞。西元九三年，他重重打擊了他的「仇敵」，包括派圖斯的支持者。那些遭到圖密善懷疑的受害資深元老，高達二十餘人，人們甚至畏懼自己的家僕也會成為告密者。圖密善逐漸將自己隔絕在阿爾巴的別墅內。他為人民精心打造各種壯觀場面，卻被他過度表現出的偏頗給破壞了，而他努力想改變戰車競賽的基礎結構，在傳統的四支隊伍之外，再容納兩支新的隊伍，卻未被熱烈採納。很可能大家覺得新的隊伍和皇室過從甚密，而且他們痛恨圖密善終止了「舞台劇」（pantomimes）表演。

舞台劇在奧古斯都時代變得十分受歡迎，是一種劇場演出，演員隨著譜了曲的神話故事歌詞舞蹈。不同舞者的戲迷吵鬧不休是稀鬆平常的事，不過這些場面的意義在於讓人民有控制感，亦即一種表達意見的渠道。由於這些表演活動總牽涉到暴力，過往會動輒取消，但取消通常是暫時的，不像圖密善在位期間這樣。從各方面來說，他樣樣都管和無能為力造成了愈來愈大的社會壓力。套句當時的話來說，圖密善從元首制（principatus）淪為主宰制（dominatio）。

情勢緊張程度在兩次處決時到達爆發點。第一次，是皇帝指控他的一位表親弗拉維烏斯・克萊門斯（Flavius Clemens）是無神論；而皇帝還收養對方的兒子。西元九五年，他處決了以巴弗提，就是曾經替尼祿做事的那位自由民。圖密善的部屬忍無可忍。兩名禁衛軍統領和圖密善的妻子、寢宮大臣帕特尼烏斯（Parthenius）和其他部屬聯手，要找願意的元老來接替圖密善的皇位。可是由於元老都周旋在各個不同派系之間，有些人覺得他們正遭人設計。最後，來自翁布里亞、年邁又無子嗣的寇克烏斯・涅爾瓦（Cocceius Nerva）同意接任。他得到保證說，他的星象命盤顯示他能稱帝。因此他沒什麼好損失的。

西元九六年九月二十八日，圖密善的暗殺者在他的私人寓所伏擊他，這些人都是宮廷的成員。接著涅爾瓦便即位稱帝。

第三十章　來自蒂沃利的觀點

涅爾瓦是個倖存者。他始終與尼祿親密有加，也跟維斯帕先走得很近，因為他和維斯帕先同任西元七一年的執政官。他知道自己畢生最有意義的事就是任命繼承人，因此他一點也不急著做這件事。他跟與自己同年代的人為伍，譬如維吉尼烏斯．魯弗斯（此人依然以婉拒西元六八年的元首之位而聞名於世），還有曾任不列顛總督的尤利烏斯．弗朗提努斯（Julius Frontinus）。弗朗提努斯同時也是流傳後世的兩部著作的作者，一部關於戰略，另一部關於古羅馬水道，後者成書於九六年，而當年他被涅爾瓦任命掌管羅馬城供水系統。涅爾瓦也替富人減稅，削減公共支出，這兩項措施都在政治上代表著，「我的前任是個揮霍無度的傢伙，一名惡棍，糟糕的國家管理者。」

但他的好友們卻活不過這一年。其一，他本來寄望掌管土地改革之人，上任前就一命嗚呼，僅僅說他很高興能比圖密善長壽。另一人，西里烏斯．伊塔利庫斯因為病重難以跋涉返回羅馬。接著，維吉尼烏斯．魯弗斯在演練致謝演講，感謝涅爾瓦任命他當西元九八年的執政官時，滑倒摔傷而死。在葬禮上，塔西陀擔綱誦讀贊頌的悼文是他步步高升的一個指標，代表新世代的時代來臨了。

塔西陀是西元九七年的補任執政官。大約就在此時，他寫了岳父尤利烏斯．阿古利可拉的小傳。書中強調非政治出身的軍人很有價值，書成於涅爾瓦快做出決定時（差一點就來不及）要選誰作為下一任繼承人。秋天到了，禁衛軍叛變，涅爾瓦不得不痛下決心：新任皇帝是圖拉真，當時的上日耳曼總督。

西元九八年一月二十八日，涅爾瓦過世，當時圖拉真在科隆。二月他從派來送口信的姪兒哈德良處聽到皇帝駕崩的消息，由於地位堅不可摧，因此圖拉真沒必要立刻動身趕往羅馬，反而趕赴多瑙河，首度召集曾經反叛涅爾瓦的禁衛軍到他的指揮總部。這些同謀者再也不曾回到羅馬，直到西元九九年秋，他才冒險返回羅馬。

西元一〇〇年，圖拉真接受眾人禮敬，其中包括當年的補任執政官小普林尼。流傳後世的圖拉真就職演說版本（篇幅被小普林尼根據原版加長），描繪出完全切合維斯帕先政體風格的某個人物的面貌。沒錯，一直都有奇蹟預言圖拉真有朝一日的豐功偉業，但他又很親切，平易近人。他很尊崇元老院諸公的成就，也減輕遺產稅，並金援資助義大利鄉間男孩的計畫案。他曾有過很久的元老生涯，其父也曾任職元老院很長一段時間，並且在維斯帕先朝廷中擔任要職。圖拉真似乎真的採納了小普林尼長篇大論中有價值的制度。此外，他是第一位家族根基不在義大利的皇帝（他的父親來自西班牙），因此大家也期許他能在新家族踏進朝廷時給予支持。

圖拉真抵達羅馬時，娶了龐培亞．普羅蒂娜（Pompeia Plotina）；普羅蒂娜的學養與簡樸的生活風格，讓小普林尼奉為所有婦女的楷模，即使這對夫妻成婚多年並無子嗣。小普林尼也讚揚普羅蒂娜與圖拉真的妹妹烏爾皮亞．馬奇亞娜（Ulpia Marciana）的關係。馬奇亞娜有個孫女薩賓娜，嫁給哈德良，也就是圖拉真表親的兒子。普羅蒂娜與馬奇亞娜的情誼，在兩人受封「奧古斯塔」（Augusta）頭銜時受到矚目，這個頭銜將「皇后娘娘」（Madame Empress）重新定義為「第一夫人」（leading lady），對未來影響至大。

圖拉真的治國風格，我們在他與小普林尼的通信中已經看出一些端倪，深思熟慮，恪遵前例。他清楚明白地讓自己名列歷史中的「賢」帝，而小普林尼曾描寫了一個少見的場合，在其中他和皇帝週末時同往鄉間出公差，透露了他的世界，讓我們得以一窺究竟。卡西烏斯・狄奧聲稱根據可靠消息斷言，皇帝喜愛酗酒跟狎童（但狄奧修正地說他從未傷害任何人），但沒有跡象能夠證明這指控。但相反地，小普林尼卻寫他十分欣喜見到皇帝「公正莊重」，私底下很謙虛。

這份週末差旅卷宗裡記錄了三個例子。

其一牽涉到有個以弗所人遭他的仇敵指控叛國，後來被宣告無罪。第二樁事是觸犯奧古斯都通姦法規。案中，有個退休的軍事護民官正準備問鼎元老公職，而他的妻子卻被判與一名百夫長私通有罪（由於百夫長往往都是騎士，她並沒有逾越社會出身）。圖拉真撤職了這名百夫長，但現在這個滿腹委屈的丈夫似乎仍深愛著妻子，正想盡辦法要為她的罪名開脫，若按法律他倆必須離婚，結婚時的嫁妝要被充公。圖拉真認為，法律就是法律：他下令處罰妻子，並簽署了聲明，大意是說他深信這類案件未來不會再發生，這樣的邪淫將不能毀壞軍隊的紀律。

第三件案子涉及偽造遺囑。繼承人們（其中並無孩童）聲稱後來在遺囑中增加的幾條餽贈是偽造的。如果發現遺囑無效，法律就會將遺產判歸皇室私庫，因為目前並無法定繼承人。在此案中，兩名圖拉真朝中官員被指控偽造遺書：

> 被告是羅馬騎士塞姆普羅尼烏斯．塞納西歐，以及一名自由民、皇帝的財務官優里塞摩斯。皇帝在達契亞時（處理他在位時第二場戰爭），繼承人們曾聯合寫信要求皇帝進行調查。他聽進去了……當他發現有一些繼承人出於對優里塞摩斯的擔心而不願意出庭，還打算放棄此案時，他適時地宣布：「他（優里塞摩斯）不是波留克列特斯（尼祿的自由民），我也不是尼祿。」不過他允許休會，如今……他動身去聽取案件，只有兩名繼承人出庭。他要求所有繼承人都必須出席審判，因為他們有責任這麼做，要不他們應該被准許放棄這個案子。塞納西歐和優里塞摩斯的律師說，倘若他的委託人沒有機會舉行聽證會，就會被認為嫌疑很重，皇帝對此的回答令人印象深刻：「我對他們的處境的關心，不如在事實上我自己也被懷疑了。」（Pliny, *Letters* 6.31）

圖拉真身陷嫌疑之中，是因為他對判決結果的金錢利益有興趣，但他更大的興趣是在選擇描述情況的遣詞用字上：換言之，他並非尼祿，而他的自由民亦非尼祿的自由民。在承認之前，他首先回應的一點是如果沒有確鑿的證據，就不應該讓一個未解決的指控懸在被告的頭上，這是人們發現自己跟皇帝的下屬糾纏在一起時感到的恐懼。

＊

今天來到羅馬的遊客可以在圖拉真建造的大廣場中央的柱子上，看到關於達契亞戰爭的描述。這些圖像融合在了一起，從一場戰場到下一場戰爭，描繪了皇帝和他的部下們帶領他們的部隊，將文明帶進了蠻族的土地上。我們可以看到圖拉真扮演著各式各樣的角色：獎勵他的部下、跟使節與囚徒打交道，為有需要的將士帶來援助。羅馬的軍隊也是；它被描繪在多樣的建築上，它總是在向前挺進。（達契亞人國王）迪賽巴拉斯以各種方式被人們看見藏身於樹林裡、投降，以及他最後在第二次戰爭結束時自裁而亡（這是他背信棄義攻擊羅馬駐軍的後果）。

這場衝突的起因，是圖拉真決定要削減圖密善在西元九二年終戰時，同意給迪賽巴拉斯的補助金。迪賽巴拉斯可能依靠這筆分配得來的羅馬黃金，來維繫他的追隨者沒有二心；為了報復圖拉真，迪賽巴拉斯才入侵了羅馬領土。或許是預見了會出亂子，圖拉真早已派遣幾位身經百戰的指揮官駐守在這個區域，還在西元一〇一年領兵親上戰場。率領七萬五千人馬左右的圖拉真，在次年夏末無疑地贏得戰爭。迪賽巴拉斯在返國繼續統治其王國時，同意繳械、遞交攻城器械和逃兵，與羅馬人有相同的朋友和敵人，並同意不在帝國疆域內招兵買馬。

這份和談協議給了迪賽巴拉斯政權帶來很大的壓力，他想方設法藉著西元一〇五年攻打羅馬領土來緩解這個問題。圖拉真再次御駕親征率領羅馬軍隊，決心這次要一舉解決達契亞王國。隔年秋天，一名羅馬騎士提庇留・克勞狄烏斯・馬克西穆斯（Tiberius Claudius Maximus）為皇帝獻上了迪賽巴拉斯的頭顱，圖拉真宣布戰勝。羅馬在亞當克利西（Adamclisi）建造了一座紀念碑，這裡既是偉大的戰爭勝利的地方，也是從前圖密善為征戰中捐軀的英勇將士建造紀念碑的地方。在這兩種情況下都是為了強調軍隊是羅馬人民傳統美德的守護者，是從整個帝國招募而來的。圖拉真將達契亞變成了一個新的行省。

與此同時，敘利亞總督科內留斯・帕爾馬（Cornelius Palma）正試圖併吞位於阿拉伯的納巴泰

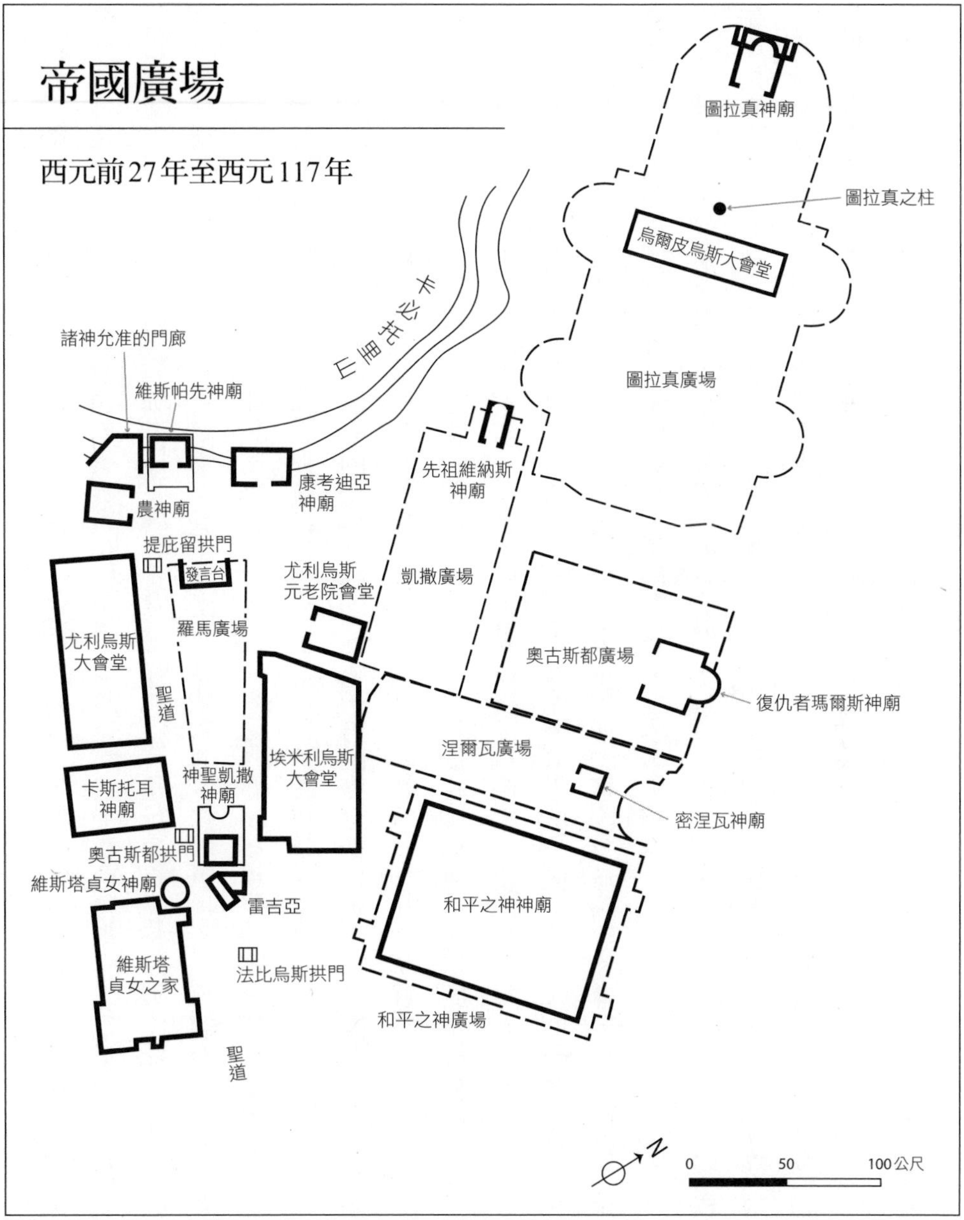
帝國廣場
西元前27年至西元117年
圖拉真神廟
圖拉真之柱
烏爾皮烏斯大會堂
圖拉真廣場
卡必托里山
諸神允准的門廊
維斯帕先神廟
康考迪亞
神廟
先祖維納斯
神廟
農神廟
提庇留拱門
發言台
尤利烏斯
元老院會堂
凱撒廣場
羅馬廣場
尤利烏斯
大會堂
聖
道
奧古斯都廣場
復仇者瑪爾斯神廟
涅爾瓦廣場
埃米利烏斯
大會堂
神聖凱撒
神廟
卡斯托耳
神廟
密涅瓦神廟
奧古斯都拱門
維斯塔貞女神廟
雷吉亞
和平之神神廟
維斯塔
貞女之家
法比烏斯拱門
和平之神廣場
聖
道
N
0
50
100公尺

王國（大約是現代的約旦）：這是由維斯帕先發起的行動，要將東方的附庸國轉變成行省，所造成的必然結果。同樣地從羅馬的角度來看，併吞達契亞也是解決迪賽巴拉斯在多瑙河領土引發動亂的必然結果。決心要在多瑙河以北（雖然這裡富含金礦）建立行省，以及將疆土延伸直入阿拉伯沙漠，這是典型的羅馬思維。對於羅馬來說，達契亞既被定義為迪賽巴拉斯的舊領地，也是與夸迪人（Quadi）、馬科曼尼人（Marcomanni）和薩爾馬提亞人的疆界。按現代地圖分界來說，一個沒有明顯自然邊界的行省可能不太合理，但圖拉真用的不是現代地圖概念。羅馬概念的地理疆界是以邊界來界定的——在這個例子裡，行省的疆界就是夸迪人。自阿庇烏斯．克勞狄烏斯渡過海峽登陸西西里島以來，行省的地理界定根據的一直都是在羅馬人到達之前便已存在的地緣政治現實。

羅馬各行省是由之前已經存在的政治結構來界定，這反映羅馬邊境政策的一個重要特色，那就是既然決策是根據地方上的情況而定，那麼它們就是在一個緊密連貫的框架裡做出來的決定。圖拉真第二次入侵達契亞的計畫，用的就是克勞狄烏斯侵略不列顛的方式，或是提庇留決定放棄萊茵河以北的奧古斯都領土時的方式。維斯帕先故意將維特留斯的軍團調派到巴爾幹，把巴爾幹的軍團調去萊茵河，就像圖密善曾經決定阿古利可拉的蘇格蘭征服必須結束。

同樣地，這幾個皇帝全都根據他們的財務資源，以及當下的需求，來決定羅馬軍隊的規模——如今是二十八個軍團。他們能制訂大規模戰略決策，因為他們擁有專業的部屬，這些部屬能收集必要的資料。當圖拉真決定要將歲入中，父母贈予子女的遺產稅削減百分之五時，他應該大約知道他將損失多少錢。確實，西元三世紀法學家埃米利烏斯．馬徹（Aemilius Macer）關於繼承法的評論中，眾多皇室資料中有個引人注意的數字，採用的是現成的公式來計算年金給付。估算值依據的是相當準確的預期壽命，這顯示當局會定期使用人口普查資料來估算收入。政府的決策過程在很大程度上是被動的，但這些回應是依據經驗和數據而做出來的。

理性、使用可靠數據、謙恭有禮，是圖拉真行政風格的宗旨，但對帝國宏偉的意識也是原則。西元九九年他回到羅馬的第一批行動，就是擴建馬克西穆斯競技場，為羅馬最古老的娛樂場所增建一排排大理石新座位。這是向羅馬城居民介紹自己的一種方式，也是向他們表示關心其福祉的手勢。然後，在達契亞戰爭結束後，他計畫做更加壯觀的事——廣場，其中的焦點就是他著名的圖拉真之柱。這個廣場遠比以往好幾個皇帝廣場都要來得大，廣場的入口在北端，要經過一座禮儀門，進入廣場，柱子就矗立在那裡。廣場兩側並立著公立圖書館，一座是希臘文圖書館，另一座是拉丁文圖書館，比鄰

圖26　蒂沃利城外哈德良宮殿的大型皇室接待區十分宏偉壯觀，這是因為帝國政府希望能給人深刻印象。

著一座巨大的大會堂。大會堂的南端是另座大型廣場，入口是凱旋拱門，門上有圖拉真駕著馬車的雕像。廣場東西兩側有延伸的半圓形觀景樓（exedrae），廣場中心是一座雄偉的圖拉真雕像。

新建廣場的工程進度神速，在西元一一二年便已竣工。在此之前，圖拉真的核心集團也部署妥當，由一群將領組成，他們有些人可以在圖拉真之柱發現到經常與皇帝相伴。這些人包括李錫尼烏斯．蘇菈（Licinius Sura）、索西烏斯．塞納西歐（Sosius Senecio）、曾併吞阿拉伯的科內留斯．帕爾馬、馬略．柴蘇斯（Marius Celsus），以及在圖拉真政權晚期的盧西烏斯．庫頁圖斯（Lusius Quietus）。圖拉真提拔所有這些人做第二位執政官，並且除了庫頁圖斯以外的所有人，都在廣場上有表揚的雕像。他們全都是「新家族」的成員。庫頁圖斯可能是第一代的羅馬人，在獲得圖拉真賞識之前，曾是北非某部落首領。圖拉真也透過敕封在一一二年過世的妹妹馬奇亞娜為神，這也是圖拉真政權的特性。她是第一個得到這種榮銜的皇妹，而且儘管圖拉真謙恭有禮，他還是期待人民要認知到他的家族是與眾不同的。在此期間，圖拉真的妻子普羅蒂娜在宮廷裡掌大權，看顧著圖拉真養子哈德良的職涯。

馬奇亞娜離開人世後，圖拉真又再度四處奔波。之所以如此是因為亞美尼亞人又爆發另一次的王位繼承紛爭。如今在位的國王與帕提亞王國親善，因此圖拉真決定要改變遊戲規則。狄奧認為圖拉真這麼做是為了贏得永恆的軍事榮耀。這是有可能的，但又不太會是如此。除此之外，圖拉真似乎直到生命的最後一刻還保留著實事求是來看待問題的能力。比較有可能的是，他決定兩個帝國之間的瓜葛已經糾纏超過一世紀，需要換個新的方法。

到了西元一一四年，圖拉真的軍隊占領了亞美尼亞。次年，他追隨龐培與盧庫魯斯的腳步，率領他的部隊進入北美索不達米亞，在那裡將奧斯若恩變成行省，然後進入伊拉克，順著幼發拉底河而下，抵達底格里斯河畔波斯首都泰西封的對面。這時，他下令挖鑿一條運河銜接兩條河流，使得運輸補給變得輕而易舉，接著他攻占泰西封，設立一個新的美索不達米亞行省。當他南征到坐落在兩河入口處的邁森尼（Mesene）地區，他才了解他想重建東方邊境的大計，已經失敗了。

羅馬的占領大計擾亂了自帕提亞王國成立以來便存在的關係網絡；同時因為西元一一五年安條克發生一場地震，圖拉真差點喪命，所以埃及與巴勒斯坦的猶太人紛紛充滿了羅馬統治即將結束的彌賽亞式的幻想。由於奧斯若恩的國王阿布加爾擊敗由阿庇

圖27　哈德良，西元一一七至一三八年的皇帝。和圖拉真的塑像一樣（頁四八一），此像也表現出形象蛻變。哈德良是第一位蓄鬍子的皇帝，象徵著他欣賞希臘文化。

烏斯．馬克西穆斯．桑特拉（Appius Maximus Santra）率領的部隊，又攻打北伊拉克的哈特拉城（Hatra）失敗，圖拉真決定放棄。他留下庫頁圖斯為奧斯若恩的戰敗報仇，接著屠殺巴勒斯坦的猶太人，就與帕提亞國王帕特馬斯帕特斯（Parthamaspates）談和，廢除了新成立的行省，並準備返回義大利。但他再也沒機會回去了。西元一一七年八月八日或九日，圖拉真死於奇里乞亞的塞利努斯。普羅蒂娜隨侍在側。

圖拉真臨終前並未指定繼承人。家族中理所當然的候選人是哈德良，可他是理所當然的人選嗎？圖拉真提拔過很多資深官員，他們或許會認為自己也有資格勝任這個職位。甚至有傳聞說，在圖拉真過世之後，普羅蒂娜派了一名自由民溜進他的臥室，假裝是圖拉真，並下達收養哈德良的詔書。她肯定簽署了圖拉真寫給元老院的最後一批信。她的盟友是禁衛軍統領阿提亞努斯（Attianus），而衝突的癥結點在於如果皇帝沒有明說，宮廷是否要繼續執行遴選皇帝的慣例，又或者說選帝一事可以轉由元老院或將領組成的小團體來做。圖拉真似乎沒有下定決心，而且有些資深官員不認為該把皇位交給哈德良。繼位數週內，哈德良就剷除了圖拉真最資深的四名官員：柴蘇斯、帕爾馬、庫頁圖斯和尼格里努斯（Nigrinus）。接著他寫信給元老院，說他們全部都陰謀背叛他。

殺害這幾位資深官員令反對人士噤聲，哈德良開始在帝國留下他自己的印記。他沿著一些邊境修建高牆，其中包括在日耳曼疆界修建土牆，在不列顛打造宏偉的石牆，從北海的泰恩河（Tyne）河口延伸到愛爾蘭的索爾韋灣（Solway Firth）。在一個世代內，人們會說這個帝國是一個文明的堡壘。擴張已經到了盡頭，這一點同樣也是深思熟慮的選擇。波斯戰爭以失敗告終，而達契亞行省需要做一些重新調整（確實，該行省有些區域被放棄了）。考慮到哈德良如何起頭的統治方式，他對成功的將領是有些猜忌，這並不令人驚訝。他跟元老院的關係偶爾也會陷入僵局，即使他加速過渡程序，更加敞開羅馬大門來歡迎各行省人士。他格外熱衷希臘文化，並且打破了羅馬貴族長久以來的傳統，他蓄起鬍子，象徵他對哲學的興趣。

最重要的是哈德良熱愛旅行。他統治了二十一年，直到西元一三八年。在這期間雖然沒有戰事，但有很多時間他都不在羅馬城內。他花了一年大半時間從東方回來，在一一八年七月九日返國，然後在羅馬一直待到一二一年的春天，再前往高盧與不列顛，開始建造以他為名的長城。他從不列顛一路回程，取道高盧到西班牙，接著航行到敘利亞，在那裡與帕提亞國王進行某種交涉。西元一二五年他應該在土耳其和希臘，然後返回羅馬。但他在一二八年又出門遠行，造訪北非、希臘、土耳其、敘利亞、巴勒斯坦、猶地亞、埃及和巴爾幹，四年後才回到羅馬。

了解他的人都知道，應付哈德良的最好辦法就是迎合他喜好深奧學問的品味。歷史悠久豐富的城市比較可能贏得他的歡心，他以雅典為基地成立一個重要機構，來強化帝國的希臘文化遺產，即「希臘人聯盟」（League of the Hellenes）。在這裡他也自豪地完成了雅典的奧林匹亞宙斯神廟，此廟是七百年前雅典僭主庇西特拉圖（Pisistratus）籌劃的。

哈德良對羅馬法發展過程有重要的影響力，當他將法務官的命令標準化，這樣的文件仍然如同在共和國時期一樣，呈現出法務官如何運作法庭的基本原則。所以同樣地，他也在西元一三四年改革競技賽的排程方式，結果就是他主導策劃一份新曆法，供希臘世界的重大慶典使用。同時，他開始將行省內重要城市升格為都會（metropoleis），也就是具有特殊權利的省級中心。

毫無疑問，他喜歡表面的井然有序，也欣賞格調。有一名卸任的帝國地方財務官蓋烏斯．尤利烏斯・狄摩西尼（Gaius Julius Demosthenes），住在呂基亞山區的歐諾安達（Oenoanda），打算贊助為期一個月自我慶賀活動時，但遭到當地人反對；哈德良出面干預才讓狄摩西尼如願以償。有個修辭學家波利蒙因為深得哈德良青睞，以致於哈德良賞賜無數恩寵給波利蒙移居的城市士麥拿。哈德良也非常鍾情於藝人，喜愛程度更甚於那些贊助藝人演出的競技賽金主（在一個案例中還逆轉了圖拉真的裁決）。

然而，儘管他喜歡表面井然有序，但哈德良並非容易相處的人。史學家蘇埃托尼烏斯雖然已經高升為朝中拉丁文信件祕書，卻突然遭到解僱，連帶他的恩主禁衛軍統領蓋烏斯・克拉魯斯（Gaius Clarus）也一起遭殃。據說是因為他們和哈德良的妻子薩賓娜走得太近。我們不知道為何在這個時候，他們與皇后的關係成了問題，因為這夫妻兩人一直都待在不列顛，但薩賓娜與哈德良的關係惡化到極點，所以她人也不可能在不列顛。其他人還傳說哈德良脾氣火爆，而馬庫斯・奧理略（Marcus Aurelius），就是在哈德良嚴密布局下最後繼任的皇帝，也認為哈德良格外難相處。

不過，凡此種種都不代表哈德良無法有深交好友。對那些與他有共同癖好者來說，不論學識上或體魄上（他熱愛狩獵），哈德良都是難得的好朋友。他之所以頒布希臘競技賽日程安排的新規定，其中一個原因就是他想要藉此紀念已故的情人安提諾烏斯（Antinous）；西元一三〇年，他們在埃及時，安提諾烏斯神祕身亡。他們已經在一起許多年，但這並不會讓哈德良鼓勵不同地方將他納入帝國祭祀慶典裡的決定，看起來沒那麼特別。

哈德良對傳統猶太文化毫無同理心，也不了解，這使得他對巴勒斯坦做出兩件錯事。第一件，他擴大帝國禁令，目的是禁止閹割奴隸的行為，包括割禮。第二件，他在耶路撒冷建立羅馬殖民地艾利亞・卡必托里納（Aelia Capitolina），從而貶低了耶城的猶太遺產。這再次出現、帶有特別世界末日景象的結果，是格外血腥，塞米恩・巴柯巴（Simeon Bar Kochba）先是占領了耶路撒冷，接著在無以為繼時，撤退到死海周圍的山區，在那裡他們成功抵抗了哈德良的大軍。

雖然哈德良在提倡以東地中海傳統為基礎的統一帝國文化並非全然成功，但毫無疑問他的觀點其實是地中海的觀點。他為了說明帝王是他所處世界的文化管理者，他在距離羅馬城東二十英里處，靠近現代蒂沃利鎮的山區，為自己建造了富麗堂皇的別宮，沒有任何其他事物會比這個範例更好。

這座恢弘的宮殿，占地大約半平方英里，是為了作為政府中心和帝國的象徵核心而建。「他在蒂沃利打造了不同凡響的別宮，並在各個不同地方鐫刻各行省和最負盛名的地名，諸如亞里斯多德學院（Lycaeum）、柏拉圖學院、雅典議會廳（Prytaneion）、卡諾普斯（Canopus）、圖畫迴廊（Poicile）、坦佩（Tempe）。」（*Historia Augusta, Life of Hadrian* 26）這裡所列的名勝古城中，亞里斯多德學院、柏拉圖學院和圖畫迴廊在雅典（前兩處是知名的哲學門派），卡諾普斯指的是亞歷山卓，而坦佩則位在色薩利一座名聞遐邇的山谷。在這裡，知識和藝術成就定義了哈德良的古典文化，並聚集在一個皇帝所需的壯觀空間裡。這個宮廷擺脫了羅馬的束縛，可以是文明世界之鄉，而哈德良正是在這裡處理政務。

西元一三六年，哈德良的健康狀況江河日下。不同於圖拉真，哈德良並不打算讓自己的繼承問題懸而未決。尤其他想確保某個他特別不喜歡的姪兒不在繼承順位裡。因此，他收養了一位名叫凱歐尼烏斯・康茂德（Ceionius Commodus）的元老，他的兒子和青少年的女婿都深得哈德良的歡心。西元一三七年，他一面以叛國罪名處決了不幸的姪兒（連同他討厭的姪兒的祖父），另一面發布一份星象命盤，證明他姪兒的死是不可避免的。接著事情變得困難重重。康茂德身體欠佳，死於西元一三八年一月，正巧也是哈德良自己的健康遇到瓶頸，急轉直下的時候。哈德良請了一位奧理略·安東尼烏斯（Aurelius Antoninus）做他的繼承人，附帶條件是安東尼烏斯要收養康茂德的兒子盧基烏斯，以及康茂德年少的女婿，也就是日後的奧理略皇帝。安東尼烏斯在二月二十五日同意成為直接繼承人。七月十日，哈德良在蒂沃利辭世。有位傳記作家說，他在眾人憎恨中離世，這個說法可能沒有遠離事實——可是他一直都非常注重效率。

幾經波折，安東尼烏斯才說服元老院將哈德良敕封為神。而安東尼烏斯從此往後就成了安東尼烏斯·庇烏斯（Antoninus Pius），在位直到西元一六一年。他與在位至西元一八〇年的奧理略，都是羅馬最賢良的皇帝。他們兩人都有意識地越過哈德良，把圖拉真作為榜樣。更重要的是，這兩人都了解，治理帝國的偉大力量：需要和平；需要將羅馬前朝臣民納入政府；需要羅馬政府擁抱其臣民能信奉的價值觀。四十餘年間，安東尼烏斯與奧理略一一完成這些任務。我們今日的理性思想、正義與平等概念，都是拜他們的成功所賜。

第三十一章　發生了什麼事

哈德良繼位時，塔西陀仍在寫他的《年鑑》，他的尤利烏斯—克勞狄烏斯王朝史；塔西陀很可能曾去過哈德良在位前幾年間修建的蒂沃利宮晉見過皇帝。塔西陀甚至也可能會晤過諷刺作家尤維納；尤維納與他見解相同，也引用過他的著作。他們對從阿庇烏斯．克勞狄烏斯自渡海至墨西拿以來所打造世界，帶來更廣博的洞見。「我並非不明瞭，」塔西陀寫道，共和國的史學家們會寫「偉大的戰爭、洗劫眾城、俘虜或擊潰諸王，或者每當他們寫到內政事務時，執政官與護民官之間紛爭不斷，土地法與糧食法，貴族派與群眾派之間的鬥爭，還有就是自由過了頭。」（Tacitus, *Annals* 4.32.1）另一方面，他也探討了「似乎無足輕重，但從中更大事物有了它們的方向。」（Tacitus, *Annals* 4.32.2）

塔西陀的其中一個主題是，皇帝如何塑造他們生活其中的世界，以及他們的個性對統治階層行為的影響。在塔西陀的世界裡面，改革都是由上而下發生的。

塔西陀的世界同時也是一個帝國制度對新的能人智士敞開大門的世界，在其中，未來不只是義大利人的未來。在這個世界裡，帝國的社會將會是由羅馬對外人開放的歷史塑造而成的。帝國是因為羅馬貴族使自己對義大利鄰國有用，才得以發展茁壯。如塔西陀所察覺到的，帝國曾有過蹣跚跌宕，勝利的同盟為爭奪龐大的新資源分配問題，形成內部失和。西元前三一年亞克興戰役結束後，天下相對太平多年，隨即繁榮興盛，「那些活著的人，有誰還記得昔日的共和國？」塔西陀問道。（Tacitus, *Annals* 1.3.7）

漫漫長篇羅馬史寫的是一個足以持續數百年的大國的發展，它統一了不同的文化，使得跨越時空的對話不斷形塑我們今日的思維。這部歷史同時也是一段故事，寫的是民主如何自我瓦解，並最終透過選票使自己不復存在，銷聲匿跡讓位給君主政體，讓後者能一統它掠奪的天下。在奧古斯都過世之前，國家的主體——人民就已經交出他們的權力，將他們決定由誰擔任公職的控制權交給了宮廷官僚體系。尤維納寫道，曾經決定戰爭與和平諸事的「人民」，如今只滿足於帝國慷慨施予的食物與娛樂。

共和國無力解決它自身成功帶來的問題，也無法在那些捲入其網絡的人眼中，設計一種方法來合理化自己的存在。社會上的富人愈發有錢，成功被認定是自我利益、而非公眾利益，並且，如同塔西陀觀察所得：「凡人都有個古老的、與生俱來的統治欲望，而這股欲望日趨成熟，因帝國的強大而成熟與爆發。當資源有限時，很容易維持平等地位，但隨著世界被征服，敵對城邦與諸王遭剿滅時，在安全的情況下人們便有閒暇去覬覦財富……在之後，只有對最高權力的競逐。」（Tacitus, *Histories* 2.38）

謝詞

本書源於John Davey的邀請，為Profile出版社的「古代世界史」系列撰寫。我對這個主題的興趣醞釀多年，始於我擔任牛津大學新學院（New College）薩爾維森研究員（Salvesen Fellowship）時期，在那裡我欣然師從Antony Andrewes、George Forrest、Robin Lane Fox和Geoffrey de Ste Croix。我修習了羅納德・塞姆爵士（Sir Ronald Syme）研討會，並跟隨三位老師學習：Peter Brunt、Peter Derow和Peter Fraser。本書的動筆時間應該在二〇一五年的「米迦勒學期」（Michaelmas Term，秋季第一學期）最為恰當，當時我很榮幸取得新學院的獎學金，能獲此殊榮要感謝該學院的同仁，以及學校內的高級公共休息室（Senior Common Room）的環境溫馨宜人。關於這一切，我對Andrew Meadows教授銘感五內。我也想感謝Hassan Hamed讓我感到賓至如歸、照顧無微不至。而在牛津時，我有了進一步機會與Fergus Millar定期研討，他在這個主題的研究方法，在本書中處處可見（還有另外幾本我所寫的書）。本書草稿完成於安娜堡（Ann Arbor），從而獲益於多位傑出同事的研究心得，包括Sara Ahbel-Rappe、Basil Dufallo、Ben Fortson、Bruce Frier、Richard Janko、Lisa Nevett、Chris Ratté、Francesca Schironi、Gina Soter、David Stone和Nicola Terrenato。特別感謝

Nicola Terrenato用只有他能辨到的方式介紹我到義大利，還要感謝Marcello Mogetta和加貝伊古城的同伴籌劃各式各樣的探險之旅，使我得以了解這個主題，若非如此我難以完成任務，並且要感謝Nicola Terrenato和Marcello Mogetta回覆我無數的提問。我也倍感殊榮向Chris Ratté教授、Burt Smith教授致謝，感謝他們協助本書的插圖。本書付梓於我任職於加州大學洛杉磯分校歷史系羅納德・梅勒教授（Ronald J. Mellor Professorship）時。非常感激我在洛杉磯時同事們的照顧，特別是David Phillips教授和Jonathan Ebueng教授，若無他們耐性相助我不可能正常工作。

同時還要向Louisa Dunnigan致謝，他在John Davey退休後接手「古代世界史」計畫，尤其要感謝哈佛大學出版社的Heather Hughes，以及Penny Daniel所給予的幫助。Jan Dewitt和Parrish Wright助我一臂之力，協助處理本書早期草稿使之更方便閱讀，Tim Hart和James Faulkner在後期階段協助製作注釋。同時也容我向手稿文編Sally Holloway致上謝意。我又從主編Sue Philpott的協助獲益良多，在數不清的方面改善手稿。還要感謝Jane Delancy以驚人速度與準確度繪製三份羅馬廣場圖，刪去了那些沒有直接證據的建築物。

若非家人支持，我妻子Ellen和女兒Claire、Natalie（還有將要以正式方式成為家中一分子的Michael Schneider），這一切皆難以完成。撰書時，鼓勵我對古代世界史產生興趣的家父，帶著他對人類各種缺陷無與倫比的了解與世長辭，但我有信心，家母會從已經認識的人身上認出一些共鳴。

謹將本書獻給我們摯愛的朋友Veronika Grimm和John Matthews。

——寫於牛津、安娜堡、洛杉磯

參考書目

總論

Works listed here have influenced discussions across multiple sections of this book. For abbreviations other than those listed in the note on abbreviations used in the text shown at the beginning of this book, see the now standard list in the *Oxford Classical Dictionary* 3rd edition (Oxford, 1996).

一般概論：F. W. Walbank, A. E. Astin, M. W. Frederiksen, R. M. Ogilvie, eds., *The Cambridge Ancient History*, 2nd ed., 7.2 *The Rise of Rome to 220 bc* (Cambridge, 1990); A. E. Astin, F. W. Walbank M. W. Frederiksen, R. M. Ogilvie, eds., *The Cambridge Ancient History* 2nd ed., 8 *Rome and the Mediterranean to 133 bc* (Cambridge, 1989); J. A. Crook, A. Lintott, E. Rawson, eds., *The Cambridge Ancient History* 2nd ed., 9 *The Last Age of the Roman Republic 146–43 bc* (Cambridge, 1994); A. K. Bowman, E. Champlin and A. Lintott, eds., *The Cambridge Ancient History* 2nd ed., 10 *The Augustan Empire 43 bc–ad 69* (Cambridge, 1996); A. K. Bowman, P. Garnsey and D. Rathbone, eds., *The Cambridge Ancient History* 2nd ed., 11 *The High Empire ad 70–192* (Cambridge, 2000).

經濟結構‧‧H. C. Boren, 'Studies Relating to the Stipendium Militum', *Historia* 32 (1983), 427–60; M. H. Crawford, *Roman Republican Coinage* (Cambridge, 1974); W. V. Harris, *Rome's Imperial Economy: Twelve Essays* (Oxford, 2011); S. Hin, *The Demography of Roman Italy* (Cambridge, 2013); D. Hollander, *Money in the Late Roman Republic* (Leiden, 2007); M. Kay, *Rome's Economic Revolution* (Oxford, 2014); W. E. Metcalf, *The Oxford Handbook of Greek and Roman Coinage* (Oxford, 2012); D. W. Rathbone, 'The Control and Exploitation of *ager publicus* in Italy under the Roman Republic', in J.-J. Aubert, ed., *Tâches publiques et enterprise privée dans le monde romain* (Geneva, 2003), 135–78; J. Rich, 'Lex Licinia, Lex Sempronia, B. G. Niebuhr and the Limitation of Landholding in the Roman Republic', in L. de Light and S. Northwood, eds., *People, Land and Politics: Demographic Developments and the Transformation of Roman Italy, 300 bc–ad 14* (Leiden, 2008), 519–72; S. T. Roselaar, *Public Land in the Roman Republic: A Societal and Economic History of Ager Publicus in Italy, 396– 89 ad* (Oxford, 2010); J. Tan, *Power and Public Finance at Rome 264–49* BCE (Oxford, 2017). P. J. E. Davies, *Architecture and Politics in Republican Rome* (Cambridge, 2017).

史學史‧‧D. C. Feeney, *Caesar's Calendar: Ancient Time and the Beginnings of History* (Berkeley, 2007); R. Syme, *Tacitus* (Oxford, 1958); R. Syme, *Sallust* (Berkeley, 1964); F. W. Walbank, *A Historical Commentary on Polybius* 3 vols. (Oxford, 1957–79); F. W. Walbank, *Polybius* (Berkeley, 1972); T. P. Wiseman, *Unwritten Rome* (Exeter, 2008).

帝國主義‧‧D. C. Braund, *Rome and the Friendly King* (London, 1984); P. J. Burton, *Friendship and Empire: Roman Diplomacy and Imperialism in the Middle Republic (353–146 bc)* (Cambridge, 2011); P. S. Derow, *Rome, Polybius and the East*, A. Erskiné and J. C. Quinn, eds. (Oxford, 2015); D. Dzino, *Illyricum in Roman Politics 229bc–ad 68* (Cambridge, 2010); A. M. Eckstein, *Mediterranean Anarchy, Interstate War and the Rise of Rome* (Berkeley, 2002); J. L. Ferrary, *Philhellénisme et impérialisme: aspects idéologiques de la conquête romaine du monde hellénistique, de la seconde guerre de Macédoine à la guerre contre*

Mithridate (Paris, 1988); E. Gruen, *The Hellenistic World and the Coming of Rome* (Berkeley, 1984); W. V. Harris, *War and Imperialism in Republican Rome* (Oxford, 1979); W. V. Harris, *Roman Power: A Thousand Years of Empire* (Cambridge, 2016); R. M. KalletMarx, *Hegemony to Empire: The Development of the Roman Imperium in the East from 148 to 62 bc* (Berkeley, 1996); D. Magie, *Roman Rule in Asia Minor to the End of the Third Century after Christ* (Princeton, 1950); S. Mitchell, *Anatolia: Land, Men, and Gods in Asia Minor* 1 (Oxford, 1993); A. N. Sherwin-White, *Roman Foreign Policy in the East 168 bc to ad 1* (London, 1984); F. W. Walbank, *Selected Papers: Studies in Greek and Roman History and Historiography* (Cambridge, 1985); F. W. Walbank, *Polybius, Rome and the Hellenistic World: Essays and Reflections* (Cambridge, 2002); G. Woolf, *Rome: An Empire's Story* (Oxford, 2012).

義大利‧‧J. N. Adams, *Bilingualism and the Latin Language* (Cambridge, 2003); E. Bispham, *From Asculum to Actium: The Municipalization of Italy from the Social War to Augustus* (Oxford, 2007); M. H. Crawford, *Imagines Italiae: A Corpus of Italic Inscriptions* BICS Supplement 110 (London, 2011); M. Torelli, *Studies in the Romanization of Italy*, H. Fracchia and M. Gualtieri, eds. and tr. (Edmonton, 1995); M. Torelli, *Tota Italia: Essays in Cultural Formation of Roman Italy* (Oxford, 1999); A. Wallace-Hadrill, *The Roman Cultural Revolution* (Cambridge, 2008).

社會與政治體制‧‧H. Beck, *Karriere und Hierarchie: Die römische Aristokratie und die Anfänge des cursus honorum in der mittleren Republik* (Berlin, 2005); H. Beck, A. Duplá, M. Jehne and F. Pina Polo, eds., *Consuls and* Res Publica*: Holding High Office in the Roman Republic* (Cambridge, 2011); T. R. S. Broughton, *The Magistrates of the Roman Republic*, 3 vols. (New York/Atlanta, 1951–86); P. A. Brunt, *Italian Manpower 225 bc–ad 14* (Oxford, 1971); P. A. Brunt, *The Fall of the Roman Republic and Related Essays* (Oxford, 1988); E. Dench, *Romulus' Asylum: Roman Identities from the Age of Alexander to the Age of Hadrian* (Oxford, 2005); F. Hinard, *Les proscriptions de la Rome républicaine* (Paris, 1985); L. Hodgson, Res Publica *and the*

Roman Republic: 'Without Body or Form' (Oxford, 2017); A. Lintott, *The Constitution of the Roman Republic* (Oxford, 1999); F. Millar, *The Roman Republic and the Augustan Revolution* (Chapel Hill, 2002); T. Luke, *Ushering in a New Republic: Theologies of Arrival at Rome in the First Century BCE* (Ann Arbor, 2014); C. Nicolet, *L'ordre équestre à l'époque républicaine (312–43 av J.-C.)* (Paris, 1974); C. Nicolet, *Le métier de citoyen dans la Rome républicaine* 2nd ed. (Paris, 1976); H. H. Scullard, *Roman Politics 220–150 bc* (Oxford, 1951); R. Syme, *The Roman Revolution* (Oxford, 1939); L. R. Taylor, 'Forerunners of the Gracchi', *JRS* 52 (1962), 19–27; L. R. Taylor, *Roman Voting Assemblies* (Ann Arbor, 1966); L. R. Taylor, R*oman Voting Districts* rev. ed. with additional material by J. Linderski (Ann Arbor, 2013); S. Treggiari, *Roman Marriage:* Iusti Coniuges *from the Time of Cicero to the Time of Ulpian* (Oxford, 1995); C. Williamson, *The Laws of the Roman People* (Ann Arbor, 2005).

第一部　戰爭

The major primary sources for this period are: Polybius' *Histories*, once consisting of forty books of which only five books remain intact, which are readily available through the revised Loeb edition from F. W. Walbank and C. Habicht; Diodorus Siculus, for which there is now P. Goukowsky, *Diodore de Sicile: bibliothèque historique. Fragments*, Tome II, Livres XXI–XXVI (Paris, 2006); and Livy's *History of Rome*, Books 21–30 (for the Second Punic War), for which J. C. Yardley, *Hannibal's War* (Oxford, 2009) is a readily available translation. Livy's account is preserved in outline by the *Periochae* (summaries) for Books 16–20 (available in a Loeb edition and through J. D. Chaplin, *Rome's Mediterranean Empire, Books 41–5 and the Periochae* (Oxford, 2010)), and used in later sources such as Florus, Eutropius and Florus. Plutarch's lives of Marcellus and Fabius Maximus preserve some important details not available elsewhere (including evidence of a somewhat less negative tradition about Flaminius), and are readily accessible through I. Scott-Kilvert, *The Rise of Rome*, revised with notes by J. Tatum (London, 2013), as well as the older Loeb editions. The earliest Roman historians are now available in *FRH*; Greek historians whose work has not survived intact can be found through *FGrH*. There are a limited number of contemporary documents, of which the most important can be found in either *ILLRP* or *SVA*. J. Prag, 'Bronze rostra from the Egadi Islands off NW Sicily: the Latin inscriptions', *JRA* 27 (2014), 33–59 is a crucial addition. For a valuable collection of texts relating to diplomacy, see F. Canali de Rossi, *Le relazioni diplomatiche di Roma* 2 *Dall' intervento in Sicilia fino all'invasione annibalica (264–216 a.C.)* (Rome, 2007) and *Le relazioni diplomatiche di Roma* 3 *Dalla resistenza di Fabio fino alla vittoria di Scipione intervento in Sicilia fino all'invasione annibalica (215–201 a.C.)*(Rome, 2013).

一般介紹‧‧A. Goldsworthy, *The Punic Wars* (London, 2000); D. Hoyos, *A Companion to the Punic Wars* (Oxford, 2011); D. Hoyos, *Mastering the West: Rome and Carthage at War* (Oxford, 2015) (which takes a somewhat rare, critical approach to Hannibal's generalship); N. Rosenstein, *Rome and the Mediterranean, 290 to 146 bc: The Imperial Republic* (Edinburgh 2012).

迦太基與西地中海‧‧J. Prag and J. C. Quinn, *The Hellenistic West: Rethinking the Ancient Mediterranean* (Cambridge, 2013); J. C. Quinn, ed., *The Punic Mediterranean: Identities and Identification from Phoenician Settlement to Roman Rule* (Cambridge, 2014).

文化史‧‧D. C. Feeney, *Beyond Greek: The Beginnings of Latin Literature* (Cambridge, MA, 2016); C. Watkins, 'Latin Tarentum Accas, the Ludi Saeculares and IndoEuropean Eschatology', in W. P. Lehman and H.-J. Jakusz Hewitt, eds., *Language Typology 1988: Typological Models in Reconstruction* (Philadelphia, 1991), 135–47.

史學史‧‧C. A. Baron, *Timaeus of Tauromenium and Hellenistic Historiography* (Cambridge, 2013); C. Champion, *Cultural Politics in Polybius' Histories* (Berkeley, 2004); E. Dench, *From Barbarians to New Men: Greek, Roman and Modern*

Perceptions of the People of the Central Apennines (Oxford, 1995); J. Dillery, 'Quintus Fabius Pictor and Greco-Roman Historiography at Rome', in J. F. Miller, C. Damon, K. S. Myers, eds., *Vertis in Usum: Studies in Honor of Edward Courtney* (Munich and Leipzig, 2002), 1–23; A. Erskine, *Troy Between Greece and Rome: Local Tradition and Imperial Power* (Oxford, 2001); M. Gelzer, '*Nasicas Widerspruch gegen die Zerstörung Karthagos*', *Philologus* 88 (1931), 261–99; M. Gelzer, '*Römische Politik bei Fabius Pictor*', *Hermes* 68 (1933), 129–66; M. Gelzer, *Kleine Schriften* 2 (Wiesbaden, 1963), 39–72; M. Gelzer, *Kleine Schriften* 3 (Wiesbaden, 1964), 51–92 (central to the account of the outbreak of the Second Punic War in the text); B. Gibson and T. Harrison, eds., *Polybius and His World: Essays in Memory of F. W. Walbank* (Oxford, 2013); P. Pedech, *La méthode historique de Polybe* (Paris, 1964).

布匿戰爭‥B. Bleckmann, *Die römische Nobilität im Ersten Punischen Krieg: Untersuchungen zur aristokratischen Konkurrenz in der Republik* (Berlin, 2002); T. Cornell, B. Rankov and P. Sabin, eds., *The Second Punic War: A Reappraisal*, BICS Supplement 67 (London, 1996); S. Dimitriev, *The Greek Slogan of Freedom and Early Roman Politics in Greece* (Oxford, 2011); M. P. Fronda, *Between Rome and Carthage: Southern Italy during the Second Punic War* (Cambridge, 2010); J. F. Lazenby, *The First Punic War* (Palo Alto, 1996); C. Vacanti, *Guerra per la Sicilia e Guerra della Sicilia: il Ruolo delle Città Siciliane nel Primo Conflitto Romano-Punico* (Naples, 2012) (stressing the importance of the Syracusan connection).

現代早期羅馬憲政讀物‥D. Lee, *Popular Sovereignty in Early Modern Constitutional Thought* (Oxford, 2016); F. Millar, *The Roman Republic in Political Thought* (Boston, 2002); B. Straumann, *Crisis and Constitutionalism: Roman Political Thought from the Fall of the Republic to the Age of Revolution* (Oxford, 2016); R. Tuck, *The Sleeping Sovereign: The Invention of Modern Democracy* (Cambridge, 2016).

羅馬國家・・J. M. Bertrand, 'À propos du mot provincia: Étude sur le elaboration du langue politique', *Journal des Savants* (1989), 191–215; E. Bispham, '*Coloniam Deducere*: How Roman was Roman Colonization during the Middle Republic', G. Bradley and J. P. Wilson, eds., *Greek and Roman Colonization: Origins, Ideologies and Interactions* (Swansea, 2006), 73–160; F. Drogula, *Commanders and Command in the Roman Republic and Early Empire* (Chapel Hill, 2015); M. Gelzer, *The Roman Nobility*, R. Seager, tr. (Oxford, 1969); A. Giovannini, *Les institutions de la République romaine des origins à la mort d'Auguste* (Basel, 2015); K. J. Hölkeskamp, *Die Entstehung der Nobilität. Studien zur socialen und politischen Geschichte der Römischen Republik im 4. Jh v. Chr.* 2nd ed. (Stuttgart, 2011); J. Linderski, 'The Augural Law', *ANRW* 16.3 (Berlin, 1986), 2147–312; F. Münzer, *Roman Aristocratic Parties and Families*, T. Ridley, tr. (Baltimore, 1999); S. Northwood, 'Census and Tributum', in L. de Light and S. Northwood, eds., *People, Land and Politics: Demographic Developments and the Transformation of Roman Italy 300 bc–ad 14* (Leiden, 2008), 257–70; N. Rosenstein, Imperatores Victi: *Military Defeat and Aristocratic Competition in the Middle and Late Republic* (Berkeley, 1990); N. Terrenato, 'Private *Vis*, Public *Virtus*. Family Agendas during the Early Roman Expansion', in T. D. Stek and J. Pelgrom, eds., *Roman Republican Colonization: New Perspectives from Archaeology and Ancient History* (Rome, 2014), 45–59; A. Ziolkowski, *The Temples of Mid-Republican Rome and Their Historical and Topographical Context* (Rome, 1992).

第二部　帝國

The primary addition to the sources discussed in the previous section is the addition of Livy Books 31–45, readily accessible through J. C. Yardley, tr., with notes by W. Heckel, *The Dawn of the Roman Empire, Books 31–40* (Oxford, 2009) and J. D. Chaplin, *Rome's Mediterranean Empire, Books 41–5 and the Periochae* (Oxford, 2010), while J. Briscoe, *A Commentary on Livy Books XXXI–XXXIII* (Oxford, 1973), J. Briscoe, *A Commentary on Livy Books XXXIV– XXXVII* (Oxford, 1981), J. Briscoe, *A*

Commentary on Livy Books 38–40 (Oxford, 2008), J. Briscoe, *A Commentary on Livy Books 41–45* (Oxford, 2012) join Walbank's commentary on Polybius as invaluable guides through historical and historiographic issues for those connecting with the text in Latin. F. Canali de Rossi, *Le relazioni diplomatiche di Roma* 4 *Dalla 'liberazione della Grecia' alla pace infida con Antioco III (201–194 a.C.)* (Rome, 2014) offers an important collection of texts, with discussion. For the development of Roman relations in the east, see the documents collected in R. K. Sherk, *Roman Documents of the Greek East* (Baltimore, 1969); Sherk, nn. 2; 3; 40 are especially important for the events of the Third Macedonian War.

文化與經濟史‧‧L. Ceccarelli and E. Marroni, *Repertorio dei santuari del Lazio* (Rome, 2011); F. Coarelli, ed., *Studi su Praeneste* (Perugia, 1978); F. Coarelli, '*I santuari del Lazio e della Campania tra I Gracchi e le Guerre Civili*', in M. Cébeillac-Gervasoni, ed., *Les 'bourgeoisies' municipals italiennes aux IIe et Ier siècles av. J.-C.*, Centre Jean Bérard, Institut Français de Naples 7–10 décembre 1981 (Naples, 1983), 217–36; F. Coarelli and P. G. Monti, *Fregellae 1: Le Fonti, La Storia, Il Territorio* (Rome, 1998); J. Elliott, *Ennius and the Architecture of the* Annales (Cambridge, 2013); J. A. Hanson, *Roman Theater-Temples* (Princeton, 1959); C. Howgego, 'The Supply and Use of Money in the Roman World 200 bc–ad 300', *JRS* 82 (1992), 1–31; A. M. Ramieri, *Ferentino dale origini all'alto medioevo* (Rome, 1995); C. Rowan, 'The Profits of War and Cultural Capital', *Historia* 62 (2013), 361–86; O. Skutsch, *The Annals of Q. Ennius* (Oxford, 1985).

羅馬帝國主義‧‧B. Bar-Kochva, *Judas Maccabaeus: The Jewish Struggle against the*

Seleucids (Cambridge, 1989); J. Briscoe, 'Q. Marcius Philippus and Nova Sapientia', *JRS* 54 (1964), 66–77; P. J. Burton, *Rome and the Third Macedonian War* (Cambridge, 2017); M. Cottier, M. H. Crawford, C. V. Crowther, J.-L. Ferrary, B. M. Levick, O. Salomies and M. Wörrle, eds., *The Customs Law of Asia* (Oxford, 2009); B. Dreyer, *Die römische Nobilitätsherrschaft und*

Antiochus III (205 bis 188 v. Chr.) (Hennef, 2007); A. M. Eckstein, *Rome Enters the Greek East: From Anarchy to Hierarchy in the Hellenistic Mediterranean, 230–170 bc* (London, 2008); R. M. Kallet-Marx, *Hegemony to Empire: The Development of the Roman Imperium in the East from 148 to 62 bc* (Berkeley, 1996); P. J. Kosmin, *The Land of the Elephant Kings* (Cambridge, MA, 2014); J. Ma, *Antiochus III and the Cities of Western Asia Minor* (Oxford, 1999); A. R. Meadows, 'Greek and Roman Diplomacy on the Eve of the Second Macedonian War', *Historia* 42 (1993), 40–60; J. S. Richardson, Hispaniae: *Spain and the Development of Roman Imperialism, 218–82 bc* (Cambridge, 1986); P. Thonemann, ed., *Attalid Asia Minor: Money, International Relations, and the State* (Oxford, 2013).

羅馬內政史・・A. E. Astin, *The Lex Annalis before Sulla.* Collection Latomus 32 (Brussels, 1958); A. E. Astin, *Scipio Aemilianus* (Oxford, 1967); A. E. Astin, *Cato the Censor* (Oxford, 1978); L. Grieve, 'Livy 40.51.9 and the Centuriate Assembly', *CQ* 35 (1985): 417–29.

第三部　革命

For this period there is a major change in the source tradition, with the end of Polybius and Livy now preserved only through the *Periochae* and later users of his tradition (see Sources, Part I: War). At this point Appian becomes critically important, as does Plutarch and, in the later chapters of this section, Cassius Dio. There is an invaluable series of editions of Appian from the Budé series, with excellent commentaries; in English there is a Loeb translation. Plutarch is also well served in the Budé series; in English there is a Loeb edition, too. There is now an excellent Loeb edition of Sallust's *Histories* (complete) and a very helpful commentary and translation of Books 1–2 in P. McGushin, *Sallust: The Histories* 1 (Oxford, 1992). All of Cicero's speeches are available in Loeb editions. The discussion of the Asculum inscription in chapter 15 is based on N. Criniti, *L'Epigrafe di Asculum di Gn. Pompeo Strabone* (Milan, 1970).

承包人和軍事—財政複合體・・These terms are borrowed from work on the early modern period. My understanding of this period is based on the application of work by C. Tilley, *Coercion, Capital, and European States ad 990–1992* (Oxford, 1992) as adapted through D. Parrott, *The Business of War: Military Enterprise and Military Revolution in Early Modern Europe* (Cambridge, 2012); J. Glete, *War and the State in Early Modern Europe: Spain, The Dutch Republic and Sweden as Fiscal-Military States, 1500–1660* (London, 2002).

經濟結構・・J. Andreau, *The Economy of the Roman World*, C. Kesler, tr. (Ann Arbor, 2015); C. T. Barlow, 'The Roman Government and the Roman Economy, 92–80 bc', *AJP* 101 (1980), 202–19; P. Garnsey, T. Gallant and D. Rathbone, 'Thessaly and the Grain Supply of Rome during the Second Century bc', *JRS* 74 (1984), 30–44; W. V. Harris, 'A Revisionist View of Roman Money', *JRS* 96 (2006), 1–24; J. Hatzfeld, *Les trafiquants Italiens dans l'orient hellénique* (Paris, 1919); J. Rich, 'The Supposed Roman Manpower Shortage of the Second Century bc', *Historia* 32 (1983), 287–331; N. Rosenstein, *Rome at War: Farms, Families, and Death in the Middle Republic* (Durham, 2013).

外交與同盟者戰爭・・M. Dobson, *The Army of the Roman Republic: The Second Century bc, Polybius and the Camps at Numantia, Spain* (Oxford, 2008); H. Mouritsen, *Italian Unification: A Study in Ancient and Modern Historiography*, BICS Supplement 70 (London, 1998); D. S. Potter, 'Caesar and the Helvetians', in G. G. Fagan and M. Trundle, eds., *New Perspectives on Ancient Warfare* (Leiden, 2010), 305–30; S. T. Roselaar, ed., *Processes of Integration and Identity Formation in the Roman Republic* (Leiden, 2012).

史學史與其他資料來源‧‧H. van der Blom, *Cicero's Role Models: The Political Strategy of a Newcomer* (Oxford, 2010); D. C. Earl, *The Political Thought of Sallust* (Cambridge, 1961); E. Rawson, 'The First Latin Annalists', *Latomus* 35 (1976), 689–717; E. Rawson, *Roman Culture and Society* (Oxford, 1991), 245–71; T. P. Wiseman, *Clio's Cosmetics* (Leicester, 1979).

思想文化史‧‧J. Becker and N. Terrenato, *Roman Republican Villas: Architecture, Context, and Ideology* (Ann Arbor, 2012); G. Bradley, *Ancient Umbria: State, Culture and Identity in Central Italy from the Iron Age to the Augustan Era* (Oxford, 2000); G. Bradley, E. Isayev and C. Riva, *Ancient Italy: Regions Without Boundaries* (Exeter, 2007); S. Capini and G. De Benedittis, *Pietrabbondante: Guida agli Scavi Archaeologici* (Campobasso, 2000); F. Coarelli, *Fregellae 2 Il Santuario di Esculapio* (Rome, 1986); T. Cornell, 'Cato the Elder and the Origins of Roman Autobiography', in C. Smith and A. Powell, *The Lost Memoirs of Augustus and the Development of Roman Autobiography* (Swansea, 2009), 15–40; G. Fagan, *Bathing in Public in the Roman World* (Ann Arbor, 1999); P. Gros, *L'architecture romaine du début du IIIe siècle av. J.-C. à la fin du Haute-Empire 2 Maisons, palais, villas et tombeaux* (Paris, 2001); M. Mogetta, 'A New Date for Concrete in Rome', 105 (2015), 1–40; E. Rawson, *Intellectual Life in the Late Roman Republic* (London, 1985); L. Robert, 'Catalogue agonistique des Romaia de Xanthos', *Revue Archeologique* 1978, 277–90 [L. Robert, *Opera Minora Selecta* 7 (Amsterdam, 1990), 681–94]; R. Roth, *Styling Romanization: Pottery and Society in Central Italy* (Cambridge, 2007); R. Scopacasa, *Ancient Samnium: Settlement, Culture, and Identity between History and Archaeology* (Oxford, 2015); N. Terrenato, '*Tam Firmum Municipium*: The Romanization of Volterrae and Its Cultural Implications', *JRS* 88 (1998), 94–114; N. Terrenato, 'A Tale of Three Cities: The Romanization of Northern Coastal Etruria', in S. Key and N. Terrenato, *Italy and the West: Comparative Studies in Romanization* (Oxford, 2001), 54–65; P. Zanker, *Pompeii Public and Private City*, D. L. Schneider, tr. (Cambridge, MA, 1998); M. Zarmakoupi, *Designing for Luxury on the Bay of Naples: Villas and Landscapes (c.100 bc–79 CE)* (Oxford, 2015).

內政史‧‧A. E. Astin, *Scipio Aemilianus* (Oxford, 1967); T. J. Cadoux, 'Catiline and the Vestals', *Historia* 54 (2005), 162–79; E. Gabba, *Republican Rome, the Army and the Allies* (Berkeley, 1976); T. W. Hillard, 'Scipio Aemilianus and a Prophecy from Clunia', *Historia* 54 (2005): 344–8; A. Lintott, *Judicial Reform and Land Reform in the Roman Republic* (Cambridge, 1992); A. N. Sherwin-White, 'The Lex Repetundarum and the Political Ideals of Gaius Gracchus', *JRS* 72 (1982), 18–31; S. Sisani, *L'ager publicus in Età Graccana (133–111 A.C.) Una Rilettura Testuale, Storica e Giuridica della Lex Agraria Epigraphica* (Rome, 2015); C. Steel and H. van der Blom, *Community and Communication: Oratory and Power in Republican Rome* (Oxford, 2013); D. L. Stockton, *The Gracchi* (Oxford, 1979).

第四部　獨裁統治

The enormous surviving corpus of Cicero's work is readily available in Loeb editions; the Loebs of Cicero's letters are by D. R. Shackleton Bailey, whose scholarly edition of Cicero's letters (Cambridge, 1965–80) is a masterpiece. There are excellent commentaries on many individual works, see especially A. R. Dyck, *A Commentary on Cicero,* De Officiis (Ann Arbor, 1997); A. R. Dyck, *A Commentary on Cicero,* De Legibus (Ann Arbor, 2004); A. R. Dyck, *Cicero, Catilinarians* (Cambridge, 2008); A. R. Dyck, *Cicero* Pro Roscio Amerino (Cambridge, 2010); H. Gotoff, *Cicero's Caesarian Speeches: A Stylistic Commentary* (Chapel Hill, 1977). For speeches of Cicero that have not survived, see J. W. Crawford, *M. Tullius Cicero: The Lost and Unpublished Orations* (Göttingen, 1984). The superb Budé series for Appian (in addition to the *Civil Wars*, see especially the volume on the *Mithridatica*) is joined by an equally excellent series of editions of Cassius Dio's *Roman History* Books 36–49. J. Rich, *Cassius Dio: The Augustan Settlement, Roman History* 53–55.9 (Warminster, 1990) and P. M. Swan, *The Augustan Succession: An Historical Commentary on Cassius Dio's Roman History Books 55–56* (Oxford, 2004) are of great value for Dio's account, post-Actium. There are numerous editions of Caesar's works, and readily available translations in the Loeb series. The editions used in this book are W. Hering, *Bellum Gallicum* (Leipzig, 1987) and C. Damon, *C. Iuli Caesaris Commentariorum libri III de Bello Gallico* (Oxford, 2015). For Sallust and Velleius Paterculus, see Sources, Part III: Revolution. Posidonius is cited from L. G. Edelstein and I. G. Kidd (eds.), *Posidonius*, vol. 1 *The Fragments* (Cambridge, 1989). For Asconius' commentaries on Cicero's speeches, B. A. Marshall, *A Historical Commentary on Asconius* (Columbia, MO, 1985) is invaluable. C. B. R. Pelling, *Plutarch Caesar: Translated with Introduction and Commentary.* Clarendon Ancient History Series (Oxford, 2011) is immensely useful, while M. Toher, *Nicolaus of Damascus: The Life of Augustus and The Autobiography* (Cambridge, 2017) makes an immensely important text for the last period of Caesar's life and 44 bc readily accessible.

一般介紹‥C. Steel, *The End of the Roman Republic, 146–44 bc* (Edinburgh, 2013). On a more detailed level, three extremely important accounts of the period are: E. Gruen, *The Last Generation of the Roman Republic* (Berkeley, 1974); E. Meyer, *Caesars Monarchie und das Principat des Pompejus: innere Geschichte Roms von 66 bis 44 v, Chr.* (Stuttgart, 1922); T. Rice Holmes, *The Roman Republic and the Founder of the Empire* 2 (Oxford, 1923). The overall interpretation offered in the text owes a great deal to P. A. Brunt, *The Fall of the Roman Republic and Related Essays* (Oxford, 1988) and R. Syme, *The Roman Revolution* (Oxford, 1939).

重要人物討論‥M. Gelzer, *Pompeius* (Munich, 1949); M. Gelzer, *Caesar: Politician and Statesman*, P. Needham, tr. (Oxford, 1968); M. T. Griffin, ed., *A Companion to Julius Caesar* (Oxford, 2009); J. Osgood, *Turia: A Roman Woman's Civil War* (Oxford, 2014); R. Seager, *Pompey the Great: A Political Biography* 2nd ed. (Oxford, 2002); M. B. Skinner, *Clodia Metelli: The Tribune's Sister* (Oxford, 2011); D. L. Stockton, *Cicero: A Political Biography* (Oxford, 1971); K. Welch, *Magnus Pius: Sextus Pompeius and the Transformation of the Roman Republic* (Swansea, 2012).

經濟與軍事事務・・C. T. Barlow, 'The Roman Government and the Roman Economy, 92–80 bc', *AJP* 101 (1980), 202–19; L. De Light, *Peasants, Citizens and Soldiers: Studies in the Demographic History of Roman Italy 225 bc–ad 100* (Cambridge, 2012); B. W. Frier, 'Cicero's Management of His Urban Properties', *CJ* 74 (1978), 1–6; B. W. Frier, *Landlords and Tenants in Imperial Rome* (Princeton, 1980); E. Lo Cascio, '*Carbone, Druso e gratidiano: la Gestione della Res Nummaria a Roma tra la Lex Papiria e la Lex Cornelia*', *Athenaeum* (1979); C. Virvoulet, *Tessara frumentaria: les procedures de la distribution du blé public à Rome à la fin de la République et au début de l'Empire* (Rome, 1995).

騎士階級・・The view taken in the text, which stresses the role of the censors of 86 bc, is outside the mainstream of opinion. I feel that the divisions employed in the *lex Aurelia iudiciaria* of 70 bc pre-existed the censorship of that year, as the law is in the wind during the prosecution of Verres, at which point the censors of 70 bc had not carried out the *lectio senatus*, usually the first act of a censorship. Hence I feel that a definition of an *ordo equester* extended to people outside the eighteen centuries *equo publico* (the usage is attested in *Com. Pet.* 33; note also App. *bc* 1. 442; 482). I agree with T. P. Wiseman that the *tribuni aerarii* may have been equestrians who were registered outside the eighteen centuries and my understanding most closely tracks his in 'The Definitions of Eques Romanus in the Late Republic and Early Empire', *Historia* 19 (1970), 67–83 [= T. P. Wiseman, *Roman Studies* (Liverpool, 1987), 57–73]; my understanding of the chronology of 70 bc derives from J. L. Ferrary, 'Cicéron e la loi judiciaire de Cotta (70 av. J.-C.)', *MEFR* 87 (1975), 321–48.

高盧戰爭・・K. Christ, '*Caesar und Ariovistus*,' *Chiron* 4 (1974), 251–92; H. Delbrück, *Warfare in Antiquity*, W. J. Renfrew, tr. (Westport, CT, 1975); J. Thorne, 'The Chronology of the Campaign against the Helvetii: A Clue to Caesar's Intentions', *Historia* 56 (2007), 27–36; G. Walser, *Caesar und die Germanen: Studien zur politischen Tendenz römischer Feldzugsberichte*, Historia Einzelschriften 1 (Stuttgart, 1956).

一般政治結構‧‧K.-J. Hölskeskamp, *Reconstructing the Roman Republic: An Ancient Political Culture and Modern Research*, H. Heitmann-Gordon, tr. (Princeton,

2010); F. Millar, *The Crowd in Rome in the Late Republic* (Ann Arbor, 1998); R. MorsteinMarx, *Mass Oratory and Political Power in the Late Roman Republic* (Cambridge, 2004); H. Mouritson, *Plebs and Politics in the Late Roman Republic* (Cambridge, 2001); C. RosilloLópez, *Public Opinion and Politics in the Late Roman Republic* (Cambridge, 2017); P. J. J. Vanderbroek, *Popular Leadership and Collective Behavior in the Late Roman Republic (ca. 80–50 bc)*(Amsterdam, 1987); T. P Wiseman, *New Men in the Roman Senate 139 bc–ad 14* (Oxford, 1971); A. Yakobson, *Elections and Electioneering at Rome: A Study in the Political System of the Late Republic*, Historia Einzelschriften 128 (Stuttgart, 1999).

史學史（古代）和其他文學問題‧‧V. Arena, Libertas *and the Practice of Politics in the Late Roman Republic* (Cambridge, 2012); H. van der Blom, *Cicero's Role Models: The Political Strategy of a Newcomer* (Oxford, 2010); A. M. Gowing, *The Triumviral Narratives of Appian and Cassius Dio* (Ann Arbor, 1992); J. Hellegouarc'h, *Le vocabulaire Latin des relations et des partis politiques sous la République* (Paris, 1963); A. W. Lintott, *Cicero as Evidence* (Oxford, 2008); C. B. R. Pelling, 'Plutarch's Method of Work in the Roman Lives', *JHS* 99 (1979), 74–96; A. M. Riggsby, *Caesar in Gaul and Rome: War in Words* (Austin, 2006); C. Smith and A. Powell, *The Lost Memoirs of Augustus and the Development of Roman Autobiography* (Swansea, 2009), 65–85; H. Strasberger, *Caesars Eintritt in die Geschichte* (Munich, 1938); K. Welch and A. Powell, eds., *Julius Caesar as Artful Reporter* (London, 2008); T. P. Wiseman, *Catullus and His World: A Reappraisal* (Cambridge, 1985).

內政（西元前五九年以前）‧‧M. C. Alexander, *Trials in the Late Roman Republic 149 bc–50 bc* (Toronto, 1990); D. H. Berry, 'The Publication of Cicero's *Pro Roscio Amerino*', *Mnemosyne* 57 (2004), 80–87; B. W. Frier, 'Sulla's Propaganda: The Collapse of the Cinnan Republic', *AJP* 92 (1971), 585–604; M. T. Griffin, 'The Tribune C. Cornelius', *JRS* 63 (1973), 196–213; F. Hinard, 'Le "Pro Quinctio", un discours politique', *REA* 77 (1975), 88–107 [= *Rome, la dernière République*, 179–202]; F. Hurlet, *La dictature de Sylla: monarchie ou magistrature républicaine* (Turnhout, 1993); M. Lovano, *The Age of Cinna: Crucible of Late Republican Rome*, Historia Einzelschriften 158 (Stuttgart, 2002); P. Moreau, Clodiana religio: *un procès politique en 61 avant J.C.* (Paris, 1982); C. Nicolet, ed., Insula Sacra: *la loi Gabinia-Calpurnia de Délos (58 av J.-C.)* (Paris, 1980); S. I. Oost, 'Cyrene, 96–74 bc', *CPh* 58 (1963), 11–25; D. S. Potter, *Prophets and Emperors: Human and Divine Authority from Augustus to Theodosius* (Cambridge, MA, 1994); D. S Potter, 'Holding Court in Republican Rome (105–44)', *AJP* 132 (2011), 59–80; J. Reynolds, 'Cyrenaica, Pompey and Cn. Cornelius Lentulus Marcellinus', *JRS* 52 (1962), 97–103; M. A. Robb, *Beyond* Populares *and* Optimates: *Political Language in the Late Republic*. Historia Einzelschriften 213 (Stuttgart, 2010); F. Santangelo, *Sulla, the Elites and the Empire: A Study of Roman Policies in Italy and the Greek East* (Leiden, 2007); F. Santangelo, 'Roman Politics in the 70s bc: A Story of Realignments', *JRS* 104 (2014), 1–27; C. Steel, 'Rethinking Sulla: The Case of the Roman Senate', *CQ* 64 (2014), 657–68; A. Thein, 'Sulla the Weak Tyrant', in S. Lewis, *Ancient Tyranny* (Edinburgh, 2008), 238–47; F. J. Vervaet, 'The Lex Valeria and Sulla's Empowerment as Dictator (82–79 BCE)', *Cahiers Glotz* 15 (2004), 37–84.

內政與內戰（西元前五九至四四年）：P. A. Brunt, 'Cicero's *Officium* in the Civil War', *JRS* 76 (1986), 12–32; S. G. Chrissanthos, 'Caesar and the Mutiny of 47 bc', *JRS* 91 (2001), 63–75; P. J. Cuff, 'The Terminal Date of Caesar's Command', *Historia* 7 (1958), 445–72; G. K. Golden, *Crisis Management during the Roman Republic: The Role of Political Institutions in Insurgencies* (Cambridge, 2013); I. Gradal, *Emperor Worship and Roman Religion* (Oxford, 2002); H. Heinen, 'Kaiser un Kaisarion', *Historia* 18 (1979), 181–203; L. Keppie, *Colonization and Veteran Settlement in Italy 47–14 bc* (London, 1983); A. Lintott, 'Cicero and Milo', *JRS* 64 (1974), 62–78; H.-M. Ottmer, *Die RubikonLegende: Untersuchungen zu Caesars und Pompeius' Strategie vor und nach Ausbruch des Bürgerkrieges* (Boppard am Rhein, 1979); T. Rising, 'Senatorial Opposition to Pompey's Eastern Settlement:

A Storm in a Teacup?' *Historia* 62 (2013), 196–221; C. Steel, 'The Lex Pompeia de Provinciis of 52 bc: A Reconsideration', *Historia* 61 (2012), 83–93; R. Syme, 'The Allegiance of Labienus', *JRS* 38 (1928), 113–25 [= *Roman Papers* 1, E. Badian, ed. (Oxford, 1979), 62–75]; W. J. Tatum, *The Patrician Tribune: Publius Clodius Pulcher* (Chapel Hill, 1999); L. R. Taylor, 'The Chronology of Caesar's First Consulship', *AJP* 72 (1951), 254–6; S. Weinstock, *Divus Julius* (Oxford, 1971).

內政與內戰（西元前四四至三六年）‧‧R. Alston, *Rome's Revolution: Death of the Republic and Birth of the Empire* (Oxford, 2015); H. Fritsch, *Cicero's Fight for the Republic: The Historical Background of Cicero's Philippics* (Copenhagen, 1946); E. Gabba, 'The Perusine War and Triumviral Italy', *HSCP* 75 (1971); J. Lobur, *Consensus, Concordia, and the Formation of Roman Imperial Ideology* (London, 2008); J. Osgood, *Caesar's Legacy: Civil War and the Emergence of the Roman Empire* (Cambridge, 2006); J. T. Ramsey, 'The Senate, Mark Antony, and Caesar's Legislative Legacy', *CQ* 44 (1994), 130–45; G. Sumi, *Ceremony and Power: Performing Politics in Rome between Republic and Empire* (Ann Arbor, 2005); A. Wright, 'The Death of Cicero: Forming a Tradition: The Contamination of History', *Historia* 50 (2001), 436–52.

米特里達梯戰爭‧‧A. R. Bellinger, 'The End of the Seleucids', *Transactions of the Connecticut Academy of Arts and* Sciences 38 (1949), 51–102; G. R. Bugh, 'Athenion and Aristion of Athens', *Phoenix* 46 (1992), 108–23; J. Camp, M. Ierardi, J. McInerney, K. Morgan, G. Umholtz, 'A Trophy from the Battle of Chaeronea of 86 bc', *AJA* 96 (1992), 443–55; J.-C. Gauger, '*Phlegon von Tralles Mirab. III: zu einem Dokument geistigen Widerstandes gegen Rom*', *Chiron* 10 (1980), 225–62; C. Habicht, *Athens from Alexander to Antony*, D. L. Schneider, tr. (Cambridge, MA, 1997); B. C. McGing, *The Foreign Policy of Mithridates VI Eupator, King of Pontus* (Leiden, 1986); E. Schürer, *A History of the Jewish People in the Age of Jesus Christ* 1 rev. ed., G. Vermes and F. G. Millar, eds.,(Edinburgh, 1973); R. Syme, *Anatolica: Studies in Strabo* (Oxford, 1995). For the number of victims during the massacre of 89 bc I have followed Cicero, *De imp. Cn. Pomp* 7; see also P. Goukowsky, *Appien: histoire* *romaine* vol. 7 (Paris, 2003), 152, n. 216. For the cloak of Alexander, see Appian, *Mith.* 577.

帕提亞王國・・P. Arnaud, 'Les guerres parthiques de Gabinius et de Crassus et la politique occidentale des Parthes Arsacides entre 70 et 53 av. J.-C.', in E. Daprowa, ed., *Ancient Iran and the Mediterranean World*, *Electrum* 2 (Warsaw, 1998), 13–34; J. Curran, 'The Ambitions of Quintus Labienus Parthicus', *Antichthon* 41 (2007), 33–53; E. Noé, 'Province, Parti e Guerra: Il Caso di Labieno', *Athenaeum* 85 (1997), 409–36; P. Roussel, '*Le miracle de Zeus Panamaros*', *BCH* 55 (1931), 70–116.

斯巴達克斯・・K. R. Bradley, *Slavery and Rebellion in the Roman World 140 bc–70* bc (London, 1989); P. Piccinin, '*Les Italiens dans le "Bellum Spartacium"*', *Historia* 53 (2004), 173–99; Z. Rubinsohn, 'Was the *Bellum Spartacium* a Servile Insurrection', *Rivista di Filologia e di Istruzione Classica* 99 (1971), 290–99; A. Schiavone, *Spartacus*, J. Carden, tr. (Cambridge, 2013); B. D. Shaw, *Spartacus and the Slave Wars: A Brief History with Documents* (Boston, 2001); T. Urbainczyk, *Spartacus* (Bristol, 2004).

社會與文化問題・・G. W. Bowersock, 'A Date in the Eighth Eclogue', *HSCP* 75 (1971), 73–80; H. Evans, *Water Distribution in Ancient Rome: The Evidence of Frontinus* (Ann Arbor, 1994); E. Fantham, H. Foley and N. Kampen, *Women in the Classical World: Image and Text* (Oxford, 1994); P. M. Fraser, 'Mark Antony in Alexandria – A Note', *JRS* 47 (1957), 71–3; J. Griffin, 'Augustan Poetry and the Life of Luxury', *JRS* 66 (1976), 87–105; W. D. Lebek, 'Moneymaking on the Roman Stage,' in W. J. Slater, ed., *Roman Theater and Society* (Ann Arbor, 1996), 29–48; K. Milnor, *Gender, Domesticity and the Age of Augustus: Inventing Private Life* (Oxford, 2005); R. G. M. Nisbet, *Collected Papers on Latin Literature*, S. J. Harrison, ed. (Oxford, 1995); J. Rüpke, *The Roman Calendar from Numa to Constantine: Time, History and the* Fasti, D. M. B. Richardson, tr. (Oxford, 2011); T. P. Wiseman, *The Roman Audience* (Oxford, 2015). The view of Caesar's forum in the text is borrowed from Davies, *Architecture and Politics in Republican Rome*, 247–9.

第五部　君主政治

For the reign of Augustus, Cassius Dio's remains the primary narrative (see Sources, Part IV: Dictatorship for editions). He is now joined by Suetonius, *The Twelve Caesars* (numerous translations) and the greatest of the historians of ancient Rome, Cornelius Tacitus (numerous translations), whose *Annals* and *Histories* once covered the period from 14 to 96 ad (now preserved for the years 14–37, 47–66, 69–70 ad). His three shorter works are the *Dialogue Concerning Oratory*, *Agricola* (the biography of his father-in-law) and the *Germania* (again all available in numerous translations). Velleius Paterculus continues to offer insights into the reign of Tiberius. The Elder Pliny's *Natural History* (readily available through a Loeb edition) has a great deal to say about the period as a whole, while the letters of his nephew, the Younger Pliny, can be found in both Loeb and Penguin editions. D. Wardle, *Suetonius: Life of Augustus* (Oxford, 2014) is an immensely useful guide to the sources for the first part of this period, along with the commentaries on Dio, Rich, *Cassius Dio: The Augustan Settlement* and Swan, *The Augustan Succession* (see Sources, Part IV: Dictatorship). As documentary sources become vastly more common for this period, see the discussions in the editions cited. For the documents connected with funerals, see J. B. Lott, *Death and Dynasty in Early Imperial Rome* (Cambridge, 2012).

通史··R. Syme, *Tacitus* (Oxford, 1958) (see also under historiography); R. Syme, *The Augustan Aristocracy* (Oxford, 1986). P. A. Brunt, *Roman Imperial Themes* (Oxford, 1990) contains a great number of important studies, while F. Millar, *The Emperor in the Roman World* 2nd ed. (London, 1992) offers a crucial model for the way the Roman state worked; see also the essays collected in F. Millar, *Government, Society and Culture in the Roman Empire*, H. M. Cotton and G. M. Rogers, eds. (Chapel Hill, 2004).

亞克興··R. Gurval, *Actium and Augustus: The Politics and Emotions of Civil War* (Ann Arbor, 1995); P. Petsas, *Octavian's Campsite Memorial for the Actian War*. *Transactions of the American Philosophical Society*, n. 79.4 (Philadelpia, 1989).

內戰後的軍隊與軍事事務‧‧P. Allison, *People and Spaces in Roman Military Bases* (Cambridge, 2013); P. Conole and R. D. Milns, 'Neronian Frontier Policy in the Balkans: The Career of Ti. Plautius Silvanus', *Historia* 24 (1983), 183–200; S. Dillon, 'Women on the Columns of Trajan and Marcus Aurelius and the Visual Language of Roman Victory', in S. Dillon and K. Welch, *Representations of War in Ancient Rome* (Cambridge, 2006), 244–71; W. Eck, '*Herrschaftssicherung und Expansion: Das römische Heer unter Augustus*', in G. Negri and A. Valvo, *Studi su Augusto: In occasione del XX centenario della morte* (Turin, 2016), 77–93; I. Haynes, *Blood of the Provinces: The Roman Auxilia and the Making of Provincial Society from Augustus to the Severans* (Cambridge, 2013); F. Lepper, *Trajan's Parthian War* (Oxford, 1948); F. Lepper and S. Frere, *Trajan's Column* (Gloucester, 1988); C. S. Lightfoot, 'Trajan's Parthian War and Fourth-century Perspective', *JRS* 80 (1990), 115–26; E. Luttwak, *The Grand Strategy of the Roman Empire* rev. ed. (Baltimore, 2016); R. McMullen, *Change in the Roman Empire: Essays in the Ordinary* (Princeton, 1990); F. G. Millar, 'Emperors, Frontiers and Foreign Relations, 31 bc to ad 378', *Britannia* 13 (1982), 1–23; T. Mommsen, *Res Gestae Divi Augusti* (Berlin, 1883); D. S. Potter, 'The Mysterious Arbaces', *AJP* 100 (1979), 541–2; D. S. Potter, 'The Inscription on the Bronze Hercules of Mesene: Vologaeses IV's War with Rome and the Date of Tacitus' *Annales*', *ZPE* 88 (1991), 277–90; D. S. Potter, 'Empty Areas and Roman Frontier Policy', *AJP* 113 (1992), 269–74; D. S. Potter, 'Emperors, Their Borders and Their Neighbors: The Scope of the Imperial Mandata', in D. L. Kennedy, ed., *The Roman Army in the East*, *JRA* Supplemental Series 18 (Ann Arbor, 1996), 49–66; E. Ritterling, 'Legio', *RE* 1216–18; M. P. Speidel, 'The Captor of Decebelus: A New Inscription from Philippi', *JRS* 60 (1970), 142–53; R. Syme, 'Some Notes on the Legions under Augustus', *JRS* 23 (1933), 14–33; B. Turner, 'War Losses and Worldview: Reviewing the Roman Funerary Altar at Adamclisi', *AJP* 134 (2104), 277–304.

文化史‧‧M. T. Boatwright, *Hadrian and the City of Rome* (Princeton, 1987); M. T. Boatwright, *Hadrian and the Cities of the Roman Empire* (Princeton, 2000); G. W. Bowersock, *Greek Sophists and the Roman Empire* (Oxford, 1969); G. W. Bowersock,

'Historical Problems in Late Republican and Augustan Classicism', in *Le classicism à Rome aux Iers siècles avant et après J.C.* Fondation Hardt, Entretiens 25 (Geneva, 1979), 57–75; G. W. Bowersock, 'The Pontificate of Augustus', in K. A. Raaflaub and M. Toher, eds., *Between Republic and Empire: Interpretations of Augustus and His Principate* (Berkeley, 1993), 380–94; E. Gabba, *Dionysius and the History of Archaic Rome* (Berkeley, 1991); A. M. Gowing, *Empire and Memory: The Representation of the Roman Republic in Imperial Culture* (Cambridge, 2005); C. P. Jones, *Plutarch and Rome* (Oxford, 1971); R. Laurence, S. Esmonde Cleary and G. Sears, *The City in the Roman West c. 250 bc–c. ad 250* (Cambridge, 2011); C. Marek, *In the Land of a Thousand Gods: A History of Asia Minor in the Roman World*, S. Rendall, tr. (Princeton, 2016); R. McMullen, *Change in the Roman Empire: Essays in the Ordinary* (Princeton, 1990); D. S. Potter, 'Cultural Archaism and Community Identity: The Case of Xanthus and Paphos', Μελέται και Υπομνήματα Ιδρυματος Αρχιεπισκόπου Μακαρίου Γ' Κύπρου (Nicosia, 1994), 427–41; R. R. R. Smith, 'The Imperial Reliefs from the Sebasteion at Aphrodisias', *JRS* 77 (1987), 88–138; A. J. Spawforth, *Greece and the Augustan Cultural Revolution* (Cambridge, 2012), 18–26; R. J. Tarrant, 'Poetry and Power: Virgil's Poetry in Contemporary Context', in C. Martindale, ed., *The Cambridge Companion to Virgil* (Cambridge, 1995), 169–87; P. Veyne, *L'empire gréco-romain* (Paris, 2005); G. Woolf, *Becoming Roman: The Origins of Provincial Civilization in Gaul* (Cambridge, 1998); P. Zanker, *The Power of Images in the Age of Augustus* (Ann Arbor, 1987).

經濟結構・・P. F. Bang, *The Roman Bazaar: A Comparative Study of Trade and Markets in a Tributary Empire* (Cambridge, 2008); K. Hopkins, 'Taxes and Trade in the Roman Empire (200 bc–ad 400)', *JRS* 70 (1980), 101–25; P. Horden and N. Purcell, *The Corrupting Sea: A Study of Mediterranean History* (Oxford, 2000); A. Tchernia, *The Romans and Trade*, J. Grieve with E. Minchin, tr. (Oxford, 2016); P. Temin, *The Roman Market Economy* (Princeton, 2012).

元首制的演進・・A. R. Birley, *Hadrian: The Restless Emperor* (London, 1997); G. W. Bowersock, *Roman Arabia* (Cambridge,

MA, 1983); G. W. Bowersock, 'Augustus and the East: The Problem of the Succession', in F. Millar and C. Segal, *Caesar Augustus: Seven Aspects* (Oxford, 1984), 169–88; P. A. Brunt, '*Lex de Imperio Vespasiani*', *JRS* 67 (1977), 95–111; E. J. Champlin, *Nero* (Cambridge, MA, 2005); A. Dalla Rosa, 'Dominating the Auspices: Augustus, Augury and the Proconsuls', in J. Richardson and F. Santangelo, eds., *Priests and State in the Roman World* (Stuttgart, 2011); W. Eck, 'The Administrative Reforms of Augustus: Pragmatism or Systematic Planning', in J. Edmondson, *Augustus* (Edinburgh, 2009), 229–49; W. Eck, '*Die Lex Troesmensium: eine Stadtgesetz für ein Municipium Civium Romanorum*', *ZPE* 200 (2016), 565–606 (evidence for emendation of the Lex Julia in ad 5); J.-L. Ferrary, 'À propos des pouvoirs d'Auguste', *Cahiers du Centre Gustave Glotz* 12 (2001), 101–54 [reprinted in shortened form in Edmondson, *Augustus*]; H. I. Flower, 'The Tradition of Spolia Opima: M. Claudius Marcellus and Augustus', *CA* 19 (2000), 49–53; M. T. Griffin, *Nero: The End of a Dynasty* (London, 1984); H. Halfmann, *Itinera principum: Geschichte und Typologie der Kaiserreisen im Römischen Reich* (Stuttgart, 1986); O. Hekster, 'All in the Family: The Appointment of Emperors Designate in the Second Century ad', in L. de Blois, ed., *Administration, Prosopography and Appointment Policies in the Roman Empire* (Amsterdam, 2001), 35–49; O. Hekster, *Emperors and Ancestors, Roman Rulers and the Constraints of Tradition* (Oxford, 2015); P. Hermann, *Der römische Kaisereid* (Göttingen, 1968); R. A. Kearsley, 'Octavian and Augury: The Years 30–27 bc', *CQ* 59 (2009), 147–66; W. K. Lacey, *The Augustan Principate: The Evolution of a System* (Liverpool, 1996); C. Lange, *Res Publica Constituta: Actium, Apollo and the Accomplishment of the Triumviral Assignment* (Leiden, 2009); B. Levick, *Claudius* (London, 1990); B. Levick, *Tiberius the Politician* rev. ed. (London, 1999); B. Levick, *Vespasian* (London, 1999); J. F. Matthews, *Roman Perspectives: Studies in the Social, Political and Cultural History of the First to Fifth Centuries* (Swansea, 2010), 57–84; J. W. Rich, 'Augustus and the Spolia Opima', *Chiron* 26 (1996), 85–127; J. W. Rich and J. H. C. Williams, '*Leges et Iura P.R. Restituit:* A New Aureus of Octavian and the Settlement of 28–27 bc', *NC* 159 (1999), 169–213; G. D. Rowe, *Princes and Political Cultures: The New Tiberian Senatorial Decrees* (Ann Arbor, 2002); R. Syme, 'The Crisis of 2 bc', *Bayerische Akademie der Wissenschaften: PhilosophischHistoriker Klasse: Sitzungsberichte* 1974, 7, 3–34 [=

Roman Papers 3 (Oxford, 1984), 912–36]; S. Thakur, 'Tiberius, the Varian Disaster and the Dating of *Tristia* 2', *MD* 73 (2014), 69–97; F. Vervaet, 'The Secret History: The Official Position of Imperator Caesar Divi Filius from 3–27 BCE', *AS* 40 (2010), 114–52; A. Wallace-Hadrill, 'Civilis Princeps: Between Citizen and King', *JRS* 72 (1982), 32–48.

史學史・・R. Ash, *Ordering Anarchy: Leaders and Armies in Tacitus' Histories* (Ann Arbor, 1999); D. S. Potter, 'The Greek Historians of Imperial Rome', in A. Feldherr and G. Hardy, eds., *The Oxford History of Historical Writing* 1, *Beginnings to ad 600* (Oxford, 2011); T. Rajak, *Josephus* 2nd ed. (Bristol, 2002); R. Syme, *Tacitus* (Oxford, 1958); R. Syme, 'Livy and Augustus,' *HSCP* 64 (1959), 27–87 [= *Roman Papers* 1 (Oxford, 1979), 400–54]; A. Wallace-Hadrill, *Suetonius: The Scholar and His Caesars* (London, 1983); L. M. Yarrow, *Historiography at the End of the Republic: Provincial Perspectives on Roman Rule* (Oxford, 2006).

帝國行政・・C. Ando, *Imperial Ideology and Provincial Loyalty in the Roman Empire* (Berkeley, 2000); G. W. Bowersock, 'Syria under Vespasian', *JRS* 63 (1973), 133–40; G. W. Bowersock, 'Hadrian and Metropolis', *Bonner Historia-Augusta-Colloquium 1982–83* (Bonn, 1985), 75–88; G. Burton, 'Proconsuls, Assizes and the Administration of Justice under the Empire', *JRS* 65 (1975), 92–106; D. Fishwick, *The Imperial Cult in the Latin West: Studies in the Ruler Cult of the Western Provinces of the Roman Empire* 1.1 (Leiden, 1987); B. W. Frier, 'Roman Life Expectancy: Ulpian's Evidence', *HSCP* 86 (1982), 213–51; M. T. Griffin , 'The Lyons Tablet and Tacitean Hindsight', *CQ* 32 (1982), 404–18; F. G. Millar, *The Roman Near East 31 bc–ad 337* (Cambridge, MA, 1995); S. Mitchell, 'The Treaty between Rome and Lycia of 46 bc', in R. Pintaudi, *Papyri Graecae Schøyen. Papyrologica Florentina* 35 (Florence, 2005), 166–259; C. Nicolet, *Space, Geography, and Politics in the Early Roman Empire* (Ann Arbor, 1991); S. R. F. Price, *Rituals and Power: The Roman Imperial Cult in Asia Minor* (Cambridge, 1984).

元老院和騎士團・・P. A. Brunt, 'The Role of the Senate in the Augustan Regime', *CQ* 34 (1984), 423–44; S. Demougin, *L'ordre équestre sous les Julio-Claudiens* (Paris, 1988); F. Millar and C. Segal, *Caesar Augustus: Seven Aspects* (Oxford, 1984); R. J. Talbert, *The Senate of Imperial Rome* (Princeton, 1984).

叛亂・・P. A. Brunt, *Roman Imperial Themes* (Oxford, 1990); W. Eck, *Rom und Judaea* (Tübingen, 2007); G. Gambash, *Roman and Provincial Resistance* (London, 2015); M. Goodman, *The Ruling Class of Judaea: The Origins of the Jewish Revolt against Rome ad 66–70* (Cambridge, 1987); A. Heinrichs, 'Vespasian's Visit to Alexandria', *ZPE* 3 (1968), 51–80; W. Horbury, *Jewish War under Trajan and Hadrian* (Cambridge, 2014); R. McMullen, *Change in the Roman Empire: Essays in the Ordinary* (Princeton, 1990); J. Nicols, *Vespasian and the* Partes Flavianae *Historia Einzelschriften* 28 (Wiesbaden, 1978).

圖片清單

彩圖

內文圖

重要名詞對照表

人名、神祇

Abgar　阿布加爾
Acilius Glabrio　阿基利烏斯・格拉布里奧
Aelius Sejanus　埃利烏斯・塞揚努斯
Aemilia Lepida　埃米莉亞・雷比達
Aemilius Macer　埃米利烏斯・馬徹
Aemilius Paulus　埃米利烏斯・保盧斯
Aeneas　埃涅阿斯
Afranius Burrus　阿弗拉紐斯・布魯斯
Agrippa Postumus　阿格里帕・波斯杜姆斯
Ambiorix　安比奧里克斯
Amynander　阿密南德
Amyntas　阿敏塔斯
Ancus Marcius　安古斯・馬奇烏斯
Andriskos　安德里斯庫斯
Aneroëstes　安內羅斯特斯
Antigonus Doson　安提哥努斯・多森
Antiochus　安條克
Antonius Pallas　安東尼烏斯・帕拉斯
Antonius Primus　安東尼烏斯・普里默斯
Aphrodite　阿芙蘿黛蒂（神祇）
Apollonius Molon　阿波羅尼奧斯・莫隆
Appian of Alexandria　亞歷山卓的阿庇安
Appius Claudius Caudex　阿庇烏斯・克勞狄烏斯・卡德克斯
Appius Claudius Pulcher　阿庇烏斯・克勞狄烏斯・普爾徹
Appius Claudius the Blind　「盲人」阿庇烏斯・克勞狄烏斯
Archelaus　阿基勞斯
Archias　阿奇亞斯
Archimedes　阿基米德
Ariarathes　阿里阿拉特
Ariovistus　阿里維斯塔斯

Aristion 阿里斯提昂
Aristonikos 亞里斯東尼科斯
Arsaces 阿沙希斯
Artabanus 克拉西努斯
Artavasdes 阿爾塔瓦茲德
Artaxias 阿爾塔什斯
Asclepius 阿斯克勒庇俄斯（神祇）
Asinius Gallus 阿西尼烏斯・伽盧斯
Asinius Pollio 阿西尼烏斯・波利奧
Astarte 阿斯塔蒂（神祇）
Athenion 阿特尼翁
Atilius Caiatinus 阿提利烏斯・卡亞提努斯
Atilius Serranus 阿提利烏斯・塞拉努斯
Attalus 阿塔羅斯
Aulus Gabinius 奧盧斯・加比尼烏斯
Aulus Plautius 奧魯斯・普勞提烏斯
Autronius 奧特羅尼烏斯
Bacchus 巴克斯（神祇）
Barabbas 巴拉巴斯
Berenice 貝倫妮絲
Boudicca 布狄卡
Britannicus 不列顛尼庫斯
Brutus Damasippus 布魯圖斯・達馬西普斯
Bussenius 布森紐斯
Caecilia Metella 凱西莉亞・梅特拉
Caecilius Metellus 凱西里烏斯・梅特盧斯
Caeculus 凱庫路斯
Caelius Rufus 凱里烏斯・魯弗斯
Caesennius Paetus 凱森尼烏斯・派圖斯
Caninius Rebilus 卡尼烏斯・雷比盧斯
Caratacus 卡拉塔庫斯
Cassius Chaerea 卡西烏斯・查里亞
Cassius Dio 卡西烏斯・狄奧
Cassius Hemina 卡西烏斯・赫米納
Cassius Longinus 卡西烏斯・隆吉努斯
Cassius Severus 卡西烏斯・塞維魯
Castor 卡斯托耳（神祇）
Catiline 喀提林
Catus Decianus 卡圖・德西阿努斯
Cestius Gallus 塞提烏斯・伽盧斯
Chrysogonus 克里索戈努斯
Circe 喀耳刻
Claudius Quadrigarius 克勞狄烏斯・夸德里加留斯
Cleopatra 克麗奧佩脫拉
Cocceius Nerva 寇克烏斯・涅爾瓦
Concolitanus 孔可里塔努斯
Cornelius Dolabella 科內留斯・多拉貝拉
Cornelius Fuscus 科內留斯・弗斯庫斯
Cornelius Gallus 科內留斯・伽盧斯
Cornelius Nepos 科內留斯・奈波斯

Cornelius Palma 科內留斯・帕爾馬
Cornelius Sisenna 科內留斯・西塞納
Cossutianus Capito 科索提努斯・卡必托
Craterus 克拉特魯斯
Cremutius Cordus 克萊穆提烏斯・科爾都斯
Crispus 克里斯普斯
Crixus 克雷克斯
Cybele 西布莉（神祇）
Decebelus 迪賽巴拉斯
Decimus Brutus 德西莫斯・布魯圖斯
Deiotaurus 狄奧塔洛斯
Demetrius of Pharos 法羅斯的德米特里
Demosthenes 狄摩西尼
Dido 狄多
Diodorus 狄奧多羅斯
Dionysius 狄奧尼修斯
Dionysus 戴歐尼修斯
Domitian 圖密善
Domitius Corbulo 多米迪烏斯・科爾布洛
Drusilla 德魯西拉
Egnatius Rufus 艾格納提烏斯・魯弗斯
Epaphroditus 以巴弗提
Eprius Marcellus 埃普魯斯・馬可盧斯
Euhemerus 歐赫邁羅斯
Eumenes 歐邁尼斯
Eunus 攸努斯
Evander 伊凡德
Fabius Maximus 法比烏斯・馬克西穆斯
Fabius Pictor 法比烏斯・皮克托爾
Faunus 法翁（神祇）
Faustus Sulla 福斯圖斯・蘇拉
Flavius Clemens 弗拉維烏斯・克萊門斯
Flavius Fimbria 弗拉維烏斯・芬布里亞
Flavius Sabinus 弗拉維烏斯・薩比努斯
Fonteius Capito 豐提烏斯・卡必托
Fulvius Flaccus 弗爾維烏斯・弗拉庫斯
Gaius Antonius 蓋烏斯・安東尼烏斯
Gaius Atilius Bulbus 蓋烏斯・阿提利烏斯・布爾布斯
Gaius Atilius Regulus 蓋烏斯・阿提利烏斯・雷古拉斯
Gaius Caesar Strabo 蓋烏斯・凱撒・斯特拉波
Gaius Calpurnius Piso 蓋烏斯・卡爾普爾尼烏斯・皮索
Gaius Cassius 蓋烏斯・卡西烏斯
Gaius Claudius Nero 蓋烏斯・克勞狄烏斯・尼祿
Gaius Cornelius 蓋烏斯・科內留斯
Gaius Duilius 蓋烏斯・杜利烏斯
Gaius Flaminius 蓋烏斯・弗拉米尼烏斯
Gaius Gracchus 蓋烏斯・格拉古
Gaius Julius Caesar 蓋烏斯・尤利烏斯・凱撒
Gaius Julius Vercondaridubnus 蓋烏斯・尤利烏斯・韋孔達里杜布努斯

Gaius Julius Zoilus　蓋烏斯・尤利烏斯・祖托盧斯
Gaius Laelius　蓋烏斯・雷利烏斯
Gaius Lutatius Catulus　蓋烏斯・盧塔蒂烏斯・卡圖盧斯
Gaius Marius　蓋烏斯・馬略
Gaius Norbanus　蓋烏斯・諾巴努斯
Gaius Octavius　蓋烏斯・屋大維
Gaius Petronius　蓋烏斯・佩特羅尼烏斯
Gaius Popillius Laenas　蓋烏斯・普比利烏斯・萊納斯
Gaius Porcius Cato　蓋烏斯・波爾基烏斯・加圖
Gaius Terentius Varro　蓋烏斯・特雷恩蒂烏斯・瓦羅
Gaius Trebonius　蓋烏斯・特萊博尼烏斯
Gaius Verres　蓋烏斯・韋雷斯
Galba　加爾巴
Gemellus　傑梅盧斯
Germanicus　日耳曼尼庫斯
Gnaeus Calpurnius Piso　格奈烏斯・卡爾普爾尼烏斯・皮索
Gnaeus Cornelius Scipio　格奈烏斯・科內留斯・西庇阿
Gnaeus Domitius Ahenobarbus　格奈烏斯・多米迪烏斯・阿海諾巴布斯
Gnaeus Gellius　格奈烏斯・格利烏斯
Gnaeus Octavius　格奈烏斯・屋大維烏斯
Gnaeus Papirius Carbo　格奈烏斯・帕皮律烏斯・卡波
Gnaeus Pompey　格奈烏斯・龐培
Gnaeus Sentius　格奈烏斯・森提烏斯
Gnaeus Servilius Geminus　格奈烏斯・塞爾維利烏斯・格米努斯
Hadrian　哈德良
Hamilcar Barca　哈米爾卡・巴卡
Hannibal　漢尼拔
Hasdrubal　哈斯德魯巴
Helius　赫利俄斯
Helvidius Priscus　赫爾維迪烏斯・普里斯庫斯
Hera　赫拉（神祇）
Hercules　海克力斯（神祇）
Hercules Victor　勝利者海克力斯（神祇）
Herennius Pomponius　赫倫尼烏斯・龐波尼烏斯
Herod Agrippa　希律・阿格里帕
Herodes Atticus　赫羅狄斯・阿提庫斯
Hiero of Syracuse　敘拉古的希倫（希倫二世）
Hieronymus　希倫尼姆斯
Hippodamus　希波達莫斯
Horace　賀拉斯
Hordeonius Flaccus　霍德尼烏斯・弗拉庫斯
Hostilius Mancinus　荷斯提里烏斯・曼西尼努斯
Hyrcanus　海卡努姆斯
Isis　伊西絲（神祇）
Iulus Antonius　伊盧斯・安東尼烏斯
Iuturna　朱圖娜（神祇）
Jesus of Nazareth　拿撒勒人耶穌
Josephu　約瑟夫斯

Jugurtha　米西普薩
Julia Agrippina　尤莉亞・阿格里皮娜
Julius Agricola　尤利烏斯・阿古利可拉
Julius Arminius　尤利烏斯・阿米尼烏斯
Julius Callistus　尤利烏斯・卡利斯托斯
Julius Civilis　尤利烏斯・奇維里斯
Julius Classicianus　尤利烏斯・克拉西查努斯
Julius Classicus　尤利烏斯・克拉西庫斯
Julius Frontinus　尤利烏斯・弗朗提努斯
Julius Sabinus　尤利烏斯・薩比努斯
Julius Vindex　尤利烏斯・文德斯
Junia Silana　尤尼亞・西蘭娜
Juno Laconia　朱諾・拉西尼亞（神祇）
Juvenal　尤維納
Lamponius　蘭潘紐斯
Laodike　勞迪姬
Latinus　拉提努斯
Lentulus Gaetulicus　倫圖魯斯・蓋圖里庫斯
Lentulus Sura　倫圖魯斯・蘇菈
Leonidas　列奧尼達斯
Licinius Macer　李錫尼烏斯・馬徹
Licinius Mucianus　李錫尼烏斯・穆西阿努斯
Licinius Murena　李錫尼烏斯・穆雷納
Licinius Sura　李錫尼烏斯・蘇菈
Livius Andronicus　李維烏斯・安德羅尼庫斯
Livius Drusus　李維烏斯・德魯蘇斯
Lucilius　盧基里烏斯
Lucius Aemilius Papus　盧基烏斯・埃米利烏斯・帕普斯
Lucius Aemilius Paullus　盧基烏斯・埃米利烏斯・保盧斯
Lucius Afranius　盧基烏斯・阿弗拉紐斯
Lucius Annaeus Seneca　盧基烏斯・阿奈烏斯・塞內卡
Lucius Antistius　盧基烏斯・安提斯蒂烏斯
Lucius Antonius　盧基烏斯・安東尼
Lucius Appuleius Saturninus　盧基烏斯・阿普雷留斯・薩圖爾尼努斯
Lucius Calpurnius Piso Frugi　盧基烏斯・卡爾普爾尼烏斯・皮索・弗魯吉
Lucius Cornelius Cinna　盧基烏斯・科內留斯・秦納
Lucius Cornelius Scipio　盧基烏斯・科內留斯・西庇阿
Lucius Cornelius Sulla　盧基烏斯・科內留斯・蘇拉
Lucius Domitius Ahenobarbus　盧基烏斯・多米迪烏斯・阿海諾巴布斯
Lucius Gellius　盧基烏斯・格利烏斯
Lucius Julius Caesar　盧基烏斯・尤利烏斯・凱撒
Lucius Licinius Lucullus　盧基烏斯・李錫尼烏斯・盧庫魯斯
Lucius Marcius Censorinus　盧基烏斯・馬奇烏斯・森索里努斯
Lucius Mummius　盧基烏斯・穆米烏斯
Lucius Opimius　盧基烏斯・奧皮米烏斯
Lucius Popidius　盧基烏斯・波皮迪烏斯
Lucius Porcius Cato　盧基烏斯・波爾基烏斯・加圖

Lucius Postumius Albinus 盧基烏斯・波斯米烏斯・阿爾比努斯
Lucius Scipio 盧基烏斯・西庇阿
Lucius Valerius Flaccus 盧基烏斯・瓦萊里烏斯・弗拉庫斯
Lucius Vitellius 盧基烏斯・維特留斯
Lusius Quietus 盧西烏斯・庫頁圖斯
Lycophron 呂哥弗隆
Mago Barca 馬戈・巴卡
Maharbal 馬哈巴爾
Manilius 曼尼里烏斯
Manius Aquillius 馬尼烏斯・阿基利烏斯
Manius Otacilius Crassus 馬尼烏斯・奧塔基利烏斯・克拉蘇
Manius Valerius Messalla 馬尼烏斯・瓦萊里烏斯・梅薩拉
Manlius Dentatus 曼利烏斯・登塔圖斯
Manlius Vulso 曼利烏斯・佛爾索
Marcius Censorinus 馬奇烏斯・森索里努斯
Marcius Coriolanus 馬奇烏斯・科利奧蘭納斯
Marcius Philippus 馬奇烏斯・菲利普斯
Marcus Acilius Glabrio 馬庫斯・阿基利烏斯・格拉布里奧
Marcus Aemilius Lepidus 馬庫斯・埃米利烏斯・雷比達
Marcus Aemilius Scaurus 馬庫斯・埃米利烏斯・斯科羅斯
Marcus Antonius 馬庫斯・安東尼烏斯
Marcus Atilius Regulus 馬庫斯・阿提利烏斯・雷古拉斯
Marcus Aurelius 馬庫斯・奧理略
Marcus Baebius Tamphilus 馬庫斯・貝比烏斯・坦菲勒斯
Marcus Calpurnius Bibulus 馬庫斯・卡爾普爾尼烏斯・比布魯斯
Marcus Claudius Marcellus 馬庫斯・克勞狄烏斯・馬可盧斯
Marcus Furius Camillus 馬庫斯・福利烏斯・卡米盧斯
Marcus Junius Brutus 馬庫斯・尤尼烏斯・布魯圖斯
Marcus Junius Silanus 馬庫斯・尤尼烏斯・西拉努斯
Marcus Licinius Crassus 馬庫斯・李錫尼烏斯・克拉蘇
Marcus Minucius Rufus 馬庫斯・米努奇烏斯・魯弗斯
Marcus Octavius 馬庫斯・屋大維烏斯
Marcus Perperna 馬庫斯・佩爾佩納
Marcus Petreius 馬庫斯・彼得雷烏斯
Marcus Popillius Laenas 馬庫斯・普比利烏斯・萊納斯
Marcus Porcius Cato 馬庫斯・波爾基烏斯・加圖
Marcus Primus 馬庫斯・普里默斯
Marcus Ulpius Traianus 馬庫斯・烏爾皮烏斯・特拉揚努斯
Marcus Vinicius 馬庫斯・維尼修斯
Marcus Vipsanius Agrippa 馬庫斯・維普薩紐斯・阿格里帕
Marius Gratidianus 馬略・格拉提努斯
Mars 瑪爾斯（神祇）
Martial 馬雪爾
Masinissa 馬西尼薩
Mefitis 梅費提斯（神祇）
Memmius 邁密烏斯
Menodorus 梅納朵魯斯
Menophilus 門諾菲盧斯

Metellus Scipio 梅特盧斯・西庇阿
Micipsa 朱古達
Minatius Magius 米納蒂烏斯・馬奇烏斯
Minucius Thermus 米努修斯・瑟姆斯
Mithridates 米特里達梯
Munatius Plancus 穆納蒂烏斯・普蘭庫斯
Naevius 奈維烏斯
Narcissus 納西瑟斯
Neptune 涅普頓（神祇）
Nicomedes 尼科美德
Norbanus Flaccus 諾巴納斯・弗拉庫斯
Numa Pompilius 努瑪・龐皮留斯
Nymphidius Sabinus 尼姆菲迪烏斯・薩比努斯
Ofonius Tigellinus 奧弗努斯・提戈里努斯
Orodes 奧羅德斯
Ovid 奧維德
Papinius Statius 帕皮尼烏斯・斯塔提烏斯
Parthenius 帕特尼烏斯
Paullus Fabius Maximus 保盧斯・法比烏斯・馬克西穆斯
Pericles 伯里克里斯
Perseus 珀爾修斯
Pharnaces 法納西斯
Phraates 弗拉特斯
Pistis 毗斯緹斯（神祇）
Pliny the Elder 老普林尼

Pliny the Younger 小普林尼
Polemo 波勒莫
Polites 普里托斯
Pollux 波魯克斯（神祇）
Polybius 波利比烏斯
Polyclitus 波留克列特斯
Pompeia Plotina 龐培亞・普羅蒂娜
Pompeius Rufus 龐培烏斯・魯弗斯
Pompeius Strabo 龐培烏斯・斯特拉波
Pontius Pilate 龐提烏斯・彼拉多
Poppaea Sabina 波帕亞・薩賓娜
Poseidon 波賽頓（神祇）
Posidonius 波希多尼
Propertius 普羅佩提烏斯
Ptolemy Apion 托勒密・阿皮翁
Publius Claudius Pulcher 普比留斯・克勞狄烏斯・普爾徹
Publius Clodius 普比留斯・克洛狄烏斯
Publius Cornelius Scipio 普比留斯・科內留斯・西庇阿（大西庇阿）
Publius Licinius Crassus 普比留斯・李錫尼烏斯・克拉蘇
Publius Mucius Scaevola 普比留斯・穆基烏斯・史凱渥拉
Publius Sulpicius Quirinius 普比留斯・蘇皮西烏斯・奎利紐斯
Publius Valerius Falto 普比留斯・瓦萊里烏斯・法爾托
Publius Ventidius 普比留斯・文蒂迪烏斯
Pyrrhus 皮洛士

Quinctilius Varus 昆克蒂利烏斯・瓦盧斯
Quintilian 昆體良
Quintus Baebius 昆圖斯・貝比烏斯
Quintus Caecilius Metellus 昆圖斯・凱西里烏斯・梅特盧斯
Quintus Cicero 昆圖斯・西塞羅
Quintus Cornificius 昆圖斯・科尼弗斯
Quintus Ennius 昆圖斯・恩尼烏斯
Quintus Fabius Maximus Verrucosus 昆圖斯・法比烏斯・馬克西穆斯・維爾魯科蘇斯
Quintus Fulvius Nobilior 昆圖斯・弗爾維烏斯・諾比利爾
Quintus Lucretius 昆圖斯・盧克萊修
Quintus Pompeius 昆圖斯・龐培烏斯
Quintus Sertorius 昆圖斯・塞多留
Quintus Servilius Caepio 昆圖斯・塞爾維利烏斯・卡皮奧
Quintus Valerius Falto 昆圖斯・瓦萊里烏斯・法爾托
Rabirius 拉比里烏斯
Remus 雷穆斯
Romulus 羅穆盧斯
Rubrius 盧布留斯
Rullus 盧魯斯
Rutilius Lupus 魯蒂里烏斯・路普斯
Sallust 撒路斯提烏斯
Sancus 桑庫斯
Sarmentus 薩門托斯
Scipio Aemilianus 西庇阿・伊米利阿努斯（小西庇阿）
Scipio Nasica 西庇阿・納西卡
Scribonius Libo Drusus 斯克里博尼烏斯・利博・德魯蘇斯
Segestes 塞格斯
Serapis 塞拉比斯（神祇）
Servilius Glaucia 塞維利烏斯・格勞西亞
Servius Sulpicius Galba 塞爾維烏斯・蘇皮西烏斯・加爾巴
Servius Tullius 塞爾維烏斯・圖利烏斯
Sextus Appuleius 色克都斯・阿普雷留斯
Sextus Roscius 色克都斯・羅西烏斯
Silius Italicus 西里烏斯・伊塔利庫斯
Silius Nerva 西里烏斯・涅爾瓦
Sosius Senecio 索西烏斯・塞納西歐
Sosylus 索西勒斯
Spartacus 斯巴達克斯
Spurius Cassius 斯普里烏斯・卡西烏斯
Spurius Maelius 斯普里烏斯・邁利烏斯
Spurius Postumius Albinus 斯普里烏斯・波斯米烏斯・阿爾比努斯
Staius Murcius 斯泰烏斯・穆爾庫烏斯
Statilius Taurus 斯塔蒂利烏斯・托魯斯
Statius Mucius 斯塔提烏斯・穆基烏斯
Strabo 斯特拉波
Suetonius Paulinus 蘇埃托尼烏斯・保利努斯
Sulpicius Paterculus 蘇皮西烏斯・帕特爾庫魯斯
Surenas 蘇雷納

Sutorius Macro　蘇托里烏斯・馬克羅
Syphax　西法克斯
Tacfarinas　塔克法萊納斯
Tacitus　塔西陀
Tarpeia　塔培亞
Tarquinius Superbus　塔克文・蘇佩布
Telesinus　鐵列西努斯
Terence　特倫斯
Theophanes　提奧法諾斯
Thrasea Paetus　特拉西亞・派圖斯
Thucydides　修昔底德
Tiberius Claudius Maximus　提庇留・克勞狄烏斯・馬克西穆斯
Tiberius Nero　提庇留・尼祿
Tiberius Plautius Silvanus Aelianus　提庇留・普勞提烏斯・西爾瓦努斯・埃利亞努斯
Tiberius Sempronius Gracchus　提庇留・塞姆普羅尼烏斯・格拉古
Tiberius Sempronius Longus　提庇留・塞姆普羅尼烏斯・隆古斯
Tigranes　提格尼
Timaeus　提麥奧斯
Timagenes of Alexandria　亞歷山卓的蒂姆內斯
Tiridates　梯里達底
Titus Didius　提圖斯・迪迪烏斯
Titus Labienus　提圖斯・拉比埃努斯
Titus Livius　李維
Titus Manlius Torquatus　提圖斯・曼利烏斯・托爾卡圖斯
Titus Quinctius Flamininus　提圖斯・昆克修斯・弗拉米努斯
Trebellius　特瑞伯利烏斯
Tullus Hostilius　圖路斯・荷斯提里烏斯
Turan　杜蘭（神祇）
Turnus　圖努斯
Tyche　堤喀（神祇）
Tyndareus　廷達雷斯
Ulpia Marciana　烏爾皮亞・馬奇亞娜
Valeria Messalina　瓦萊里亞・麥瑟琳娜
Valerius Antias　瓦萊里烏斯・安提亞斯
Valerius Flaccus　瓦萊里烏斯・弗拉庫斯
Varro Murena　瓦羅・穆雷納
Vatinius　瓦蒂紐斯
Veleda　薇樂達
Velleius Paterculus　維萊伊烏斯・帕特爾庫魯斯
Vercingetorix　維欽托利
Verginius Rufus　維吉尼烏斯・魯弗斯
Verrius Flaccus　維里烏斯・弗拉庫斯
Villius　維利烏斯
Virtus　維耳圖斯（神祇）
Volumnia　芙龍霓
Vonones　沃諾涅斯

Xanthippus 桑西普斯

地名

Abella 阿貝拉
Abydos 阿拜多斯
Acarnania 阿卡尼亞尼亞
Accra Leuke 阿克拉盧克
Acrae 阿克萊
Actium 亞克興
Adamclisi 亞當克利西
Aeculanum 埃克拉諾
Aegatian Isles 埃加斯特群島
Agrigentum 阿格里真圖姆
Agyrium 阿吉里姆
Alba 阿爾巴
Alba Fucens 阿爾巴・富森
Aleria 阿萊里亞
Alesia 阿萊西亞
Alexandria 亞歷山卓
Allia 阿利亞
Allifae 阿利費
Amasia 阿馬西亞
Ambracia 安布拉西亞
Apamea 阿帕米亞
Aphrodisias 阿芙蘿黛蒂西亞
Apulia 阿普利亞
Aquae Sextiae 埃奎亞・塞克斯提亞
Aquincum 阿昆庫姆
Aquitania 阿基坦尼亞
Argos 阿爾戈斯
Ariminum 阿里米努姆
Arles 亞爾
Arpi 阿爾庇
Arpinum 阿琵農
Arretium 阿雷托姆
Artaxata 阿爾塔沙特
Attica 阿提卡
Augusta Emerita 奧古斯塔・埃梅里塔
Auximum 奧西姆
Avellino 阿維利諾
Aventine 阿文提諾山
Baecula 拜庫拉
Baiae 貝亞
Bargylia 巴爾吉利亞
Battacus 巴塔克斯
Bedriacum 貝德里亞庫姆
Belgica 比利時
Beneventum 貝內文圖姆
Beth-Horon 貝多倫

Bithynia　俾斯尼亞
Bononia　博洛尼亞
Borysthenes　博里斯塞訥斯
Bovillae　伯維拉耶
Brundisium　布林迪西姆
Caelian Hill　凱里歐山
Calabria　卡拉布里亞
Calatia　加拉西亞
Cale acte　卡萊艾特
Cameria　卡梅里亞
Camerina　卡梅里納
Campania　坎帕尼亞
Canusium　卡努斯姆
Cappadocia　卡帕多奇亞
Capri　卡布里
Capua　卡普阿
Carnuntum　卡農圖姆
Carrhae　卡雷
Carthago Navo　新迦太基
Casilinum　卡西里姆
Catane　卡坦
Chaeronea　喀羅尼亞
Circeii　西爾策依
Cirta　錫爾塔
Cisalpine Gaul　山南高盧
Claudiopolis　克勞狄波利斯
Clusium　克魯希姆
Cnidus　克尼多斯
Colchester　科爾切斯特
Commagene　科馬基尼
Corcyra　克基拉島
Corduba　科爾杜巴
Corduene　科杜內
Corfinium　科菲尼烏姆
Cortino　科爾蒂諾
Cosa　科薩
Cremona　克雷莫納
Crotone　克羅通
Ctesiphon　泰西封
Cumae　庫邁
Cyrenaica　昔蘭尼加
Cyzicus　基齊庫斯
Dalmatia　達爾馬提亞
Delos　提洛島
Drepanum　特拉帕姆
Durazzo　杜拉佐
Dyrrachium　底拉西烏姆
Ecnomus　埃克諾姆斯海角
Eleusis　艾盧西斯
Elis　厄利斯

Emesa　埃邁沙
Emporion　安普里亞斯
Enna　恩納
Entella　恩特拉
Epirus　伊庇魯斯
Eryx　厄律克斯
Esquiline Hill　埃斯奎利諾山
Etna　埃特納山
Etruria　伊特魯里亞
Euboea　尤比亞島
Faesulae　費耶索里
Falerii　法萊里
Fanum　法努姆
Ferentinum　菲倫提魯姆
Fidentia　菲登夏
Fondi　方迪
Formiae　佛米亞
Fregellae　弗雷戈里
Fregenae　弗雷戈那
Fucine Lake　富齊諾湖
Gabii　加貝伊
Gela　傑拉
Gergovia　日爾戈維亞
Graviscae　格拉維斯卡
Halicarnassus　哈利卡那索斯
Heraclea　赫拉克利亞
Himers　西梅斯
Iguvium　伊庫維姆
Ilerda　伊勒達
Illyria　伊利里亞
Janiculum　賈尼科洛山
Judaea　猶地亞
Lake Trasimene　特拉西梅諾湖
Lampsacus　蘭普薩庫斯
Laodicea　勞迪奇亞
Lavinium　拉維尼姆
Leontini　利翁蒂尼
Liguria　利古里亞
Lilybaeum　利利巴厄姆
Lipara　利帕拉
Lipari islands　利帕里群島
Locris　洛克里
Lucania　盧坎尼亞
Luceria　魯切利亞
Lugdunum　盧格杜努姆
Lusitania　盧西塔尼亞
Lycaonia　利卡奧尼亞
Lycia　呂基亞
Lystra　萊斯特拉
Magnesia　馬格尼西亞

Malian gulf　馬利亞灣
Malventum　馬文圖姆
Mantua　曼圖阿
Marcella　瑪契拉
Masada　馬薩達
Massalia　馬薩利亞
Mauretania　茅利塔尼亞
Mazara　馬薩拉
Mediolanum　梅迪奧蘭姆
Mesene　邁森尼
Messana　邁薩拿
Minucia　米努西亞
Misenum　米塞努姆
Moesia　默西亞
Mona　莫納
Mons Tifatum　蒂法塔姆山
Mont Cenis　塞尼斯山
Monte Cassino　卡西諾山
Motya　摩塔亞
Mutina　摩德納
Mylae　米列
Naulochus　納洛丘斯
Naxos　納索斯
Neapolis　尼亞波利斯
Nemausus　內瑪蘇斯
Nemea　尼米亞
Nicaea　尼西亞
Nicomedia　尼科米底亞
Nicopolis　尼科波利斯
Nisibis　尼西比斯
Nola　諾拉
Nomentum　諾門圖姆
Nuceria　努切利亞
Numantia　努曼西亞
Numidia　努米底亞
Oppian　俄彼安山
Orchomenos　奧爾霍邁諾斯
Osrhoene　奧斯若恩
Ostia　奧斯蒂亞
Pachynus　帕其努斯海角
Paestum　帕埃斯圖姆
Palatine　巴拉丁諾山
Palmyra　帕邁拉
Pandateria　潘達特利亞島
Pannonia　潘諾尼亞
Panormus　帕諾姆斯
Parma　帕馬
Pergamon　帕加馬
Perusia　佩魯西亞
Petra　佩特拉

Pharsalus　法薩盧斯
Philippi　腓立比
Piacenza　皮亞琴察
Picenum　皮切納姆
Picenum　皮切奴
Piraeus　比雷埃夫斯
Pisa　比薩
Pistoria　皮斯托亞
Placentia　普拉森提亞
Plemmyrium　普里默里姆海角
Poetovio　波圖維奧
Politorium　普里托里烏姆
Pompeii　龐貝
Pompeiopolis　龐培波利斯
Pontus　本都
Posidonia　波賽頓尼亞
Potentia　波坦提亞
Praeneste　普里尼斯特
Prusa　普魯沙
Pydna　皮德納
Raphia　拉非亞
Ravenna　拉溫納
Reggio　雷焦
Reggio Calabria　雷焦・卡拉布里亞
Rhegium　利吉歐
Rhineland　萊茵蘭
Rhodes　羅得島
River Aesis　愛思河
River Arno　阿諾河
River Aufidus　奧菲多斯河
River Ebro　厄波羅河
River Halys　哈里斯河
River Metaurus　梅陶羅河
River Rubicon　盧比孔河
River Saône　索恩河
River Ticinus　提契諾河
River Trebbia　特雷比亞河
Rudiae　魯迪埃
Saguntum　薩貢圖姆
Samaria　撒馬利亞
Samos　薩摩斯島
Santa Maria Capua Vetere　聖瑪利亞・卡普阿・韋泰雷
Sardis　薩第斯
Sarmizegetusa　薩爾米澤傑圖薩
Saturnia　薩特尼亞
Seleucia　塞琉西亞
Selinus　塞利努斯
Sena Gallica　塞尼・加利亞
Sinope　錫諾普
Sipylos　斯比勒山

Sirmium　色米姆
Smyrna　士麥拿
Soloeis　索洛伊斯
Sophene　索芬尼
St Genève　聖日內瓦
Stabiae　斯塔比亞
Sybaris　錫巴里斯
Tapae　塔貝
Tarentum　塔蘭圖姆
Tarracina　泰拉奇納
Tarraco　塔拉戈
Taurini　陶里尼
Tauromenium　陶爾米納
Teanum　提亞努姆
Teanum Apulum　提亞努姆・阿普魯姆
Telamon　特拉蒙
Temple Mount　聖殿山
Thermopylae　溫泉關
Thessalonica　塞薩洛尼卡
Thessaly　色薩利
Thrace　色雷斯
Thurii　圖里
Tiriolo　蒂廖洛
Tivoli　蒂沃利
Tomis　托米斯
Transalpine Gaul　山北高盧
Transduriana　特蘭斯杜斯特里亞納
Trasimeme　特拉西美諾
Trebia　特雷比亞
Tusculum　托斯卡倫
Tyndaris　汀達律斯
Utica　優提卡
Veii　維伊
Venusia　韋諾西亞
Vercellae　韋爾切利
Vesontio　維森提奧
Vesuvius　維蘇威
Vetera　維特拉
Waldgirmes　瓦爾德吉姆斯
Zama　札馬
Zela　濟萊

民族

Aedui　埃杜維人
Allobroges　阿洛布羅基人
Aravacae　阿拉瓦卡人
Argives　阿爾戈斯人
Arsacid　安息人
Athamanian　阿撒馬尼亞人

Bastarnae 巴斯塔奈人
Batavians 巴達維人
Belgae 貝爾蓋人
Belli 貝利人
Boii 波伊人
Britain 不列顛人
Bruttians 布魯提人
Cenomani 切諾曼尼人
Cherusci 切魯西人
Cimbrians 辛布里人
Frisians 弗里斯蘭人
Gaesatae 蓋薩塔依人
Galatians 加拉太人
Helvetians 赫爾維蒂人
Heneti 埃內蒂人
Hirpini 荷爾皮尼人
Insubres 因蘇布雷人
Lucanians 盧坎尼人
Mamertines 瑪末丁人
Marcomanni 馬科曼尼人
Nabataeans 納巴泰人
Parthians 帕提亞人
Quadi 夸迪人
Remi 雷米人
Rhoxolani 羅索拉尼人

Sabines 薩賓人
Samnites 薩莫奈人
Sarmatians 薩爾馬提亞人
Scordisci 斯科迪斯克人
Senones 塞農人
Sequani 塞夸尼人
Susarri 蘇薩里人
Syracusans 敘拉古人
Taurisci 陶里西人
Teleboans 特雷波亞人
Teutons 條頓人
Titi 提特人
Veneti 威尼提人
Volscians 沃爾西人

【Historia歷史學堂】MU0047

帝國的誕生：從共和時代到哈德良的羅馬

The Origin of Empire: Rome from the Republic to Hadrian (264 BC – AD 138)

作　　　者❖大衛．波特（David Potter）
譯　　　者❖王　約
封 面 設 計❖許晉維
排　　　版❖張彩梅
校　　　對❖魏秋綢
總　編　輯❖郭寶秀
責 任 編 輯❖邱建智
行 銷 業 務❖許芷瑀

發　行　人❖凃玉雲
出　　　版❖馬可孛羅文化
104台北市中山區民生東路二段141號5樓
電話：02-25007696
發　　　行❖英屬蓋曼群島商家庭傳媒股份有限公司城邦分公司
104台北市中山區民生東路二段141號11樓
客服服務專線：(886) 2-25007718；25007719
24小時傳真專線：(886) 2-25001990；25001991
服務時間：週一至週五9:00～12:00；13:00～17:00
劃撥帳號：19863813　戶名：書虫股份有限公司
讀者服務信箱：service@readingclub.com.tw
香港發行所❖城邦（香港）出版集團有限公司
香港灣仔駱克道193號東超商業中心1樓
電話：(852) 25086231　傳真：(852) 25789337
E-mail：hkcite@biznetvigator.com
馬新發行所❖城邦（馬新）出版集團 Cite (M) Sdn. Bhd.(458372U)
41, Jalan Radin Anum, Bandar Baru Seri Petaling,
57000 Kuala Lumpur, Malaysia
電話：(603) 90578822　傳真：(603) 90576622
E-mail：services@cite.com.my
輸 出 印 刷❖中原造像股份有限公司
初 版 一 刷❖2021年9月
定　　　價❖780元

ISBN：978-986-0767-22-3

城邦讀書花園
www.cite.com.tw

國家圖書館出版品預行編目（CIP）資料

帝國的誕生：從共和時代到哈德良的羅馬／大衛．波特（David Potter）著；王約譯. -- 初版. -- 臺北市：馬可孛羅文化出版：英屬蓋曼群島商家庭傳媒股份有限公司城邦分公司發行, 2021.09
面；　公分 --（Historia歷史學堂；MU0047）
譯自：The origin of empire : Rome from the Republic to Hadrian (264 BC – AD 138)
ISBN 978-986-0767-22-3（平裝）
1.羅馬帝國　2.歷史
740.222　　110013196